LAROUSSE des tartes quiches & pizzas

Sous la direction de

Éric Léautey

LAROUSSE

21 Rue du Montparnasse 75283 Paris cedex 06

Direction éditoriale
Colette Hanicotte

Édition
Ewa Lochet
avec la collaboration de Françoise Maitre

Rédaction
Béatrice Lagandré, Nathaly Nicolas, Nicole Renaud, Thierry Roussillon, Martine Willemin

Direction artistique
Emmanuel Chaspoul
assisté de Martine Debrais *et* Cynthia Savage

Conception graphique
Mehran Zirak

Maquette
Jacqueline Bloch

Lecture-correction
Chantal Pagès
assistée de Madeleine Biaujeaud

Fabrication
Annie Botrel

Index
Marie-Thérèse Ménager

Conception de la couverture
Véronique Laporte

L'éditeur remercie tout particulièrement pour leur collaboration Marie Pélissier et Camille Plessis

Photographies des recettes spécialement réalisées pour le *Larousse des tartes, quiches et pizzas*
(© coll. Larousse)

Fabrice Subiros (stylisme Emmanuel Renault) : pages 53, 61, 73, 75, 81, 85, 91, 97, 104, 109, 110, 113, 117, 118, 124, 131, 135, 141, 145, 149, 155, 162, 169, 172, 181, 185, 195, 197, 199, 202, 210, 213, 220, 225, 241, 246, 251, 266, 273, 280.

Bernard Radvaner (stylisme Anne-Sophie Lhomme) : pages 57, 58, 65, 70, 77, 82 (bas), 86, 94, 103, 106 (bas), 115, 121, 123, 129, 138, 142 (bas), 146, 150, 161, 175, 176, 190 (bas), 192, 205, 215, 217, 226 (bas), 229, 230, 242, 245, 249, 258, 265, 268 (bas), 270, 275, 278, 283, 288.

Photographies des autres recettes (© coll. Larousse)

Yves Bagros : pages 68, 158, 201, 237 **(stylisme Coco Jobard,** *assistée de* **Frédéric Jeanson)** ; 67, 89, 99, 157, 166, 189, 233, 235, 262 **(stylisme Laurence du Tilly)**.

Nicolas Bertherat : pages 223, 238, 254 **(stylisme Coco Jobard, assistée de Christiane Mèche)** ; 284 **(stylisme Coco Jobard,** *assistée de* **Laetitia Schuster)**.

Daniel Czap (stylisme Marie-Line Salaün) : page 78, 209, 257.

Jean-Blaise Hall (stylisme Coco Jobard, *assistée de* **Christiane Mèche)** : pages 165, 183.

Photographies des produits et du matériel
Olivier Ploton © coll. Larousse
sauf pages 20 (ht), 21 (ht et bas), 22 (ht g et bas), 23 (ht) : **G et S Photographie** © coll. Larousse.

Photographies des séquences filmées
(© coll. Larousse)

G et S Photographie : pages 38 (bas d et mil.) ; 28, 31 **(stylisme Isabelle Dreyfus)** ; 38 (ht et bas d), 39, 40, 41, 42 (bas g et d), 43 **(stylisme Sophie Fert)**.

Studio Vezelay : pages 34, 35, 42 (ht).

Photographies des enfants
Olivier Ploton © coll. Larousse : pages 82 (ht), 106 (ht), 142 (ht), 190 (ht), 226 (ht), 268 (ht).

Dessins
Laurent Blondel © coll. Larousse : pages 19, 55, 63, 88, 101, 120, 127, 137, 153, 160, 179, 187, 200, 219, 231, 253, 277, 287

ISBN 2-03-582350-1

Sommaire

Comment utiliser ce livre ?

Toutes les bases, **pages 11 à 50**

▷ **Le matériel** et des conseils pour vous équiper en fonction de vos habitudes en cuisine.

▷ **Les pâtes** classées par famille (brisées, sablées…), leur réalisation étape par étape, des conseils pour les réussir et des idées pour les parfumer.

▷ Des infos sur les produits de base et sur **les pâtes prêtes à l'emploi**.

▷ **Les gestes** filmés et les tours de main.

Toutes les recettes de tartes, quiches, pizzas et autres,

pages 51 à 290

▷ La plupart des recettes peuvent être préparées avec **les pâtes prêtes à l'emploi**.

Attention : dans les recettes, les temps de préparation sont indiqués pour une réalisation avec une pâte prête à l'emploi (sauf celles qui comportent une pâte spécifique).

▷ Toutes les recettes sont faciles, voire très faciles, à réaliser.

▷ Pour quelques gestes spécifiques (par exemple faire des samosas), un renvoi vous permet de trouver une séquence filmée pas à pas.

TARTES, QUICHES ET PIZZAS...

chèvre

Pour 4 à 6 personnes
Préparation : 30 min
Cuisson : 10 min environ

400 g de pâte feuilletée prête à étaler
1 sainte-maure-de-Touraine (fromage de chèvre)
20 cl de crème liquide
1 œuf
Sel et poivre

Feuilletés au sainte-maure-de-Touraine

▷ Préchauffez le four à 220 °C (therm. 7-8).
▷ Écrasez le sainte-maure à la fourchette. Incorporez la crème jusqu'à l'obtention d'un mélange lisse et homogène. Salez et poivrez.
▷ Étalez la pâte et découpez-y douze disques à l'aide d'un emporte-pièce ou d'un bol de 8 cm de diamètre.
▷ Déposez 1 cuill. à soupe de préparation au fromage au centre de la moitié des disques. Mouillez les bords de la pâte et recouvrez avec les disques restants. Battez l'œuf et badigeonnez-en la surface des feuilletés à l'aide d'un pinceau.
▷ Déposez les feuilletés sur une plaque recouverte de papier sulfurisé. Enfournez pour 10 min environ. Servez aussitôt.

Vous pouvez parfumer la préparation au fromage avec des fines herbes ou de la menthe, et ajouter 2 cuill. à soupe de noisettes grillées et concassées.

Pour 6 personnes
Préparation : 20 min
Cuisson : 1 h environ

250 g de pâte feuilletée préétalée
24 asperges vertes
200 g de chèvre frais
25 cl de crème liquide
3 œufs
1 pincée de noix muscade
Sel et poivre

Quiche au chèvre frais et aux asperges

▷ Préchauffez le four à 180 °C (therm. 6).
▷ Grattez les asperges et retirez les pieds. Faites chauffer une grande casserole d'eau salée.
▷ Garnissez de pâte un moule à manqué de 26 cm de diamètre, préalablement recouvert de papier sulfurisé. Procédez à une cuisson à blanc pour pâte feuilletée pendant 15 min (voir p. 39).
▷ Pendant ce temps, faites cuire les asperges pendant 8 min dans l'eau bouillante. Égouttez-les. Coupez-les en deux et réservez les morceaux avec tête.
▷ Mixez les autres morceaux avec le fromage de chèvre, la crème et les œufs. Salez, poivrez et ajoutez la muscade. Mélangez.
▷ Versez la préparation aux asperges sur le fond de pâte précuit. Disposez dessus les têtes d'asperge et enfournez pour 40 à 45 min. Servez chaud.

Pour obtenir une tarte plus légère, vous pouvez utiliser de la crème liquide allégée en matières grasses.

178

PETITES MAINS À LA PÂTE
avec Thierry Roussillon

Aujourd'hui, je découvre comment faire « briller » des framboises disposées sur une tarte : il suffit de faire un peu chauffer de la gelée de fruit et d'en badigeonner les framboises à l'aide d'un pinceau. En refroidissant, la gelée se fige et les fruits deviennent brillants.

Tartelettes aux framboises

Pour 6 personnes
Préparation : 25 min
Cuisson : 35 min
Réfrigération : 15 min environ

250 g de pâte sablée préétalée ou 250 g de pâte sablée maison (voir p. 31)
2 œufs
75 g de sucre en poudre
1 sachet de sucre vanillé
500 g de framboises
3 cuill. à soupe de gelée de fruit (de groseille ou de framboise)

▷ Préchauffez le four à 180 °C (therm. 6). Garnissez de pâte sablée six moules à tartelette de 8 cm de diamètre environ, préalablement recouverts de papier sulfurisé.

Pique les fonds de pâte avec une fourchette.

▷ Enfournez pour 10 min.

Prépare deux récipients différents, un saladier et un grand bol par exemple. Casse les œufs en mettant les 2 blancs dans le saladier et 1 seul jaune dans le bol (tu peux garder le second jaune pour une autre utilisation). Mélange le jaune avec la moitié du sucre.

▷ Sortez les moules du four et badigeonnez la pâte avec la préparation précédente. Enfournez à nouveau, pour 10 min.

À l'aide d'un fouet électrique, monte les blancs en neige ferme, avec le reste de sucre en poudre et le sucre vanillé. Fais-toi aider si c'est trop difficile.

▷ Ressortez les fonds de pâte du four et garnissez-les de blancs en neige. Enfournez à nouveau, pour 10 min, avant de retirer du four.

Dispose les framboises harmonieusement sur la meringue en faisant très attention de ne pas te brûler.

▷ Remettez au four pour 5 min encore. Faites fondre doucement la gelée de fruit.

Utilise un pinceau pour badigeonner les fruits de gelée de fruit. Mets les tartelettes au réfrigérateur de 10 à 15 min avant de servir.

Les recettes « Petites mains à la pâte » avec Thierry Roussillon

▷ 6 pages spéciales avec une recette « à quatre mains » conçues pour s'amuser en cuisine avec les enfants. Découverte d'un produit, d'une saveur, d'une technique…

▷ 44 autres recettes à réaliser avec les enfants sont distinguées par

PETITES RECETTES DU PLACARD

avec Béatrice Lagandré

Tarte feuilletée aux deux fromages

Pour 4 à 6 personnes

200 g de pâte feuilletée préétalée
100 g de roquefort
25 cl de crème liquide
150 g de comté
2 œufs
Sel et poivre

▷ Préchauffez le four à 180 °C (therm. 6).
▷ Garnissez de pâte feuilletée un moule à tarte de 24 cm de diamètre, préalablement recouvert de papier sulfurisé. Piquez la pâte avec une fourchette.
▷ Écrasez le roquefort avec une fourchette puis mélangez-le à la crème. Râpez le comté.
▷ Battez les œufs dans un saladier, ajoutez le comté et le mélange roquefort-crème. Salez, poivrez et mélangez. Versez dans le moule et enfournez pour 30 à 35 min. Servez chaud.

Tartelettes au comté et aux oignons

Pour 4 personnes

230 g de pâte brisée ou feuilletée préétalée
2 cuill. à soupe d'huile d'olive
400 g d'oignons émincés surgelés (ou 8 oignons moyens)
120 g de comté
12 olives dénoyautées
Sel et poivre

▷ Faites chauffer l'huile dans une sauteuse. Ajoutez les oignons émincés, salez, poivrez et laissez cuire 10 min environ.
▷ Préchauffez le four à 180 °C (therm. 6).
▷ Détaillez le comté en lamelles ou râpez-le.
▷ Coupez les olives en petits morceaux.
▷ Garnissez de pâte quatre moules à tartelette de 13 cm de diamètre, préalablement beurrés. Piquez le fond de pâte avec une fourchette et répartissez les oignons. Ajoutez les morceaux d'olive et le comté. Enfournez pour 20 min environ. Servez chaud.

Vous pouvez remplacer le comté par un crottin de chèvre.

Tartelettes a… et aux cha…

Pour 4 personnes

230 g de pâte brisée préétalée
2 cuill. à soupe d'huile d'olive
500 g de champignons mélangés surgelés
150 g de roquefort
1 branche de thym séché
Sel et poivre

▷ Faite…
et la…
les c…
▷ Préc…
▷ Garn…
ment…
(voir…
▷ Répa…
fort…
Serv…

Les « Petites recettes du placard »

avec Béatrice Lagandré

▷ À base de surgelés, produits sous vide ou conserves, elles sont savoureuses, parfois très simples, parfois plus sophistiquées. Leurs ingrédients sont rassemblés dans l'encadré de la page 19.

Les « Jeux de saveurs » **avec Béatrice Lagandré, Nathaly Nicolas et Thierry Roussillon**

▷ Des recettes déclinées autour d'un thème (Tatins aux légumes confits, Autour du foie gras…).

JEUX DE SAVEURS

avec Béatrice Lagandré

Poissons et fruits de mer marinés

Fraîcheur marine et iodée, jeux de couleurs et de saveurs… Poissons et crustacés crus s'invitent sur les tartes fines et les feuilletés légers pour des mariages tout en subtilité. Détaillés très finement à la manière d'un carpaccio, ils marinent dans un mélange d'épices, d'huile et de jus de citron avant d'être délicatement disposés, au dernier moment, sur les autres ingrédients. Tous les mariages sont possibles ! Laissez aller votre imagination, osez innover et surprenez vos invités avec ces contrastes de texture et de saveurs. Un seul impératif : les produits de la mer doivent être d'une extrême fraîcheur.

Croustillants à la dorade, au fenouil et aux baies roses

Pour 4 personnes
Préparation : 15 min
Marinade : 2 h
Cuisson : 25 min environ

4 feuilles de pâte filo
350 à 400 g de filets de dorade
2 citrons
1 cuill. à café de baies roses
600 g de fenouil surgelé (ou 4 petits bulbes frais)
30 g de beurre
2 cuill. à soupe d'huile d'olive
Sel et poivre

▷ Demandez à votre poissonnier de détailler les filets de dorade en carpaccio. Déposez-les dans une assiette creuse et arrosez avec le jus des citrons. Poivrez, parsemez de baies roses et laissez mariner 2 h environ au réfrigérateur.
▷ Faites chauffer 20 g de beurre et l'huile dans une poêle et faites revenir les petits morceaux de fenouil surgelés. Salez, poivrez, et laissez cuire le temps indiqué sur l'emballage (15 à 20 min) en remuant de temps en temps, jusqu'à ce que le fenouil soit bien tendre.
▷ Préchauffez le four à 160 °C (therm. 5-6).
▷ Beurrez les deux faces d'une feuille de pâte filo à l'aide d'un pinceau puis pliez-la en quatre. À l'aide d'une paire de ciseaux, découpez des disques un peu plus grands que vos moules. Procédez de la même manière avec toutes les feuilles.
▷ Garnissez chaque moule de quatre disques de pâte.
▷ Répartissez le fenouil dans les moules et enfournez pour 10 min environ, jusqu'à ce que la pâte filo soit dorée.
▷ Sortez les tartelettes du four, puis garnissez-les de carpaccio de dorade. Rectifiez l'assaisonnement et servez aussitôt.

Vous pouvez réaliser cette recette avec une pâte feuilletée ; dans ce cas, faites-la cuire préalablement à blanc (voir p. 39) pendant 15 min environ.

Vous trouverez aussi des fruits de mer marinés dans la recette suivante :
• Tartelettes croustillantes de saint-jacques marinées et julienne de légumes p. 98.

Et aussi quelques recettes pour accompagner **avec Nathaly Nicolas, pages 290 à 299**

▷ Salades originales, légumes ou fruits rôtis ou en purée, en parfait accord avec les tartes, quiches et pizzas. Elles permettent de compléter agréablement vos menus.

Le bon mot

Ils sont nombreux les mots qui servent à désigner les diverses préparations faites d'une base – la pâte – et d'une garniture salée ou sucrée, et toutes cuites au four.

BARQUETTE Petite croustade (voir ce mot), en pâte feuilletée ou brisée, ayant la forme d'une barque, destinée à recevoir diverses garnitures. Salée, elle se sert froide ou chaude, en entrée ; sucrée et garnie de fruits, c'est une petite pâtisserie.

BOUCHÉE Salée, c'est un petit-four rond en pâte feuilletée, diversement garni, que l'on mange d'une bouchée. C'est également une entrée chaude salée, individuelle, constituée d'une enveloppe toujours feuilletée, cuite à blanc et remplie de garnitures diverses. La plus connue est la bouchée à la reine (ou vol-au-vent).

CHAUSSON Pâtisserie (dérivé du pâté en croûte) en forme de demi-lune, souvent individuelle, faite d'un cercle de pâte (feuilletée ou brisée) replié sur une garniture de viande, de légumes, de fromage et, sous sa forme la plus connue, de compote de fruit (des pommes). Voir *empanada* et *rissole*.

COULIBIAC Tourte de pâte feuilletée ou brisée, d'origine russe, composée d'une farce à base de poisson, généralement du saumon.

CROUSTADE Petite entrée, de taille variable, constituée d'un fond de pâte feuilletée ou brisée, le plus souvent cuit à blanc, que l'on agrémente de garnitures diverses.

CROÛTE Désigne un ensemble de préparations de formes diverses que l'on réalise à partir de pâte feuilletée, brisée ou levée. Par exemple : bouchées, feuilletés, vol-au-vent et croustades. Ce terme s'applique également au fond de pâte d'un flan.

DARTOIS Entrée chaude ou pâtisserie, de grande taille, formée de deux bandes rectangulaires de pâte feuilletée enfermant une garniture salée (poisson ou viande) ou sucrée (crème d'amande).

DOUILLON Pâtisserie normande, faite d'une poire entière évidée et emplie d'un mélange de beurre, de sucre et de cannelle, enveloppée de pâte.

EMPANADA Tourte, pâté en croûte ou chausson farci à la viande ou au poisson. Cette spécialité originaire d'Espagne est aussi appréciée en Amérique latine. En pâtés individuels, ce sont les empanadillas.

FEUILLETÉ Pâtisserie réalisée en pâte feuilletée, garnie de fromage, de jambon ou de fruits de mer et détaillée en allumettes ou en triangles, servie en entrée chaude. Plus largement, le feuilleté désigne toute préparation individuelle en pâte feuilletée renfermant une farce.

FLAN Sorte de tarte, salée ou sucrée, garnie d'une crème aux œufs à laquelle on ajoute éventuellement des fruits de mer, des fruits, des raisins secs, etc.

GALETTE (DES ROIS) Gâteau rond et plat en pâte feuilletée, souvent fourré de frangipane. La galette est le gâteau symbolique de la fête des Rois dans la plupart des provinces situées au-dessus de la Loire, et notamment dans la région parisienne. Au-dessous de la Loire et surtout dans le Midi, le gâteau des rois est en forme de couronne faite de pâte levée. Dans l'un et l'autre de ces gâteaux, on place une fève symbolique.

JALOUSIE Petit gâteau feuilleté fourré de frangipane, dont le dessus ajouré (pourvu d'entailles) évoque la jalousie d'une fenêtre. La frangipane peut être remplacée par de la compote de pomme ou une confiture. Mais, comme le dartois, la jalousie de grande taille est réalisée avec une garniture salée.

PASTILLA Sorte de tourte feuilletée marocaine, fourrée de volaille (pigeon surtout), de fruits de mer ou de légumes. La pastilla se compose de feuilles de brick disposées dans un moule rond, en couches superposées alternant avec la garniture. Elle se sert saupoudrée de sucre et de cannelle. On peut également confectionner une pastilla de dessert.

PÂTÉ (EN CROÛTE) Préparation, moulée ou non, constituée d'une farce avec une forte proportion de viande marinée enveloppée de pâte feuilletée ou brisée ou de pâte à pâté. Ce pâté est servi chaud ou froid.

PIE Mets traditionnel de la cuisine anglo-saxonne. En anglais, le mot désigne indifféremment une tarte ou une tourte. La tourte est une sorte de tarte à l'envers : la garniture est mise au fond d'un plat spécial (rond ou rectangulaire) muni d'un large rebord sur lequel est déposé un couvercle de pâte. La tourte anglaise se sert dans le plat. En France, ce mot s'applique, le plus souvent, à une tourte en pâte brisée ou feuilletée, dont la garniture est sucrée ou salée. Voir *tourte*.

PIZZA Mets italien, d'origine napolitaine, dont la recette de base consiste à faire cuire, théoriquement dans un four de boulanger, une « galette » de pâte à pain garnie de tomates concassées, additionnées ou non de mozzarella, agrémentées d'aromates (origan), d'olives, de câpres, etc.

QUICHE Tarte garnie d'un mélange d'œufs battus, de crème fraîche et de lardons. Originaire de Lorraine, la quiche s'est depuis modifiée et généralisée à de nombreuses régions de France.

RISSOLE Petit chausson salé ou sucré, fait de pâte brisée, feuilletée ou de pâte à brioche. La rissole est parfois composée de deux rondelles enfermant la garniture.

TARTE Apprêt de cuisine ou de pâtisserie, souvent rond et pas très haut, constitué d'un fond de pâte brisée, sablée ou feuilletée, garni, avant ou après cuisson, d'ingrédients salés ou sucrés. La tartelette est une petite tarte individuelle, ronde ou ovale. Lorsqu'elles ont la taille d'une bouchée, les tartelettes sont des petits-fours (aux fruits) ou des amuse-gueule (pizza ou mini-quiche, par exemple).

TATIN Nom donné à une tarte, aux pommes, cuite « à l'envers », sous un couvercle de pâte, mais servie « à l'endroit », croûte dessous et fruits dessus. Une tatin peut se faire avec une pâte feuilletée ou brisée, avec beaucoup d'autres fruits que la pomme, ou avec des légumes, du fromage, voire avec une garniture à base de viande. L'avantage de la tatin est que la garniture cuit « enfermée » sous son couvercle de pâte. La cuisson s'apparente à un étuvage ; il se produit une forte concentration de saveurs.

TOURTE Le mot, dit-on, dérive du latin *tortus* qui signifie enroulé, « tourné en rond », ce qui indiquerait que cette préparation doit être de forme ronde. La tourte est faite d'un fond de pâte brisée ou feuilletée, qui enveloppe une garniture de viande ou de légumes. Ce fond, recouvert d'un couvercle de pâte, est pourvu d'une petite cheminée (voire de deux) par laquelle la vapeur s'échappe et qui, en fin de cuisson, peut servir à remplir la tourte d'une sauce, de jus ou de crème, par exemple.

TOURTIÈRE En France, ce mot désigne un moule rond (voir p. 20). Au Québec, la tourtière est un plat traditionnel, dont il existe de nombreuses variantes, mais qui est généralement à base de une ou plusieurs viandes de boucherie et de gibier sauvage, parfois additionnées de pommes de terre.

Équivalences

Nombre de convives, taille du moule, poids de pâte ?

Pour préparer	Nombre de convives	Avec une pâte maison	Avec une pâte préétalée**
une entrée ou un dessert léger	4	180 g de pâte et un moule rond de 24 cm	1 rouleau de pâte et un moule de 24 cm
	6	250 g de pâte et un moule rond de 26 cm	1 rouleau de pâte et un moule de 26 cm
	8 à 10	350 g de pâte et un moule rond de 28 cm ou rectangulaire de 20 x 30 cm	2 rouleaux de pâte et 2 moules de 26 cm
un plat principal* ou un dessert copieux	4	250 g de pâte et un moule rond de 26 cm	1 rouleau de pâte et un moule de 26 cm
	6	350 g de pâte et un moule rond de 28 cm	2 rouleaux de pâte et 2 moules de 26 cm
	8 à 10	600 g de pâte et un moule rond de 32 cm ou rectangulaire de 25 x 35 cm	2 rouleaux de pâte et 2 moules de 28 cm

* Pour préparer une tourte, prévoyez environ un tiers de pâte en plus.

** Les pâtes fraîches ou surgelées du commerce (voir p. 26-27) sont préétalées sur une faible épaisseur et permettent d'utiliser un moule allant jusqu'à 28 cm de diamètre. Tout dépend de l'appétit de chacun, mais 1 rouleau de pâte suffit généralement pour préparer une entrée ou un dessert léger pour 4 à 6 personnes, ou un plat principal pour 4 personnes. Au-delà, il convient d'utiliser 2 rouleaux et 2 moules.

Capacités et contenances

Si vous n'avez pas à portée de main d'instruments de mesure précis, ce tableau vous permettra d'estimer la capacité et le poids des ingrédients dont vous avez besoin pour réaliser telle ou telle recette.

	Capacité	Poids
1 cuill. à café	0,5 cl	3 g de fécule, 5 g de café, de sel ou de sucre en poudre
1 cuill. à soupe	1,5 cl	5 g de fromage râpé, 8 g de cacao, de café ou de chapelure, 12 g de farine, de riz, de semoule, de crème fraîche ou d'huile, 15 g de sucre en poudre, de sel fin ou de beurre
1 grand verre	25 cl	150 g de farine, 170 g de cacao, 190 g de semoule, 200 g de riz, 220 g de sucre en poudre

Table des équivalences France-Canada

Poids				Capacités	
55 g	2 onces	300 g	10 onces	25 cl	1 tasse
100 g	3 onces	500 g	17 onces	50 cl	2 tasses
150 g	5 onces	750 g	26 onces	75 cl	3 tasses
200 g	7 onces	1 kg	35 onces	1 l	4 tasses
250 g	9 onces				

Ces équivalences permettent de calculer, à quelques grammes près, le poids (en réalité, 1 once = 28 g)

Pour faciliter la mesure des capacités, une tasse équivaut ici à 25 cl (en réalité, 1 tasse = 8 onces = 23 cl)

Tout pour *réussir*

Les ingrédients de base

Une pâte à tarte résulte toujours d'un mélange de farine et de quelques éléments liquides et/ou gras, tels que beurre, œufs, lait, etc. On retrouve certains de ces éléments associés à une viande, des légumes, des fruits... dans la garniture de nombreuses tartes, quiches, tourtes, pizzas, etc. D'où l'intérêt de bien connaître tous les ingrédients de base. Pour les plus fragiles (crème fraîche, chocolat), il est conseillé de n'acheter qu'au dernier moment les quantités nécessaires.

La farine et la fécule

LA FARINE. Elle provient de la mouture des grains de céréales (blé, maïs, riz, sarrasin, seigle) ou de certains végétaux farineux comme les châtaignes. La dénomination de farine, sans autre précision, désigne le produit obtenu par mouture de grain de blé (ou froment). Dans le cas d'un autre grain, l'indication de la céréale dont elle est extraite est obligatoirement mentionnée sur l'étiquette.

▷ **Types de farine.** Le « type » d'une farine, suivi d'un nombre (de 45 à 150) qui définit son taux de cendres (résidus minéraux), n'est pas un critère de qualité mais d'emploi. Celle de type 45 (0,45 % de cendres), la plus courante, convient à tous les usages ; celle de type 55 à la fabrication du pain blanc ou de la pâte à pizza ; celle de type 110 à la fabrication du pain complet. La farine « fluide », traitée « antigrumeaux », que l'on trouve couramment dans le commerce, est recommandée pour les pâtisseries, en particulier pour la préparation des pâtes pour tartes, quiches, tourtes, etc. La farine « à gâteaux », qui contient de la poudre levante, ne convient pas à toutes les préparations.

▷ **Conservation et recommandations.** Toutes les farines craignent l'humidité et doivent se conserver dans une boîte hermétique. Attention, la farine se déshydrate et peut ainsi être à l'origine d'un échec dans la préparation d'une pâte. Si votre farine n'est pas toute fraîche, il est préférable de la tamiser. Rappelons aussi qu'avant d'étaler une pâte il est conseillé de fariner très légèrement le plan de travail.

LES FÉCULES. Ces poudres sont extraites de végétaux très riches en amidon : maïs, riz, pomme de terre ou manioc. En pâtisserie, elles jouent un rôle de liant ou d'épaississant. La fécule de maïs, comme celle de pomme de terre, se présente sous la forme d'une poudre blanche fine et soyeuse.

Ne pas oublier le sel

Toutes les pâtes, même celles destinées à recevoir une garniture sucrée, demandent un peu de sel. Une pincée de sel fin suffit à renforcer leur saveur. Elle favorise aussi la montée des blancs en neige. La fleur de sel (première cristallisation très fine qui apparaît à la surface des marais salants traditionnels) trouve un emploi original dans les tartelettes au caramel (voir p. 279).

Les levures

LA LEVURE DE BOULANGERIE FRAÎCHE est une levure biologique, contenant des champignons microscopiques. Elle se présente sous la forme d'un petit cube blanchâtre s'émiettant facilement ; ceux-ci, une fois mélangés à de la farine et de l'eau, vont proliférer et produire du gaz carbonique. La pâte lève alors : on dit qu'elle « pousse ». La levure de boulangerie s'utilise, entre autres, pour la pâte à pain. On la trouve chez les artisans boulangers ou au rayon « pâtisseries fraîches » des magasins de grande distribution. Elle se conserve une quinzaine de jours au réfrigérateur.

On trouve également de la levure de boulangerie sous forme déshydratée (poudre granuleuse en sachets). Cette dernière se conserve 2 ans à température ambiante. Il est bon d'en avoir toujours en réserve. Mais, attention, elle est plus « forte » que la levure fraîche. Elle est conditionnée en sachets-doses, ce qui facilite son utilisation.

LA LEVURE CHIMIQUE « ALSACIENNE » (ou poudre à lever) est un mélange de substances chimiques qui provoquent l'expansion de la pâte. Cette levure est utilisée principalement pour les cakes et les génoises. Elle se conserve plusieurs mois.

Les matières grasses

La bonne consistance

Le beurre s'incorpore plus facilement à une préparation quand il est mou et coupé en morceaux. Si vous avez oublié de le sortir à l'avance du réfrigérateur, ébouillantez un récipient résistant à la chaleur, essuyez-le rapidement puis travaillez-y le beurre avec une spatule pour le mettre en pommade.

LE BEURRE. Le beurre est fabriqué à partir de crème fermentée, puis barattée (agitée avec un mouvement rotatif). Il contient 83 % de matières grasses et répond à trois dénominations légales : le « beurre cru », issu de crème crue, souvent fermier, à la saveur typée ; le « beurre fin », élaboré à partir de crème pasteurisée dont une partie (30 %) peut avoir été congelée ou surgelée ; le « beurre extra-fin », élaboré à partir de crème pasteurisée (sans congélation).

On imagine mal une bonne pâtisserie sans un beurre de qualité. Il entre dans la composition de toutes les pâtes de base à l'exception de la pâte à pain. Préalablement fondu, il sert à enduire les feuilles de brick et de pâte filo. On l'utilise enfin pour graisser un moule.

Du beurre demi-sel dans une pâte fait ressortir le goût sucré de la garniture d'une tarte Tatin et le beurre salé s'accorde à merveille avec le caramel. La teneur en sel des beurres demi-sel et salé doit être mentionnée sur l'emballage.

Le beurre se conserve dans le compartiment spécial du réfrigérateur, qui maintient une température adéquate, dans un emballage hermétique car il absorbe facilement les odeurs. Le beurre cru doit être consommé dans les 30 jours après l'achat ; les beurres fin et extra-fin, dans les 60 jours ; le beurre congelé, dans les 12 mois.

LES MARGARINES. Ces corps gras alimentaires, composés essentiellement de graisses et d'huiles végétales, conviennent aux personnes à qui le beurre est interdit. Légalement, leur taux de matières grasses est le même que celui du beurre (soit 83 %), sauf pour les margarines allégées (41 %). Il existe plusieurs types de margarine, à tartiner, pour la cuisine et la pâtisserie. À noter que les pâtes toutes prêtes qui ne comportent pas la mention « pur beurre » sont fabriquées avec de la margarine.

Pour la confection d'une pâte, rien ne remplace un bon beurre. Mais, pour les personnes auxquelles on le déconseille, ou pour faire des économies (surtout si l'on

fait de la pâte en grande quantité), on peut remplacer le beurre – entièrement ou en partie – par de la margarine. Cependant la pâte n'aura pas un aussi bon goût.

LES HUILES. Toutes les huiles sont extraites de graines ou de fruits. Les huiles « pures » proviennent d'une seule espèce végétale. Les huiles dites « végétales » sont des mélanges dont les constituants sont alors mentionnés. Toutes contiennent 100 % de lipides. Elles sont fluides à 15 °C, mais ne supportent pas toutes la même température de cuisson. La mention « pour assaisonnement » indique que l'huile doit être employée à froid uniquement (huile de colza, par exemple). Une huile « pour friture et assaisonnement » convient pour tous les emplois.

L'huile peut remplacer le beurre pour confectionner une pâte, graisser un moule, badigeonner des feuilles de brick ou de pâte filo, notamment lorsque les matières grasses animales sont interdites. Enfin, pour une pizza, rien ne vaut une pâte à pain additionnée de deux ou trois cuillerées à soupe d'huile d'olive.

Les huiles craignent la chaleur et sont oxydées par la lumière. Elles doivent donc être conservées dans un placard fermé et loin de toute source de chaleur.

Les produits laitiers

LE LAIT. En pâtisserie, le lait de vache est de règle, en raison de sa saveur douce. Le lait cru est devenu rare ; il faut le faire bouillir pour neutraliser ses germes. Il est toujours entier. Quant au lait pasteurisé, également appelé « lait frais », il est inutile de le faire bouillir. Son goût est assez proche de celui du lait cru. Le lait stérilisé est chauffé de façon à tuer tous les micro-organismes et à assurer une longue conservation. Le procédé courant est l'UHT (ultra-haute température), qui altère le moins sa saveur. Enfin, le lait microfiltré, nouveau venu sur le marché, est comparable par le goût au lait cru, car il ne subit pas de chauffe, et sa durée de conservation est, selon les procédés, de 15 jours ou de 6 mois.

Le lait peut remplacer l'eau dans une pâte brisée, et la crème fraîche dans une garniture de quiche. Il est nécessaire à la confection de la crème pâtissière, des flans, etc.

Hormis pour le lait cru qui n'est jamais écrémé, la teneur en matières grasses est signalée par un code couleur sur l'emballage : lait entier, 3,6 % mg (rouge) ; lait demi-écrémé, 1,6 % mg (bleu) ; lait écrémé, moins de 0,3 % mg (vert).

Conservation : une fois bouilli, le lait cru se conserve 48 heures au réfrigérateur. Le lait frais pasteurisé se garde 7 jours au réfrigérateur, le lait stérilisé 5 mois (3 mois pour la variante UHT) à température ambiante. Après ouverture, le lait doit rester au réfrigérateur et être consommé dans les 48 heures.

LA CRÈME. Toutes les crèmes contiennent entre 30 et 40 % de matières grasses, sauf la crème légère. La crème crue, qui n'a subi aucun traitement thermique, se conserve mal. La crème fraîche est pasteurisée, ce qui détruit la majorité des bactéries sans nuire à sa saveur. Elle entre dans la composition de nombreuses garnitures, tout comme la crème fraîche liquide. Cette dernière (entière et non légère) est également utilisée pour préparer la crème Chantilly. La crème fraîche épaisse, outre sa consistance, présente une saveur acidulée spécifique. Elle est utilisée, entre autres, pour accompagner une classique tarte Tatin. Enfin la crème liquide stérilisée

Bien lire les étiquettes

Vérifiez toujours la date limite de consommation (DLC) des denrées périssables et la date limite d'utilisation optimale (DLUO) des produits d'épicerie. La DLC, spécifiée sur l'emballage sous la mention « à consommer jusqu'au... », suivie du jour et du mois, s'applique à des produits frais et doit être impérativement respectée. La DLUO est exprimée par le jour et le mois si elle est inférieure à 3 mois ; par le mois et l'année si sa durée est comprise entre 3 et 18 mois ; par l'année si sa durée est supérieure à 18 mois.

ou stérilisée UHT a été chauffée à 115 °C, ce qui permet de la conserver 3 mois, mais modifie légèrement son goût.

Toutes les crèmes doivent être gardées au réfrigérateur et, après l'ouverture du pot, leur conservation est en principe de 48 heures.

LES FROMAGES FRAIS. Appelé aussi « fromage blanc », le fromage frais est fait de lait pasteurisé coagulé (caillé) grâce aux bactéries lactiques et très peu, ou pas du tout, égoutté. Il en existe des variétés multiples et les taux de matières grasses vont de 0 à 40 %. Divers fromages frais (« ail et fines herbes », brocciu, chèvre frais, feta, ricotta, etc.) sont utilisés en garniture de nombreuses tartes (sucrées ou salées) et quiches, sans oublier le cheesecake. Le petit-suisse, que l'on retrouve dans la pâte aux petits-suisses (voir p. 30), est également un fromage blanc frais.

Le fromage frais à 0 ou 20 % de matières grasses peut remplacer la crème dans un appareil à quiche : cela allège la garniture sans modifier sa texture.

LE YAOURT. Le yaourt (ou yoghourt) est fait de lait entier, demi-écrémé ou écrémé, fermenté grâce à des bactéries lactiques spécifiques. Les diverses variétés de yaourt peuvent être classées selon le taux de matières grasses (maigre : 0,5 % ; nature : 1 % ; au lait entier : 3,5 %), le goût (nature, sucré, etc.) et la texture (ferme, brassé, à boire). Le yaourt donne un petit goût aigrelet à la garniture d'une tarte aux cerises (voir p. 214), par exemple. On le retrouve aussi dans la pâte au yaourt (voir p. 30). Tous les yaourts doivent être conservés au réfrigérateur.

Les œufs

Il existe deux critères à prendre en compte au moment d'acheter des œufs : le calibre et la fraîcheur. Le calibre détermine la classe des œufs : S, moins de 53 g (petit) ; M, de 53 à 63 g (moyen) ; L, 63 à 73 g (gros) ; XL, 73 g et plus. Si, dans la liste des ingrédients d'une recette, le calibre de l'œuf (ou des œufs) n'est pas mentionné, choisissez le calibre moyen. S'agissant de la fraîcheur, la date de consommation recommandée (DCR) doit figurer sur la boîte ou à proximité des œufs vendus en vrac (dans le commerce ou par le producteur) sous la mention : « à consommer de préférence avant... », suivie du jour et du mois. La mention « extrafrais » (9 jours après la date de ponte) ou « extra » (de 9 à 28 jours) est matérialisée par un bandeau rouge et blanc, et l'étiquetage doit préciser la date de ponte (souvent inscrite sur la coquille) ou, à défaut, la date d'emballage.

Entiers et/ou jaunes seuls, les œufs apportent aux pâtes goût, richesse et texture. Ils entrent dans la composition d'une garniture de quiche, d'un flan, d'une crème pâtissière, d'un cheesecake. Les blancs montés en neige servent à confectionner la meringue. L'œuf battu sert à badigeonner une pâte lors d'une cuisson à blanc (voir p. 39) ou à faire dorer le dessus d'une tourte ou d'une galette.

Les œufs se conservent dans le compartiment spécial du réfrigérateur, la pointe en bas pour ne pas écraser la chambre à air.

Attention !

Pour les préparations qui ne sont pas cuites ou qui font l'objet d'un temps de cuisson très court, utilisez des œufs extrafrais.

Le sucre

LE SUCRE BLANC. Il est extrait de la betterave ou de la canne à sucre. Toujours raffiné, il se présente sous diverses formes. Le sucre en morceaux est obtenu par moulage. Le sucre cristallisé, ou sucre « cristal », résulte de la cristallisation du sirop. Le sucre en poudre, ou sucre semoule, provient du tamisage du sucre cristallisé. C'est le sucre le plus utilisé en pâtisserie. Le sucre glace, le plus fin de tous les sucres, obtenu par broyage du sucre cristallisé, est additionné de 3 % d'amidon pour éviter la prise en bloc, ce qui permet d'obtenir une pâte très souple avant la cuisson et croustillante après cuisson. Le sucre en grains (grains arrondis) est surtout utilisé pour les décors.

LE SUCRE BRUN (ou roux) est un sucre non raffiné. La cassonade est un sucre cristallisé brut, issu directement du jus de la canne à sucre, ce qui lui donne sa saveur et sa couleur brune caractéristiques. La vergeoise, brune ou blonde, aux notes de caramel, est un sucre à la consistance moelleuse, provenant d'un sirop de betterave (ou de canne) de raffinerie. On l'apprécie surtout dans le nord de la France et en Belgique, comme en témoigne la recette de la tarte au sucre des Flandres (voir p. 279).

LES AUTRES SUCRES. Le sucre vanillé, blanc ou roux, contient au moins 10 % d'extrait naturel de vanille ou de vanille séchée. Le sucre vanilliné est additionné de vanille de synthèse bon marché, à l'arôme entêtant. Le sucre liquide, ou sirop de sucre de canne, est une solution de sucre incolore commercialisée en bouteille.

Le cacao et le chocolat

LE CACAO. Il provient des cabosses, fruits du cacaoyer. Après les premiers stades de transformation, on obtient la pâte de cacao, onctueuse et amère, qui contient de 45 à 60 % de matières grasses. Le beurre de cacao, extrait de la pâte par pression, est réutilisé en partie pour la fabrication du chocolat.

La poudre de cacao provient d'une pulvérisation de la pâte de cacao, plus ou moins dégraissée. Elle sert à décorer le dessus d'une tarte et à parfumer une pâte (il suffit d'ajouter environ 50 g de poudre de cacao pour 250 g de farine).

LE CHOCOLAT. C'est un mélange de pâte de cacao et de sucre, broyé puis longuement brassé à chaud, avant d'être moulé en tablettes.

Le chocolat « à croquer » contient au moins 35 % de cacao. Les chocolats amer (ou bitter) et supérieur contiennent au moins 43 % de cacao (ce taux peut atteindre 86 %). Le chocolat « de couverture », riche en beurre de cacao, est surtout destiné aux artisans chocolatiers. Le chocolat au lait contient au minimum 25 % de cacao, le chocolat au lait supérieur ou extrafin, 30 % au minimum. Le chocolat blanc, composé de beurre de cacao (20 % au minimum), de lait, de sucre, et parfumé à l'essence de vanille, ne contient pas de pâte de cacao.

Pour confectionner tarte au chocolat, tartelettes et pizza au chocolat, on peut utiliser un chocolat noir pâtissier (ou à cuire) à fort pourcentage de cacao, ou un chocolat blanc pâtissier, voire un chocolat au lait aux éclats de noisette. Les copeaux de chocolat ou les pépites (vendues en sachets) servent à décorer le dessus d'une tarte.

Les réserves

Pour varier à l'infini les tartes, quiches et pizzas, il reste à disposer de tous les éléments de la garniture. Pour cela, ayez donc en réserve une large gamme de produits, en plus des ingrédients de base, qui vous permettront de confectionner toutes les recettes rassemblées dans cet ouvrage.

Au réfrigérateur

Gain de temps

Pensez à certains produits qui pourront vous dépanner le moment venu : sauce Béchamel toute prête (en briquette), brandade de morue en conserve, jus de citron en petit flacon, fond de veau et de volaille (bases culinaires déshydratées) pour sauces et cuissons, vin blanc pour cuisiner (en bouteille de 25 cl), bouquet garni déshydraté, etc.

Pour un achat de dernière minute mieux vaut des produits frais. Mais, pour un grand nombre d'ingrédients énumérés ci-dessous, le conditionnement (en sachet, en barquette, sous vide, etc.) autorise une conservation sensiblement plus longue, ce qui permet ainsi de s'approvisionner à l'avance.
Certains légumes « précoupés » : carottes, champignons, etc.
Le caviar d'aubergine est parfois en conserve, mais, le plus souvent, il faut le conserver au réfrigérateur. Tout comme le beurre d'anchois.
La charcuterie : rillettes, saucisses (chipolotas, de Morteau, etc.), chorizo, jambon blanc, jambon fumé, poitrine et lard fumés, bacon, lardons. Sans oublier la viande des Grisons (prétranchée).
Le foie gras (d'oie ou de canard) mi-cuit : sous vide, en bocal de verre.
Les poissons tels que saumon fumé, surimi.
Certains fromages : mascarpone, ricotta, etc.
Les produits à base de soja : le « lait de soja », jus extrait de la plante, utilisé dans des crèmes ; le tofu, sorte de « fromage » japonais, préparé à partir de ce « lait » ; la crème végétale, préparation culinaire à base de soja, plus légère que la crème liquide et sans lactose (en vente dans les boutiques de produits diététiques).

Au congélateur

À condition de posséder un bon appareil et de bien respecter la chaîne du froid, de nombreux aliments que l'on trouve au rayon « surgelés » de certains supermarchés (ou dans les magasins de produits surgelés) vous rendront grand service, surtout hors saison. Dans tous les cas, respectez les indications mentionnées sur l'emballage, en particulier concernant la décongélation. Celle-ci doit se faire soit au réfrigérateur, soit au four à micro-ondes, mais jamais à température ambiante.
Les produits de la mer : pavés de saumon, filets de poissons (sans arête), etc.
Les découpes de volailles et le foie gras cru.
Les légumes : pointes d'asperge ; choux de Bruxelles ; fonds d'artichaut ; julienne de légumes ; carottes en rondelles ; fleurs de brocoli ; petits pois écossés, etc.
Les fruits : différents fruits rouges ; oreillons d'abricot ; mirabelles ; figues ; rhubarbe en morceaux ; ananas en morceaux ; mangue en tranches, etc.

Les coulis : de fruits rouges, de framboise, entre autres.
Les herbes aromatiques : coupées et présentées en petits pots distributeurs (50 g). À utiliser sans décongélation préalable.

Les ingrédients « saveur »

Herbes fraîches

Aneth, cerfeuil, ciboulette, coriandre, estragon, laurier, menthe, persil, romarin, sauge, thym sont les principales herbes aromatiques utilisées en cuisine. Bien qu'elles soient toutes disponibles en flacons, choisissez-les fraîches, si possible, car elles ont plus de goût. Ces herbes parfument avantageusement de nombreuses préparations et garnitures de tartes.

Épices, condiments, sauces, conserves et autres produits d'épicerie constituent les réserves à avoir toujours sous la main. Attention, après ouverture, nombreux sont les produits qui doivent être conservés au réfrigérateur (produits laitiers, câpres, etc.).
Des épices de votre choix. Elles doivent être achetées en petites quantités.
Les chutneys : condiments aigres-doux, faits de fruits ou de légumes.
Le vinaigre. On trouve différents vinaigres de vin, blanc ou rouge, parfois aromatisés. Quant au vinaigre balsamique, il relève la saveur des fruits rouges, entre autres.
Les légumes en conserve (en boîte ou en bocal) : asperges, maïs en grains, pois chiches, tomates, etc. Les citrons entiers confits au sel, que l'on trouve dans les épiceries fines ou exotiques.
Les poissons et crustacés en conserve : anchois (au sel ou à l'huile) ; thon (entier, en bloc ou en miettes, au naturel ou à l'huile) ; chair de crabe (en miettes ou en morceaux).
Les confits (canard), le foie gras (d'oie ou de canard) en conserve.
Les câpres : confites dans du vinaigre aromatisé, elles relèvent la garniture d'une pizza.
La plupart des « fines herbes » se congèlent facilement. Une fois rincées et épongées, rangez-les dans des sachets ou, mieux, ciselées et tassées dans des petits pots ou des cubes à glaçons. Elles se conservent durant 6 mois.
Les nappages (à la pulpe de fraise, par exemple) pour napper un dessus de tarte. Les compotes, confitures, marmelades et gelées servent également à réaliser des nappages.
Des petits gâteaux secs (à ajouter à une pâte ou à écraser sur un fond de tarte) : biscuits à la cuillère, spéculoos, galettes bretonnes, macarons.
Les fruits au sirop (pêches, poires, ananas, etc.), en boîte ou en bocal, remplacent les fruits frais hors saison.
Les fruits à coque sèche. Outre les classiques (amande, noisette, noix), vous pouvez employer : noix de pécan, noix de cajou, pistaches (non salées), pignons de pin, ainsi que la pulpe de noix de coco râpée. Attention, ils rancissent vite.
Les fruits séchés (abricots et raisins secs, figues séchées). À réhydrater en les mettant à tremper dans de l'eau ou du thé.
Le marron est employé sous différentes formes : la crème de marron, la confiture de marron et les marrons glacés (entiers ou en brisures).
Le café (en petite quantité) est utilisé pour aromatiser : soluble (arabica, de préférence) ou en extrait de café (concentré de café liquide).
Les pâtes à tartiner à la noisette (Nutella®, par exemple).
Le pralin, pâte à base d'amandes et de noisettes enrobées de sucre caramélisé puis broyées, pour aromatiser les crèmes.
Les eaux florales : eau de fleur d'oranger et eau de rose, essentiellement.
Le pain d'épices : émietté sur un fond de tarte, par exemple.

Le lait et la crème stérilisés UHT (ultra haute température) : compte tenu de leur facilité de conservation, ils ne doivent jamais manquer.
Les aides culinaires : ce sont principalement la gélatine alimentaire (en feuilles translucides ou en poudre) très utile pour structurer ou épaissir une crème, par exemple ; les chapelures, fécules et levures, indispensables pour certaines recettes ; les bouillon et court-bouillon déshydratés, commercialisés en sachets, en tablettes ou en cubes, à dissoudre dans de l'eau chaude ; la poudre à flan.

« PETITES RECETTES DU PLACARD » : TOUS LES INGRÉDIENTS

Pour composer vos dîners pressés et parer aux imprévus, ayez toujours sous la main les « basiques » ci-dessous. Ces réserves vous permettront de cuisiner les épatantes « petites recettes du placard » qui jalonnent tous les chapitres du livre (pages 55, 63, 88, 101, 121, 127, 137, 153, 160, 179, 187, 201, 219, 231, 253, 277, 287).

Ingrédients de base et pâtes prêtes à l'emploi

Œufs.
Crème : liquide ou épaisse.
Beurre : doux et demi-sel.
Huile : d'olive et neutre.
Sucre : en poudre, roux, vanillé, sucre glace.
Fécule.
Pâtes : feuilletée, brisée, à pain, sablée, feuilles de brick, pâte filo.

Produits en conserve, en bocal ou sous vide

Légumes : tomates pelées (entières) ou concassées (pulpe en dés) ; coulis de tomate (purée mi-réduite) ; sauce tomate (mélange de fruits et de purée, nature ou cuisiné) ; concentré de tomate. Champignons, betterave.
Légumes confits à l'huile : artichauts, courgettes, oignons (émincés ou non), tomates.
Sardines à l'huile et thon au naturel ou à l'huile.
Quenelles : nature ou à la volaille.
Charcuterie : saucisses de Strasbourg (« knacks »), boudins blancs, andouille, jambon blanc, bacon.
Volaille : magrets de canard, gésiers de volaille confits.
Fruits. Abricots au sirop. Coulis de fruits rouges. Crème de marron. Compotes, confitures (abricot, mirabelle), marmelade (abricot).

Produits surgelés

Légumes : ratatouille, blancs de poireau, poireaux et courgettes en rondelles, asperges vertes, girolles, mélange de champignons, épinards en branches, fonds d'artichaut, tomates, oignons émincés.
Fruits : mirabelles, quetsches, rhubarbe, framboises, myrtilles, mangue.
Herbes aromatiques : aneth, basilic.
Produits de la mer : pinces de crabe cuites, crevettes roses cuites, crevettes et gambas crues ; saumon mariné, anneaux de calamar.
Charcuterie : andouille, boudins blancs.
Volaille : blancs de poulet.

Fromages

Mozzarella, parmesan, comté, emmental, mimolette, brie, munster, chèvre demi-sec, morbier, roquefort.

Condiments et aromates

Guacamole. Avec ou sans dés de poivron.
Moutardes : moutarde de Dijon, blanche et forte ; moutarde à l'ancienne.
Olives dénoyautées. Vertes ou noires, elles se présentent en bocal ou en sachet sous vide.
Oignons et échalotes. Ils peuvent être conservés un certain temps dans le bac à légumes du réfrigérateur.
Pesto et tapenade. Deux condiments vendus en petits pots mais qu'on peut aussi préparer soi-même (voir p. 49).
Sauce soja. Chinoise ou japonaise, pour assaisonner sauces, viandes, salades, poissons.
Vinaigre de riz.

Ingrédients pour parfumer

Épices. Ayez toujours : cumin, curry, gingembre en poudre, noix muscade, quatre-épices, cinq-épices, safran, vanille (en extrait liquide, en poudre, en gousse).
Herbes aromatiques. Sèches, elles sont vendues en flacons. Pensez au thym en branche qui s'achète souvent frais et qui sèche très bien. À compléter par des graines de coriandre, de pavot et de sésame.
Miel : miel toutes fleurs, miel d'acacia.

Divers

Confiserie. Caramels mous.
Chocolat : noir à pâtisserie, au lait et aux éclats de noisette.
Fruits à coque sèche. Amandes (en poudre et effilées), noisettes entières décortiquées, noix (entières et en cerneaux).
Fruits séchés : abricots secs et pruneaux dénoyautés.
Muesli.
Pralinoise. Spécialité au praliné pour desserts, vendue au rayon des tablettes de chocolat. Elle s'utilise comme du chocolat pâtissier et sert aussi de garniture pour une tarte.
Alcools. De prune essentiellement.

Les moules, les ustensiles et l'équipement

Préparer des tartes, des quiches ou des pizzas ne nécessite pas un matériel coûteux ni sophistiqué. Afin de bien choisir les moules et les ustensiles de base, vous devez tenir compte du temps que vous consacrez à la cuisine et/ou à la pâtisserie.

Les moules classiques

moule à tarte

tourtière à fond amovible

Toujours actuels, les moules de nos grand-mères, en métal, ont pour atout leur excellente conductibilité à la chaleur, qui assure la cuisson à cœur des pâtisseries. Le diamètre de ces moules varie généralement de 16 à 32 cm (de 5 à 12 cm pour les moules à tartelette). Le mieux est de posséder un assortiment de moules qui correspond à vos besoins.

La tourtière, ou moule à tarte. C'est le moule employé depuis toujours pour réaliser tartes salées et sucrées. À paroi lisse ou cannelée, avec ou sans rebord, la tourtière est traditionnellement fabriquée en fer-blanc (acier étamé), matériau qui exige de bien graisser le fond et la paroi avant la cuisson. Conservez ce type de moule au sec, car il rouille facilement. C'est pourquoi vous pouvez préférer les moules en acier inoxydable, d'un coût raisonnable, même si le démoulage peut se révéler délicat.

- ▷ Pour rendre le démoulage plus aisé, optez de préférence pour un moule à fond amovible, mais qui n'évite pas le graissage.
- ▷ Pour supprimer le graissage préalable et faciliter le démoulage, vous pouvez garnir le moule de papier sulfurisé (une feuille est fournie avec les pâtes préétalées), mais rien ne vaut un moule recouvert d'un revêtement antiadhésif (chaque fabricant possède sa marque déposée), style Teflon®, sur base d'aluminium, ou Exopan®, sur base d'acier. Prenez garde de ne pas le rayer, en cours d'utilisation, avec des instruments métalliques, ou en le nettoyant avec des produits abrasifs.

La tourtière en porcelaine à feu. Son esthétique lui permet de passer directement du four à la table, mais elle a l'inconvénient d'attacher (même après un graissage minutieux) et de détremper les fonds de tarte.

La tourtière perforée. Elle permet d'obtenir des pizzas croustillantes, les trous facilitant la cuisson. À adopter en cas d'usage fréquent.

Le moule multi-empreintes

Le moule multi-empreintes – rigide avec revêtement antiadhésif ou bien souple à base de silicone – est une plaque pourvue d'alvéoles, en forme de tartelette, barquette, briochette, petit-four, petit gâteau, qui permet de cuire 6, 12 ou 24 pièces en même temps.

moule à manqué

Le moule à manqué. Rond mais parfois carré, à paroi lisse, il est disponible dans les mêmes matériaux que la tourtière. Il est plus profond que cette dernière, ce qui est préférable pour certaines recettes de tourtes, de flans ou pour des tatins.
Les moules à tartelette et les moules à barquette. Les premiers sont ronds, les seconds sont ovales ; de tailles variées, ils sont très souvent en fer étamé ou en acier inoxydable (à fond amovible à partir de 12 cm de diamètre pour les moules à tartelette). Pour un démoulage facile, préférez-les avec revêtement antiadhésif.

Les moules souples

moule à tarte en silicone

Les moules à base de silicone, de conception révolutionnaire, allient solidité, souplesse, antiadhérence, rapidité de cuisson, facilité de démoulage et nettoyage aisé (au lave-vaisselle, notamment). Ils ne nécessitent pas l'emploi de matière grasse. Cette nouvelle génération de moules reprend la gamme des modèles classiques (à tarte, à manqué, etc.).

- ▷ Leur point faible : une trop grande flexibilité qui les rend difficiles à manipuler lorsqu'on les remplit d'une préparation liquide ; il convient alors de placer le moule sur la grille ou sur la plaque du four avant de le foncer et/ou de le garnir.
- ▷ Attention : ces moules exigent certaines précautions (ne pas les utiliser sur une plaque de cuisson, ou au four à plus de 250 °C, par exemple).

Les moules spécifiques

moule à charnière

cercles à tarte et à gâteaux

Le moule à charnière. C'est un moule métallique, rond, à hauts bords. Grâce au système de verrouillage, le cercle s'écarte et libère le fond, ce qui facilite le démoulage de certaines préparations (cheesecake, flan, tourte, par exemple).
Les cercles. Ces formes sans fond en acier inoxydable sont sans conteste très pratiques : il suffit de les soulever délicatement pour les retirer (cela s'appelle « décercler »). Avec eux, finis les soucis de démoulage.

- ▷ On les trouve sous forme de cercles individuels, de cercles à tartes (possédant deux bords roulés) et de cercles à gâteaux (à bords plus hauts). Sur le même principe, quantité d'autres formes (carrés, rectangles, cœurs, etc.) existent aussi, également pratiques et bon marché.
- ▷ Leur mode d'emploi : tous ces cercles se posent soit sur une feuille multicuisson ou une toile de cuisson (voir p. 23), soit sur une feuille de papier sulfurisé, eux-mêmes posés sur la plaque du four.
- ▷ Leurs avantages : démoulage sans problème, coût moindre et encombrement minimal, car ils s'emboîtent les uns dans les autres.
- ▷ Longtemps réservés aux professionnels, ces cercles se trouvent désormais dans les magasins de grande distribution.

Le moule à tarte Tatin. Il ne vous sera nécessaire que si cette tarte est votre dessert préféré. C'est un moule très épais conçu pour aller directement sur une source de chaleur pour la préparation du caramel. Optez de préférence pour un moule avec revêtement antiadhésif. À défaut, il suffit de le remplacer par un moule classique de bonne qualité avec une paroi assez haute, comme un moule à manqué.

Les petits ustensiles

fouet

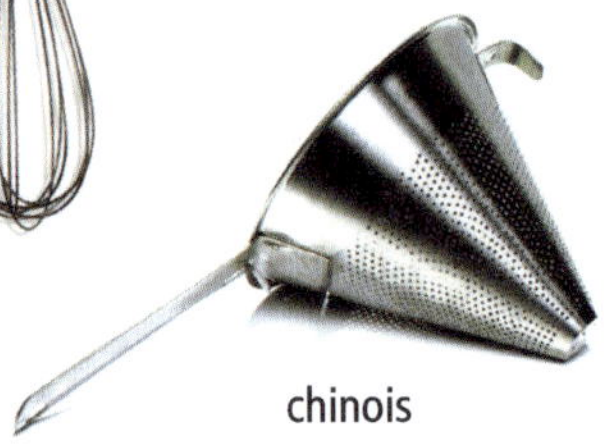

chinois

Un bol mélangeur. Il doit être assez évasé, profond et sans relief intérieur pour effectuer dans les meilleures conditions les opérations telles que : battre au fouet, pétrir une pâte, monter des blancs en neige.

Une spatule en bois. Elle est idéale pour tourner, malaxer, mélanger. Elle peut être remplacée par une simple cuillère en bois.

Un fouet. Il sert, entre autres, à monter des blancs en neige. Pour faire aussi bien qu'un batteur électrique, choisissez un fouet d'une taille adaptée au volume à battre, avec des fils d'acier solides mais souples et une pomme très arrondie. Veillez à la forme du manche pour une bonne prise en main.

Une passoire conique (chinois). À grille fine, elle permet de retenir les impuretés des sauces, des coulis et des sirops.

Un tamis à farine. Généralement en métal, il est muni d'un manche et d'un fin grillage qui permet d'éliminer les grumeaux. Il permet également de fariner le plan de travail sans en mettre trop. La pelle à farine, loin d'être inutile, est son complément.

Les articles pour pâtisserie

rouleau à pâtisserie

pinceau plat

roulette cannelée

Un rouleau à pâtisserie. Indispensable pour étaler une pâte, il est l'ustensile de base à ne pas choisir à la légère. Optez plutôt pour un rouleau en bois (de hêtre) sans poignées aux extrémités pour pouvoir exercer, avec les mains, une pression uniforme. Attention : sa longueur doit être légèrement supérieure au diamètre de la pâte à étaler.

Des billes en céramique ou des « noyaux de cuisson » en métal. Ils sont recommandés pour une « cuisson à blanc » régulière et parfaite des fonds de pâte. À défaut, utilisez des haricots secs (plats), voire des noyaux d'abricot.

Des découpoirs, ou emporte-pièce. En acier inoxydable ou en plastique, de formes et de tailles extrêmement variées (figurines, animaux, cœurs, chiffres pour anniversaire, etc.), ils permettent d'obtenir des découpes de pâte personnalisées (les découpoirs munis d'un bord tranchant sont préférables, car cela évite d'écraser la pâte). À utiliser pour réaliser des biscuits ou des décors de tartes, de tourtes, etc. On trouve des boîtes contenant un assortiment complet de découpoirs.

Une grille à pâtisserie. Parfois appelée « volette » à gâteaux, elle sert à déposer une tarte afin qu'elle refroidisse sans ramollir après le démoulage. Choisissez une grille à pieds, qui favorise l'évacuation de la chaleur.

Un pinceau plat. Dit pinceau de cuisine, il sert à graisser un moule, badigeonner de beurre (ou d'huile) des feuilles de brick ou de pâte filo, dorer une pâte à l'œuf, coller les bords d'un chausson. En avoir deux sous la main est encore mieux, le second, toujours sec, pouvant servir à retirer un surplus de farine sur une pâte.

Une plaque à pâtisserie. Destinée à aller au four, elle est généralement fournie avec l'appareil. Mais il existe des plaques revêtues d'une couche antiadhésive, ce qui en facilite l'entretien.

Une roulette cannelée. Elle permet une coupe dentelée de la pâte.

Les outils de coupe

vide-pomme

couteau zesteur

Un dénoyauteur. C'est une sorte de tenaille qui permet d'ôter (facilement) le noyau des cerises, prunes, olives, etc.
Un vide-pomme. C'est un cylindre court à bord tranchant qui permet de retirer le cœur des pommes en les laissant entières. Accessoirement, il sert à creuser un trou au milieu d'une tourte afin d'y glisser un petit rouleau de papier sulfurisé (ou de feuille d'aluminium) en guise de cheminée.
Un couteau zesteur. Instrument à lame légèrement recourbée et percée de petits trous aux bords tranchants, il permet de prélever de fines lanières de zestes d'agrumes, utilisées dans certaines recettes.

Les papiers divers et toiles de cuisson

Feuille d'aluminium. Elle est bien utile pour protéger une préparation du brunissement lors d'une cuisson au four, ou pour la maintenir au chaud.
Film alimentaire. Transparent, étirable, ultrafin, il est indispensable pour préserver la saveur des aliments conservés au réfrigérateur et prévenir le dessèchement en surface d'une pâte crue (entraînant la formation d'une croûte). À noter que le film « spécial micro-ondes » est plus épais.
Papier sulfurisé. Souvent appelé « papier cuisson » par les fabricants, il est traité pour résister à la chaleur (jusqu'à 220 °C) et supporter le four à micro-ondes. Il s'utilise pour chemiser un moule (qu'il est alors inutile de graisser) ou pour recouvrir une plaque de four avant d'y déposer pour les faire cuire des chaussons, des samosas, une pizza, un fond de pâte dans son cercle, etc., empêchant ainsi la pâte d'attacher. Ce papier brunit légèrement en cours de cuisson, sans perdre pour autant ses qualités. On le trouve en rouleaux de différentes largeurs.
Une feuille multicuisson. Antiadhésive (style Teflon®), elle supporte une température de 260 °C. Elle a les mêmes emplois que le papier sulfurisé sur une plaque de four, mais elle est réutilisable indéfiniment. Très souple, pouvant si nécessaire être découpée à la dimension d'un moule, elle ne nécessite aucun graissage et se lave d'un rapide coup d'éponge humide.
Une toile (ou tapis) de cuisson. Imprégnée de silicone, plus épaisse et plus rigide que la précédente, elle supporte une température de four allant jusqu'à 280-300 °C. Comme la feuille multicuisson, cette toile antiadhésive, pratiquement inusable, ne nécessite aucun graissage et se nettoie à l'éponge humide ; elle peut même être mise dans le lave-vaisselle. Elle existe en plusieurs tailles adaptées aux dimensions des plaques de four. On l'utilise posée sur une plaque pour les mêmes applications que le papier sulfurisé et la feuille multicuisson, mais elle peut, en outre, servir de plan de travail.

toiles de cuisson et cercles

Les instruments de mesure

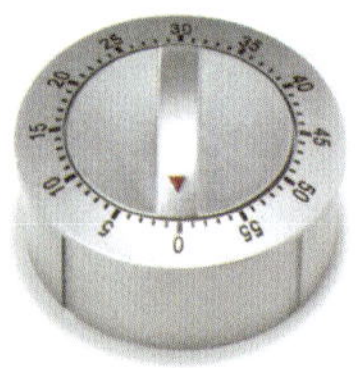

minuteur

Un récipient gradué (ou verre doseur). Il comporte plusieurs échelles de mesure (liquide, farine, sucre, riz, etc.). Qu'il soit en plastique, en verre ou en acier inoxydable, un tel récipient est plus pratique lorsqu'il est muni d'une anse et d'un bec verseur.

▷ Pour mesurer les très petites quantités, on a recours à une cuillère à soupe ou à café (voir tableau des équivalences p. 10).

Une balance de cuisine. Elle est équipée d'un bol ou d'un plateau et offre une capacité maximale comprise entre 2 et 5 kg. La balance automatique indique le poids grâce à l'aiguille sur le cadran. Sa précision est de 5 à 10 grammes, alors que la balance électronique, à affichage digital, précise le poids au gramme près.

Un minuteur. Manuel ou électronique, il permet de contrôler les durées de cuisson, de repos, etc. de toute préparation culinaire.

Le matériel électrique

Un batteur électrique. Muni de fouets polyvalents, il remplace le fouet manuel pour battre sans peine des œufs en neige ou préparer une crème fouettée. Certains modèles possèdent un jeu de crochets à pétrir.

Un mixeur plongeant. Pourvu d'un pied et d'une hélice s'introduisant dans un bol mélangeur, il sert à mélanger toutes sortes de préparations liquides, ou à broyer des fruits pour faire un coulis, par exemple.

Un robot multifonctions. Livré avec de nombreux accessoires, il peut en fonction des modèles : battre, râper, émincer, trancher, émulsionner, hacher, pétrir, etc. On remarque de grands écarts de prix selon la marque et les performances des appareils.

Un four à micro-ondes. Il a l'avantage de réduire considérablement les temps de cuisson, mais ne peut prétendre remplacer un four classique. Il est même déconseillé pour la pâtisserie. En effet, la pâte y cuit mais ne lève pas, et surtout ne dore pas. Toutefois, à condition de prendre certaines précautions, cet appareil se révèle très efficace pour : décongeler rapidement fruits et légumes ; chauffer du lait sans qu'il n'attache ou qu'il ne déborde ; ramollir du beurre sorti du réfrigérateur et faire fondre beurre et chocolat sans bain-marie, à condition de procéder par étapes successives de quelques secondes.

▷ Attention : pour réchauffer ou cuire des aliments dans ce type de four, il est indispensable d'utiliser des récipients « transparents », c'est-à-dire qui laissent passer les ondes sans les réfléchir ni les absorber. Le choix est assez large : verre, verre à feu, faïence ou porcelaine (sans dorure).

Matériel pour micro-ondes

Dans un four à micro-ondes sont interdits récipients et couverts en métal, barquettes ou feuilles d'aluminium. En revanche, on peut utiliser sans problème papier sulfurisé ou feuille multicuisson. Lorsqu'il est percé de quelques petits trous, le film alimentaire étirable peut servir à couvrir les aliments afin d'éviter le dessèchement en cours de cuisson.

Le four

En matière de tartes, tourtes, pizzas, etc., la cuisson au four reste l'étape déterminante. Pour la maîtriser, il est important de connaître avec précision les possibilités de son appareil.

Le four à gaz. Dans ce type de four, la combustion entretient un flux d'air chaud en mouvement. La cuisson est rapide et dessèche peu les aliments en raison de l'humidité naturelle produite par la combustion du gaz.

Le four électrique. Le déplacement d'air chaud par convection naturelle est ici moins important. Il y a une différence de température entre les parties supérieure et inférieure de l'enceinte.

- ▷ Convection forcée. Les fabricants proposent désormais des appareils équipés de systèmes à convection forcée, dits « à chaleur tournante », « à chaleur pulsée » ou « à chaleur brassée ». Grâce à un ventilateur ou à une turbine, la circulation de l'air et les échanges thermiques sont accélérés. La température souhaitée est atteinte rapidement et elle est homogène dans tous les points du four.
- ▷ Four à vapeur. Ce nouveau venu sur le marché grand public cuit les aliments à l'aide de vapeur, préservant ainsi saveur, texture et vitamines.

Thermostat et programmateur. Un four est toujours muni d'un thermostat qui détermine la température. En général, celle-ci va de 50 ou 100 °C à 250 ou 300 °C. Le bouton de réglage est parfois gradué de 1 à 10. Le plus souvent, un programmateur permet de fixer l'heure de début et de fin de cuisson.

Importance du nettoyage

Un four nécessite un nettoyage fréquent. L'efficacité de la catalyse peut se révéler insuffisante : les parois du four sont recouvertes d'un émail spécial qui détruit les graisses mais pas les autres salissures. Le système par pyrolyse, qui existe seulement sur les fours électriques, carbonise toutes les salissures à très haute température (500 °C) et permet un nettoyage intégral.

Tableau indicatif de cuisson

Thermostat	Température	Chaleur
1	60 °C	
2	80 °C	
3	100 °C	à peine tiède
4	120 °C	tiède
5	150 °C	douce
6	180 °C	modérée
7	210 °C	moyenne
8	240 °C	chaude
9	270 °C	très chaude
10	300 °C	vive

Ces indications sont valables pour un four électrique traditionnel.
Pour les fours à gaz ou électriques à chaleur tournante, reportez-vous à la notice du fabricant.

Les pâtes prêtes à l'emploi

On ne dispose pas toujours du temps nécessaire pour préparer une pâte « maison ». Ce n'est pas une raison pour renoncer au plaisir de cuisiner. Il existe dans le commerce une large gamme de pâtes toutes prêtes, de qualité, d'une grande facilité d'emploi. Confectionner une tarte, une quiche, une pizza... ou toute autre préparation de ce type, sucrée ou salée, devient alors (presque) un jeu d'enfant.

Les pâtes fraîches

Parfumer une pâte préétalée

Pour parfumer une pâte préétalée du commerce – pâte à pizza avec une herbe aromatique, pâte sablée avec de la cannelle en poudre, pâte à pain avec des raisins secs, etc. –, ajoutez l'ingrédient de votre choix, puis rassemblez la pâte en boule avant de la réétaler sur le plan de travail fariné.

pâtes préétalées et en « bloc »

PÂTES PRÉÉTALÉES OU EN « BLOC ». Vous trouverez facilement des pâtes brisée, sablée, feuilletée, à pain, à pizza au rayon réfrigéré de votre supermarché. Ces pâtes se présentent le plus souvent « préétalées », en rouleau, mais aussi en rectangle sous plastique, voire en carrés individuels pour la pâte feuilletée. Certaines portent la mention supplémentaire « pur beurre », ce qui, en principe, les rend plus savoureuses. Quant à la pâte à pain ou à pizza, elle se doit d'être fabriquée « à la levure boulangère ».

- ▷ **Pâte préétalée.** Il suffit de la dérouler directement avec son papier cuisson sur une plaque et de la laisser reposer 15 min à température ambiante avant de l'utiliser. Toutefois, il vous faudra peut-être amincir la pâte au rouleau à pâtisserie selon les indications de la recette.
- ▷ **Pâte en « bloc »** (pâton rectangulaire). Elle est « prête à étaler » à l'aide du rouleau à pâtisserie.
- ▷ **Présentations.** Dans les deux cas, suivez les indications du fabricant mentionnées sur l'emballage. Le poids de ces pâtes varie de 180 à 300 g, ce qui permet d'utiliser un moule allant jusqu'à 28 cm de diamètre (de 4 à 6 personnes, selon la recette). Tous les fabricants proposent ces pâtes en paquet de deux rouleaux : une formule bien pratique pour ne pas être pris(e) de court ou pour pouvoir confectionner deux préparations à la fois, la seconde pouvant être congelée. À noter : aucune mention d'épaisseur n'est précisée sur les emballages et le diamètre n'est pas toujours indiqué.
- ▷ **Conservation.** Entreposez ces pâtes dans la partie la plus froide du réfrigérateur (4 °C) et respectez la date limite de consommation (DLC).

LES PÂTES DE BOULANGER. Un artisan boulanger peut fournir à ses clients de la pâte à pain, voire de la pâte brisée, sablée ou feuilletée. Pensez à lui passer commande à l'avance. Et, dès le retour des courses, ne laissez pas la pâte à température ambiante, mais entreposez-la au réfrigérateur, en attendant de confectionner la recette de votre choix. Ce conseil est particulièrement important pour une pâte à pain : elle risquerait de lever trop vite.

Les pâtes surgelées

Vous trouverez toutes les pâtes citées précédemment, préétalées ou en bloc, au rayon des produits surgelés de certains supermarchés ou dans les magasins de produits surgelés.

▷ **Conservation.** Elle dépend de votre équipement : 24 h dans un réfrigérateur (4 °C), 3 jours dans le compartiment à glace, ou plusieurs mois (à –18 °C) dans le compartiment (***) d'un réfrigérateur ou dans un congélateur (****). Comme pour les pâtes fraîches, respectez la date limite de consommation (DLC).

▷ **Décongélation.** Une pâte doit toujours avoir décongelé avant d'être déroulée ou étalée. Pour procéder à la décongélation, suivre les indications données sur l'emballage. Attention : ne jamais recongeler une pâte décongelée.

Les feuilles de brick et de pâte filo

feuilles de brick et de pâte filo

Venues d'ailleurs, ces feuilles de pâte fraîches sont fines, très légères et, une fois cuites, particulièrement croustillantes. Depuis longtemps disponibles dans les épiceries spécialisées, elles se trouvent désormais au rayon réfrigéré des supermarchés, à côté des pâtes classiques. Elles diffèrent par leur origine, leur composition et leur texture.

LA FEUILLE DE BRICK. C'est une composante essentielle de la cuisine d'Afrique du Nord. Faite de farine de blé, d'eau, d'huile et de sel, cette fine « crêpe » sert à confectionner de nombreuses préparations souvent frites dans l'huile (comme la brick à l'œuf tunisienne, par exemple), divers chaussons farcis ainsi que des pâtisseries. Lorsque la cuisson s'effectue au four (comme pour la pastilla marocaine), cela permet de réduire sensiblement l'emploi de matière grasse.

▷ **Présentation.** Les feuilles de brick se présentent en disques superposés, le plus souvent de 30 cm de diamètre, séparés les uns des autres par une feuille de papier sulfurisé. Conditionnées par paquets de dix, elles sont proposées soit à plat, soit pliées en deux. Ces dernières sont moins pratiques car la pliure empêche de les travailler facilement.

▷ **Conservation.** Mettez les feuilles de brick dans la partie la plus froide du réfrigérateur (4 °C), et respectez la date limite de consommation (DLC). Une fois le paquet ouvert, ces feuilles se gardent 2 ou 3 jours dans un linge humide ou dans une feuille d'aluminium pour éviter qu'elles ne se dessèchent.

LA FEUILLE DE PÂTE FILO. Légèrement plus fragile, composée de farine et d'eau, elle est très présente dans les cuisines turque et grecque. D'ailleurs son nom « filo » vient du grec « feuille ». Souple et fine comme du papier de soie, la filo est traditionnellement destinée à la confection des fameux baklavas, et de bien d'autres recettes sucrées et salées.

▷ **Présentation.** Les feuilles de pâte filo sont conditionnées en rectangles superposés, de 32 x 38 cm, roulés sur eux-mêmes.

▷ **Conservation.** Respectez les mêmes règles que pour les feuilles de brick.

Des feuilles très maniables

Les feuilles de brick et de pâte filo se découpent facilement (aux ciseaux), ce qui permet de nombreuses présentations : en grand format, ou en portions individuelles. Et, comme elles se prêtent à de nombreux pliages, à vous d'adopter la forme souhaitée : triangle (voir p. 43), gros bonbon ou papillote, aumônière, demi-lune, rouleau, etc.

Les pâtes brisées

La pâte brisée, la plus simple de toutes, est un mélange de farine et de beurre lié avec de l'eau. Comme pour les autres pâtes, une pincée de sel en fait ressortir la saveur. On ajoute du sucre lorsqu'elle est destinée à recevoir une garniture sucrée. L'apport de divers ingrédients (yaourt, par exemple) conduit à des variantes.

Pâte brisée

Pour 250 g de pâte
Préparation : 10 min
Repos : 30 min

Cuisson à blanc : 10 à 15 min à 180 °C (therm. 6)

100 g de beurre mou
150 g de farine tamisée
7 cl (ou 5 cuill. à soupe) d'eau froide
1 pincée de sel fin
Pour un dessert : 2 cuill. à soupe de sucre en poudre

▷ Coupez le beurre en très petits morceaux. Dans un saladier, versez la farine et creusez un puits au milieu. Ajoutez le sel puis les morceaux de beurre.

▷ Assemblez rapidement les ingrédients en effritant le mélange du bout des doigts. Versez juste assez d'eau (1 cuill. à soupe à la fois) pour amalgamer l'ensemble, puis travaillez rapidement la pâte jusqu'à ce qu'elle soit bien souple. Elle ne doit être ni trop molle ni collante.

▷ Farinez très légèrement le plan de travail, posez-y la pâte, puis étalez-la en l'écrasant et en la repoussant avec la paume de la main mais sans trop la pétrir.

▷ Rassemblez la pâte, formez une boule et aplatissez-la entre vos mains. Enveloppez-la d'un film alimentaire et laissez-la reposer au réfrigérateur pendant 30 min.
Farinez très légèrement le plan de travail et étalez la pâte au rouleau à pâtisserie à l'épaisseur et au diamètre voulus.

Demi-sel

Pour une tarte salée à base de pâte brisée, vous pouvez remplacer jusqu'à la moitié du beurre par la même quantité de beurre demi-sel en réduisant le sel dans les mêmes proportions.

Pâte à pâté (ou à tourte)

Pour 700 g de pâte
Préparation : 15 min
Repos : 1 h

225 g de beurre mou
250 g de farine tamisée
125 g de fécule de pomme de terre
2 cuill. à café de sel fin
1 œuf
4 cl d'eau (environ 3 cuill. à soupe)

▷ Coupez le beurre en morceaux. Dans un saladier, versez la farine, la fécule, le sel, puis ajoutez le beurre. Malaxez avec les doigts jusqu'à ce que le mélange soit homogène.

▷ Dans un bol, cassez l'œuf, battez-le à la fourchette. Versez-le dans le saladier, puis ajoutez l'eau. Pétrissez l'ensemble jusqu'à obtenir une pâte bien lisse.

▷ Enveloppez la pâte dans un film alimentaire et laissez-la reposer pendant 1 h au réfrigérateur.

▷ Beurrez une tourtière. Farinez très légèrement le plan de travail et étalez deux tiers de pâte au rouleau à pâtisserie à l'épaisseur et au diamètre voulus. Déposez doucement cette pâte au fond de la tourtière et appuyez-la contre le fond et les bords intérieurs avec le bout des doigts (cela s'appelle « foncer », voir p. 38). Étalez le tiers de pâte restant et détaillez-y un disque d'un diamètre légèrement supérieur à celui du moule. Découpez un petit rond au milieu du cercle.

▷ Remplissez la tourtière aux trois quarts de garniture (indiquée dans la recette) et fermez avec le rond de pâte. Soudez en pinçant les bords et, si nécessaire, badigeonnez d'œuf battu (dans ce cas, prévoir 1 œuf supplémentaire).

▷ Roulez un petit morceau de papier sulfurisé et glissez-le au centre du pâté de façon à former une cheminée. Il ne reste plus qu'à enfourner.

Cette pâte permet de confectionner pâtés et tourtes salés.

Pour aromatiser une pâte brisée salée

Aromatiser une pâte permet d'apporter à une préparation de type tarte, quiche, tourte, etc., une saveur supplémentaire. Voici quelques associations qu'il est bon de connaître.

▷ **Épices.** Utilisez le paprika ou la noix muscade pour confectionner un fond de tarte garni de viande, de poisson, ou même de fromage. Le curry (en poudre) convient très bien pour une tarte au poisson, à la viande ou aux légumes. Le goût des graines d'anis ou de cumin se mélange très bien avec celui d'un légume ou d'un poisson. Quant au safran (ou au curcuma) ajouté à une pâte, il est tout indiqué dans le cas d'une garniture au poisson.

▷ **Herbes.** Le thym (émietté) parfume agréablement une pâte destinée à recevoir une préparation à base de poisson, de viande ou de (nombreux) légumes.

▷ **Fromages.** Vous pouvez ajouter du parmesan râpé ou du fromage de chèvre sec à une pâte qui doit recevoir une préparation à base de légumes.

▷ **Fruits secs.** Amandes, noisettes ou pistaches en poudre peuvent être ajoutées à une pâte avec garniture de viande ou de fromage.

▷ **Huiles essentielles.** Deux gouttes d'huile aux agrumes (citron, orange douce, pamplemousse) suffisent dans une pâte. Pour des petites quiches crabe/pomme (voir p. 102), par exemple, on peut remplacer avantageusement le curcuma dans la pâte par de l'huile de citron. Les huiles de thym, de romarin, et même de basilic apportent autant de goût (et même plus) que des herbes fraîches qui perdent une partie de leur saveur à la cuisson. Il faut donc veiller à ne pas surdoser ces huiles.

Pour aromatiser une pâte brisée destinée à recevoir une garniture sucrée, reportez-vous à l'encadré de la page 32.

Pâte au yaourt

Pour 250 g de pâte
Préparation : 10 min
Repos : 30 min

Cuisson à blanc : 10 à 15 min
à 180 °C (therm. 6)

60 g de beurre mou
1 pincée de sel fin
200 g de farine tamisée
1 cuill. à café de levure chimique
40 g de yaourt brassé nature
Pour un dessert : 1 cuill. à soupe de sucre en poudre

▷ Coupez le beurre en petits morceaux. Dans un saladier, versez la farine et creusez un puits au milieu. Ajoutez le sel et la levure, puis mélangez avec une spatule.
▷ Incorporez petit à petit le yaourt et le beurre tout en continuant de mélanger jusqu'à obtenir une pâte bien souple.
▷ Rassemblez la pâte, formez une boule et aplatissez-la entre vos mains. Enveloppez-la d'un film alimentaire et laissez-la reposer au réfrigérateur pendant 30 min.
▷ Farinez très légèrement le plan de travail et étalez la pâte au rouleau à pâtisserie à l'épaisseur et au diamètre voulus.

Moins riche que la pâte brisée classique, cette pâte très croustillante est plutôt réservée à des garnitures salées. Vous pouvez la parfumer avec une pincée de cannelle en poudre, de paprika ou de quatre-épices.

Pâte aux petits-suisses

Pour 500 g de pâte
Préparation : 10 min
Repos : 30 min

Cuisson à blanc : 10 à 15 min
à 180 °C (therm. 6)

90 g de beurre mou
180 g de farine tamisée
1 pincée de sel fin
3 petits-suisses (180 g)
Pour un dessert : 1 cuill. à soupe de sucre en poudre

▷ Coupez le beurre en très petits morceaux. Dans un saladier, versez la farine et creusez un puits au milieu. Ajoutez le sel et les petits-suisses, puis mélangez avec une spatule en bois.
▷ Incorporez petit à petit les morceaux de beurre tout en continuant de mélanger jusqu'à obtenir une pâte bien souple. Rassemblez la pâte, formez une boule et aplatissez-la bien entre vos mains. Enveloppez-la d'un film alimentaire et laissez-la reposer au réfrigérateur pendant 30 min.
▷ Farinez très légèrement le plan de travail et étalez la pâte au rouleau à pâtisserie à l'épaisseur et au diamètre voulus.

Très rapide à préparer, cette pâte convient pour des garnitures salées ou sucrées.

Les pâtes brisées « spéciales »

Plusieurs recettes de cet ouvrage se préparent avec des pâtes brisées – salées et sucrées – qui sont parfumées pour s'accorder avec leur garniture. En voici la liste :

▷ pâte au paprika (quiche aux brocolis p. 56)
▷ pâte à la farine complète (quiche aux courgettes et au roquefort p. 65)
▷ pâte brisée au curcuma (petites quiches au crabe et aux pommes p. 102)
▷ pâte brisée au gingembre (tartelettes aux fruits de mer et au lait de coco p. 109)
▷ pâte à la noix muscade (tartelettes fines au haddock et aux poireaux p. 110)
▷ pâte au quatre-épices (petits chaussons à la viande de veau et au citron confit p. 151)
▷ pâte brisée aux noix (tarte au poulet, au potiron et au miel façon crumble p. 163)
▷ pâte brisée aux noisettes (tartelettes au chèvre et aux noisettes p. 184)
▷ pâte sucrée-salée (tarte au gorgonzola et aux poires p. 193)
▷ pâte au parmesan (tarte au parmesan et aux Griottines p. 198)
▷ pâte brisée au citron vert (tarte à l'ananas et au citron vert p. 230)

Les pâtes sablées

La façon d'incorporer les ingrédients les uns aux autres donne à cette pâte son aspect sablé.
La cuisson la rend friable et craquante. La pâte sablée est destinée avant tout à des préparations sucrées.
On peut la faire avec des biscuits secs écrasés et du beurre, sans aucun ajout de farine.

Pâte sablée

Pour 250 g de pâte
Préparation : 10 min
Repos : 30 min

Cuisson à blanc : 10 à 15 min
à 180 °C (therm. 6)

60 g de beurre mou
1 œuf
40 g de sucre glace
2 cuill. à soupe d'amandes en poudre
1 pincée de sel fin
110 g de farine tamisée

▷ Coupez le beurre en très petits morceaux. Dans un saladier, cassez l'œuf, battez-le à la fourchette, puis ajoutez le sucre, les amandes en poudre et le sel. Travaillez vivement le mélange avec une spatule en bois, jusqu'à ce qu'il blanchisse et devienne mousseux.

▷ Versez la farine d'un seul coup et mélangez rapidement avec la spatule.

▷ Prenez la pâte par petites quantités dans les mains et écrasez-la entre les doigts. Elle ne doit pas faire corps mais s'effriter en petits grains comme du sable.

▷ Farinez très légèrement le plan de travail et versez-y le contenu du saladier. Répartissez le beurre sur la pâte, puis pétrissez le tout à la main pour incorporer le beurre à la pâte. Formez une boule et aplatissez-la bien entre vos mains. Enveloppez-la d'un film alimentaire et laissez-la reposer 30 min. Farinez à nouveau le plan de travail et étalez la pâte au rouleau à l'épaisseur et au diamètre voulus.

Plus friables

Les pâtes sablées ne doivent pas être élastiques ; pour qu'elles soient bien friables, vous pouvez ajouter 1 cuill. à café de vinaigre dans le premier mélange, après les amandes en poudre.

Cuisson à blanc

Pour faire cuire à blanc les pâtes sablées, il est inutile de les recouvrir de légumes secs.

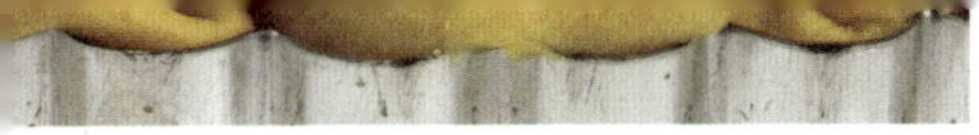

Pâte sucrée

Pour 450 g de pâte
Préparation : 10 min
Repos : 30 min

Cuisson à blanc : 10 à 15 min
à 180 °C (therm. 6)

40 g de beurre mou
1 œuf
1,5 cl de lait (1 cuill. à soupe)
125 g de sucre en poudre
1 pincée de sel fin
250 g de farine tamisée
2 g de levure chimique

▷ Coupez le beurre en très petits morceaux. Dans un saladier, cassez l'œuf, battez-le à la fourchette, puis versez le lait et ajoutez le sucre et le sel. Travaillez vivement le mélange avec une spatule en bois, jusqu'à ce qu'il blanchisse et devienne mousseux.

▷ Versez la farine et la levure chimique d'un seul coup et mélangez rapidement avec la spatule.

▷ Prenez la pâte par petites quantités dans les mains et écrasez-la entre les doigts. Elle ne doit pas faire corps mais s'effriter en petits grains comme du sable.

▷ Farinez très légèrement le plan de travail et versez-y le contenu du saladier. Répartissez les morceaux de beurre sur la pâte, puis pétrissez le tout à la main de façon à incorporer le beurre à la pâte. Formez une boule et aplatissez-la bien entre vos mains. Enveloppez-la d'un film alimentaire et laissez-la reposer pendant 30 min.

▷ Farinez à nouveau le plan de travail et étalez la pâte au rouleau à pâtisserie à l'épaisseur et au diamètre voulus.

Très moelleuse, cette pâte convient à de nombreuses tartes aux fruits. Pour la parfumer, vous pouvez ajouter, selon votre goût, 1 gousse de vanille grattée ou 1 cuill. à café de cannelle en poudre (à la place de la levure chimique), ou encore 50 g de cacao en poudre pour préparer par exemple une tarte au chocolat ou au café.
Lorsque la tarte est cuite, laissez-la refroidir avant de la démouler car elle est très friable.

Organisation

Qu'elle soit brisée ou sablée, n'hésitez pas à préparer une pâte la veille de son utilisation, et entreposez-la au réfrigérateur. Le lendemain, la tarte n'en sera que meilleure.

Pour aromatiser une pâte à tarte sucrée

Côté desserts, certains mariages sont des classiques. À vous d'en essayer d'autres.

▷ **Épices.** Mélange quatre-épices ou cannelle sont deux épices très appréciées que l'on ajoute à des fonds de tartes aux fruits. Sans oublier la vanille, bien sûr, sous forme d'extrait liquide.
▷ **Zestes d'agrumes.** De citron, jaune ou vert, le zeste est (comme le jus ou la pulpe) un révélateur de saveur. Pensez aussi au zeste d'orange. Choisissez de préférence des fruits non traités.
▷ **Cacao.** En poudre, le cacao est indiqué dans une pâte à tarte au chocolat ou au café.
▷ **Fruits secs.** Amandes, noix de coco et autres noisettes en poudre conviennent à toutes sortes de tartes aux fruits ou au sucre.
▷ **Huiles essentielles.** L'arôme concentré de deux gouttes d'huile de citron, d'orange douce ou de pamplemousse fait merveille dans un fond de tarte sucrée (ou dans une pâte à crumble). Et pourquoi pas de l'huile de lavande ?

Ces suggestions sont valables aussi bien pour les pâtes sablées que pour les pâtes brisées.

Pâte aux biscuits secs

Pour 250 g de pâte
Préparation : 10 min

Cuisson à blanc : 10 min
à 160-170 °C (therm. 5-6)

50 g de beurre
180 g de biscuits à la cuillère
20 g d'amandes en poudre

- Faites fondre doucement le beurre dans une petite casserole.
- Coupez les biscuits en morceaux et mixez-les avec les amandes en poudre. Ajoutez progressivement le beurre jusqu'à obtenir une pâte homogène mais pas trop fine.
- Garnissez de pâte un moule (de 22 à 26 cm de diamètre) préalablement recouvert de papier sulfurisé et tassez bien la pâte avec les doigts.

Cette pâte, qui n'est pas une pâte sablée classique, convient bien à la préparation de cheesecakes, mais on peut aussi la garnir d'une crème pâtissière (voir p. 50), d'une crème Chiboust ou de lemon curd (voir p. 50) avant d'y disposer des fruits. Faites-la cuire dans un moule à fond amovible ou dans un cercle car elle est assez friable.

Pâte aux biscuits secs au chocolat

Pour 300 g de pâte
Préparation : 15 min
Repos : 1 h 30

80 g de beurre
50 g de chocolat noir
150 g de gâteaux secs recouverts de chocolat
100 g d'amandes entières

- Dans un bain-marie (ou 2 fois pendant 20 s au four à micro-ondes), faites fondre le beurre avec le chocolat et mélangez-les intimement.
- Cassez les gâteaux en petits morceaux. Mixez-les avec les amandes et la préparation au chocolat jusqu'à obtenir un mélange sableux.
- Avec le dos d'une grande cuillère, étalez ce mélange au fond d'un moule de 28 cm de diamètre, préalablement recouvert de papier sulfurisé, sans tasser. Laisser reposer au réfrigérateur pendant 1 h 30.
- Garnissez le fond de pâte avec la garniture choisie.

Cette pâte, qui n'est pas une pâte sablée classique, permet de préparer diverses tartes au chocolat et même des tartes aux fruits (fraises, par exemple). Elle ne nécessite pas de cuisson, mais, si la garniture l'exige, la cuisson doit être courte et à 180 °C (therm. 6). Utilisez des moules à fond amovible ou des cercles car cette pâte se casse facilement.

Les pâtes « spéciales » pour tartes sucrées

Plusieurs recettes de cet ouvrage se réalisent avec des pâtes sablées – « classiques » ou à base de biscuits écrasés – parfumées pour s'accorder avec leur garniture. En voici la liste :

- pâte aux noisettes (tarte aux fruits rouges et à la crème de noisette p. 228)
- pâte aux cookies (tartelettes au kiwi et aux fruits rouges p. 237)
- pâte sucrée au quatre-épices (tarte aux mirabelles, au miel et au pain d'épices p. 255)
- pâte aux amandes (tarte à la rhubarbe et aux groseilles p. 259)
- pâte sablée au cacao (tarte au chocolat noir p. 263)
- pâte aux palets bretons (tartelettes au chocolat, orange et kumquats confits p. 264)
- pâte aux galettes bretonnes (cheesecakes p. 282, tarte à la ricotta mentholée p. 283)

Les pâtes feuilletées

La pâte feuilletée résulte de pliages successifs (« tourages ») de couches de pâte et de couches de matière grasse de même épaisseur. La pâte décrite ci-dessous est à 6 tours avec un repos à chaque tour. Après la cuisson, le feuilletage, au bon goût de beurre, devient léger et croustillant.

Un conseil : si vous préparez une pâte feuilletée la veille, attendez le jour de l'emploi pour donner les deux derniers tours, avec toujours un repos entre chaque tour.

Pâte feuilletée

Pour 500 g de pâte
Préparation : 30 min
Repos : 9 h

Cuisson à blanc : 10 à 15 min à 180 °C (therm. 6)

10 cl d'eau froide environ
1 pincée de sel fin
200 g de beurre mou
250 g de farine tamisée

▷ Dans un verre, versez l'eau, ajoutez le sel et laissez-le se dissoudre. Dans une petite casserole, faites fondre 30 g de beurre (en 20 à 30 s au four à micro-ondes). Dans un saladier, mettez la farine et creusez un puits au milieu. Versez d'abord l'eau, puis le beurre. Délayez progressivement avec une spatule en bois, puis à la main. Travaillez cette pâte rapidement. C'est ce qu'on appelle la détrempe.

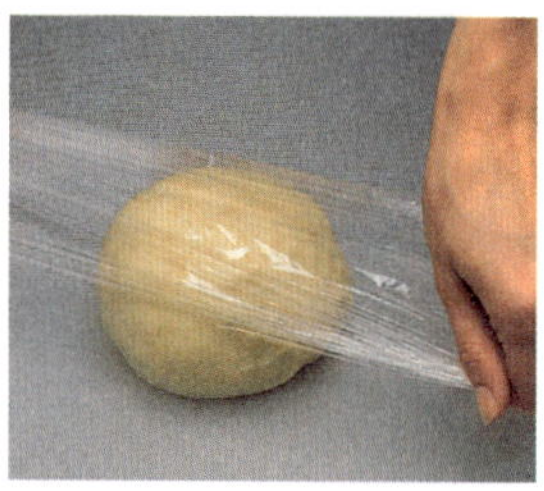

▷ Rassemblez cette détrempe en boule, aplatissez-la entre vos mains, enveloppez-la dans un film alimentaire et laissez-la reposer pendant 2 h au réfrigérateur.

▷ Placez le reste du beurre entre deux feuilles de film alimentaire. Étalez-le au rouleau à pâtisserie de façon à obtenir un carré de 1 cm d'épaisseur. Farinez légèrement le plan de travail et étalez la détrempe au rouleau à pâtisserie sur une épaisseur de 2 cm environ, en veillant à laisser au centre plus d'épaisseur que sur les bords.

▷ Étalez la détrempe pour former un grand carré aux angles bien droits. Posez le carré de beurre en travers au centre du carré de détrempe.

Des tourages plus faciles

L'ajout de beurre fondu au moment de la confection de la détrempe permet d'obtenir une pâte souple et non élastique, ce qui facilite les tourages.

▷ Repliez chaque coin de la détrempe sur le beurre, comme une enveloppe, de façon à obtenir un « pâton » de forme carrée.

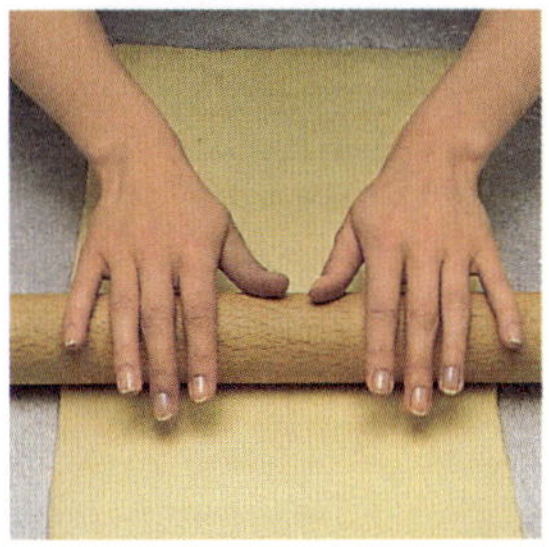

▷ Étalez ce pâton en un rectangle trois fois plus long que large.

▷ Repliez la pâte en trois, pour former un carré : vous avez donné le premier « tour ». Laissez reposer la pâte pendant 2 h au réfrigérateur. Faites ensuite pivoter la pâte d'un quart de tour et étalez-la en un rectangle de même taille que le précédent repliez à nouveau en trois : vous avez donné le deuxième tour. Laissez de nouveau reposer la pâte pendant au moins 1 h au réfrigérateur.

▷ Procédez ensuite de la même façon, en faisant deux tours à la suite mais en laissant à chaque fois la pâte reposer 2 h au réfrigérateur, jusqu'à avoir fait six tours. À chaque « tourage », faites, d'une pression du doigt, des marques sur le dessus de la pâte pour repérer le nombre de tours effectués. Farinez à nouveau le plan de travail et étalez la pâte au rouleau à l'épaisseur et au diamètre voulus.

La consistance du beurre

Attention, pour la confection d'une pâte feuilletée, veillez à la consistance du beurre. Trop mou, il risque de déborder sous le poids du rouleau à pâtisserie. Trop dur, il passe au travers de la pâte, ce qui compromet le développement du feuilletage au cours de la cuisson.

Congélation et décongélation des pâtes

Vous pouvez congeler toutes les pâtes faites « maison » : crues (en boule ou dans leur moule), ou précuites « à blanc ». Attention, une pâte doit toujours décongeler au réfrigérateur avant d'être étalée au rouleau à pâtisserie; il faut donc penser à la sortir du congélateur la veille de son utilisation. Pour les pâtes surgelées du commerce, préétalées ou non, suivez les recommandations mentionnées sur l'emballage.

Pâte feuilletée inversée

Pour 500 g de pâte
Préparation : 20 min
Repos : 3 h 30

Cuisson à blanc : 10 à 15 min à 180 °C (therm. 6)

5 cuill. à soupe d'eau froide
200 g de beurre mou
200 g de farine tamisée
1 pincée de sel fin

▷ Dans un verre, versez l'eau froide, ajoutez le sel et laissez-le se dissoudre. Dans une petite casserole, faites fondre 40 g de beurre (en 20 à 30 s au four à micro-ondes). Dans un saladier, mettez 140 g de farine et creusez un puits au milieu. Versez d'abord l'eau salée, puis le beurre fondu. Délayez progressivement avec une spatule en bois, puis à la main. Travaillez cette pâte rapidement. C'est ce qu'on appelle la détrempe.

▷ Étalez cette détrempe en un rectangle de 2 cm d'épaisseur. Enveloppez-la dans un film alimentaire et laissez-la reposer pendant 30 min au réfrigérateur.

▷ Coupez les 160 g de beurre restants en petits morceaux. Dans un saladier, versez les 60 g de farine restants et incorporez les morceaux de beurre. Malaxez ce mélange jusqu'à ce qu'il devienne homogène. Étalez-le en un rectangle de 2 cm d'épaisseur, à la même dimension que la détrempe. Enveloppez-le dans un film alimentaire et laissez-le reposer pendant 30 min au réfrigérateur.

▷ Sortez les deux préparations du réfrigérateur. Elles doivent être à la même température.

▷ Farinez très légèrement le plan de travail et posez d'abord le mélange beurre-farine. Posez par-dessus le rectangle de détrempe, qui doit occuper la même surface. Étalez l'ensemble de ces deux éléments en un rectangle allongé. Repliez-le en trois : vous avez fait le premier tour.

▷ Laissez reposer pendant 30 min au réfrigérateur et recommencez l'opération cinq fois de suite (soit six fois en tout) avec, à chaque fois, le même temps de repos.

▷ Farinez légèrement le plan de travail et étalez la pâte au rouleau à pâtisserie à l'épaisseur et au diamètre voulus.

Cette pâte est dite « inversée », car, contrairement à la pâte feuilletée classique, c'est la détrempe qui est enveloppée dans le mélange beurre-farine. La pâte feuilletée inversée permet une préparation plus rapide, car elle nécessite des temps de repos moins longs.

Préserver le feuilletage

Pour éviter qu'une pâte feuilletée ne soit détrempée par une garniture humide ou liquide, il est recommandé de procéder à une cuisson à blanc (voir p. 39) en deux temps : on la fait d'abord cuire avec les légumes secs, puis on la badigeonne d'œuf battu et on la remet au four 5 min.

Et avec un robot électrique ?

Toutes les pâtes peuvent se faire très facilement au robot électrique (avec le crochet à pâte ou le couteau à lame en plastique, selon l'appareil), à l'exception de la pâte feuilletée (on ne peut faire que la détrempe). On met d'abord les éléments solides dans le bol, puis on verse les éléments liquides. Le principe est de mixer par à-coups jusqu'à ce que la pâte forme une boule. Dans tous les cas, se reporter à la notice et/ou au livret de recettes du fabricant.

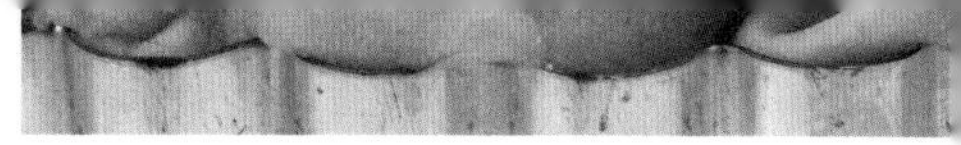

Les pâtes levées

Ces pâtes se caractérisent par l'emploi de levure de boulangerie, qui augmente leur volume, d'abord après une période de repos, puis au cours de la cuisson. Un long pétrissage est nécessaire pour donner à ces pâtes l'élasticité suffisante pour emprisonner dans des alvéoles le gaz carbonique produit par la levure.

Pâte à pain

Pour 500 g de pâte
Préparation : 20 min
Repos : 1 h

10 g de levure de boulangerie fraîche
1 pincée de sucre
3 cuill. à soupe d'eau tiède (40 °C) environ
400 g de farine tamisée (de préférence de type 55)
1 pincée de sel fin

▷ Préchauffez le four à 200 °C (therm. 6-7) pendant 10 min.

▷ Préparez le levain. Dans un bol (qui peut supporter la chaleur du four), émiettez la levure, ajoutez le sucre, versez l'eau et mélangez. Éteignez le four. Placez-y le bol 5 min. La levure doit avoir formé des bulles à la surface : le levain est constitué.

▷ Dans un saladier, versez la farine et creusez un puits au milieu. Ajoutez le sel, environ 20 cl d'eau et le levain. Pétrissez du bout des doigts jusqu'à obtenir une grosse boule. Rajoutez un peu de farine si le mélange est un peu trop liquide.

▷ Farinez légèrement le plan de travail, posez-y la boule de pâte puis pétrissez-la en la repoussant avec la paume de la main à intervalles réguliers. Poursuivez cette opération 10 min, jusqu'à ce que la pâte soit lisse et brillante.

▷ Saupoudrez la pâte de farine, déposez-la en boule dans un saladier, recouvrez-la d'un torchon et laissez-la lever (doubler de volume) 1 h dans un endroit chaud (22 °C).

▷ Farinez à nouveau le plan de travail et étalez la pâte au rouleau à pâtisserie à l'épaisseur et au diamètre voulus.

Pâte à pizza : vous pouvez utiliser cette pâte à pain pour préparer une pizza. Dans ce cas, ajoutez à la pâte 3 cuill. à soupe d'huile d'olive, ou badigeonnez-la légèrement d'huile.

Pâte à brioche

Pour 500 g de pâte
Préparation : 20 min
Repos : 3 ou 4 h

8 g de levure de boulangerie fraîche
15 g de sucre en poudre
1 pincée de sel fin
1 cuill. à soupe de lait
175 g de beurre mou
250 g de farine de gruau tamisée
3 œufs

▷ Délayez séparément la levure dans un peu d'eau tiède, le sucre et le sel dans le lait. Coupez le beurre en petits morceaux. Dans un saladier, mettez la farine et creusez un puits au milieu. Versez la levure délayée et mélangez avec le bout des doigts. Incorporez les œufs un à un. Versez ensuite le sel et le sucre délayés dans le lait. Pétrissez la pâte à la main 10 min environ. Elle doit devenir élastique.

▷ Dans un autre saladier, mettez un tiers de la pâte et incorporez le beurre à l'aide d'une spatule. Ajoutez les deux tiers de pâte restants en continuant de travailler. Recouvrez la pâte d'un torchon et laissez-la lever 1 h dans un endroit chaud (22 °C).

▷ Repliez la pâte deux fois sur elle-même pour chasser le gaz carbonique produit par la fermentation et mettez-la à lever encore 2 ou 3 h dans un endroit tempéré.

▷ Farinez très légèrement le plan de travail et étalez la pâte au rouleau à pâtisserie à l'épaisseur et au diamètre voulus.

Les gestes de base

Que l'on soit débutant ou expert en cuisine, s'agissant des tartes, quiches, tourtes, etc., il est nécessaire de maîtriser certains gestes et techniques de base, depuis les préliminaires jusqu'aux finitions et décors. Dans tous les cas, les opérations décrites ci-dessous vous permettront de gagner du temps et, surtout, de prendre plus de plaisir à confectionner les nombreuses recettes rassemblées dans cet ouvrage.

Étaler une pâte

▷ Farinez très légèrement le plan de travail et posez la boule de pâte. À l'aide d'un rouleau à pâtisserie, étalez la pâte de façon régulière jusqu'à lui donner l'épaisseur voulue et la bonne taille (que l'on évalue en posant le moule, ou le cercle, sur l'abaisse, et en prévoyant une marge pour les bords).

Pour obtenir une abaisse ronde, tournez la pâte d'environ 1/8 de tour, après chaque coup de rouleau. Pour obtenir une abaisse carrée, tournez la pâte de 1/4 de tour.

Foncer un moule à tarte

1

2

3

Bien se servir du rouleau

Le bon geste pour utiliser un rouleau à pâtisserie consiste à le rouler sur la pâte toujours en poussant devant soi, et non pas en revenant vers soi. Le rouleau peut être très légèrement fariné.

▷ Pour faciliter la dépose de l'abaisse dans le moule, enroulez-la autour du rouleau à pâtisserie, puis déroulez-la délicatement sur le moule en veillant à la centrer.

▷ **Photo 1.** Ajustez l'abaisse au fond du moule. Pour cela, soulevez le bord de la pâte d'une main et, avec le dessus de l'index de l'autre main, pressez-la dans l'angle pour la faire adhérer à la paroi. Faites ainsi le tour complet du moule.

▷ **Photo 2.** Passez le rouleau à pâtisserie sur le bord du moule afin de faire tomber la pâte en excédent.

▷ Formez un bourrelet de pâte d'une épaisseur régulière tout autour du moule avant de couper l'excédent.

▷ **Photo 3.** Une main à l'intérieur du moule, insérez le pouce et l'index dans le bord de la pâte et glissez entre les deux l'index de l'autre main, de façon à former une ondulation.

Foncer des moules à tartelette

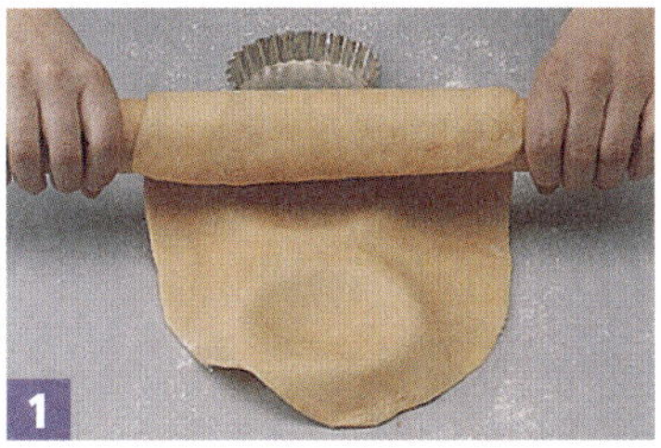

▷ Disposez les moules à tartelette (préalablement beurrés) en rangées, en prévoyant entre chacun un petit espace. Étalez la pâte au rouleau à pâtisserie à la dimension de l'ensemble des moules.

▷ **Photo 1.** Enroulez le morceau de pâte autour du rouleau à pâtisserie, puis déroulez-le délicatement en veillant à ce qu'il recouvre tous les moules.

▷ **Photo 2.** Passez le rouleau à pâtisserie sur l'ensemble des moules pour faire tomber la pâte en excédent.

▷ **Photo 3.** Appliquez la pâte au fond des moules en tapotant avec une boulette de pâte farinée.

Cuire une pâte à blanc

Badigeonnage à l'œuf

Badigeonner la pâte d'œuf battu lui évitera d'être détrempée par une garniture humide. Ce badigeonnage est tout particulièrement recommandé lorsqu'il s'agit d'une pâte feuilletée.

▷ Préparez un rond de papier sulfurisé pour chaque moule. Dans une feuille de papier sulfurisé, coupez un carré d'une dimension supérieure à celle du moule. Pliez-le en deux, puis de nouveau en deux pour obtenir un carré 4 fois plus petit. Pliez en suivant la diagonale qui part du centre du carré de départ, puis pliez à nouveau pour obtenir une flèche.

▷ **Photo 1.** Présentez la pointe au centre du moule et repérez sur la flèche la longueur du rayon. Coupez aux ciseaux à 4 cm au-delà de cette marque et dépliez. Vous obtenez un rond.

▷ Piquez le fond de pâte avec une fourchette. Ajustez le rond de papier sulfurisé dans chaque moule, sur le fond de pâte.

▷ **Photo 2.** Garnissez toute la surface de légumes secs (ou de billes de céramique). Il suffit ensuite d'enfourner (dans le four préchauffé à la température indiquée).

▷ **Photo 3.** Retirez les légumes secs puis le papier. À l'aide d'un pinceau, badigeonnez le fond de pâte avec un jaune d'œuf battu. Enfournez encore de 3 à 5 min.

La technique de base pour la cuisson à blanc est la même pour un grand moule.

Confectionner des petits chaussons en pâte feuilletée ou brisée

1

2

3

- Farinez très légèrement le plan de travail et étalez la pâte au rouleau à pâtisserie à l'épaisseur voulue. Découpez à l'aide d'un découpoir (ou emporte-pièce) ou, à défaut, d'un grand bol des disques de pâte d'environ 15 cm de diamètre.
- **Photo 1.** Déposez une petite quantité de garniture sur l'une des moitiés de chaque disque. Mouillez légèrement les bords à l'aide d'un pinceau.
- **Photo 2.** Repliez le disque en forme de demi-lune et soudez bien les bords en pressant avec les doigts. Vous obtenez un chausson.
- **Photo 3.** Appuyez sur la bordure du chausson avec le bout des dents d'une fourchette à intervalles réguliers pour former des petits traits (si vous procédez de la même façon avec le dos d'une petite cuillère, vous obtiendrez des petits creux).
- Avec la pointe d'un couteau, faites une petite incision sur le chausson, puis dorez-le à l'œuf battu. Répétez l'opération jusqu'à épuisement des ingrédients.

En remplaçant les disques de pâte par des carrés, vous obtiendrez des chaussons en forme de triangle. Procédez de la même façon en utilisant un découpoir ou, à défaut, un récipient carré. Il suffit ensuite de plier les carrés de pâte (garnis) dans le sens de la diagonale (en faisant se rejoindre deux angles opposés).

Décorer une tarte ou une tourte

S'il vous reste de la pâte en excédent (ou des chutes), servez-vous de petits découpoirs (ou emporte-pièce) métalliques pour découper des motifs décoratifs. Posez simplement l'ustensile sur la pâte et exercez une légère pression. Vous pourrez ainsi personnaliser vos tartes ou vos tourtes en les ornant de figures géométriques, de cœurs, de feuilles, d'animaux (poissons rappelant la garniture d'une tourte, par exemple), de lettres, etc.
Vous pouvez aussi faire une décoration plus simple avec des lanières de pâte disposées en croisillons sur le dessus de la préparation.

Confectionner une tourte

1

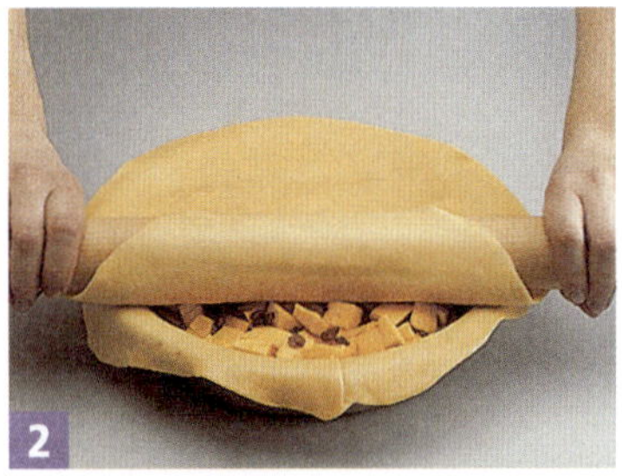
2

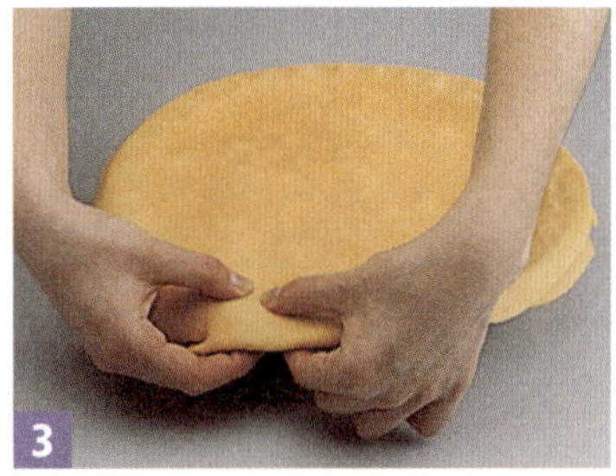
3

4

5

▷ Séparez la pâte en deux parts inégales : 2/3, 1/3. Farinez très légèrement le plan de travail et étalez la grande part de pâte au rouleau à pâtisserie à l'épaisseur voulue. L'abaisse obtenue doit être d'une dimension supérieure à celle de la tourtière augmentée de la hauteur de la paroi et de 3 ou 4 cm de marge. Enroulez la pâte autour du rouleau à pâtisserie et déroulez-la délicatement sur la tourtière (préalablement beurrée).

▷ **Photo 1.** Ajustez-la au fond : soulevez le bord de la pâte d'une main et, avec le dessus de l'index de l'autre main, pressez-la dans l'angle pour la faire adhérer à la paroi. Faites ainsi le tour complet de la tourtière.

▷ Répartissez la garniture (indiquée dans la recette) et mouillez légèrement le bord de la pâte à l'aide d'un pinceau.

▷ **Photo 2.** Étalez la seconde part de pâte ; vous devez obtenir une dimension plus grande que celle de la tourtière. Déroulez-la sur la garniture, comme précédemment, à l'aide du rouleau à pâtisserie.

▷ **Photo 3.** Soudez hermétiquement les deux bords de pâte en pressant avec les doigts.

▷ **Photo 4.** Coupez l'excédent de pâte au couteau.

▷ À l'aide d'une fourchette ou d'un couteau, dessinez des motifs géométriques sur le « couvercle ». Dorez ce dernier à l'œuf battu avec un pinceau.

▷ **Photo 5.** À l'aide d'un vide-pomme, creusez un trou au milieu de la tourte et glissez-y un petit rouleau de papier sulfurisé ou de feuille d'aluminium en guise de cheminée.

Façonner des entailles sur une bordure

On pratique de légères entailles sur une tourte peu épaisse, donc fourrée d'une mince garniture, et posée directement sur une plaque de four. La galette des rois en est le meilleur exemple.

▷ Avec la pointe d'un couteau, entaillez légèrement le bord de la pâte et remontez vers l'intérieur comme pour faire une virgule. Répétez ce geste avec régularité sur tout le pourtour. Cela s'appelle « chiqueter » et se pratique surtout sur une pâte feuilletée pour en faciliter le gonflage pendant la cuisson et en parfaire la présentation.

Réaliser une mini-tourte en feuilles de brick (ou de pâte filo)

1

2

▷ Découpez aux ciseaux 3 feuilles de brick en carrés de 20 cm de côté.

▷ **Photo 1.** Badigeonnez-les de beurre fondu ou d'huile à l'aide d'un pinceau, et superposez-les en tournant à chaque fois d'environ 30°. Vous obtenez la forme d'une fleur.

▷ **Photo 2.** Badigeonnez de beurre fondu ou d'huile un moule à tartelette. Déposez-y les feuilles superposées et répartissez la garniture (indiquée dans la recette). Rabattez les feuilles vers le centre. Badigeonnez à nouveau le dessus de beurre fondu ou d'huile avant d'enfourner.

Vous pouvez aussi refermer les feuilles de brick en forme d'aumônière et les lier avec du fil alimentaire (pour les recettes salées, cela peut être avec un gros brin de ciboulette ou une lanière de poireau plongée dans l'eau bouillante). Répétez l'opération jusqu'à épuisement des ingrédients.

Confectionner une tourte fine avec des feuilles de pâte filo

1

2

3

- **Photo 1.** À l'aide d'un pinceau, badigeonnez de beurre fondu ou d'huile les feuilles de pâte filo. Disposez en rosace 2 ou 3 feuilles au fond du moule. Après avoir réparti la garniture (indiquée dans la recette), rabattez soigneusement les coins qui dépassent.
- **Photo 2.** Recouvrez l'ensemble avec 2 ou 3 feuilles de pâte filo.
- **Photo 3.** Glissez à l'intérieur du moule les coins qui dépassent de façon à bien enfermer la préparation.

Confectionner un triangle en feuille de brick (ou de pâte filo)

1

2

3

4

- Pliez une feuille de brick (ou de pâte filo) en deux, puis encore en deux afin d'obtenir une bande rectangulaire. Déposez une petite quantité de garniture (indiquée dans la recette) près de l'une des extrémités de la bande.
- **Photo 1.** Pliez la bande en biais pour recouvrir la farce en formant un triangle.
- **Photo 2.** Faites un nouveau pli en retournant ce triangle sur la bande.
- **Photo 3.** Pliez de nouveau de la même manière, deux fois de suite, jusqu'à ce que vous parveniez au bout de la bande.
- **Photo 4.** La partie qui dépasse sera repliée et coincée à l'intérieur du triangle, après avoir été badigeonnée de blanc d'œuf à l'aide d'un pinceau.
- Répétez l'opération jusqu'au nombre de triangles souhaité.

Réussir la cuisson

Pour réussir une tarte salée ou sucrée, il faut appliquer les bonnes règles de préparation, mais, surtout, ne pas négliger la cuisson. Encore faut-il bien connaître son four. Une cuisson maîtrisée est l'ultime étape avant le moment, tant attendu, de la dégustation.

Quelques conseils avant la cuisson

PÂTES CLASSIQUES. Avant de vous lancer dans la préparation d'une pâte, veillez à la température ambiante. Une pièce fraîche évitera à la pâte de coller. C'est encore plus important s'il s'agit d'une pâte feuilletée.

- **Pétrissage court.** Une pâte brisée ou sablée « maison » ne doit pas être trop travaillée. Sinon, elle devient élastique, ne s'étale pas bien et durcira à la cuisson.
- **Repos long.** Bien que les pâtes brisées et sablées présentées dans ces pages nécessitent un temps de repos au réfrigérateur de 30 min (au minimum) avant d'être étalées, n'hésitez pas à prolonger ce temps de une ou deux heures, voire d'une nuit si cela vous est possible. La pâte sera bien homogène.
- **Attention à l'eau.** Certains légumes ou fruits (champignon, tomate, par exemple) qui entrent dans la composition d'une garniture contiennent beaucoup d'eau. Ils seront donc égouttés et/ou épongés afin de ne pas détremper le fond de tarte.

Organisation

Dans la mesure du possible, laissez reposer une pâte qui sort du réfrigérateur pendant 15 min à température ambiante, pour qu'elle ne soit pas trop froide au moment de l'étaler. Vous éviterez ainsi qu'elle ne se fissure.

FEUILLES DE BRICK ET DE PÂTE FILO. La nécessité de faire égoutter la garniture vaut tout autant pour ces feuilles, plus fines qu'une pâte classique. Mieux vaut superposer plus de feuilles et confectionner la préparation juste avant la cuisson pour éviter aux feuilles de se ramollir ou de se déchirer.

- **Bien dorées.** Pour rendre dorées et croustillantes des préparations à base de feuilles de brick ou de pâte filo, badigeonnez-les de matière grasse, à l'aide d'un pinceau. Préférez le beurre fondu à l'huile. Cette dernière, à la cuisson, peut parfois donner à la pâte un goût de friture.

Bien choisir son moule

Pour cuire au four tartes, quiches, etc., vous pouvez utiliser :

- un moule (ou des petits moules) en fer-blanc (acier étamé) ou en acier inoxydable, avec ou sans fond amovible, graissé au préalable ou tapissé d'un papier sulfurisé ;
- un moule métallique avec revêtement antiadhésif ;
- un cercle métallique posé soit sur une plaque de four graissée ; soit directement sur une plaque antiadhésive ; soit sur une feuille de papier sulfurisé ou une feuille multicuisson, déroulée sur la plaque de four.

Bien connaître son four

Même si vous ne mémorisez pas totalement la notice d'emploi de votre four, sachez qu'un four électrique est constitué d'une résistance horizontale située en haut (voûte), d'une autre située en bas (sole) et, dans la plupart des cas, d'un système de ventilation (turbine) placé au fond, en son centre. Selon le réglage des manettes sur le tableau de bord, les deux sources de chaleur peuvent être actionnées séparément ou ensemble, à la température voulue (voir p. 25), avec ou sans ventilation.

▷ **Chaleur tournante.** Pour la cuisson des tartes, quiches, pizzas, etc., vous opterez pour la position dite « chaleur tournante » qui met en action les deux résistances et la turbine. Dans certains cas – pour caraméliser un dessus de tarte, par exemple – seule la partie supérieure (gril ou grilloir) sera utilisée en fin de cuisson. Un four à gaz comporte également deux sources de chaleur (l'une en haut, l'autre en bas), mais la circulation de la chaleur s'y fait naturellement, sans ventilation.

Maîtriser la cuisson

PRÉCHAUFFER LE FOUR. La plupart des recettes exigent d'enfourner dans un four préchauffé. Il faut compter de 10 à 15 min pour arriver à la température indiquée (voir p. 25), celle-ci étant ensuite maintenue grâce au thermostat.

PLACER LE MOULE À LA BONNE HAUTEUR. Pour la quasi-totalité des préparations à base de fond de pâte, le meilleur emplacement se situe au centre de l'enceinte du four, la plaque (ou la grille) étant glissée à mi-hauteur.

CUIRE À BLANC. De nombreuses recettes de cet ouvrage comportent une cuisson « à blanc ». Cette opération consiste à précuire un fond de pâte sans garniture (voir p. 39). On pratique la cuisson à blanc lorsque la garniture de la tarte nécessite un temps de cuisson très court, ou qu'elle est déjà cuite, ou encore qu'elle ne doit pas cuire du tout.

SURVEILLER LE DÉROULEMENT DE LA CUISSON. Il est déconseillé d'ouvrir la porte du four en début et en cours de cuisson, tant que la pâte n'a pas pris une belle couleur. Mieux vaut surveiller le bon déroulement de la cuisson à travers la vitre. Une pâte ne doit en aucun cas brûler. C'est pourquoi, s'agissant de la cuisson d'une tarte et d'une quiche, il est utile, bien souvent, de diminuer légèrement la température du four dès que la bordure de pâte commence à se colorer. Dans le cas d'une pâte feuilletée, le contrôle de la température du four est capital : si le four n'est pas assez chaud, le beurre va « suinter » et la pâte s'étaler ; s'il est trop chaud, la pâte va se rétracter.

SOIGNER LA FINITION. Pour obtenir un dessus de tarte bien caramélisé, nappez-le de sucre glace et placez quelques instants la tarte (déjà cuite) sous le gril du four. Vous pouvez aussi employer un nappage du commerce ou, aussi bien, de la confiture, ou de la gelée de fruits, à condition de la délayer dans un peu d'eau afin de rendre le dessus fluide, et bien brillant en fin de cuisson.

Sur la grille

Une fois cuite, une tarte doit être démoulée et déposée sur une grille à pâtisserie afin qu'elle refroidisse sans risque de ramollir. Une tarte faite avec de la pâte sablée étant très friable, attention au démoulage.

Éviter les pâtes détrempées

Pour éviter qu'une pâte ne se détrempe si elle est destinée à recevoir une garniture humide ou légèrement liquide, badigeonnez-la d'œuf battu (voir p. 39) ou parsemez-la, après sa cuisson à blanc, de chapelure fine (ou d'amandes, de noisettes en poudre, de biscuits écrasés pour les tartes aux fruits).

quiche

tatin

tourte

pizza

RÉUSSIR UNE QUICHE. Œufs, crème et/ou lait sont les ingrédients de base d'une garniture de quiche classique. De nombreux légumes peuvent être apprêtés en quiche, à condition d'être cuits au préalable : champignons divers, courgette, tomate, poireau, pomme de terre, etc. Dans tous les cas, la garniture de base reste la même.

▷ Attention, ne battez pas trop les œufs d'une garniture de quiche, ce qui rendrait le mélange trop liquide. En procédant ainsi, on obtient une texture de quiche parfaite après cuisson.

RÉUSSIR UNE TATIN. On utilise le plus souvent un moule à manqué (dont les bords sont plus hauts que ceux d'un moule à tarte), et de préférence avec un revêtement antiadhésif pour faciliter le démoulage. Dans la plupart des cas, il faut graisser toute la surface du moule pour éviter à la préparation d'attacher. Attention, mieux vaut un moule muni d'un fond non amovible, pour éviter au caramel ou au jus de couler.

▷ **Prévoir une cheminée ?** Si la garniture contient beaucoup d'eau de végétation, il est conseillé de prévoir une petite cheminée (pour laisser la vapeur s'échapper ; voir ci-dessous). Dans le cas contraire, on peut facilement cuire des « mini-tatins » (à base de viande, par exemple), directement sur une plaque de four revêtue de papier sulfurisé.

▷ **À four chaud.** Qu'une tatin soit à base de pâte feuilletée ou de pâte brisée, la température du four ne doit pas être programmée à moins de 180-200 °C (therm. 6-7), et la cuisson doit durer au moins 25 min afin d'obtenir une pâte bien dorée.

RÉUSSIR UNE TOURTE. Comme pour une tatin, utilisez soit une tourtière, soit un moule à manqué. L'essentiel étant de pouvoir ourler de façon quasi hermétique le pourtour du couvercle de pâte, pour une cuisson réussie, comme « à l'étouffée ».

▷ **Confectionner une cheminée.** Avant d'enfourner une tourte, n'oubliez pas de confectionner une cheminée dans la pâte : à l'aide d'un vide-pomme, creusez un trou au milieu de la tourte et glissez-y un petit rouleau de papier sulfurisé ou de feuille d'aluminium. Ainsi, la vapeur, provoquée par la cuisson de la garniture, pourra s'échapper. Si la tourte (ou le pâté) est pour un grand nombre de personnes, n'hésitez pas à faire deux petites cheminées au lieu d'une.

▷ **Protéger le dessus de la tourte.** Si, avant la fin de la cuisson d'une tourte, le dessus en feuilletage, doré à l'œuf battu, commence à brunir, il suffit de le recouvrir d'une feuille d'aluminium légèrement graissée.

▷ **Contrôler la cuisson.** Pour vérifier la cuisson d'une tourte, transpercez-la avec une fine brochette ou une aiguille à brider : si elle ressort sans la moindre trace, la tourte est cuite.

RÉUSSIR UNE PIZZA. Au moment de garnir une pizza, laissez un bord libre de 1 ou 2 cm. Outre le côté esthétique, cela facilitera la cuisson du pourtour de la pâte et évitera à la garniture de couler.

▷ **Du craquant.** La réussite d'une pizza se juge à la texture de la pâte qui doit craquer sous la dent. Pour obtenir ce résultat, il faut maîtriser parfaitement la cuisson. La chaleur du four doit être suffisante et une certaine humidité doit régner à l'intérieur de l'enceinte. Il suffit de verser un peu d'eau dans un petit récipient et de poser celui-ci sur la plaque du four, ce qui va provoquer, en cours de cuisson, un dégagement de vapeur.

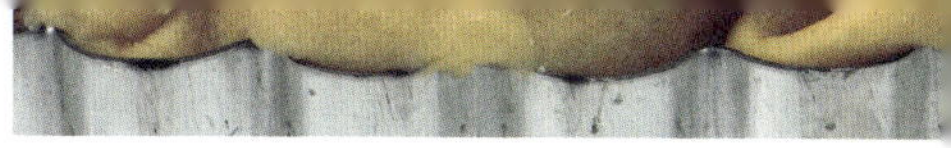

Garnir et parfumer

Le succès d'une tarte tient au croustillant de la pâte – preuve qu'elle est bien cuite –, mais, tout autant, au mariage réussi des éléments qui composent la garniture. Toutefois, rien ne vous empêche d'innover dans la réalisation d'une tarte, quiche ou pizza en remplaçant certains ingrédients, afin de créer d'autres accords de saveurs et de textures. De nombreuses associations sont possibles, qui mettent l'accent sur les épices, les herbes, le fromage, etc., sans oublier quelques préparations « maison » qui donnent une touche raffinée.

Des associations pleines de saveurs

Encore plus de parfum !

Pensez à faire griller quelques minutes (dans une poêle à revêtement antiadhésif) des graines de cumin, d'anis, etc. Cela renforce l'arôme qu'elles peuvent dégager.

AVEC DES ÉPICES. Des graines de sésame peuvent enrober les dés de poulet d'une tourte ; de la cardamome ou de la pâte de curry s'associent à de la chair de volaille. Le paprika (doux) se marie très bien avec les viandes de veau et de bœuf. Le mélange quatre-épices relève la saveur d'une viande d'agneau. Quand la cannelle n'est pas choisie pour parfumer une viande ou de la volaille, elle renforce le goût d'une tarte aux pommes. Le piment d'Espelette peut être ajouté à n'importe quelle viande, à des légumes, du fromage, et même à du chocolat. La badiane (ou anis étoilé) aime aussi le chocolat ainsi que les fruits, en particulier l'ananas. Quant à la noix muscade, elle devrait ne jamais être absente d'une garniture de quiche lorraine ou de quiche au saumon. Enfin, on a l'habitude de marier les graines de cumin avec le munster ; mais vous pouvez choisir un autre fromage, ce sera tout aussi réussi.

AVEC DES HERBES. On a l'habitude de certains accords qui « fonctionnent » toujours très bien : aneth et truite ou saumon ; thym et courgette ou tomate ; cerfeuil et champignons ou volaille ; estragon, moutarde et jambon ; fenouil et dorade (ou autre poisson) ; coriandre et crevettes (ou gambas). Le romarin ou la ciboulette font merveille avec un fromage de chèvre, et quelques feuilles de menthe avec une salade grecque (feta, tomate...) ou, encore mieux, avec des fraises. Lesquelles apprécient aussi le basilic.

AVEC DES LÉGUMES. Leur texture gagne à être associée à celle d'un fromage. Dans ce cas, il est conseillé de ne pas trop saler la garniture. Quelques classiques : endive et comté ; courgette et/ou tomate et chèvre (frais ou sec) ou feta, en y ajoutant un filet d'huile d'olive ; blette ou tomate et ricotta ou brocciu ; oignon et munster ; pomme de terre et vacherin ; roquefort et potiron. Quant aux champignons, goûtez-les donc avec des cerneaux de noix.

AVEC DES FRUITS. A priori, leur douceur ne les prédispose pas à être associés à du fromage. Et pourtant ! Rien à redire de tels mariages « sucré-salé » : poire-bleu (roquefort ou gorgonzola) ; mangue ou pêche-canard ; figue ou raisin-foie gras ; pomme-crabe ; cerises-tomme de brebis. Reste à évoquer le goût intense des zestes d'agrumes. Ils contiennent les huiles essentielles du fruit. De citron, d'orange, de clémentine... À ajouter dans une crème, ou une tarte au citron ou à l'orange.

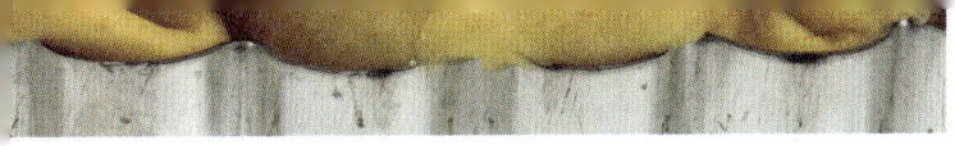

Des garnitures pleines de saveur

AVEC DES RESTES DE PLATS MIJOTÉS. Les restes de plats mijotés, tels que tajine, daube, bœuf bourguignon, goulash, coupés en petits dés (ou hachés dans le cas d'un pot-au-feu), feront une excellente garniture de tourte. Mais, pour éviter le dessèchement et garder à la viande tout son moelleux, pensez à verser un peu de jus par la cheminée, en cours de cuisson. À une pâte brisée ou feuilletée, préférez les feuilles de brick ou de pâte filo, qui demandent un temps de cuisson très court.

AVEC DES PRÉPARATIONS SALÉES. Pour renouveler le genre, remplacez le coulis de tomate d'une pizza par une tapenade (voir p. 49), du pesto (voir p. 49), du caviar d'aubergine ou encore par un confit d'oignon (voir p. 48). Ce dernier peut être agrémenté de jambon fumé ou de cheddar, lequel s'accorde avec… une tapenade.

Un fond de tarte au thon pourra être recouvert d'une fine couche de moutarde aromatisée, à l'estragon par exemple. Un condiment comme le chutney donnera à une quiche au fromage ou à une quiche garnie de petits morceaux de boudin blanc une pointe d'originalité.

AVEC DES PRÉPARATIONS SUCRÉES. Pour obtenir un côté croustillant, on peut garnir certains fonds de tarte avec des biscuits émiettés, des macarons bien durs finement écrasés, comme en chapelure, ou du pain d'épices grillé. À condition que le fond soit cuit à blanc (voir p. 39), étalez du petit-suisse ou du mascarpone en fine couche et recouvrez des fruits de votre choix. Toujours sur un fond cuit à blanc, une couche de lemon curd donnera son goût particulier à une tarte aux fruits rouges.

Pour la finition

Pensez aux copeaux ou aux pépites de chocolat, qui peuvent décorer bien d'autres desserts que les tartes au chocolat ou au café : tarte aux fruits, par exemple, et surtout cheesecake !

Quelques recettes pour garnir

Confit d'oignon

Pour 250 g environ
Préparation : 15 min
Trempage des raisins : 30 min
Cuisson : 1 h environ

20 g de raisins secs
10 cl de vin rouge
500 g d'oignons (jaunes ou rouges)
20 g de beurre
1 cuill. à soupe d'huile
40 g de cassonade
3 cuill. à soupe de vinaigre de vin rouge
Sel et poivre

▷ Dans un bol, faites tremper les raisins dans le vin pendant 30 min environ.

▷ Épluchez les oignons, puis émincez-les finement. Faites chauffer le beurre et l'huile dans une sauteuse, ajoutez les oignons et faites-les suer à feu moyen en remuant pendant 5 min environ.

▷ Saupoudrez de cassonade, salez, poivrez, mélangez et poursuivez la cuisson 2 min. Ajoutez les raisins avec le vin, puis le vinaigre. Portez à ébullition puis baissez le feu et laissez mijoter tout doucement, sans couvrir, pendant 45 min environ, en remuant de temps en temps, jusqu'à ce que les oignons soient confits.

Ce confit d'oignon, étalé sur un fond de pâte, s'accorde très bien avec du jambon, de l'andouille, du canard, du boudin blanc. Il s'utilise aussi en accompagnement de terrines, pâtés, boudin.
Si vous souhaitez des saveurs plus sucrées, vous pouvez ajuster la dose de cassonade, et remplacer le vinaigre de vin par du vinaigre balsamique.
Conservation : environ 15 jours dans le réfrigérateur.

Pour 1 pot de 20 cl environ
Préparation : 15 min

6 pieds de basilic
2 gousses d'ail
3 cuill. à soupe de parmesan râpé
1 cuill. à soupe de pignons de pin
12 cl d'huile d'olive
Sel et poivre

Pesto

▷ Rincez le basilic, épongez-le, puis effeuillez-le. Pelez, dégermez les gousses d'ail et hachez-les très finement.
▷ Dans un mortier, mettez le basilic, l'ail, et écrasez-les en purée à l'aide du pilon. Ajoutez le parmesan et mélangez bien.
▷ Faites griller légèrement les pignons dans une poêle à revêtement antiadhésif, puis pilez-les à part.
▷ Versez l'huile en filet dans la purée au basilic, tout en remuant. Salez, poivrez, ajoutez les pignons, puis mélangez le tout.

Vous pouvez préparer le pesto au mixer. Dans ce cas, mixez les ingrédients avec la moitié de l'huile. Incorporez ensuite le reste de l'huile, salez, poivrez et remuez bien.
Conservation : plusieurs jours au réfrigérateur dans un petit bocal hermétiquement fermé.

Pour 300 g environ
Préparation : 10 min

20 filets d'anchois salés
50 g de câpres
250 g de grosses olives noires
15 cl d'huile d'olive
1/2 citron

Tapenade aux anchois

▷ Dessalez les filets d'anchois sous l'eau froide. Égouttez les câpres. Dénoyautez les olives, coupez-les en quatre, puis mixez-les avec les anchois et les câpres ou passez le tout à la Moulinette.
▷ Mettez le mélange obtenu dans un grand bol, versez l'huile et le jus du demi-citron et remuez vivement.

Conservation : plusieurs jours au réfrigérateur dans un bocal hermétiquement fermé.

Pour 280 g environ
Préparation : 5 min
Cuisson : 15 à 20 min

25 g de beurre demi-sel ou salé bien froid
1/2 citron
150 g de sucre en poudre
10 cl de crème liquide

Caramel au beurre salé

▷ Coupez le beurre en morceaux et entreposez-le dans un bol au réfrigérateur en attendant de l'utiliser. Pressez le demi-citron et filtrez le jus.
▷ Dans une casserole à fond épais, faites fondre le sucre avec le jus du citron. Faites cuire ce mélange à feu doux, pour éviter la formation de « paquets ». N'ajoutez pas d'eau et, surtout, ne remuez pas. À l'aide d'un pinceau imbibé d'eau, nettoyez régulièrement la paroi interne de la casserole pour éliminer les projections.
▷ Pendant ce temps, faites chauffer doucement la crème dans une petite casserole à fond épais.
▷ Lorsque le caramel est blond, arrêtez la cuisson. Versez dessus la crème chaude, en filet, tout en remuant. Une fois la crème incorporée, ajoutez les morceaux de beurre et mélangez à la spatule en bois, jusqu'à obtenir une préparation bien homogène.

Conservé à température ambiante, ce caramel reste mou. Vous pouvez l'étaler sur une pâte de type pâte brisée, comme sous-couche d'une ganache au chocolat, d'une tarte au citron, à l'orange, aux poires ou aux pommes, à l'ananas.
Conservation : pendant 3 jours au réfrigérateur, mais, attention, le caramel durcit.

Pour 300 g environ
Préparation : 10 min

80 g de beurre
1 petit œuf
80 g de sucre glace
80 g d'amandes en poudre

Crème frangipane

▷ Coupez le beurre en petits morceaux.
▷ Dans un saladier, cassez l'œuf, ajoutez les morceaux de beurre, le sucre et fouettez jusqu'à obtenir une crème bien lisse. Incorporez les amandes en poudre et mélangez à nouveau.

Indispensable à la galette des rois (voir p. 211), cette crème à l'amande sert aussi à garnir des tartes aux fruits, dont la célèbre tarte Bourdaloue (voir p. 245).

Pour 400 g environ
Préparation : 10 min
Cuisson : 10 min

3 jaunes d'œufs
50 g de sucre en poudre
20 g de farine tamisée
25 cl de lait

Pour parfumer une crème pâtissière à la vanille, faites infuser dans le lait bouillant 1 gousse de vanille fendue en deux pendant environ 15 min, puis retirez-la, récupérez les graines et rajoutez-les au lait. Réchauffez le lait et versez-le sur les jaunes d'œufs.

Crème pâtissière

▷ Dans un saladier, versez les jaunes d'œufs, ajoutez le sucre et fouettez vivement le mélange jusqu'à ce qu'il blanchisse et devienne mousseux. Saupoudrez la farine en surface, puis incorporez-la rapidement sans la travailler. En même temps, faites bouillir le lait dans une casserole.
▷ Versez doucement le lait bouillant sur le mélange en remuant sans cesse avec une cuillère en bois jusqu'à obtenir une crème bien lisse.
▷ Versez la crème dans une casserole à fond épais. Faites-la épaissir en la chauffant à feu très doux jusqu'au premier bouillon, en remuant sans cesse avec la cuillère en bois.
▷ Retirez la casserole du feu aux premiers bouillons et versez la crème dans un saladier. Frottez-en la surface avec un morceau de beurre, sans appuyer, pour éviter la formation d'une peau et laissez refroidir.

La cuisson à feu doux (sans atteindre l'ébullition) doit suffire pour faire épaissir la crème. Si celle-ci est encore fluide aux premiers bouillons, portez à ébullition pendant 1 ou 2 min, en fouettant sans cesse contre le fond de la casserole afin que la crème n'attache pas.

Pour 300 g environ
Préparation : 15 min
Cuisson : 10 min

50 g de beurre mou
2 citrons non traités
2 œufs entiers
100 g de sucre en poudre
1 cuill. à café de fécule de maïs

Lemon curd

▷ Coupez le beurre en petits dés. Rincez les citrons, séchez-les et, à l'aide d'un couteau zesteur, prélevez-en le zeste au-dessus d'un bol. Pressez les citrons. Dans une casserole, mettez les zestes puis versez le jus des citrons.
▷ Dans un saladier, battez les œufs. Ajoutez le sucre et le beurre tout en fouettant. Délayez la fécule de maïs dans une cuillerée à soupe de ce mélange et versez le tout dans la casserole.
▷ Faites cuire à feu très doux sans cesser de fouetter, jusqu'à épaississement de la préparation. Lorsque celle-ci est bien crémeuse, filtrez-la à travers une passoire à grille fine ou un chinois et versez-la aussitôt dans un pot en verre. Laissez refroidir avant de fermer le pot.

Le lemon curd, ou « crème de citron », est d'origine anglaise. Il s'emploie étalé sur un fond de tarte puis recouvert de fruits, mais aussi sur une pâte briochée, ou tout simplement sur du pain grillé, un quatre-quart, ou une génoise.
La cuisson peut s'effectuer au bain-marie.
Conservation : 15 jours dans le réfrigérateur.

Tout *légumes*

artichaut

Pour 4 personnes
Préparation : 10 min
Cuisson : 30 min environ

230 g de pâte feuilletée préétalée
4 ou 5 cuill. à soupe de tomates concassées (boîte de 400 g)
12 petits cœurs d'artichauts confits à l'huile
12 olives noires
50 g de parmesan
Sel et poivre

Tarte fine aux artichauts confits

▷ Préchauffez le four à 180 °C (therm. 6).
▷ À l'aide d'un moule de 24 cm de diamètre, découpez un disque de pâte feuilletée. Posez dessus un papier sulfurisé puis un moule plus petit (20 à 22 cm) pour empêcher la pâte de lever à la cuisson. Enfournez pour 10 min. Sortez du four.
▷ Badigeonnez le fond de pâte de tomate. Coupez les cœurs d'artichaut en deux et disposez-les par-dessus. Salez modérément et poivrez. Parsemez d'olives et de copeaux de parmesan. Enfournez pour 20 min environ. Servez tiède.

Tartelettes fines aux artichauts confits : préparez de la même manière huit tartelettes en utilisant des moules de 7 ou 8 cm de diamètre. Prévoyez 8 à 10 min de cuisson.

asperge

Pour 10 barquettes
Préparation : 30 min
Cuisson : 30 min environ

250 g de pâte brisée préétalée ou 250 g de pâte brisée maison (voir p. 28)
10 à 15 petites asperges (ou 1 boîte d'asperges de 250 g)
10 œufs
50 g de beurre
Sel et poivre

Barquettes aux asperges et aux œufs brouillés

▷ Préchauffez le four à 200 °C (therm. 6-7).
▷ Déroulez la pâte brisée et découpez dix morceaux de pâte au format des moules à barquette. Garnissez-en les moules préalablement beurrés. Faites cuire pendant 10 min environ.
▷ Épluchez les asperges et faites-les cuire à l'eau bouillante salée pendant 15 à 20 min. Coupez les têtes et une partie des tiges de façon à avoir de trente à cinquante morceaux (selon leur taille). Mettez-les dans un plat et gardez-les au chaud dans le four éteint.
▷ Préparez les œufs brouillés. Faites fondre une noix de beurre dans une casserole à fond épais, de préférence à revêtement antiadhésif. Retirez la casserole du feu et ajoutez les œufs cassés, simplement mélangés, et non battus. Salez et poivrez. Faites-les cuire sur feu très doux, ou au bain-marie, en remuant constamment et en raclant bien les parois de la casserole. Dès que les œufs ont atteint une consistance crémeuse, retirez la casserole du feu, ajoutez une noix de beurre frais et mélangez.
▷ Étalez dans chaque barquette une couche d'œufs brouillés, puis répartissez les morceaux d'asperge. Servez aussitôt.

Tarte aux asperges

Pour 4 à 6 personnes
Préparation : 20 min
Cuisson : 50 min environ

250 g de pâte feuilletée préétalée
24 asperges vertes
150 g de ricotta
30 cl de crème liquide
4 œufs
1 pincée de noix muscade
Sel et poivre

▷ Préchauffez le four à 180 °C (therm. 6).
▷ Garnissez de pâte un moule à tarte de 28 cm de diamètre, préalablement recouvert de papier sulfurisé. Procédez à une cuisson à blanc pour pâte feuilletée pendant 15 min (voir p. 39).
▷ Épluchez les asperges et faites-les cuire à l'eau bouillante salée pendant 8 min. Égouttez-les. Coupez les asperges en deux et mettez à part les morceaux côté pointes.
▷ Passez au mixeur les autres morceaux avec la ricotta, la crème et les œufs jusqu'à obtention d'une préparation homogène. Salez, poivrez et ajoutez la muscade. Mélangez.
▷ Versez cette préparation sur le fond de pâte précuit. Répartissez ensuite dessus les pointes d'asperge et enfournez pour 40 min environ. Servez chaud.

Tartelettes fines aux artichauts confits ▼

aubergine

Pour 4 personnes
Préparation : 30 min
Cuisson : 1 h environ

200 g de pâte brisée préétalée ou 200 g de pâte brisée maison (voir p. 28)
2 petites aubergines
2 cuill. à soupe d'huile d'olive
2 œufs
100 g de fromage blanc
50 g de mascarpone
30 g de parmesan râpé
50 g d'emmental râpé
Sel et poivre

Quiche aux aubergines et aux quatre fromages

▷ Préchauffez le four à 180 °C (therm. 6).

▷ Lavez les aubergines, retirez les extrémités, puis coupez chaque aubergine en deux dans le sens de la longueur. Déposez-les sur la grille du four, badigeonnez-les d'huile à l'aide d'un pinceau et laissez cuire 30 min environ, jusqu'à ce que leur chair soit tendre.

▷ Dans un saladier, battez les œufs en incorporant le fromage blanc puis le mascarpone. Salez et poivrez, puis ajoutez le parmesan.

▷ Lorsque les aubergines sont tièdes, prélevez la chair à l'aide d'une cuillère et passez-la au mixeur pour obtenir une purée. Ajoutez celle-ci dans le saladier. Mélangez bien.

▷ Garnissez de pâte brisée un moule à tarte beurré de 24 cm de diamètre. Piquez la pâte avec une fourchette puis recouvrez-la avec la préparation aux aubergines. Parsemez d'emmental et enfournez pour 30 min. Servez chaud ou tiède.

Quiche légère aux aubergines et au fromage : pour obtenir une préparation plus légère, remplacez le mascarpone par du fromage blanc et choisissez un produit à 0 ou 20 % de matières grasses.

Pour 4 à 6 personnes
Préparation : 15 min
Cuisson : 50 min environ

250 g de pâte brisée préétalée ou 250 g de pâte brisée maison (voir p. 28)
2 aubergines
5 ou 6 cuill. à soupe d'huile d'olive
3 tomates
1/2 bouquet de basilic
100 g de tapenade toute prête ou maison (voir p. 49)
80 g de parmesan râpé
Sel et poivre

Tarte aux aubergines et au basilic

▷ Lavez les aubergines, retirez les extrémités et coupez-les en fines rondelles. Dans une poêle, faites chauffer 3 ou 4 cuill. à soupe d'huile et faites-y revenir les rondelles d'aubergine pendant 10 min environ, jusqu'à ce qu'elles soient dorées de chaque côté. Égouttez-les sur du papier absorbant.

▷ Préchauffez le four à 180 °C (therm. 6).

▷ Lavez les tomates, coupez-les en rondelles et épépinez-les.

▷ Rincez et ciselez le basilic.

▷ Garnissez de pâte brisée un moule à tarte de 28 cm de diamètre, préalablement recouvert de papier sulfurisé. Tartinez la pâte de tapenade, puis disposez les rondelles de légumes harmonieusement. Salez modérément, poivrez et saupoudrez de basilic et de parmesan. Arrosez avec le reste d'huile et enfournez pour 40 min environ. Servez chaud.

Vous pouvez ajouter des filets d'anchois sur cette tarte, juste avant de la glisser au four.

Mini-pizzas aux artichauts et aux courgettes confits

Pour 4 personnes

260 g de pâte à pizza préétalée
4 cuill. à soupe de purée de tomate
4 petits cœurs d'artichauts confits à l'huile
8 rondelles de courgettes confites à l'huile
80 g de parmesan (ou d'asiago sec)
Sel et poivre

▷ À l'aide d'un emporte-pièce ou d'un bol, découpez quatre disques dans la pâte préétalée et mettez-les sur une plaque recouverte de papier sulfurisé. Répartissez la purée de tomate entre les quatre ronds de pâte.
▷ Préchauffez le four à 210 °C (therm. 7).
▷ Égouttez les légumes confits. Coupez les artichauts en deux et répartissez-les sur chaque mini-pizza. Ajoutez les rondelles de courgette, puis parsemez de fromage coupé en lamelles. Enfournez les mini-pizzas pour 12 à 15 min. Servez aussitôt.

Vous pouvez remplacer les courgettes par des aubergines confites à l'huile.

Tarte aux betteraves et au cumin

Pour 4 à 6 personnes

200 g de pâte feuilletée préétalée
4 petites betteraves rouges sous vide
20 cl de crème liquide
1 cuill. à café de cumin en poudre
Sel et poivre

▷ Préchauffez le four à 180 °C (therm. 6).
▷ Garnissez de pâte un moule à tarte beurré de 24 cm de diamètre. Procédez à une cuisson à blanc pour pâte feuilletée pendant 15 min (voir p. 39).
▷ Épluchez les betteraves et coupez-les en tranches. Disposez celles-ci sur le fond de tarte précuit. Versez la crème dans un bol. Salez, poivrez, ajoutez le cumin et mélangez bien. Répartissez la crème sur les betteraves et enfournez pour 15 à 20 min. Servez tiède.

Quiche aux champignons et aux quenelles

Pour 6 personnes

250 g de pâte brisée préétalée
4 quenelles (nature ou à la volaille)
1 boîte de champignons (400 g non égouttés)
3 œufs
20 cl de crème liquide
1 pincée de noix muscade
Sel et poivre

▷ Préchauffez le four à 180 °C (therm. 6). Garnissez de pâte un moule à tarte beurré de 28 cm de diamètre.
▷ Coupez les quenelles en rondelles. Égouttez les champignons, rincez-les puis émincez-les. Battez les œufs avec la crème et la muscade. Salez et poivrez.
▷ Répartissez les quenelles et les champignons sur le fond de tarte. Recouvrez de la préparation aux œufs, puis enfournez pour 25 à 30 min. Servez chaud.

Vous pouvez remplacer la pâte brisée par 450 g de pâte aux petits-suisses (voir p. 30).

Tarte aux champignons, aux quenelles et à la tomate : faites rissoler les champignons avec 1 échalote hachée et remplacez le mélange œufs-crème par 200 g de purée de tomate.

Pour 4 à 6 personnes
Préparation : 25 min
Cuisson : 1 h 10 environ

230 g de pâte brisée préétalée
ou 230 g de pâte brisée maison
(voir p. 28)
4 tomates
2 oignons
2 gousses d'ail
5 cuill. à soupe d'huile d'olive
1 cuill. à soupe d'origan séché
1 aubergine
2 courgettes
50 g de comté râpé
Sel et poivre

Tarte aux aubergines et aux courgettes

▷ Plongez les tomates 30 s dans de l'eau bouillante. Pelez-les, épépinez-les, coupez la chair en cubes. Hachez les oignons et l'ail.
▷ Dans une sauteuse, faites chauffer 3 cuill. à soupe d'huile et faites-y blondir les oignons pendant 5 min à feu moyen. Ajoutez l'ail et les cubes de tomate. Mélangez bien, puis saupoudrez d'origan. Salez et poivrez. Prolongez la cuisson à petite ébullition, pendant 15 min environ, en remuant de temps en temps.
▷ Préchauffez le four à 180 °C (therm. 6).
▷ Lavez l'aubergine et les courgettes et coupez-les en fines tranches. Faites-les cuire 10 min dans une casserole d'eau bouillante salée. Égouttez-les.
▷ Faites chauffer les 2 cuill. d'huile restantes dans une poêle et faites-y revenir les rondelles de légumes pendant 5 min à feu moyen. Égouttez-les à nouveau si nécessaire.
▷ Garnissez de pâte brisée un moule à tarte de 28 cm de diamètre, préalablement huilé. Étalez sur la pâte le mélange à la tomate. Disposez dessus les rondelles de légumes, puis ajoutez le fromage râpé. Salez et poivrez avant d'enfourner pour 40 min. Servez bien chaud.

Tarte aux aubergines, aux courgettes, à la coriandre et au cumin : supprimez l'origan, saupoudrez la tarte d'une pincée de cumin en poudre, juste avant de l'enfourner, et parsemez 2 cuill. à soupe de coriandre fraîche ciselée juste avant de servir.

brocoli

Pour 4 personnes
Préparation : 20 min
Cuisson : 45 min environ

225 g de brocolis
2 œufs
30 cl de lait
100 g de cheddar
Sel et poivre

Pour la pâte au paprika
225 g de farine
1 cuill. à café de paprika
100 g de beurre
Sel

Quiche aux brocolis

▷ Préparez la pâte. Dans un saladier, mélangez la farine et le paprika, ajoutez 1 pincée de sel. Coupez le beurre en petits morceaux et travaillez-la avec la farine pour obtenir une pâte très granuleuse. Ajoutez un peu d'eau et travaillez encore jusqu'à ce que vous obteniez une pâte homogène.
▷ Étalez la pâte sur un plan de travail fariné et garnissez-en un moule à tarte de 28 cm de diamètre.
▷ Préchauffez le four à 180 °C (therm. 6).
▷ Détaillez les brocolis en petits bouquets puis plongez-les 2 ou 3 min dans de l'eau bouillante. Égouttez-les puis disposez-les dans le moule.
▷ Battez les œufs avec le lait. Salez et poivrez. Versez le mélange sur les brocolis. Râpez le cheddar et répartissez-le par-dessus.
▷ Enfournez pour 40 min environ. Servez aussitôt.

carotte

Pour 4 personnes
Préparation : 15 min
Cuisson : 40 min environ

250 g de pâte feuilletée préétalée
700 g de carottes
1 oignon rouge
20 g de beurre
2 cuill. à soupe d'huile d'olive
1 ou 2 cuill. à café de cumin en poudre
20 cl de crème liquide
30 g de noisettes décortiquées
Sel et poivre

Tartelettes aux carottes et à l'oignon

▷ Épluchez et lavez les carottes. Essuyez-les puis coupez-les en rondelles. Pelez l'oignon et émincez-le.
▷ Dans une sauteuse, faites chauffer le beurre et l'huile et faites-y suer l'oignon émincé. Ajoutez les rondelles de carotte, salez, poivrez, saupoudrez de cumin, puis laissez cuire à feu doux, sans couvrir, pendant 20 min environ, en remuant de temps en temps. Hors du feu, ajoutez la crème et mélangez bien.
▷ Préchauffez le four à 180 °C (therm. 6).
▷ Garnissez de pâte feuilletée quatre moules à tartelette de 13 cm environ. Piquez la pâte avec une fourchette puis répartissez la préparation aux carottes.
▷ Concassez grossièrement les noisettes et étalez-les sur le dessus des tartelettes. Enfournez pour 20 min environ. Servez tiède.

Tartelettes aux carottes râpées et à l'oignon : pour obtenir une garniture plus moelleuse, râpez les carottes au lieu de les couper en rondelles. Procédez ensuite de la même manière pour les faire cuire dans la sauteuse puis les mélanger à la crème.

Tartelettes aux carottes et à l'oignon ▶

Pour 4 à 6 personnes
Préparation : 20 min
Cuisson : 1 h environ

250 g de pâte brisée préétalée
ou 250 g de pâte brisée maison (voir p. 28)
1 kg de carottes nouvelles
30 g de beurre
3 œufs
40 cl de lait
1 pincée de cumin en poudre
100 g de fromage râpé
6 brins de coriandre fraîche
Sel et poivre

Quiche aux carottes nouvelles et au cumin

▷ Préchauffez le four à 180 °C (therm. 6).

▷ Garnissez de pâte un moule à tarte de 28 cm de diamètre, préalablement recouvert de papier sulfurisé. Procédez à une cuisson à blanc pour pâte brisée pendant 10 min (voir p. 39).

▷ Épluchez les carottes et coupez-les en rondelles. Mettez-les dans une casserole avec le beurre, recouvrez-les d'eau et salez. Couvrez et faites cuire à feu moyen pendant 10 à 15 min.

▷ Dans un saladier, mélangez les œufs, le lait, le cumin, le fromage râpé et la coriandre ciselée. Salez et poivrez.

▷ Égouttez les carottes. Étalez-les sur le fond de pâte précuit, puis versez dessus la préparation au cumin. Enfournez pour 40 min environ. Servez chaud.

Tarte au céleri et aux pommes ▶

céleri

Pour 6 personnes
Préparation : 20 min
Cuisson : 25 min environ

250 g de pâte brisée préétalée
ou 250 g de pâte brisée maison (voir p. 28)
2 tranches de jambon cru
400 g de céleri-rave
2 pommes (type gala)
1/2 citron
1 noix de beurre demi-sel
3 œufs
2 cuill. à soupe de crème fraîche

Tarte au céleri et aux pommes

▷ Garnissez de pâte brisée un moule à tarte de 28 cm de diamètre.
▷ Coupez les tranches de jambon en lanières.
▷ Faites chauffer une grande casserole d'eau légèrement salée. Pelez le céleri-rave et coupez-le en gros quartiers. Râpez-le avec la grille à gros trous d'une râpe et plongez-le aussitôt dans l'eau bouillante. Faites-le blanchir en comptant 1 min après la reprise de l'ébullition. Égouttez-le, rafraîchissez-le puis essorez-le fortement dans un linge.
▷ Préchauffez le four à 200 °C (therm. 6-7).
▷ Coupez les pommes en quartiers et épluchez-les. Râpez-les avec la même grille que pour le céleri ou coupez-les au couteau en très petits dés. Arrosez-les aussitôt avec le jus du demi-citron pour les empêcher de noircir.
▷ Dans une casserole, mettez le beurre, les pommes et le céleri-rave. Faites cuire à feu doux pendant 5 min, en remuant souvent.
▷ Battez les œufs avec la crème fraîche. Ajoutez ce mélange dans la casserole et laissez sur feu doux 2 ou 3 min supplémentaires.
▷ Versez la préparation dans le moule. Décorez la tarte de lanières de jambon. Enfournez pour 20 min environ. Servez aussitôt.

champignon

Pour 4 personnes
Préparation : 25 min
Cuisson : 35 min environ

250 g de pâte feuilletée préétalée
600 g de chanterelles
1 échalote
20 g de beurre
2 cuill. à soupe d'huile d'olive
2 cuill. à soupe de noisettes en poudre
40 g de noisettes décortiquées
2 œufs
12 cl de crème liquide
Sel et poivre

Petites quiches aux chanterelles et aux noisettes

▷ Nettoyez les chanterelles. Pelez l'échalote et émincez-la finement.
▷ Faites chauffer le beurre et l'huile dans une sauteuse et faites-y suer l'échalote. Ajoutez les champignons et laissez cuire 10 min environ, en remuant de temps en temps.
▷ Préchauffez le four à 180 °C (therm. 6).
▷ Garnissez de pâte feuilletée quatre moules à tartelette de 13 cm de diamètre environ. Piquez la pâte avec une fourchette, parsemez-la de noisettes en poudre, puis disposez les champignons poêlés.
▷ Concassez grossièrement les noisettes. Battez les œufs avec la crème. Salez, poivrez et versez le mélange sur les champignons. Parsemez de noisettes concassées, enfournez pour 20 à 25 min. Servez les petites quiches chaudes ou tièdes.

Tarte aux cèpes

Pour 4 à 6 personnes
Préparation : 25 min
Cuisson : 45 min environ

250 g de pâte feuilletée préétalée
1 kg de cèpes frais
2 échalotes
2 gousses d'ail
4 brins de basilic
4 cuill. à soupe d'huile d'olive
Sel et poivre

▷ Préchauffez le four à 180 °C (therm. 6).
▷ Garnissez de pâte un moule à tarte de 28 cm de diamètre, préalablement recouvert de papier sulfurisé. Procédez à une cuisson à blanc pour pâte feuilletée pendant 15 min (voir p. 39).
▷ À l'aide d'un couteau, taillez les pieds des cèpes, de façon à retirer les parties dures et terreuses. Essuyez les champignons délicatement dans un linge humide et émincez-les finement.
▷ Pelez les échalotes et les gousses d'ail, puis hachez-les. Rincez le basilic, essuyez-le, puis ciselez-le.
▷ Faites chauffer l'huile à feu doux dans une sauteuse et faites-y revenir pendant 10 min l'ail, l'échalote et les cèpes. Salez, poivrez et ajoutez le basilic ciselé.
▷ Étalez la préparation aux cèpes sur le fond de pâte précuit. Enfournez pour 30 à 35 min. Servez chaud.

Vous pouvez utiliser des cèpes surgelés (800 g environ). Suivez les indications données sur l'emballage pour leur préparation.

Tarte aux mousserons

Pour 4 à 6 personnes
Préparation : 30 min
Repos de la pâte : 1 h
Cuisson : 1 h environ

300 g de mousserons
100 g de beurre
150 g de jambon cru
50 g de farine
25 cl de lait
2 jaunes d'œufs
10 cl de crème fraîche
1 pincée de noix muscade
Sel et poivre

Pour la pâte brisée

200 g de farine
100 g de beurre mou
1 œuf
10 cl d'eau

▷ Préparez la pâte brisée. Tamisez la farine dans un saladier, creusez un puits et mettez-y le beurre coupé en petits morceaux, l'œuf, l'eau et 1 pincée de sel. Pétrissez du bout des doigts. Mouillez encore si nécessaire pour obtenir une pâte souple sans être molle. Formez une boule, enveloppez-la dans un linge ou dans un film alimentaire et laissez-la reposer pendant 1 h au réfrigérateur.
▷ Rincez rapidement les mousserons, puis égouttez-les. Faites-les revenir à la poêle dans 50 g de beurre, en remuant souvent pour qu'ils n'attachent pas. Quand toute l'eau de végétation est évaporée, salez, poivrez et retirez du feu. Réservez et laissez refroidir.
▷ Étalez la pâte et garnissez-en un plat à tarte de 28 cm de diamètre, légèrement beurré. Déposez sur la pâte le jambon coupé en lanières et les mousserons.
▷ Préchauffez le four à 180 °C (therm. 6).
▷ Coupez en morceaux les 50 g de beurre restants et mettez-les à fondre doucement dans une casserole. Ajoutez la farine dans la casserole. Faites chauffer en remuant constamment pendant quelques minutes, jusqu'à obtenir une coloration blonde. Mouillez avec le lait, fouettez vivement pour éviter la formation de grumeaux. Hors du feu, incorporez les jaunes d'œufs et la crème fraîche. Salez, poivrez et ajoutez la muscade. Mélangez bien.
▷ Versez cette sauce dans le moule et enfournez pour 45 min. Servez aussitôt.

Pour 10 barquettes
Préparation : 40 min
Cuisson : 40 min environ

250 g de pâte brisée préétalée
ou 250 g de pâte brisée maison
(voir p. 28)
500 g de champignons de Paris
3 échalotes moyennes
125 g de beurre
1 cuill. à café de persil haché
5 œufs
50 g de mie de pain rassis
Sel et poivre

Barquettes aux champignons

▷ Préchauffez le four à 180 °C (therm. 6).

▷ Découpez dans la pâte étalée dix morceaux au format des moules à barquette. Garnissez-en les moules beurrés puis procédez à une cuisson à blanc pour pâte brisée pendant 15 à 20 min (voir p. 39).

▷ Nettoyez les champignons et hachez-les ainsi que les échalotes.

▷ Faites chauffer 50 g de beurre dans une poêle, ajoutez d'abord les échalotes puis, 5 min après, les champignons. Remuez souvent et laissez cuire jusqu'à ce que toute l'eau de végétation soit évaporée. Ajoutez le persil, salez et poivrez.

▷ Préparez les œufs brouillés. Faites fondre une noix de beurre dans une casserole à fond épais, de préférence à revêtement antiadhésif. Retirez la casserole du feu et ajoutez les œufs cassés, simplement mélangés, et non battus. Salez et poivrez. Faites-les cuire sur feu très doux, ou au bain-marie, en remuant constamment et en raclant bien les parois de la casserole. Dès que les œufs ont atteint une consistance crémeuse, retirez la casserole du feu, puis ajoutez une noix de beurre et mélangez.

▷ Émiettez la mie de pain et faites-la chauffer à la poêle dans 50 g de beurre.

▷ Étalez dans chaque barquette une couche d'œuf brouillé puis une couche de champignon. Parsemez de mie de pain. Passez quelques minutes à four chaud. Servez aussitôt.

Barquettes aux champignons ▶

Pour 6 personnes
Préparation : 20 min
Cuisson : 1 h 10 environ

500 g de pâte feuilletée préétalée (2 rouleaux de pâte à dérouler)
600 g de cèpes frais
1 gousse d'ail
3 cuill. à soupe d'huile d'olive
10 cl de vin blanc sec
10 cl de bouillon de volaille
15 cl de crème fraîche
1 cuill. à soupe de thym séché
1 œuf
Sel et poivre

Tourte aux cèpes et au vin blanc

▷ À l'aide d'un couteau, taillez le pieds des cèpes, de façon à retirer les parties dures et terreuses. Essuyez les champignons délicatement dans un linge humide et émincez-les finement. Pelez et hachez l'ail.
▷ Faites chauffer l'huile à feu moyen dans une poêle et faites-y revenir l'ail et les champignons pendant 10 min. Retirez du feu, sortez les champignons à l'aide d'une écumoire et déposez-les dans une assiette.
▷ Ajoutez au jus de cuisson le vin blanc et le bouillon de volaille. Remettez la sauteuse sur le feu, portez à ébullition et laissez chauffer pendant 15 min pour faire réduire la sauce.
▷ Baissez le feu, puis incorporez la crème fraîche et remettez les champignons. Comptez encore 5 min de cuisson. Salez et poivrez.
▷ Préchauffez le four à 180 °C (therm. 6).
▷ Huilez une tourtière de 26 cm de diamètre et garnissez-la avec un premier disque de pâte. Étalez dessus la préparation aux cèpes. Saupoudrez de thym et recouvrez l'ensemble avec l'autre disque de pâte. Soudez bien les bords et formez une petite cheminée au centre. À l'aide d'une fourchette, dessinez des motifs géométriques sur le dessus de la tourte. Battez l'œuf et badigeonnez-en la surface de la tourte à l'aide d'un pinceau. Enfournez pour 40 min environ. Servez chaud.

Vous pouvez utiliser 500 g de cèpes surgelés. Suivez les indications données sur l'emballage pour leur préparation.

chou

Pour 4 à 6 personnes
Préparation : 30 min
Cuisson : 45 à 50 min

380 g de pâte au yaourt (voir p. 30)
350 à 400 g de chou chinois
2 cuill. à soupe d'huile d'olive
1 ou 2 cuill. à café de curry en poudre
3 œufs
20 cl de crème végétale (à défaut, de la crème liquide ordinaire)
125 g de tofu
60 g d'emmental râpé
Sel et poivre

Quiche au chou chinois et au tofu

▷ Ôtez le trognon du chou et les éventuelles feuilles flétries. Rincez-le et émincez-le en lanières.
▷ Faites chauffer l'huile dans une sauteuse et mettez-y les lanières de chou. Salez, poivrez, ajoutez le curry et laissez cuire 15 min environ, en remuant souvent.
▷ Battez les œufs avec la crème végétale, puis ajoutez le tofu émietté. Salez, poivrez et versez ce mélange sur le chou. Remuez bien.
▷ Préchauffez le four à 180 °C (therm. 6).
▷ Étalez la pâte et garnissez-en un moule à tarte de 28 cm de diamètre. Piquez le fond avec une fourchette, puis étalez la préparation au chou. Recouvrez d'emmental râpé et enfournez pour 30 à 35 min. Servez chaud.

Quiche aux légumes de saison et au tofu : remplacez le chou par d'autres légumes (courgettes, poireaux, etc.) ; coupez-les en petits dés et faites-les revenir à feu moyen dans un peu d'huile d'olive.

avec Béatrice Lagandré

Quiche à la ratatouille

Pour 4 à 6 personnes

230 g de pâte brisée préétalée
600 g de ratatouille cuisinée surgelée
3 petits œufs
15 cl de crème liquide (ou de fromage blanc)
80 g de comté ou de parmesan
Sel et poivre

▷ Préchauffez le four à 180 °C (therm. 6).
▷ Garnissez de pâte brisée un moule à tarte beurré de 28 cm de diamètre. Piquez la pâte avec une fourchette. Faites décongeler la ratatouille comme indiqué sur le paquet. Battez les œufs avec la crème. Salez, poivrez puis ajoutez la ratatouille. Râpez le fromage, puis ajoutez-en la moitié à la préparation.
▷ Étalez le mélange sur le fond de tarte et parsemez du reste de fromage râpé. Enfournez pour 30 à 35 min. Servez chaud, ou frais pour un pique-nique.

Quiche à la ratatouille et au jambon : **ajoutez des olives noires dénoyautées et quelques dés de jambon à la ratatouille avant de l'étaler sur le fond de pâte. Décorez avec des feuilles de basilic juste avant de servir.**

Quiche aux poireaux

Pour 4 à 6 personnes

250 g de pâte brisée préétalée
50 g de beurre
500 g de blancs de poireau surgelés (coupés en rondelles)
4 œufs
40 cl de crème liquide
Sel et poivre

▷ Faites fondre le beurre dans une poêle, ajoutez les rondelles de poireau et faites-les cuire à feu doux 15 min, en remuant et sans les laisser colorer.
▷ Préchauffez le four à 210 °C (therm. 7).
▷ Garnissez de pâte brisée un moule à tarte beurré de 28 cm de diamètre environ, préalablement beurré.
▷ Dans un saladier, battez les œufs avec la crème jusqu'à ce que l'ensemble soit bien homogène.
▷ Ajoutez les poireaux fondus, salez, poivrez et mélangez. Versez la préparation dans le fond de tarte et enfournez pour 35 à 40 min. Servez chaud.

Flamiche aux poireaux et aux lardons : **taillez en lardons 125 g de lard fumé. Faites revenir les lardons dans une poêle avec 1 cuill. à soupe d'huile. Lorsqu'ils sont bien dorés, ajoutez-les sur la pâte avant de verser la préparation au poireau.**

Pizza aux courgettes

Pour 4 personnes

260 g de pâte à pizza préétalée
400 g de courgettes en rondelles surgelées
200 g de poivrons surgelés
2 cuill. à soupe d'huile d'olive
1 boule de mozzarella
2 branches de thym séché
Sel et poivre

▷ Préchauffez le four à 200-210 °C (therm. 6-7).
▷ Déroulez la pâte à pizza sur une plaque recouverte de papier sulfurisé.
▷ Faites chauffer 1 cuill. d'huile d'olive dans une sauteuse. Ajoutez les courgettes et les poivrons et faites cuire à feu assez vif pendant 5 min environ, en remuant souvent. Répartissez les légumes sur la pâte.
▷ Coupez la mozarella en tranches et ajoutez-les sur la pizza. Salez, poivrez, parsemez de thym émietté, et enfournez pour 20 à 25 min. À la sortie du four, versez un filet d'huile d'olive sur la pizza et servez aussitôt.

Vous pouvez ajouter quelques filets d'anchois à l'huile sur la pizza juste avant de servir.

Pour 6 personnes
Préparation : 30 min
Cuisson : 1 h 10 environ

460 g de pâte feuilletée préétalée (2 rouleaux de pâte à dérouler)
1 cœur de chou vert (environ 400 g)
2 carottes
1 oignon
2 cuill. à soupe d'huile d'olive
4 œufs
15 cl de crème liquide
1 pincée de noix muscade
80 g de cantal ou de comté râpé
Sel et poivre

Tourte au chou

- Rincez le chou, coupez-le en morceaux puis en lanières. Plongez celles-ci dans de l'eau bouillante salée pendant 3 min. Égouttez-les.
- Épluchez et coupez les carottes en rondelles. Pelez et émincez l'oignon.
- Dans une sauteuse, faites chauffer l'huile à feu moyen et faites-y suer l'oignon. Ajoutez les lanières de chou et les rondelles de carotte, salez, poivrez, puis laissez mijoter à feu très doux et à couvert pendant 30 min.
- Battez 3 œufs avec la crème et la muscade, puis ajoutez le fromage. Versez cette préparation sur le chou et mélangez bien.
- Préchauffez le four à 180 °C (therm. 6).
- Disposez un premier rond de pâte feuilletée sur une plaque recouverte de papier sulfurisé, ou dans un moule à tarte de 28 cm de diamètre. Étalez dessus le mélange au chou en laissant une marge tout autour ; humidifiez cette marge, puis recouvrez l'ensemble avec l'autre rond de pâte. Soudez bien les bords et formez une petite cheminée au centre. Battez le dernier œuf et badigeonnez-en la surface de la tourte à l'aide d'un pinceau. Enfournez pour 35 à 45 min environ. Servez chaud.

Tourte au chou et aux petits lardons : ajoutez au chou braisé des petits dés de poitrine fumée que vous aurez préalablement fait revenir à sec dans une poêle bien chaude.

chou-fleur

Pour 4 à 6 personnes
Préparation : 20 min
Cuisson : 55 min environ

250 g de pâte feuilletée préétalée
1/2 chou-fleur
30 g de beurre
1 cuill. à soupe de farine
40 cl de lait
1 pincée de noix muscade
100 g de beaufort râpé
4 œufs
3 cuill. à soupe de concentré de tomate
Sel et poivre

Tarte au chou-fleur et au beaufort

- Préparez le chou-fleur en le détaillant en petits bouquets. Rincez ceux-ci puis faites-les cuire 10 min dans une casserole d'eau bouillante salée. Égouttez-les avant de les écraser grossièrement à la fourchette.
- Préchauffez le four à 180 °C (therm. 6).
- Garnissez de pâte un moule à tarte de 26 cm de diamètre, préalablement recouvert d'une feuille de papier sulfurisé. Procédez à une cuisson à blanc pour pâte feuilletée pendant 15 min (voir p. 39).
- Préparez une sauce Béchamel. Dans une casserole, faites fondre le beurre à feu doux. Ajoutez la farine et mélangez bien pendant 1 min, puis versez peu à peu le lait tout en remuant. Prolongez la cuisson pendant 5 min environ, jusqu'à épaississement. Hors du feu, incorporez la muscade, le beaufort et les œufs. Mélangez bien. Salez et poivrez, puis ajoutez la purée de chou-fleur et remuez.
- Étalez le concentré de tomate sur le fond de pâte précuit. Versez ensuite la préparation au chou-fleur. Enfournez pour 40 min environ. Servez tiède.

courgette

Pour 4 à 6 personnes
Préparation : 30 min
Repos de la pâte : 1 h
Cuisson : 40 min environ

Pour la pâte à la farine complète
135 g de farine blanche
40 g de farine complète
80 g de beurre mou

Pour la garniture
1/2 oignon
2 cuill. à soupe d'huile d'olive
4 petites courgettes (500 g environ)
3 œufs
15 cl de crème épaisse
5 cuill. à soupe de lait
80 g de roquefort
ou de bleu d'Auvergne
Sel et poivre

Quiche aux courgettes et au roquefort

▷ Préparez la pâte. Versez les deux types de farine dans un saladier, ajoutez 1 pincée de sel. Incorporez le beurre coupé en dés et travaillez du bout des doigts, en ajoutant un peu d'eau tiède, jusqu'à l'obtention d'une pâte homogène. Formez une boule, enveloppez-la dans un film alimentaire et laissez reposer 1 h au frais.

▷ Pelez et émincez l'oignon. Dans une sauteuse, faites chauffer l'huile à feu moyen et faites-y revenir l'oignon. Pendant ce temps, rincez les courgettes et coupez les extrémités. Râpez-les à l'aide d'une râpe à gros trous. Ajoutez les courgettes dans la sauteuse et laissez cuire 5 min environ, en remuant de temps en temps.

▷ Battez les œufs dans un saladier avec la crème et le lait. Ajoutez le roquefort en l'émiettant, puis le mélange courgette-oignon. Salez modérément, poivrez et mélangez bien.

▷ Préchauffez le four à 180 °C (therm. 6). Étalez la pâte et garnissez-en un moule à tarte beurré de 28 cm de diamètre. Piquez la pâte, versez dessus la préparation aux courgettes, puis enfournez pour 30 à 35 min environ. Servez chaud.

Petites quiches aux rondelles de courgette et au roquefort : procédez de la même manière en utilisant des moules à tartelette et en coupant les courgettes en fines rondelles. Prévoyez 20 à 25 min de cuisson au four.

Petites quiches aux rondelles de courgette et au roquefort ▶

Pour 4 à 6 personnes
Préparation : 15 min
Cuisson : 50 min environ

250 g de pâte feuilletée préétalée
4 petites courgettes
3 oignons
1/2 botte de basilic
3 cuill. à soupe d'huile d'olive
3 œufs
25 cl de crème liquide
15 cl de lait
Sel et poivre

Tarte aux courgettes et aux oignons

▷ Préchauffez le four à 180 °C (therm. 6). Garnissez de pâte un moule à tarte de 28 cm de diamètre, recouvert de papier sulfurisé. Procédez à une cuisson à blanc pour pâte feuilletée pendant 15 min (voir p. 39).

▷ Lavez les courgettes et retirez les extrémités. Râpez-les à l'aide d'une râpe à gros trous. Pelez les oignons et émincez-les finement. Rincez et ciselez le basilic.

▷ Dans une sauteuse, faites chauffer l'huile à feu doux et faites-y légèrement colorer les courgettes et les oignons, pendant 10 min environ.

▷ Battez les œufs dans un saladier, puis versez-y la crème et le lait. Remuez bien, ajoutez le basilic, salez et poivrez. Ajoutez le mélange courgette-oignon. Mélangez. Versez la préparation sur le fond de pâte précuit et enfournez pour 40 min environ. Servez chaud.

Tarte aux courgettes, aux oignons et au thon : ajoutez au mélange à base de courgettes 150 à 200 g de miettes de thon au naturel.

échalote

Pour 4 personnes
Préparation : 35 min
Repos de la pâte : 1 h
Cuisson : 1 h 10 environ

500 g d'échalotes roses et bien fermes
40 g de beurre
1 cuill. à soupe d'huile d'olive
2 cuill. à soupe de miel toutes fleurs
1 cuill. à café de sucre en poudre
4 cuill. à soupe de vinaigre de vin
1 cuill. à soupe de vinaigre balsamique
Sel et poivre

Pour la pâte brisée
200 g de farine
90 g de beurre mou
5 cl d'eau

Tarte fine aux échalotes confites

▷ Préparez la pâte brisée. Tamisez la farine et 1 pincée de sel dans un saladier, creusez un puits et mettez-y le beurre en petits morceaux ; pétrissez en ajoutant l'eau au fur et à mesure jusqu'à obtenir une pâte homogène. Formez une boule, enveloppez-la dans un linge ou dans un film alimentaire et placez-la au réfrigérateur pendant au moins 1 h. Sortez-la du réfrigérateur et pétrissez à nouveau quelques instants pour l'assouplir.

▷ Étalez la pâte et garnissez-en un moule à tarte de 30 cm de diamètre. Piquez la pâte avec une fourchette et mettez le moule au réfrigérateur.

▷ Pelez les échalotes en les laissant entières. Faites chauffer le beurre et l'huile dans une grande poêle. Lorsque le mélange est bien chaud, faites-y revenir les échalotes pendant quelques minutes à feu moyen en remuant régulièrement, jusqu'à ce qu'elles soient dorées. Salez, poivrez, ajoutez le miel et le sucre, puis mouillez avec les deux types de vinaigre. Baissez le feu et laissez confire à feu doux pendant 30 à 40 min selon la taille des échalotes.

▷ Préchauffez le four à 210 °C (therm. 7).

▷ Sortez le moule du réfrigérateur et répartissez délicatement les échalotes sur le fond de tarte. Enfournez pour 30 min environ. Servez la tarte tiède, accompagnée d'une belle salade feuille de chêne par exemple.

endive

Pour 4 personnes
Préparation : 15 min
Cuisson : 50 min

4 feuilles de brick
5 endives
40 g de beurre
1 cuill. à café de gingembre en poudre
2 cuill. à soupe de raisins de Corinthe
1 cuill. à soupe de miel liquide
Sel et poivre

Tartelettes aux endives et au gingembre

▷ Éliminez les premières feuilles des endives ainsi que le trognon, puis coupez-les en deux. Plongez-les dans une grande quantité d'eau bouillante, salée et poivrée. Laissez cuire environ 15 min. Égouttez-les bien, puis taillez-les en lanières.

▷ Faites fondre 30 g de beurre dans une poêle. Lorsqu'il est bien chaud, ajoutez les lanières d'endive, saupoudrez de gingembre, ajoutez les raisins, salez, poivrez et laissez mijoter à feu doux pendant 20 min.

▷ Préchauffez le four à 180 °C (therm. 6).

▷ Faites fondre les 10 g de beurre restants et badigeonnez-en les feuilles de brick. Disposez-les dans des moules à tartelette beurrés de 13 cm de diamètre. Répartissez la fondue d'endive, puis arrosez avec le miel. Rabattez les bords de pâte au centre des tartelettes, puis enfournez pour 12 à 15 min. Servez aussitôt.

Tarte fine aux échalotes confites ▶

Pour 4 personnes
Préparation : 20 min
Cuisson : 50 min environ

250 g de pâte feuilletée préétalée
6 grosses endives blanches
1 orange non traitée
1 citron non traité
30 g de beurre demi-sel
2 cuill. à soupe de miel liquide
20 cl de crème fraîche épaisse
3 pincées de noix muscade
Sel et poivre

Tatin d'endive aux agrumes

▷ Coupez les endives en deux dans le sens de la longueur. Creusez le cône à la base.
▷ Prélevez finement le zeste de l'orange. Mettez les filaments dans de l'eau froide et portez à ébullition. Au bout de 2 min, égouttez-les et rafraîchissez-les.
▷ Pressez l'orange et le citron. Filtrez le jus.
▷ Dans une sauteuse, faites chauffer le beurre puis mettez les endives à rissoler. Ajoutez les jus des agrumes, du sel, du poivre. Faites cuire à couvert pendant 20 à 25 min, jusqu'à ce que les endives soient presque tendres.
▷ Découvrez la sauteuse, récupérez 15 cl de jus de cuisson et laissez le reste de liquide s'évaporer. Ajoutez le miel et faites blondir les endives en les retournant plusieurs fois. Laissez-les tiédir.
▷ Préchauffez le four à 210 °C (therm. 7).
▷ Couvrez de papier sulfurisé le fond d'un moule à manqué de 24 cm de diamètre. Disposez les demi-endives en rosace. Recouvrez le tout avec le disque de pâte en rabattant les bords à l'intérieur du moule. Enfournez pour 25 min environ.
▷ Juste avant la fin de la cuisson, portez la crème à ébullition avec le jus d'endive réservé, les zestes d'orange et la muscade. Salez, poivrez et mélangez. Laissez bouillir 3 min.
▷ À la sortie du four, posez un plat de service sur le moule et retournez le tout. Retirez délicatement le moule. Nappez d'un peu de crème chaude. Servez chaud avec le reste de crème à part.

Tatin d'endive aux agrumes ▶

épinard

Pour 6 personnes
Préparation : 30 min
Cuisson : 45 min

500 g de pâte feuilletée préétalée (2 rouleaux de pâte à dérouler)
200 g d'épinards frais
200 g de feuilles de blette
200 g de roquette
12 brins de ciboulette
3 blancs de poireau
2 brins de thym
2 brins de romarin
3 oignons
3 cuill. à soupe d'huile d'olive
75 g de pignons de pin
1 œuf
Sel et poivre

Chaussons aux épinards et aux herbes

▷ Déroulez les rouleaux de pâte feuilletée. À l'aide d'un emporte-pièce ou d'un grand bol, découpez-y six disques de 15 cm de diamètre. Placez ces fonds de pâte sur la plaque du four recouverte de papier sulfurisé, et glissez-la au réfrigérateur.

▷ Lavez les épinards, les feuilles de blette, la roquette, la ciboulette et les poireaux. Égouttez-les. Hachez grossièrement les feuilles d'épinard, de blette, de roquette et les brins de ciboulette. Coupez les blancs de poireau en tronçons de 3 cm, puis découpez chaque tronçon en fins bâtonnets. Effeuillez le thym et le romarin. Pelez les oignons et émincez-les.

▷ Mélangez tous ces ingrédients dans un saladier.

▷ Préchauffez le four à 210 °C (therm. 7).

▷ Faites chauffer l'huile à feu doux dans une sauteuse et ajoutez-y la préparation aux herbes et les pignons de pin. Faites cuire pendant 20 min environ, en remuant régulièrement. Égouttez la préparation dans une passoire et pressez-la avec le dos d'une louche. Salez et poivrez.

▷ Sortez les disques de pâte du réfrigérateur, et garnissez-les d'un peu de mélange aux herbes. Repliez-les en forme de chausson (voir p. 40) et soudez bien les bords. Battez l'œuf et badigeonnez-en la surface des chaussons à l'aide d'un pinceau. Glissez au four pour 20 à 25 min environ. Servez chaud.

Pour 6 personnes
Préparation : 30 min
Cuisson : 55 min environ

400 g de pâte brisée prête à étaler ou 400 g de pâte brisée maison (voir p. 28)
450 g d'épinards
500 g de champignons de Paris
4 tomates
30 g de beurre
1 gros bouquet de persil
1 citron
4 œufs
350 g de fromage blanc lisse égoutté
250 g de fromage râpé
1 pincée de noix muscade
Sel et poivre

Tourte aux épinards et aux champignons

▷ Lavez, égouttez et équeutez les épinards. Hachez-les. Nettoyez les champignons, émincez-les. Plongez les tomates 30 s dans de l'eau bouillante. Pelez-les, épépinez-les, concassez-les.

▷ Faites fondre les épinards dans la moitié du beurre à feu doux. Faites revenir les tomates et les champignons dans le reste du beurre.

▷ Préchauffez le four à 190 °C (therm. 6-7).

▷ Hachez le persil et pressez le citron. Cassez 3 œufs dans un saladier. Ajoutez le fromage blanc et le fromage râpé. Mélangez. Ajoutez la muscade, le persil haché et le jus de citron. Salez, poivrez et remuez bien.

▷ Étalez les deux tiers de la pâte et garnissez-en un moule à tarte beurré de 28 cm de diamètre. Étalez le reste de pâte.

▷ Versez une couche de mélange au fromage dans le moule. Recouvrez d'épinards puis de mélange tomate-champignon. Terminez par la préparation au fromage et recouvrez l'ensemble avec le second disque de pâte. Soudez bien les bords et formez une petite cheminée au centre. À l'aide d'une fourchette, dessinez des motifs géométriques sur le dessus de la tourte. Battez le dernier œuf et badigeonnez-en la surface de la tourte. Enfournez pour 45 min environ. Servez chaud.

Pour 4 à 6 personnes
Préparation : 15 min
Cuisson : 40 min environ

200 g de pâte feuilletée préétalée
30 g de beurre
450 g d'épinards frais
2 œufs
10 cl de crème liquide
120 g de petit-suisse
70 g de comté ou d'emmental râpé
1 pincée de noix muscade
50 g de pignons de pin (facultatif)
Sel et poivre

Tarte aux épinards

▷ Lavez, égouttez et équeutez les épinards.
▷ Faites fondre le beurre dans une sauteuse et mettez-y à chauffer les épinards quelques minutes, jusqu'à ce qu'ils aient rendu leur eau.
▷ Préchauffez le four à 180 °C (therm. 6).
▷ Battez les œufs. Salez, poivrez, incorporez-y la crème et les petits-suisses, puis ajoutez le fromage et la muscade.
▷ Garnissez de pâte feuilletée un moule à tarte de 24 cm de diamètre. Piquez le fond avec une fourchette. Étalez les épinards sur la pâte, puis recouvrez avec la préparation au petit-suisse. Enfournez pour 30 min environ.
▷ Parsemez la tarte de pignons de pin et remettez-la au four quelques minutes, jusqu'à ce que les pignons soient bien dorés. Servez chaud.

Tarte aux épinards et au saumon : ajoutez quelques dés de saumon, frais ou fumé à la fin de la cuisson des épinards.

Tarte aux épinards ▶

herbes

Pour 4 à 6 personnes
Préparation : 15 min
Cuisson : 40 min

250 g de pâte brisée préétalée
ou 250 g de pâte brisée maison (voir p. 28)
4 bouquets de basilic
2 bouquets de persil plat
3 gousses d'ail
4 cuill. à soupe d'huile d'olive
100 g de parmesan râpé
100 g de pignons de pin
Sel et poivre

Tarte verte

- ▷ Rincez le basilic et le persil. Essuyez-les et effeuillez-les. Pelez les gousses d'ail. Mixez ensemble les herbes, l'ail, l'huile et le parmesan.
- ▷ Préchauffez le four à 180 °C (therm. 6-7).
- ▷ Garnissez de pâte brisée un moule à tarte de 28 cm de diamètre, préalablement recouvert de papier sulfurisé. Étalez sur la pâte le mélange aux herbes puis les pignons. Enfournez pour 40 min environ. Servez chaud.

Vous pouvez remplacer les pignons de pin par des cerneaux de noix concassés. Vous pouvez aussi utiliser d'autres herbes fraîches et ajouter à votre mélange quelques feuilles de roquette par exemple.

Pour 4 à 6 personnes
Préparation : 20 min
Cuisson : 55 min environ

250 g de pâte feuilletée préétalée
150 g de feuilles de blette
1 gros bouquet de persil plat
1 petit bouquet de menthe
1 gros bouquet de basilic
1 botte de ciboulette
2 cuill. à soupe de thym frais
1 cuill. à soupe de romarin frais
1 cuill. à café d'origan séché
3 oignons
3 cuill. à soupe d'huile d'olive
4 œufs
25 cl de crème liquide
15 cl de lait
Sel et poivre

Quiche aux herbes fraîches

- ▷ Lavez les feuilles de blette puis retirez-en les côtes. Rincez le persil, la menthe, le basilic et la ciboulette. Hachez le tout grossièrement au couteau. Hachez plus finement le thym et le romarin. Mélangez toutes les herbes avec l'origan.
- ▷ Préchauffez le four à 180 °C (therm. 6).
- ▷ Garnissez de pâte un moule à manqué de 26 cm de diamètre, préalablement recouvert de papier sulfurisé. Procédez à une cuisson à blanc pour pâte feuilletée pendant 15 min (voir p. 39).
- ▷ Pelez les oignons et émincez-les.
- ▷ Faites chauffer l'huile dans une sauteuse, ajoutez les oignons et laissez-les cuire 10 min à feu doux, en remuant de temps en temps. Ajoutez toutes les herbes, mélangez et prolongez la cuisson 5 min, à feu vif, sans cesser de mélanger. Versez la préparation dans une passoire et égouttez-la.
- ▷ Battez les œufs dans un saladier, puis versez-y la crème et le lait. Remuez bien, puis ajoutez la préparation aux herbes, salez et poivrez. Versez ce mélange sur le fond de pâte précuit et enfournez pour 40 min environ. Servez chaud.

Quiche aux herbes fraîches et au fromage : ajoutez dans le mélange aux herbes 100 g de fromage de chèvre (frais ou affiné selon votre goût) coupé en morceaux.

avec Béatrice Lagandré

Tatins aux légumes confits

Tous les légumes, ou presque, peuvent se prêter à cette cuisson lente et douce, le principe étant de les faire revenir dans un peu de matière grasse, puis de les laisser mijoter doucement, au four ou à la poêle, jusqu'à obtenir une subtile saveur de caramel et une consistance fondante. On les dispose ensuite sous une pâte, brisée ou feuilletée, qui, au cours de la cuisson, va « emprisonner » tous les parfums.

Tatin au fenouil confit

Pour 4 à 6 personnes
Préparation : 30 min
Cuisson : 1 h 25 environ

200 g de pâte feuilletée préétalée
2 oranges non traitées
1 citron non traité
4 petits bulbes de fenouil
20 g de beurre
2 cuill. à soupe d'huile d'olive
1 cuill. à café de graines de coriandre
1 cuill. à soupe de miel liquide
Sel et poivre

▷ Prélevez le zeste d'une orange et du citron pour en obtenir 2 cuill. à soupe. Coupez-les en petits bâtonnets, puis plongez-les 5 min dans de l'eau bouillante. Égouttez-les et laissez tiédir. Pressez les 3 agrumes au-dessus d'un bol.

▷ Coupez la base des bulbes de fenouil et le bout des tiges. Retirez la première « peau » si elle est abîmée. Coupez les bulbes en tranches de 1,5 cm environ, dans le sens de la longueur. Dans une grande poêle, faites chauffer le beurre et l'huile et ajoutez les tranches de fenouil. Salez, poivrez et ajoutez les graines de coriandre concassées. Faites cuire à feu moyen pendant 2 ou 3 min, puis ajoutez le miel, les zestes et le jus des agrumes. Couvrez et laissez confire tout doucement pendant 50 à 55 min, en remuant de temps en temps.

▷ Préchauffez le four à 180 °C (therm. 6).

▷ Retirez délicatement les tranches de fenouil de la poêle, puis rangez-les en étoile dans un moule à manqué de 23 cm de diamètre, préalablement beurré. Recouvrez le tout avec de la pâte feuilletée en rabattant bien les bords à l'intérieur du moule. Enfournez pour 20 à 25 min.

▷ À la sortie du four, posez un plat de service sur le moule et retournez le tout. Retirez délicatement le moule. Servez chaud.

Vous pouvez servir cette tatin avec de fines tranches de jambon de Parme.

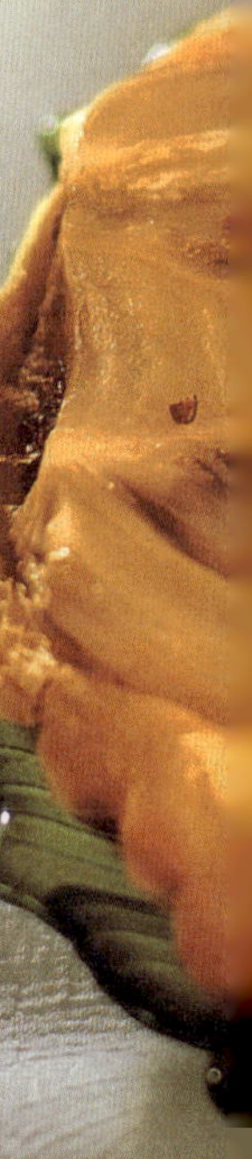

Vous trouverez aussi des légumes confits dans les recettes suivantes :

- **Tatin aux oignons rouges p. 80**
- **Tatin d'oignon doux au gingembre p. 80**
- **Tatin aux navets caramélisés p. 76**

légumes mélangés

Pour 4 à 6 personnes
Préparation : 35 min
Cuisson : 55 min environ

3 courgettes
1 aubergine
4 tomates
1 poivron rouge
2 oignons
1 gousse d'ail
3 cuill. à soupe d'huile d'olive
2 cuill. à soupe de miel
Sel et poivre

Pour la pâte à crumble
150 g de beurre mou
150 g de farine
150 g de parmesan râpé

Crumble des légumes de l'été

▷ Lavez tous les légumes et essuyez-les. Retirez les extrémités des courgettes et de l'aubergine, et coupez-les en cubes. Plongez les tomates 30 s dans de l'eau bouillante. Pelez-les, épépinez-les et coupez la chair en dés. Ouvrez le poivron, épépinez-le et coupez-le en dés, également. Pelez les oignons et la gousse d'ail et hachez-les.

▷ Faites chauffer l'huile à feu doux dans une sauteuse et faites-y fondre tous les légumes avec le miel. Salez et poivrez. Couvrez et cuisez pendant 25 min.

▷ Préchauffez le four à 180 °C (therm. 6).

▷ Préparez la pâte. Coupez le beurre en morceaux. Mettez-les dans un saladier avec la farine et le parmesan. Frottez le mélange entre vos mains pour obtenir une consistance sableuse.

▷ Sortez les légumes de la sauteuse à l'aide d'une écumoire et mettez-les dans un plat à gratin. Couvrez-les de pâte sableuse et enfournez pour 30 min environ. Servez bien chaud.

Pour 4 à 6 personnes
Préparation : 30 min
Cuisson : 1 h environ

260 g de pâte à pizza préétalée
ou 260 g de pâte à pizza maison
(voir p. 37)
1 poivron vert
1 poivron rouge
2 petites courgettes
4 cuill. à soupe d'huile d'olive
2 oignons
4 tomates
12 olives noires
1 boule de mozzarella
1 pincée d'origan
Sel et poivre

Pizza aux quatre légumes

▷ Allumez le gril du four. Rincez les poivrons, coupez-les en quatre, retirez les graines, puis placez-les 15 min environ sous le gril, jusqu'à ce que la peau boursoufle et brunisse. Laissez-les tiédir, pelez-les et coupez-les en fines lanières.

▷ Réglez le four à 210 °C (therm. 7).

▷ Lavez les courgettes, retirez leurs extrémités et découpez-les en rondelles. Disposez-les sur une plaque recouverte de papier sulfurisé, arrosez d'un filet d'huile et enfournez pour environ 3 min. Retournez les rondelles de courgette et poursuivez la cuisson 3 min.

▷ Pelez et émincez les oignons. Plongez les tomates 30 s dans de l'eau bouillante. Pelez-les, épépinez-les et coupez-les en petits morceaux.

▷ Faites chauffer le reste d'huile dans une sauteuse et faites-y revenir les oignons. Ajoutez les morceaux de tomate, salez, poivrez et laissez cuire 20 min environ, en remuant souvent.

▷ Déroulez la pâte à pizza sur une plaque recouverte de papier sulfurisé. Badigeonnez-la de concassée de tomate aux oignons. Répartissez les rondelles de courgette, les lanières de poivron et les olives sur la pâte. Enfournez pour 10 min.

▷ Coupez la mozzarella en tranches de 1 cm et ajoutez-les sur la pizza. Parsemez d'origan, enfournez à nouveau pour 5 à 8 min. Servez chaud.

Vous pouvez remplacer les poivrons par des aubergines ou des fonds d'artichaut.

Quiche du potager

Pour 6 personnes
Préparation : 25 min
Cuisson : 35 min environ

230 g de pâte feuilletée préétalée
200 g de haricots verts
150 g de cocos plats
150 g de petits pois écossés (frais ou surgelés)
3 œufs
1 pincée de noix muscade
60 g de fromage de chèvre en bûche
200 g de fromage blanc
Sel et poivre

▷ Effilez les haricots verts et les cocos plats, puis rincez-les. Faites cuire les petits pois, les haricots et les cocos plats dans une grande casserole d'eau bouillante salée, en comptant 3 min à partir de la reprise de l'ébullition. Égouttez, laissez tiédir, puis coupez les haricots et les cocos plats en deux ou trois morceaux.

▷ Préchauffez le four à 210 °C (therm. 7).

▷ Garnissez de pâte feuilletée un moule à tarte de 28 cm de diamètre. Piquez la pâte avec une fourchette puis étalez dessus les légumes verts.

▷ Dans un saladier, battez les œufs avec la muscade, le fromage de chèvre émietté et le fromage blanc. Salez et poivrez. Versez cette préparation sur les légumes et enfournez pour 25 à 30 min. Servez chaud ou tiède.

Quiche du potager à la farine complète : remplacez la pâte feuilletée préétalée par une pâte brisée maison (voir p. 28) que vous préparerez avec 200 g de farine blanche, 50 g de farine complète et 110 g de beurre.

Quiche du potager au jambon : coupez 150 g de jambon blanc en petits dés et ajoutez ceux-ci à la garniture aux légumes et au fromage.

Pizza aux quatre légumes ▼

Pour 4 à 6 personnes
Préparation : 30 min
Cuisson : 1 h environ

250 g de pâte feuilletée préétalée
1 cuill. à soupe de cassonade
1 cuill. à soupe d'huile

Pour la ratatouille
3 courgettes longues
1 aubergine
1 poivron vert
2 gousses d'ail
2 oignons
3 tomates
4 cuill. à soupe d'huile d'olive
1 branche de thym
Sel et poivre

Tatin de ratatouille

▷ Préparez la ratatouille. Lavez les légumes et essuyez-les. Coupez les courgettes et l'aubergine en cubes. Coupez le poivron en quatre, épépinez-le puis coupez-le en lanières. Pelez l'ail et les oignons et hachez-les. Plongez les tomates 30 s dans de l'eau bouillante. Pelez-les, épépinez-les, concassez-les grossièrement.
▷ Faites chauffer l'huile à feu moyen dans une sauteuse et faites-y revenir les légumes et les aromates. Salez et laissez cuire 25 min. Égouttez.
▷ Préchauffez le four à 200 °C (therm. 6-7).
▷ Remettez les légumes dans la sauteuse avec la cassonade et laissez caraméliser 10 min encore sur feu doux. Rectifiez l'assaisonnement. Égouttez à nouveau si nécessaire, puis versez la ratatouille dans un moule à manqué de 26 cm de diamètre, préalablement huilé.
▷ Recouvrez le tout avec le disque de pâte feuilletée en rabattant bien les bords à l'intérieur du moule. Formez une petite cheminée au centre, huilez la surface de la pâte et enfournez pour 25 min environ.
▷ À la sortie du four, posez un plat de service sur le moule et retournez le tout. Retirez délicatement le moule. Servez chaud.

Vous pouvez préparer cette tarte pour utiliser un reste de ratatouille (pour une tarte de cette taille, comptez 600 g environ).

navet

Pour 4 à 6 personnes
Préparation : 30 min
Cuisson : 1 h environ

200 g de pâte feuilletée préétalée (ou brisée)
800 g de petits navets nouveaux
2 échalotes
2 clémentines non traitées
50 g de beurre
4 cuill. à soupe de miel de lavande
1 cuill. à soupe de sucre en poudre
Sel et poivre

Tatin aux navets caramélisés

▷ Épluchez les navets, lavez-les puis faites-les blanchir 5 min dans une grande quantité d'eau bouillante salée. Égouttez-les et coupez-les en deux.
▷ Pelez et émincez les échalotes. Prélevez le zeste d'une clémentine et hachez-le. Pressez les 2 clémentines.
▷ Faites chauffer le beurre dans une sauteuse et mettez-y les échalotes émincées et les moitiés de navet. Salez, poivrez, et laissez cuire pendant 5 min à feu moyen en remuant souvent.
▷ Ajoutez le miel, le zeste et le jus de clémentine, puis laissez confire tout doucement et à couvert pendant 25 à 30 min.
▷ Préchauffez le four à 180 °C (therm. 6).
▷ Beurrez un moule à manqué de 23 cm de diamètre, saupoudrez-le de sucre, puis disposez les navets. Recouvrez le tout avec la pâte feuilletée en rabattant bien les bords à l'intérieur du moule. Enfournez pour 25 min environ, jusqu'à ce que la pâte soit bien dorée.
▷ À la sortie du four, posez un plat de service sur le moule et retournez le tout. Retirez délicatement le moule. Servez chaud.

oignon

Pour 4 à 6 personnes
Préparation : 20 min
Cuisson : 50 à 55 min

250 g de pâte à pain (ou à pizza) préétalée
ou 250 g de pâte à pain maison (voir p. 28)
800 g d'oignons
4 cuill. à soupe d'huile d'olive
5 cl de sirop d'érable
4 cuill. à soupe de vinaigre de vin
2 cuill. à soupe de romarin émietté
Sel et poivre

Tarte aigre-douce à l'oignon

▷ Pelez les oignons et émincez-les finement. Faites chauffer l'huile à feu moyen dans une sauteuse. Faites-y cuire pendant 5 min et à couvert les oignons avec le sirop d'érable et le vinaigre. Retirez le couvercle et baissez le feu. Prolongez la cuisson environ 15 min, jusqu'à ce que les oignons soient fondants et légèrement caramélisés.
▷ Retirez la sauteuse du feu. Salez et poivrez, ajoutez le romarin et mélangez bien.
▷ Préchauffez le four à 210 °C (therm. 7).
▷ Garnissez de pâte un moule à tarte de 28 cm de diamètre, préalablement recouvert de papier sulfurisé. Versez la fondue d'oignon sur la pâte et enfournez pour 25 à 30 min. Servez chaud.

Tarte aigre-douce à l'oignon et au miel : remplacez le sirop d'érable par du miel et le vinaigre de vin par un vinaigre balsamique.

Tatin aux navets caramélisés ▼

Pour 4 à 6 personnes
Préparation : 30 min
Repos de la pâte : 1 h
Cuisson : 45 min environ

600 g d'oignons
3 cuill. à soupe d'huile ou de saindoux
1 cuill. à soupe de farine
4 œufs
25 cl de lait
25 cl de crème fraîche
1 pincée de noix muscade
Sel et poivre

Pour la pâte brisée
250 g de farine
125 g de beurre mou
1 jaune d'œuf
3 cuill. à soupe d'eau froide
1 pincée de sel

Tarte aux oignons

▷ Préparez la pâte. Tamisez la farine dans un saladier, creusez un puits et mettez-y le beurre, le jaune d'œuf, l'eau et le sel. Pétrissez rapidement du bout des doigts jusqu'à l'obtention d'une pâte homogène. Formez une boule, enveloppez-la dans un linge ou dans un film alimentaire et laissez reposer 1 h au réfrigérateur.
▷ Pelez et émincez les oignons. Faites-les fondre doucement dans l'huile ou le saindoux sans les laisser prendre couleur. Saupoudrez de farine, remuez bien et laissez cuire encore 2 ou 3 min à feu modéré.
▷ Dans un saladier, battez les œufs avec le lait et la crème. Ajoutez oignons, sel, poivre et muscade. Mélangez bien.
▷ Préchauffez le four à 180 °C (therm. 6).
▷ Beurrez un moule à tarte d'environ 28 cm de diamètre. Étalez la pâte sur 3 mm d'épaisseur environ et garnissez-en le moule.
▷ Versez le mélange aux oignons dedans et enfournez pour 40 min environ, jusqu'à ce que la tarte soit bien dorée. Servez aussitôt.

Tartelettes aux oignons : préparez de la même façon des tartelettes en utilisant des moules de 10 cm environ. Prévoyez 10 à 12 min de cuisson.
Tarte aux oignons et aux lardons : taillez en lardons 300 g de lard fumé. Plongez les lardons 2 min dans de l'eau bouillante, puis égouttez-les. Répartissez-les sur le fond de tarte juste avant de verser le mélange aux oignons.

Tartelettes aux oignons ▶

Pour 4 personnes
Préparation : 20 min
Trempage des raisins : 10 min
Cuisson : 50 min

250 g de pâte brisée préétalée ou 250 g de pâte brisée maison **(voir p. 28)**
40 g de raisins secs
700 g d'oignons (rouges de préférence)
40 g de beurre
1 cuill. à soupe d'huile d'olive
1 cuill. à soupe de sucre en poudre
2 cuill. à soupe de miel liquide (acacia ou « toutes fleurs »)
1 cuill. à soupe de vinaigre balsamique
2 branches de thym
Sel et poivre

Tartelettes aux oignons et aux raisins secs

▷ Mettez les raisins secs à tremper dans un bol d'eau tiède.
▷ Pelez les oignons et émincez-les. Dans une sauteuse, faites chauffer le beurre et l'huile, puis ajoutez les oignons émincés. Salez, poivrez et faites cuire à feu moyen pendant 10 min, en remuant souvent.
▷ Ajoutez dans la sauteuse les raisins égouttés, le sucre, le miel et le vinaigre balsamique. Émiettez le thym au-dessus, mélangez et poursuivez la cuisson pendant 20 min à feu très doux.
▷ Préchauffez le four à 180 °C (therm. 6).
▷ Garnissez de pâte brisée quatre moules à tartelette de 13 cm environ. Piquez la pâte avec une fourchette, répartissez la fondue d'oignon, enfournez pour 20 min environ. Servez chaud ou tiède.

Servez ces tartelettes avec une salade de roquette parsemée de quelques lanières de jambon cru ou de lardons.

Pour 6 personnes
Préparation : 25 min
Trempage des raisins : 15 min
Cuisson : 55 min environ

600 g de pâte feuilletée prête à étaler (2 pâtons rectangulaires)
1 sachet de thé à la menthe
150 g de raisins secs blonds
600 g d'oignons
1/2 botte de coriandre
10 cl d'huile d'olive
3 cuill. à soupe de cumin en poudre
1 œuf
Sel et poivre

Chaussons à l'oignon, aux raisins secs et au cumin

▷ Préparez un bol de thé à la menthe, et faites-y gonfler les raisins secs pendant 15 min.
▷ Étalez la pâte sur le plan de travail fariné et découpez-y, à l'aide d'un grand bol ou d'un emporte-pièce, six disques de 15 cm de diamètre.
▷ Préchauffez le four à 180 °C (therm. 6).
▷ Pelez les oignons et émincez-les finement. Rincez la coriandre et ciselez-la.
▷ Faites chauffer l'huile à feu doux dans une sauteuse et faites-y revenir les oignons pendant 15 min, jusqu'à ce qu'ils soient bien colorés. Saupoudrez de cumin en poudre, salez et poivrez. Ajoutez les raisins égouttés et la coriandre ciselée. Mélangez.
▷ Garnissez de cette préparation les disques de pâte et repliez-les pour former des chaussons (voir p. 40). Soudez bien les bords.
▷ Battez l'œuf et badigeonnez-en les chaussons. Déposez-les sur la plaque du four recouverte de papier sulfurisé. Enfournez pour 40 min environ. Les chaussons vont dorer et légèrement gonfler à la cuisson. Servez-les avec une salade verte.

<u>Chaussons à l'oignon et aux olives :</u> dénoyautez et concassez une douzaine d'olives noires ; ajoutez-les à la préparation aux oignons en fin de cuisson.

Tatin aux oignons rouges

Pour 6 personnes
Préparation : 20 min
Cuisson : 40 min environ

250 g de pâte brisée préétalée ou 250 g de pâte brisée maison (voir p. 28)
1 kg d'oignons rouges
2 cuill. à soupe d'huile d'olive
2 cuill. à soupe de vinaigre balsamique
2 cuill. à soupe de miel toutes fleurs
30 g de beurre pour le moule
2 cuill. à soupe de thym séché
Sel et poivre

▷ Pelez les oignons et émincez-les finement.
▷ Dans une sauteuse, faites chauffer l'huile à feu moyen et faites-y revenir les oignons pendant 5 min. Versez le vinaigre et le miel. Salez et poivrez. Laissez fondre et caraméliser les oignons à feu doux pendant 15 min.
▷ Préchauffez le four à 180 °C (therm. 6).
▷ Beurrez un moule à manqué de 24 cm de diamètre et saupoudrez de thym. Étalez la fondue d'oignon. Recouvrez le tout avec la pâte brisée en rabattant bien les bords à l'intérieur du moule. Percez-la à l'aide d'une fourchette et enfournez pour 25 min environ.
▷ À la sortie du four, posez un plat de service sur le moule et retournez le tout. Retirez délicatement le moule. Servez chaud.

Vous pouvez remplacer les oignons rouges par des oignons blancs ou jaunes et le miel par du sirop d'érable.

Tatin d'oignon doux au gingembre

Pour 6 personnes
Préparation : 35 min
Cuisson : 50 min

250 g de pâte feuilletée préétalée
1,2 kg d'oignons doux (type oignons des Cévennes)
1 l de lait
1 citron non traité
40 g de gingembre frais
15 g de beurre
8 cl d'huile d'olive
15 g de sucre en poudre

▷ Pelez les oignons et fendez-les en deux sans aller jusqu'à la base, afin que les deux moitiés ne se séparent pas. Mettez les oignons dans une casserole avec le lait, portez à ébullition et faites cuire 35 min environ. Égouttez.
▷ Rincez le citron, prélevez les zestes et pressez un peu de jus. Épluchez le gingembre et émincez-le finement. Versez dessus un peu de jus de citron pour l'empêcher de noircir.
▷ Dans une sauteuse, faites chauffer l'huile et le beurre et faites-y revenir les oignons à feu moyen-vif. Quand ils sont dorés, retournez-les délicatement. Faites-les dorer 5 min de l'autre côté.
▷ Préchauffez le four à 210 °C (therm. 7).
▷ Beurrez un moule à manqué de 24 cm de diamètre. Saupoudrez le fond de sucre. Étalez d'abord les zestes de citron et le gingembre, puis placez les oignons très serrés les uns contre les autres, en les recoupant si nécessaire. Recouvrez l'ensemble de pâte feuilletée en rabattant bien les bords à l'intérieur du moule. Enfournez pour 20 min.
▷ À la sortie du four, posez un plat de service sur le moule et retournez le tout. Retirez délicatement le moule. Servez chaud ou tiède avec une salade verte.

Vous pouvez préparer les oignons quelques heures à l'avance et utiliser une pâte brisée. En mettant un peu plus de sucre au fond du moule et en ajoutant les graines d'une gousse de vanille, vous pourrez servir cette tarte en dessert.

Tatin d'échalote au gingembre : remplacez les oignons par la même quantité d'échalotes ; choisssez de préférence des échalotes longues, de Jersey ou de Bretagne.

panais

Pour 4 à 6 personnes
Préparation : 15 min
Cuisson : 45 min environ

230 g de pâte feuilletée préétalée
500 g de panais
2 oignons
20 g de beurre
1 cuill. à soupe d'huile d'olive
3 œufs
15 cl de crème liquide
5 cl de lait
1 cuill. à café de cumin en poudre
60 g d'emmental
Sel et poivre

Quiche aux panais

- Épluchez les panais, lavez-les, séchez-les, puis râpez-les à l'aide d'une râpe à gros trous.
- Pelez les oignons et émincez-les.
- Dans une sauteuse, faites chauffer le beurre et l'huile et faites-y revenir les oignons. Ajoutez les panais râpés, salez, poivrez, puis laissez cuire 10 min environ.
- Préchauffez le four à 180 °C (therm. 6).
- Garnissez de pâte feuilletée un moule à tarte de 28 cm de diamètre. Piquez la pâte avec une fourchette et disposez les panais.
- Battez les œufs avec la crème, le lait et le cumin. Salez, poivrez et mélangez. Versez cette préparation sur les légumes. Râpez le fromage et saupoudrez-le sur le dessus de la tarte. Enfournez pour 30 à 35 min. Servez chaud.

Quiche aux panais et aux carottes parfumée au curry : remplacez 250 g de panais par 250 g de carottes et le cumin par une pointe de curry.

Tatin d'oignon doux au gingembre ▶

Aujourd'hui, je découvre en cuisinant que la saveur de la menthe permet d'apporter une note de fraîcheur aux préparations salées et qu'elle se marie délicieusement à celle, plus douce, des petits pois.

Quiche aux petits pois et à la menthe

Pour 4 à 6 personnes
Préparation : 20 min
Cuisson : 45 à 50 min

250 g de pâte brisée préétalée ou 250 g de pâte brisée maison **(voir p. 28)**
4 branches de menthe fraîche
200 g de petits pois surgelés
4 œufs
40 cl de lait
100 g de fromage râpé
Sel et poivre

Passe les branches de menthe sous le robinet d'eau froide, afin de bien la nettoyer. Essuie-la en l'enveloppant dans du papier absorbant. À l'aide d'une paire de ciseaux à bouts ronds, découpe les feuilles en petits morceaux.

▷ Préchauffez le four à 180 °C (therm. 6). Garnissez de pâte un moule à manqué de 26 cm de diamètre, préalablement recouvert de papier sulfurisé. Procédez à une cuisson à blanc pour pâte brisée pendant 10 min (voir p. 39).

Verse une grande quantité d'eau dans une casserole, ajoute 1 grosse cuill. à café de sel et pose un couvercle sur la casserole.

▷ Mettez la casserole sur feu vif et portez à ébullition. Baissez le feu et prolongez la cuisson 5 min.

Casse les œufs dans un saladier. Bats-les à l'aide d'une fourchette, puis ajoute le lait, la menthe ciselée et le fromage râpé. Continue de mélanger jusqu'à obtenir une préparation homogène. Sale et poivre selon ton goût.

▷ Retirez la casserole du feu, versez les petits pois dans une passoire, puis rafraîchissez-les sous l'eau froide. Laissez égoutter.

Étale les petits pois sur le fond de pâte précuit, puis verse délicatement le mélange à la menthe. Fais-toi aider si cela te semble trop difficile.

▷ Enfournez la tarte pour 40 min environ. Servez chaud.

Quiche aux petits pois, à la menthe et au jambon cru : juste avant d'enfourner la tarte, répartissez sur le dessus des lanières de jambon cru.

poireau

Pour 4 personnes
Préparation : 30 min
Cuisson : 45 min environ

230 g de pâte brisée préétalée
ou 230 g de pâte brisée maison **(voir p. 28)**
600 g de blancs de poireau
2 cuill. à soupe d'huile d'olive
1 œuf
10 cl de crème liquide
50 g de fromage râpé
Sel et poivre

Tarte aux poireaux et au fromage

▷ Lavez les blancs de poireau et coupez-les en tronçons de 3 cm. Découpez ensuite chaque tronçon en fins bâtonnets.
▷ Faites chauffer l'huile à feu moyen dans une poêle et faites-y revenir les bâtonnets de poireau pendant 15 min environ, en remuant souvent. Salez et poivrez.
▷ Préchauffez le four à 180 °C (therm. 6).
▷ Battez l'œuf avec la crème, puis ajoutez le fromage râpé et mélangez.
▷ Garnissez de pâte brisée un moule de 24 cm de diamètre. Piquez la pâte avec une fourchette, étalez dessus les poireaux et recouvrez avec la préparation à la crème. Enfournez pour 30 à 35 min. Servez chaud ou tiède.

Tarte aux poireaux et aux champignons : remplacez la moitié des poireaux par des champignons de Paris ou des pieds-de-mouton.

Pour 4 personnes
Préparation : 25 min
Cuisson : 30 min

250 g de pâte feuilletée préétalée
2 poireaux
1 cuill. à soupe d'huile d'olive
200 g de carottes
1 gros œuf
40 g de cheddar (ou d'emmental)
6 cl de crème liquide
Sel et poivre

Tartelettes aux poireaux et aux carottes

▷ Épluchez les poireaux, lavez-les et émincez-les.
▷ Faites chauffer l'huile dans une poêle et faites-y revenir les poireaux pendant 5 min environ, en remuant souvent.
▷ Préchauffez le four à 180 °C (therm. 6).
▷ Pelez les carottes, lavez-les puis râpez-les. Mettez-les dans un saladier.
▷ Garnissez de pâte feuilletée quatre moules à tartelette beurrés de 13 cm de diamètre environ. Piquez les fonds de pâte avec une fourchette, recouvrez-les de papier sulfurisé et de légumes secs, puis enfournez-les pour 5 min.
▷ Battez l'œuf en omelette et mélangez avec le fromage râpé et la crème.
▷ Versez cette préparation sur les carottes râpées, ajoutez les poireaux, salez, poivrez et mélangez.
▷ Étalez la garniture aux légumes sur les fonds de pâte précuits puis enfournez pour 20 min environ. Servez chaud.

Pour 4 à 6 personnes
Préparation : 30 min
Cuisson : 1 h 10 environ

250 g de pâte brisée préétalée
ou 250 g de pâte brisée maison
(voir p. 28)
5 gros blancs de poireau
60 g de beurre
1 cuill. à soupe de farine
40 cl de lait
2 cuill. à soupe de curry en poudre
150 g de gouda râpé
4 œufs
Sel et poivre

Tarte aux poireaux et au curry

▷ Lavez les blancs de poireau et coupez-les en tronçons de 2 cm. Faites fondre la moitié du beurre dans une sauteuse et faites-y revenir les poireaux à feu doux pendant 20 min. Salez et poivrez.

▷ Préchauffez le four à 180 °C (therm. 6).

▷ Garnissez de pâte un moule à manqué de 26 cm de diamètre, préalablement recouvert de papier sulfurisé. Procédez à une cuisson à blanc pour pâte brisée pendant 10 min (voir p. 39).

▷ Pendant ce temps, préparez une sauce Béchamel. Faites fondre les 30 g de beurre restants à feu doux. Ajoutez la farine et mélangez bien pendant 1 min, puis versez peu à peu le lait tout en remuant. Prolongez la cuisson pendant 5 min environ, jusqu'à épaississement. Hors du feu, incorporez le curry, le gouda et les œufs. Fouettez longuement. Salez et poivrez, puis ajoutez les poireaux et mélangez bien.

▷ Versez sur le fond de tarte précuit la béchamel puis disposez les tronçons de poireau côte à côte et enfournez pour 40 min environ. Servez chaud.

poivron

Pour 4 à 6 personnes
Préparation : 25 min
Cuisson : 55 min environ

250 g de pâte brisée préétalée
ou 250 g de pâte brisée maison
(voir p. 28)
3 poivrons (1 rouge, 1 vert et 1 jaune)
3 oignons
1 courgette
3 cuill. à soupe d'huile d'olive
4 œufs
40 cl de lait
100 g de fromage râpé
Sel et poivre

Tarte aux poivrons multicolores

▷ Allumez le gril du four. Rincez les poivrons, coupez-les en quatre, retirez les graines, puis placez-les 15 min environ sous le gril, jusqu'à ce que la peau boursoufle et brunisse. Laissez-les tiédir, pelez-les et coupez-les en lanières.

▷ Pelez les oignons et émincez-les finement. Lavez la courgette, retirez les extrémités et détaillez-la en cubes.

▷ Préchauffez le four à 180 °C (therm. 6).

▷ Garnissez de pâte un moule à tarte de 28 cm de diamètre, préalablement recouvert de papier sulfurisé. Procédez à une cuisson à blanc pour pâte brisée pendant 10 min (voir p. 39).

▷ Faites chauffer l'huile à feu doux dans une sauteuse et mettez-y les lanières de poivron, les oignons émincés et les cubes de courgette. Couvrez la sauteuse et laissez fondre les légumes pendant 15 min sur feu doux. Salez et poivrez.

▷ Dans un saladier, battez les œufs, ajoutez le lait, le fromage, salez et poivrez.

▷ Quand les légumes sont cuits, laissez-les tiédir, puis incorporez-les dans le mélange aux œufs.

▷ Versez la préparation sur le fond de tarte précuit et enfournez pour 40 min. Servez chaud ou froid.

Tarte aux poivrons multicolores et au jambon de Bayonne : **ajoutez des lanières de jambon de Bayonne dans la sauteuse, en même temps que les légumes.**

Pour 4 à 6 personnes
Préparation : 30 min
Cuisson : 1 h 10 environ

250 g de pâte feuilletée préétalée
3 œufs
150 g d'ossau-iraty (ou d'un autre fromage de brebis)

Pour la piperade
1 gousse d'ail
1 oignon
4 piments verts doux
1 poivron rouge
2 cuill. à soupe d'huile d'olive
400 g de tomates
1 branche de thym
1 pincée de piment d'Espelette en poudre
Sel

Tarte à la piperade

▷ Préparez la piperade. Pelez l'ail et l'oignon et hachez-les. Ouvrez les piments et le poivron, retirez-en les graines et coupez-les en fines lanières. Faites chauffer l'huile à feu doux dans une sauteuse et faites-y revenir l'ail et l'oignon hachés. Au bout de 5 min, ajoutez les lanières de piment et de poivron. Mélangez et prolongez la cuisson 10 min en remuant de temps en temps. Coupez les tomates en quartiers et ajoutez-les dans la sauteuse avec la branche de thym. Salez et saupoudrez de piment d'Espelette. Couvrez et laissez mijoter pendant 30 min environ. Remuez régulièrement pour éviter que les légumes n'attachent. Retirez du feu et laissez tiédir. Enlevez la branche de thym et égouttez la piperade à l'aide d'une écumoire. Versez-la dans un saladier.

▷ Préchauffez le four à 180 °C (therm. 6).

▷ Garnissez de pâte un moule à tarte de 28 cm de diamètre, préalablement recouvert de papier sulfurisé. Procédez à une cuisson à blanc pour pâte feuilletée pendant 15 min (voir p. 39).

▷ Ajoutez à la piperade les œufs battus et le fromage râpé. Mélangez bien et versez cette préparation sur le fond de tarte précuit. Enfournez pour 25 min environ. Servez chaud.

Les petits piments verts doux du Pays basque sont typiques de la piperade, mais vous pouvez les remplacer par du poivron vert.

Tarte aux poireaux et au curry ▼

pomme de terre

Pour 6 personnes
Préparation : 20 min
Cuisson : 1 h environ

500 g de pâte feuilletée préétalée
(2 rouleaux de pâte à dérouler)
6 pommes de terre moyennes
1 noix de beurre
1 cuill. à café d'origan séché
25 cl de crème épaisse
1 œuf
Sel et poivre

Tourte parmentière

▷ Épluchez les pommes de terre, lavez-les et découpez-les en fines rondelles.
▷ Préchauffez le four à 160 °C (therm. 5-6).
▷ Beurrez largement une tourtière de 26 cm de diamètre environ et garnissez-la d'un premier disque de pâte.
▷ Disposez les rondelles de pomme de terre dans la tourtière, en couches successives. Salez, poivrez et saupoudrez d'origan. Étalez la crème fraîche et recouvrez l'ensemble avec l'autre disque de pâte. Soudez bien les bords et formez une petite cheminée au centre. À l'aide d'une fourchette, dessinez des motifs géométriques sur le dessus de la tourte. Battez le jaune d'œuf et badigeonnez-en la surface de la tourte à l'aide d'un pinceau. Enfournez pour 1 h environ. Servez chaud avec une salade verte.

Tourte parmentière à la fourme d'Ambert : ajoutez 100 g de fourme d'Ambert émiettée sur la crème fraîche.

Quiche au potiron et à la menthe ▶

potiron

Pour 4 à 6 personnes
Préparation : 20 min
Cuisson : 1 h environ

250 g de pâte brisée préétalée
ou 250 g de pâte brisée maison
(voir p. 28)
3 courgettes
200 g de potiron (1 tranche
de 250 g environ)
4 œufs
25 cl de crème liquide
15 cl de lait
1 pincée de noix muscade
Sel et poivre

Quiche au potiron et aux courgettes

▷ Préchauffez le four à 180 °C (therm. 6).
▷ Garnissez de pâte un moule à manqué de 26 cm de diamètre, préalablement recouvert de papier sulfurisé. Procédez à une cuisson à blanc pour pâte brisée pendant 10 min (voir p. 39).
▷ Pendant ce temps, lavez les courgettes, retirez leurs extrémités et découpez-les en cubes.
▷ Découpez en cubes également la chair de potiron. Mettez les cubes de légumes dans une casserole d'eau bouillante salée et faites-les cuire 15 min environ.
▷ Dans un saladier, battez les œufs avec la crème, le lait et la muscade. Salez, poivrez et mélangez.
▷ Égouttez les légumes et ajoutez-les dans le saladier. Mélangez puis étalez cette préparation sur le fond de tarte précuit. Enfournez pour 40 min. Servez chaud.

Quiche au potiron, aux courgettes et aux lardons : faites revenir à sec 75 g de petits lardons dans une poêle et ajoutez-les avec les légumes dans la préparation aux œufs.

Pour 4 à 6 personnes
Préparation : 20 min
Cuisson : 45 à 55 min

200 g de pâte aux petits-suisses
(voir p. 30)
1 oignon
20 feuilles de menthe fraîche
600 g de potiron (1 tranche
de 750 g environ)
2 cuill. à soupe d'huile d'olive
2 œufs
100 g de fromage blanc
1 cuill. à café de cumin en poudre
Sel et poivre

Quiche au potiron et à la menthe

▷ Pelez l'oignon et émincez-le. Rincez la menthe et ciselez-la. Coupez la chair de potiron en petits dés.
▷ Faites chauffer l'huile à feu doux dans une sauteuse et faites-y fondre l'oignon. Ajoutez les dés de potiron, salez, poivrez, mouillez si besoin avec un peu d'eau et laissez mijoter doucement pendant 20 à 25 min, jusqu'à ce que le potiron soit bien tendre.
▷ Versez le contenu de la sauteuse dans un plat creux et écrasez grossièrement le potiron à la fourchette. Incorporez-y les œufs légèrement battus, puis le fromage blanc. Ajoutez le cumin et la moitié de la menthe ciselée. Mélangez.
▷ Préchauffez le four à 180 °C (therm. 6).
▷ Garnissez de pâte aux petits-suisses un moule à tarte beurré de 24 cm de diamètre. Piquez la pâte avec une fourchette. Versez dessus la préparation au potiron et enfournez pour 25 à 30 min.
▷ Juste avant de servir, parsemez du reste de menthe. Servez chaud ou tiède.

Vous pouvez servir cette quiche avec des tranches de gigot d'agneau grillées.

Mini-pizzas à la tomate et au pesto

Pour 4 personnes

260 g de pâte à pizza préétalée
2 cuill. à soupe de pesto
150 g de tomates confites à l'huile
1 boule de mozzarella
1 ou 2 cuill. à soupe d'huile d'olive
Sel et poivre

▷ Préchauffez le four à 200-210 °C (therm. 6-7).
▷ Découpez quatre disques de pâte et mettez-les sur une plaque du four recouverte de papier sulfurisé. Badigeonnez chaque morceau de pâte avec du pesto. Détaillez les tomates confites et la mozzarella en petits morceaux et garnissez-en les disques. Arrosez d'un filet d'huile d'olive, salez, poivrez, et enfournez pour 15 min environ. Servez sans attendre, avec du mesclun par exemple.

Remplacez une partie des tomates confites par d'autres légumes confits (artichauts, asperges, aubergine).

Tartelettes aux asperges et aux girolles

Pour 4 personnes

250 g de pâte feuilletée préétalée
400 g d'asperges vertes surgelées
30 g de beurre
150 g de girolles surgelées
15 cl de crème liquide
Sel et poivre

▷ Préchauffez le four à 180 °C (therm. 6).
▷ Garnissez de pâte quatre moules à tartelette beurrés de 13 cm environ. Procédez à une cuisson à blanc pour pâte feuilletée pendant 15 min (voir p. 39).
▷ Plongez les asperges dans une grande casserole d'eau bouillante salée. Laissez cuire 5 min, puis égouttez-les. Coupez-les en deux ou en trois selon leur taille.
▷ Faites chauffer le beurre à feu moyen dans une sauteuse et ajoutez les girolles. Laissez cuire 5 min en remuant souvent. Ajoutez alors les asperges et poursuivez la cuisson pendant 2 min. Versez la crème, salez, poivrez, et laissez mijoter encore quelques instants en remuant délicatement.
▷ Étalez le mélange sur les fonds de pâte précuits, remettez 2 min au four pour les réchauffer et servez aussitôt.

Tartelettes aux courgettes, aux tomates confites et aux noix

Pour 4 personnes

250 g de pâte feuilletée préétalée
3 tomates confites à l'huile
500 g de courgettes en rondelles surgelées
12 noix décortiquées
40 g de parmesan
Sel et poivre

▷ Préchauffez le four à 180 °C (therm. 6).
▷ Garnissez de pâte quatre moules à tartelette beurrés de 13 cm de diamètre. Procédez à une cuisson à blanc pour pâte feuilletée pendant 8 min (voir p. 39).
▷ Égouttez les tomates confites en récupérant leur huile. Coupez-les en dés.
▷ Dans une poêle, faites chauffer 2 cuill. à soupe d'huile des tomates confites, ajoutez les rondelles de courgette non décongelées et laissez cuire à feu moyen pendant 10 min environ, en remuant de temps en temps. Salez, poivrez, puis ajoutez les dés de tomate.
▷ Étalez le mélange aux courgettes sur les fonds de pâte précuits. Concassez grossièrement les noix et parsemez-les sur les courgettes. Détaillez des copeaux de parmesan à l'aide d'un couteau éplucheur et déposez-les sur les tartelettes. Enfournez pour 12 à 15 min. Servez chaud.

tomate

Pour 24 mini-pizzas
Préparation : 20 min
Cuisson : 20 min

300 g de pâte à pizza prête à étaler ou 300 g de pâte à pizza maison **(voir p. 37)**
50 cl de purée de tomate
2 cuill. à soupe d'origan séché (ou surgelé)
175 g de roquette
150 g de parmesan
2 cuill. à soupe de pignons de pin
3 cuill. à soupe d'huile d'olive
3 cuill. à soupe de vinaigre balsamique
Sel et poivre

Mini-pizzas à la roquette, au parmesan et aux pignons

▷ Préchauffez le four à 200 °C (therm. 6-7).

▷ Étalez la pâte à pizza. À l'aide d'un emporte-pièce ou d'un verre, découpez vingt-quatre petits disques de pâte (de 4 à 6 cm de diamètre). Placez-les sur la plaque du four recouverte de papier sulfurisé. Recouvrez-les de purée de tomate. Salez, poivrez et saupoudrez d'origan. Enfournez pour 20 min environ.

▷ Pendant ce temps, lavez la roquette, essorez-la et hachez-la grossièrement au couteau. Faites des copeaux de parmesan à l'aide d'un couteau éplucheur. Dans une poêle à revêtement antiadhésif, faites dorer les pignons à sec pendant 2 min, en remuant sans cesse.

▷ Dans un saladier, assaisonnez la roquette avec l'huile et le vinaigre. Salez et poivrez. Remuez délicatement.

▷ Retirez les mini-pizzas du four et répartissez dessus la roquette, les pignons de pin et les copeaux de parmesan. Servez aussitôt.

Mini-pizzas à la roquette, au parmesan et aux pignons ▶

Tarte à la tomate et aux fenouils

Pour 4 à 6 personnes
Préparation : 20 min
Cuisson : 1 h 05 environ

250 g de pâte brisée préétalée
ou 250 g de pâte brisée maison (voir p. 28)
3 tomates
2 bulbes de fenouil
2 oignons
30 g de beurre
4 œufs
20 cl de crème liquide
20 cl de lait
1 pincée de cinq-épices
Sel et poivre

▷ Préchauffez le four à 180 °C (therm. 6).
▷ Lavez les tomates, coupez-les en tranches, épépinez-les. Placez-les sur du papier absorbant et salez-les.
▷ Coupez la base des bulbes de fenouil et les tiges. Retirez la première « peau » si elle est abîmée. Émincez finement les bulbes. Pelez les oignons et émincez-les.
▷ Garnissez de pâte un moule à tarte de 26 cm de diamètre, préalablement recouvert de papier sulfurisé. Procédez à une cuisson à blanc pour pâte brisée pendant 15 min (voir p. 39).
▷ Pendant ce temps, faites fondre le beurre à feu doux dans une sauteuse et faites-y revenir 15 min environ les oignons et les lamelles de fenouil, jusqu'à ce qu'elles soient fondantes. Salez et poivrez.
▷ Mélangez les œufs, la crème et le lait à l'aide d'une fourchette. Ajoutez le mélange d'épices, salez et poivrez.
▷ Étalez la préparation au fenouil sur le fond de pâte précuit, puis versez dessus le mélange aux œufs. Disposez les rondelles de tomate. Enfournez pour 40 min environ. Servez chaud.

Tartelettes aux deux tomates

Pour 4 personnes
Préparation : 30 min
Cuisson : 1 h environ

250 g de pâte feuilletée préétalée
600 g de tomates fraîches bien mûres
2 branches de thym
1 cuill. à café de sucre en poudre
3 cuill. à soupe d'huile d'olive
4 cuill. à soupe de confit d'oignon (voir p. 48)
8 tomates confites
Sel et poivre

▷ Préchauffez le four à 120 °C (therm. 4).
▷ Rincez les tomates puis coupez-les en rondelles. Disposez celles-ci sur une plaque recouverte de papier sulfurisé, parsemez de thym effeuillé et saupoudrez de sucre. Arrosez d'un filet d'huile et enfournez pour 50 min.
▷ À l'aide d'un emporte-pièce ou d'un verre, découpez dans la pâte quatre disques de taille égale pour former quatre tartelettes. Placez-les sur une autre plaque recouverte de papier sulfurisé.
▷ Badigeonnez chaque rond de pâte avec du confit d'oignon. Disposez les rondelles de tomate cuites sur le confit en les superposant légèrement entre elles. Salez et poivrez.
▷ Augmentez la température du four à 180 °C (therm. 6). Enfournez la plaque avec les tartelettes pour 15 min.
▷ Sortez les tartelettes du four, décorez avec les tomates confites, puis enfournez à nouveau quelques minutes en veillant à ne pas les laisser brûler. Servez chaud.

Tartelettes aux deux tomates et à la tapenade : remplacez le confit d'oignon par la même quantité de tapenade toute prête ou maison (voir p. 49).

Pour 4 personnes
Préparation : 10 min
Cuisson : 25 min environ

230 g de pâte feuilletée ou brisée préétalée
5 tomates
2 ou 3 cuill. à soupe de tapenade toute prête ou maison (voir p. 49)
80 g d'emmental ou de comté
1 cuill. à soupe de graines de pavot
Sel et poivre

Tarte à la tomate et aux graines de pavot

▷ Préchauffez le four à 210 °C (therm. 7).

▷ Plongez les tomates 30 s dans de l'eau bouillante. Pelez-les, épépinez-les et coupez-les en rondelles assez fines.

▷ Garnissez de pâte feuilletée un moule à tarte de 26 cm de diamètre. Badigeonnez le fond de tapenade et disposez les rondelles de tomate par-dessus. Salez modérément et poivrez. Recouvrez de lamelles de fromage. Saupoudrez de graines de pavot, enfournez pour 25 min environ. Servez aussitôt.

Pour accompagner cette tarte parfumée, préparez une salade composée de brocolis, de dés de jambon, de grains de maïs et de noix.

Tarte à la tomate et aux graines de pavot ▼

Tatin de tomate à la tapenade

Pour 4 à 6 personnes
Préparation : 20 min
Cuisson : 40 min

250 g de pâte brisée préétalée
ou 250 g de pâte brisée maison (voir p. 28)
1 kg de tomates fraîches
1 gousse d'ail
1 oignon
3 cuill. à soupe d'huile d'olive
2 cuill. à soupe de miel onctueux (de sapin si possible)
100 g de tapenade noire toute prête ou maison (voir p. 49)
1 branche de thym
1 branche de romarin
Sel et poivre

▷ Plongez les tomates 30 s dans de l'eau bouillante. Pelez-les, coupez-les en quatre et épépinez-les. Pelez l'ail et l'oignon et hachez-les.
▷ Dans une sauteuse, faites chauffer 2 cuill. à soupe d'huile à feu doux et faites-y revenir l'ail et l'oignon. Ajoutez le miel et les quartiers de tomate. Prolongez la cuisson 10 min pour que l'ensemble soit bien caramélisé.
▷ Égouttez la préparation et versez-la dans un saladier. Ajoutez la tapenade, rectifiez l'assaisonnement et mélangez.
▷ Préchauffez le four à 200 °C (therm. 6-7).
▷ Huilez un moule à manqué de 26 cm de diamètre et saupoudrez le fond de thym et de romarin effeuillé. Versez-y la préparation à la tapenade. Recouvrez le tout avec de la pâte brisée en rabattant bien les bords à l'intérieur du moule. À l'aide d'une fourchette, faites des trous sur toute la surface de la pâte, puis enfournez pour 20 min environ.
▷ À la sortie du four, posez un plat de service sur le moule et retournez le tout. Retirez délicatement le moule. Servez chaud ou tiède.

Tartes fines à la tomate et aux câpres

Pour 4 personnes
Préparation : 20 min
Cuisson : 16 à 18 min

200 g de pâte feuilletée prête à étaler
600 g de tomates mûres
1 brin de thym
2 cuill. à soupe de câpres fines
Sel et poivre

▷ Plongez les tomates pendant 30 s dans de l'eau bouillante. Pelez-les, coupez-les délicatement en rondelles de 2 ou 3 mm d'épaisseur. Épépinez-les.
▷ Préchauffez le four à 210 °C (therm. 7).
▷ Étalez la pâte feuilletée aussi finement que possible et découpez-y quatre disques de même taille. Posez-les sur une plaque recouverte de papier sulfurisé, piquez la pâte avec une fourchette, enfournez pour 10 min.
▷ Sortez la plaque du four. Disposez les rondelles de tomate en rosace sur les disques de pâte en les faisant se chevaucher légèrement, salez et poivrez. Saupoudrez un peu de thym sur chaque tarte, puis répartissez les câpres en surface. Remettez à cuire pendant 6 à 8 min.
▷ Servez chaud, en entrée, ou, pour un repas léger, avec une salade composée.

Tout *poisson*

anchois

Pour 10 barquettes
Préparation : 30 min
Cuisson : 30 min environ

250 g de pâte brisée préétalée ou 250 g de pâte brisée maison (voir p. 28)
250 g d'anchois salés
60 g de beurre
1 cuill. à soupe de farine
25 cl de lait
1 pincée de muscade
250 g de champignons de Paris
1 gros oignon
100 g de mie de pain rassis
Sel et poivre

Barquettes aux anchois et aux champignons

▷ Mettez les anchois à dessaler dans un bol d'eau en changeant l'eau plusieurs fois. Égouttez-les.
▷ Préchauffez le four à 180 °C (therm. 6).
▷ Découpez la pâte brisée en dix morceaux de la taille des moules à barquette, préalablement beurrés. Garnissez-en dix moules, piquez la pâte avec une fourchette puis enfournez pour 10 min.
▷ Préparez une sauce Béchamel. Dans une casserole, faites fondre 30 g de beurre puis ajoutez la farine. Faites cuire 5 min sans laisser colorer. Versez le lait et faites épaissir sur feu doux en remuant. Salez, poivrez et ajoutez la muscade.
▷ Nettoyez les champignons et coupez-les en dés. Pelez l'oignon et émincez-le. Faites sauter les champignons et l'oignon avec 10 g de beurre, égouttez-les puis mélangez-les avec la béchamel.
▷ Émiettez la mie de pain et passez-la à la poêle avec les 20 g de beurre restants.
▷ Coupez les filets d'anchois en dés et ajoutez-les à la préparation aux champignons.
▷ Remplissez les barquettes avec ce mélange, parsemez de mie de pain et enfournez pour 10 min. Servez chaud.

Pissaladière ▶

Dartois aux anchois

Pour 6 personnes
Préparation : 30 min
Réfrigération : 2 h
Cuisson : 25 min

500 g de pâte feuilletée prête à étaler
50 g de beurre d'anchois tout prêt
80 g de filets d'anchois à l'huile
1 œuf

Pour la farce de poisson
100 g de filet de poisson
1 blanc d'œuf
10 cl de crème liquide
Sel et poivre

▷ Préparez la farce de poisson. Coupez le poisson en petits morceaux, passez-le au mixeur puis mettez-le dans un grand bol. Battez légèrement le blanc d'œuf à la fourchette et ajoutez-le peu à peu dans le bol. Salez, poivrez et mélangez. Gardez 2 h au réfrigérateur.
▷ Placez le bol dans un récipient rempli de glaçons et incorporez peu à peu la crème fraîche en travaillant vigoureusement le mélange à la spatule.
▷ Ajoutez le beurre d'anchois dans la farce et mélangez.
▷ Épongez les filets d'anchois dans un papier absorbant.
▷ Étalez la pâte feuilletée sur une épaisseur de 3 mm environ et coupez-la en deux bandes : l'une de 10 × 24 cm, l'autre de 12 × 26 cm.
▷ Préchauffez le four à 240 °C (therm. 8).
▷ Placez la plus petite bande de pâte feuilletée sur la plaque du four recouverte de papier sulfurisé.
▷ Étalez dessus de la farce de poisson au beurre d'anchois sur 5 mm d'épaisseur environ sans aller jusqu'aux bords du rectangle. Laissez 1 cm de pâte non recouverte.
▷ Répartissez les filets d'anchois par-dessus. Couvrez-les ensuite avec une seconde couche de farce et lissez bien. Avec un pinceau trempé dans l'eau, humectez les bords de pâte libres.
▷ Posez le second rectangle de pâte sur la farce, soudez bien les bords et formez une petite cheminée au centre. Battez l'œuf et badigeonnez-en la surface du dartois à l'aide d'un pinceau. Enfournez, abaissez la température du four à 180 °C (therm. 6) et laissez cuire 25 min. Servez chaud.

Vous pouvez préparer vous-même un beurre d'anchois avec 6 ou 8 filets d'anchois au sel. Faites-les dessaler sous l'eau froide, égouttez-les puis écrasez-les à la fourchette. Ajoutez éventuellement un peu de jus de citron et mélangez le tout avec 100 g de beurre.

Pissaladière

Pour 8 à 10 personnes
Préparation : 40 min
Cuisson : 35 min environ

400 g de pâte à pain fraîche
(à acheter chez le boulanger) ou
400 g de pâte à pain maison
(voir p. 37)
2 kg d'oignons
4 gousses d'ail
15 cl d'huile d'olive
1 bouquet garni
100 g d'olives noires de Nice
10 filets d'anchois
(ou 4 cuill. à soupe de pissalat)
Poivre

▷ Pelez les oignons, émincez-les finement et salez-les légèrement. Pelez et écrasez l'ail.
▷ Dans une cocotte, faites chauffer 10 cl d'huile, ajoutez les oignons, l'ail, le bouquet garni. Mélangez bien, couvrez la cocotte et faites cuire les oignons 20 min à feu doux, sans qu'ils prennent couleur, en remuant de temps en temps. Ils doivent être fondants.
▷ Préchauffez le four à 220 °C (therm. 7-8).
▷ Étalez la pâte sur le plan de travail fariné en un disque d'une épaisseur de 1,5 cm environ.
▷ Déposez le disque sur une plaque de cuisson farinée, puis piquez la pâte avec une fourchette.
▷ Retirez le bouquet garni de la cocotte et étalez la fondue d'oignon sur la pâte. Disposez ensuite les olives et les anchois (si vous utilisez du pissalat, étalez-le sur les oignons). Arrosez avec le reste d'huile. Enfournez pour 15 à 20 min.
▷ Sortez la pissaladière du four et poivrez-la. Servez-la chaude ou tiède.

Pizza napolitaine

Pour 4 personnes
Préparation : 25 min
Repos de la pâte : 1 h
Cuisson : 15 à 20 min

Pour la pâte
15 g de levure de boulanger
240 g de farine
5 cuill. à soupe d'huile d'olive

Pour la garniture
500 g de tomates fermes et mûres
24 filets d'anchois au sel
2 gousses d'ail
100 g d'olives noires
1 pincée d'origan
Sel et poivre

▷ Préparez la pâte. Délayez la levure dans 3 cuill. à soupe d'eau tiède. Laissez reposer jusqu'à ce qu'elle double de volume. Versez alors la farine dans un saladier, creusez un puits et mettez-y 1 pincée de sel et la levure délayée. Travaillez à la main en ajoutant peu à peu 3 cuill. à soupe d'huile d'olive et un peu d'eau tiède jusqu'à ce que la pâte soit souple.
▷ Farinez la pâte et formez une boule, poudrez-la encore de farine, mettez-la dans un saladier, couvrez avec un linge et laissez reposer 1 h dans un endroit tiède. La pâte doit doubler de volume.
▷ Préparez la garniture. Plongez les tomates 30 s dans de l'eau bouillante. Pelez-les, épépinez-les et concassez-les. Passez-les au tamis pour recueillir la pulpe (ou mixez-les). Dessalez les anchois sous l'eau froide et égouttez-les. Pelez l'ail et écrasez-le.
▷ Préchauffez le four à 240 °C (therm. 8).
▷ Reprenez la pâte. Étalez-la grossièrement et tapez-la vigoureusement pour la vider de son air. Étalez-la à la main, puis au rouleau, en lui donnant une forme ronde.
▷ Farinez la plaque du four. Posez le fond de pâte dessus et formez des bourrelets tout autour avec vos doigts mouillés. Garnissez-le de pulpe de tomate. Décorez avec l'ail, les olives et les filets d'anchois. Poivrez et poudrez d'origan. Versez le reste de l'huile en filet. Enfournez pour 15 à 20 min. Servez chaud.

Vous pouvez utiliser d'autres garnitures : champignons, oignons frits et parmesan; thon, câpres et anchois; jambon et champignons...

Tourte aux anchois

Pour 6 personnes
Préparation : 25 min
Cuisson : 35 min

12 à 15 filets d'anchois au sel
300 g de brocciu
1 œuf

Pour la pâte
400 g de farine
1/2 verre d'huile d'olive
10 g de levure chimique
1 œuf

▷ Dessalez les anchois sous l'eau froide et égouttez-les.
▷ Préparez la pâte. Tamisez la farine dans un saladier, creusez un puits et mettez-y l'huile, la levure, l'œuf et 1 ou 2 cuill. à soupe d'eau. Pétrissez du bout des doigts jusqu'à obtention d'une pâte homogène.
▷ Écrasez 5 ou 6 filets d'anchois et incorporez-les à la pâte.
▷ Préchauffez le four à 200 °C (therm. 6-7).
▷ Divisez la pâte en deux parts égales et étalez celles-ci en deux disques. Huilez une tourtière de 24 cm de diamètre et garnissez-la avec un disque de pâte. Coupez le brocciu en tranches et garnissez-en le fond de la tourtière. Disposez dessus des filets d'anchois. Continuez en alternant une couche de brocciu et une couche d'anchois, puis recouvrez l'ensemble avec l'autre morceau de pâte. Soudez bien les bords et formez une petite cheminée au centre. Battez l'œuf et badigeonnez-en la surface de la tourte à l'aide d'un pinceau. Enfournez pour 35 min. Servez chaud.

Tourte aux anchois ▶

cabillaud et morue

Pour 4 à 6 personnes
Préparation : 25 min
Cuisson : 50 min environ

250 g de pâte brisée préétalée
ou 250 g de pâte brisée maison
(voir p. 28)
2 poivrons rouges
2 tomates
200 g de brandade de morue
(en conserve)
1 pincée de thym séché
50 g de fromage râpé
Sel et poivre

Tarte à la morue, façon brandade

▷ Allumez le gril du four. Rincez les poivrons, coupez-les en quatre, retirez les graines, puis placez-les sous le gril 15 min environ, jusqu'à ce que la peau se boursoufle et brunisse. Laissez-les tiédir, pelez-les et coupez-les en lanières.

▷ Plongez les tomates 30 s dans de l'eau bouillante. Pelez-les, épépinez-les et coupez-les en rondelles.

▷ Préchauffez le four à 180 °C (therm. 6).

▷ Garnissez de pâte un moule à tarte de 28 cm de diamètre, préalablement recouvert de papier sulfurisé. Étalez la brandade sur la pâte et disposez-y harmonieusement les rondelles de tomate et les lanières de poivron. Saupoudrez de thym, de fromage râpé, salez et poivrez.

▷ Enfournez pour 30 à 35 min environ. Servez chaud.

Tourte au cabillaud et aux épinards

Pour 4 personnes
Préparation : 30 min
Cuisson : 40 min environ

400 g de pâte feuilletée prête à étaler ou 2 rouleaux de pâte feuilletée préétalée
450 g d'épinards frais (ou 350 g d'épinards surgelés)
2 œufs
10 cl de crème fraîche
2 cuill. à soupe de moutarde
1 pincée de noix muscade
2 filets de cabillaud
Sel et poivre

▷ Lavez et équeutez les épinards. Plongez-les dans une grande casserole d'eau bouillante salée. Laissez reprendre l'ébullition puis comptez 2 min de cuisson. Égouttez soigneusement les épinards et mettez-les dans un saladier.
▷ Battez 1 œuf avec la crème. Ajoutez 1 cuill. à soupe de moutarde, la muscade, salez, poivrez, puis versez ce mélange sur les épinards et remuez bien.
▷ Préchauffez le four à 180 °C (therm. 6).
▷ Détaillez les filets de poisson en lanières.
▷ Étalez la pâte feuilletée sur 2 mm d'épaisseur environ et formez deux disques de même taille. Disposez un premier disque sur une plaque recouverte de papier sulfurisé et badigeonnez-le avec le reste de moutarde en laissant une marge de 2 cm environ autour de la pâte. Humidifiez cette marge au pinceau. Répartissez les lanières de cabillaud sur la moutarde, puis étalez la préparation aux épinards.
▷ Recouvrez l'ensemble avec l'autre disque de pâte. Soudez bien les bords et formez une petite cheminée au centre. À l'aide d'une fourchette, dessinez des motifs géométriques sur le dessus de la tourte. Battez le dernier œuf et badigeonnez-en la surface de la tourte à l'aide d'un pinceau.
▷ Enfournez la tourte pour 35 à 40 min environ, jusqu'à ce qu'elle soit bien dorée. Servez chaud.

coquille Saint-Jacques

Tartelettes croustillantes de saint-jacques marinées et julienne de légumes

Pour 4 personnes
Préparation : 30 min
Marinade : 1 h
Cuisson : 20 min

4 feuilles de pâte filo
12 noix de saint-jacques fraîches
1 citron
2 cuill. à soupe d'huile d'olive
1 pincée de cumin (facultatif)
10 g de beurre
1 sachet de julienne de légumes surgelée (environ 450 g)
10 cl de crème liquide
Sel et poivre

▷ Rincez les noix de saint-jacques et essuyez-les dans du papier absorbant puis disposez-les dans un plat. Arrosez avec le jus de citron et 1 cuill. à soupe d'huile et saupoudrez de cumin. Poivrez et laissez mariner 1 h environ au réfrigérateur.
▷ Préchauffez le four à 160 °C (therm. 5-6).
▷ À l'aide d'un pinceau, beurrez les deux faces d'une feuille de pâte filo, puis pliez-la en quatre. Tracez un cercle d'environ 13 cm de diamètre, découpez la feuille et disposez le cercle sur une plaque recouverte de papier sulfurisé. Procédez de même avec toutes les autres feuilles. Recouvrez les quatre disques d'un papier sulfurisé puis d'une autre plaque et enfournez pour 5 min environ.
▷ Faites chauffer l'huile dans une poêle et mettez-y la julienne de légumes. Laissez cuire de 8 à 10 min. Salez, poivrez, ajoutez la crème, mélangez et laissez mijoter encore 5 min.
▷ Égouttez les noix de saint-jacques et coupez-les en fines lamelles. Répartissez les légumes sur les disques de pâte puis les saint-jacques. Servez aussitôt.

Pour 6 à 8 personnes
(24 bouchées)
Préparation : 15 min
Cuisson : 20 min

250 g de pâte feuilletée préétalée
1/2 citron
3 pommes
12 noix de saint-jacques
30 g de beurre
10 g de curry en poudre
Sel

Bouchées de saint-jacques au curry et aux chips de pomme

▷ Préchauffez le four à 210 °C (therm. 7).

▷ À l'aide d'un emporte-pièce ou d'un petit verre, découpez dans la pâte feuilletée vingt-quatre disques de 4 ou 5 cm de diamètre. Piquez les fonds de pâte avec une fourchette et déposez-les sur la plaque du four recouverte de papier sulfurisé. Recouvrez-les d'une seconde feuille de papier sulfurisé, puis de légumes secs. Faites cuire à blanc pendant 20 min environ.

▷ Pressez le demi-citron. Rincez les pommes, coupez-les en tranches très fines et versez le jus de citron dessus pour éviter qu'elles ne noircissent.

▷ Rincez les noix de saint-jacques et essuyez-les dans du papier absorbant. Coupez-les en deux dans l'épaisseur. Faites fondre le beurre dans une poêle et faites-y dorer les noix de saint-jacques 1 ou 2 min de chaque côté. Salez en fin de cuisson.

▷ Sortez les fonds de pâte du four, retirez les légumes secs et le papier. Coupez les tranches de pomme en deux ou trois et disposez-les en rosace sur les fonds de pâte. Déposez dessus 1 demi-noix de saint-jacques. Saupoudrez légèrement de curry et servez aussitôt.

Bouchées de saint-jacques au curry et aux chips de pomme ▶

Pour 6 personnes
(18 bouchées)
Préparation : 25 min
Cuisson : 40 min environ

300 g de pâte feuilletée prête à étaler
3 oignons
60 g de beurre
18 noix de saint-jacques fraîches
18 feuilles de basilic
18 lanières de bacon de 3 cm de large
1 cuill. à soupe d'huile d'olive
Sel et poivre

Bouchées de saint-jacques au bacon

▷ Préchauffez le four à 200 °C (therm. 6-7).

▷ À l'aide d'un emporte-pièce ou d'un petit verre, découpez dans la pâte feuilletée dix-huit disques de 4 cm de diamètre. Piquez les fonds de pâte avec une fourchette et déposez-les sur la plaque du four recouverte de papier sulfurisé. Recouvrez-les d'une seconde feuille de papier sulfurisé, puis de légumes secs. Faites cuire à blanc pendant 25 min environ.

▷ Pelez et émincez finement les oignons. Faites fondre la moitié du beurre dans une sauteuse et faites-y revenir les oignons pendant 10 min à feu doux, jusqu'à ce qu'ils soient fondants.

▷ Rincez les noix de saint-jacques et essuyez-les dans du papier absorbant. Posez une feuille de basilic sur chacune d'elles et enveloppez-les d'une lanière de bacon.

▷ Faites fondre le reste du beurre dans une poêle avec l'huile et faites-y revenir, à feu vif, les noix de saint-jacques, 3 min de chaque côté. Déposez-les sur du papier absorbant.

▷ Sortez les fonds de pâte du four, retirez les légumes secs et le papier. Garnissez-les de fondue d'oignon et d'une noix de saint-jacques. Salez et poivrez. Glissez au four 5 min encore. Servez chaud.

Bouchées de noix de saint-jacques à la coppa : remplacez le bacon par de la coppa (charcuterie italienne), découpée en lanières pour envelopper les noix de saint-jacques.

Pour 6 personnes
Préparation : 30 min
Cuisson : 55 min environ

250 g de pâte brisée préétalée
ou 250 g de pâte brisée maison (voir p. 28)
3 endives
18 noix de saint-jacques
30 g de beurre
1 cuill. à soupe d'huile d'olive
4 œufs
20 cl de crème liquide
20 cl de lait
1 pincée de noix muscade
100 g de gouda ou d'emmental râpé
Sel et poivre

Quiche aux noix de saint-jacques

▷ Retirez la base des endives, lavez les feuilles et essuyez-les bien. Émincez-les finement.

▷ Rincez les noix de saint-jacques et essuyez-les dans du papier absorbant.

▷ Préchauffez le four à 200 °C (therm. 6-7).

▷ Faites fondre le beurre dans une poêle avec 1 cuill. à soupe d'huile et faites-y dorer les noix de saint-jacques pendant 3 min de chaque côté. Retirez-les. Remplacez-les dans la poêle par les endives. Laissez suer ces dernières à feu doux pendant 10 min. Égouttez-les.

▷ Battez les œufs dans un saladier avec la crème et le lait. Salez, poivrez et ajoutez la muscade.

▷ Garnissez de pâte brisée un moule à manqué de 26 cm de diamètre, préalablement recouvert de papier sulfurisé. Disposez sur la pâte les endives et les noix de saint-jacques. Salez et poivrez. Versez dessus le mélange aux œufs et saupoudrez la quiche de gouda. Enfournez pour 40 min environ. Servez chaud.

Tarte aux crevettes et au curry

Pour 4 à 6 personnes

200 g de pâte feuilletée préétalée
Une trentaine de grosses crevettes crues surgelées (600 g environ)
2 cuill. à soupe d'huile d'olive
2 cuill. à café de curry en poudre
1 jaune d'œuf
30 cl de crème liquide
Sel

▷ Faites décongeler les crevettes selon les instructions données sur l'emballage, puis décortiquez-les en ôtant le petit boyau central. Rincez-les et épongez-les.
▷ Faites chauffer l'huile dans une sauteuse puis ajoutez les crevettes et le curry. Laissez cuire à feu assez vif jusqu'à ce que les crevettes changent de couleur.
▷ Préchauffez le four à 180 °C (therm. 6).
▷ Battez le jaune d'œuf avec la crème et salez le mélange.
▷ Garnissez de pâte un moule à tarte de 24 cm de diamètre, préalablement recouvert de papier sulfurisé. Procédez à une cuisson à blanc pour pâte feuilletée pendant 15 min (voir p. 39).
▷ Répartissez les crevettes sur le fond de pâte précuit, recouvrez avec le mélange crème-œuf, puis enfournez pour 20 min environ. Servez chaud.

Tarte aux fruits de mer et au curry : remplacez la moitié des crevettes par d'autres fruits de mer (pétoncles, calamars coupés en morceaux).

Tarte fine aux gambas, aux épinards et au safran

Pour 6 personnes

200 g pâte feuilletée préétalée
1 petite dose de stigmates de safran
16 gambas crues surgelées
50 g de beurre
400 g d'épinards surgelés (de préférence en branches)
25 cl de crème liquide
Sel et poivre

▷ Préchauffez le four à 180 °C (therm. 6).
▷ Déroulez la pâte en la laissant sur son papier sulfurisé. À l'aide d'un moule de 24 cm de diamètre environ, découpez un disque de pâte et déposez celui-ci sur une plaque à pâtisserie, recouvrez d'un autre papier et de légumes secs, puis faites cuire à blanc pendant 15 min.
▷ Faites tremper le safran dans 1 cuill. d'eau chaude.
▷ Faites décongeler les gambas selon les indications données sur l'emballage, puis décortiquez-les, rincez-les et épongez-les.
▷ Faites chauffer 20 g de beurre dans une sauteuse et ajoutez les gambas. Incorporez le safran puis laissez cuire quelques instants à feu vif, jusqu'à ce que les gambas changent de couleur. Réservez dans une assiette.
▷ Faites décongeler les épinards puis mettez-les à chauffer dans une poêle avec le reste de beurre pendant 3 à 5 min. Salez, poivrez et ajoutez la crème. Mélangez.
▷ Sortez le disque de pâte du four. Retirez les légumes secs et le papier. Étalez dessus les épinards, puis disposez les gambas par-dessus. Enfournez pour 5 min. Servez chaud.

Tarte fine aux gambas, à l'oseille et au safran : remplacez les épinards par la même quantité d'oseille (en sachet surgelé).

crabe

Pour 4 personnes
Préparation : 30 min
Repos de la pâte : 1 h
Cuisson : 40 min environ

Pour la pâte brisée au curcuma
170 g de farine
1 cuill. à café de curcuma
75 g de beurre mou

Pour la garniture
4 petites pommes (gala ou reinette)
40 g de beurre
2 œufs entiers + 1 jaune
10 cl de crème liquide
1 cuill. à café de curcuma
1 boîte de crabe (environ 120 g égoutté)
Sel et poivre

Petites quiches au crabe et aux pommes

▷ Préparez la pâte. Versez la farine, le curcuma et 1 pincée de sel dans un saladier et mélangez. Ajoutez le beurre coupé en dés, pétrissez en ajoutant un peu d'eau. Formez une boule, enveloppez-la dans un linge ou dans un film alimentaire et laissez reposer 1 h au réfrigérateur.
▷ Préparez la garniture. Épluchez les pommes, ôtez le cœur et les pépins. Coupez-les en lamelles assez épaisses. Faites chauffer le beurre dans une poêle et déposez-y les lamelles de pomme. Salez, poivrez et laissez cuire 15 min environ à feu moyen en remuant souvent, jusqu'à ce que les pommes soient tendres.
▷ Battez à la fourchette les œufs entiers, le jaune et la crème. Ajoutez les lamelles de pomme et le curcuma. Mélangez, salez et poivrez.
▷ Préchauffez le four à 180 °C (therm. 6).
▷ Étalez la pâte brisée et garnissez-en quatre moules de 13 cm de diamètre environ, préalablement beurrés. Piquez la pâte avec une fourchette. Disposez la chair de crabe émiettée sur la pâte puis versez la préparation aux pommes. Enfournez pour 20 à 25 min environ. Servez tiède.

Pour 6 personnes
Préparation : 30 min
Repos de la pâte : 1 h
Cuisson : 30 min environ

Pour la pâte au yaourt et au paprika
390 g de pâte au yaourt (voir p. 30)
1 cuill. à café de paprika

Pour la garniture
1 petit bouquet de persil
70 g de mimolette vieille
3 œufs
250 g de fromage blanc
5 cl de crème liquide
1 cuill. à café de paprika
150 g de crevettes cuites décortiquées (fraîches ou surgelées)
150 g de crabe (pinces de préférence)
Sel et poivre

Tarte soufflée au crabe et aux crevettes

▷ Préparez une pâte au yaourt en y incorporant 1 cuill. à café de paprika. Laissez-la reposer environ 1 h au réfrigérateur.
▷ Étalez la pâte et garnissez-en un moule de 28 cm de diamètre, préalablement recouvert de papier sulfurisé. Piquez la pâte avec une fourchette et remettez-la au réfrigérateur pendant la préparation de la suite de la recette.
▷ Préparez la garniture. Rincez et ciselez le persil. À l'aide d'un couteau éplucheur, détaillez la mimolette en copeaux. Cassez les œufs en séparant les blancs des jaunes. Placez les jaunes dans un saladier et battez-les avec le fromage blanc et la crème. Ajoutez le persil, le paprika, salez, poivrez et mélangez. Incorporez la mimolette.
▷ Préchauffez le four à 180 °C (therm. 6).
▷ Montez les blancs en neige puis incorporez-les délicatement à la préparation précédente.
▷ Répartissez les crevettes et le crabe sur le fond de pâte. Étalez la garniture au fromage blanc par-dessus, puis enfournez pour 30 min environ. Servez aussitôt.

Vous pouvez remplacer la pâte au yaourt par 250 g de pâte feuilletée préétalée.

Pour 6 personnes
Préparation : 25 min
Cuisson : 1 h environ

250 g de pâte feuilletée préétalée
4 courgettes
2 cuill. à soupe d'huile d'olive
3 œufs
15 cl de lait entier
25 cl de crème liquide
200 g de chair de crabe
6 brins de ciboulette
Sel et poivre

Tarte au crabe et à la courgette

- Préchauffez le four à 180 °C (therm. 6).
- Garnissez de pâte un moule à tarte de 28 cm de diamètre, préalablement recouvert de papier sulfurisé. Procédez à une cuisson à blanc pour pâte feuilletée pendant 15 min (voir p. 39).
- Pendant ce temps, lavez les courgettes et retirez les extrémités. Coupez-les en fines rondelles et salez-les.
- Faites chauffer l'huile à feu doux dans une sauteuse et faites-y revenir les rondelles de courgette à couvert, pendant 15 min, en remuant régulièrement.
- Battez les œufs dans un saladier et mélangez-les avec le lait, la crème et la chair de crabe égouttée. Salez et poivrez. Rincez la ciboulette et ciselez-la. Ajoutez-la dans le saladier.
- Égouttez les courgettes et disposez-les sur le fond de pâte précuit. Versez dessus le mélange au crabe et enfournez pour 40 min. Servez bien chaud.

Tarte soufflée au crabe et aux crevettes ▼

Tourteau en feuilleté

Pour 4 à 6 personnes
Préparation : 45 min
Cuisson : 50 min

500 g de pâte feuilletée prête à étaler
2 gros tourteaux
1 carotte
1 oignon
1 échalote
1/2 blanc de poireau
1 branche de céleri
40 g de beurre
1 petit bouquet de persil
1 gousse d'ail
5 cl de cognac
30 cl de vin blanc
1 cuill. à soupe de concentré de tomate
1 morceau d'écorce d'orange séchée
1 pincée de piment de Cayenne
1 œuf
Sel et poivre

▷ Lavez et brossez les tourteaux, plongez-les pendant 8 min dans de l'eau bouillante salée et égouttez-les.
▷ Détachez les pinces et les pattes et brisez-les, coupez les corps en deux.
▷ Épluchez et hachez finement carotte, oignon, échalote, blanc de poireau et céleri.
▷ Faites chauffer le beurre dans une sauteuse. Mettez-y les crabes, puis le hachis de légumes, et remuez jusqu'à ce que les morceaux soient bien rouges.
▷ Rincez et ciselez le persil. Pelez et écrasez la gousse d'ail. Chauffez le cognac, versez-le dans la sauteuse et flambez. Ajoutez alors le vin blanc, le concentré de tomate, l'écorce d'orange, du sel, du poivre, le piment de Cayenne, l'ail et le persil. Mélangez bien, couvrez et faites cuire 10 min.
▷ Retirez les morceaux de crustacé et poursuivez la cuisson pendant encore 10 min.
▷ Retirez toute la chair des tourteaux (coffre et pinces).
▷ Passez la sauce dans une passoire fine. Mélangez-en la moitié avec la chair et laissez refroidir complètement.
▷ Préchauffez le four à 230 °C (therm. 7-8).
▷ Étalez la pâte sur 6 mm d'épaisseur environ. Détaillez-la en rectangles de 13 × 8 cm, tracez-y des croisillons avec un couteau, dorez-les à l'œuf battu, déposez-les sur la plaque recouverte de papier sulfurisé et faites-les cuire 20 min au four.
▷ Quand les feuilletés sont cuits, fendez-les dans l'épaisseur et farcissez-les avec le crabe en sauce.
▷ Réchauffez le reste de la sauce et servez-la à part.

Mille-feuille de gambas aux asperges ▶

crevette

Pour 4 personnes
Préparation : 30 min
Cuisson : 50 min environ

230 g de pâte feuilletée préétalée
4 poireaux
60 g de beurre
20 g de fécule de maïs
30 cl de lait
250 g de crevettes cuites décortiquées
Sel et poivre

Tarte aux crevettes et aux poireaux

▷ Épluchez et lavez les poireaux puis coupez-les en tronçons de 3 cm. Découpez ensuite chaque tronçon en fins bâtonnets.
▷ Faites fondre 25 g de beurre dans une sauteuse et faites-y revenir les poireaux. Salez, poivrez et laissez cuire 15 min environ en remuant de temps en temps.
▷ Préparez une sauce Béchamel légère. Faites fondre les 35 g de beurre restants dans une casserole puis ajoutez la fécule. Versez le lait et faites épaissir sur feu doux en remuant. Salez, poivrez et ajoutez délicatement les crevettes.
▷ Préchauffez le four à 180 °C (therm. 6).
▷ Garnissez de pâte feuilletée un moule à tarte de 28 cm de diamètre, préalablement beurré. Piquez la pâte avec une fourchette et étalez la fondue de poireau dessus. Versez la sauce aux crevettes. Enfournez pour 30 à 35 min. Servez chaud.

Pour 6 personnes
Préparation : 40 min
Réfrigération : 15 min
Cuisson : 50 min environ

500 g de pâte feuilletée préétalée
(2 rouleaux de pâte à dérouler)
1 œuf
12 asperges vertes
24 gambas crues
60 g de beurre
10 cl de vin blanc sec
2 échalotes
1 cuill. à soupe de farine
10 cl de crème liquide
1 cuill. à café de concentré de tomate
4 cuill. à soupe de basilic ciselé
Sel et poivre

Mille-feuilles de gambas aux asperges

▷ Détaillez dans la pâte feuilletée dix-huit disques et superposez ceux-ci par trois dans six emporte-pièces. Badigeonnez le dessus d'œuf battu et mettez-les au réfrigérateur environ 15 min pour raffermir la pâte.
▷ Préchauffez le four à 200 °C (therm. 6-7).
▷ Coupez la base des asperges et grattez-les si nécessaire. Essuyez-les dans un linge humide.
▷ Portez deux grandes casseroles d'eau salée à ébullition. Dans l'une, faites cuire les gambas pendant 5 min, dans l'autre, les asperges pendant 8 min. Égouttez.
▷ Sortez les emporte-pièces du réfrigérateur et enfournez-les pour 30 min environ.
▷ Décortiquez les gambas et déposez les morceaux de carapace dans une sauteuse avec la moitié du beurre. Faites-les revenir pendant 3 min. Mouillez de vin et portez à ébullition. Retirez du feu et passez cette sauce au chinois.
▷ Pelez et hachez les échalotes. Faites fondre le reste de beurre dans une sauteuse. Faites-y revenir pendant 3 min les échalotes hachées. Saupoudrez de farine, mélangez et laissez légèrement colorer. Ajoutez la sauce au vin, la crème et le concentré de tomate. Mélangez bien pour éviter les grumeaux et laissez épaissir pendant 10 min.
▷ Coupez les asperges en morceaux.
▷ Sortez les feuilletés du four et tranchez-les délicatement dans la hauteur en trois parties égales.
▷ Procédez au montage des mille-feuilles en intercalant un disque de pâte entre deux couches de garniture composée de gambas, de morceaux d'asperge, d'une cuillerée de sauce et de basilic ciselé. Enfournez pour 5 à 10 min. Servez chaud.

Aujourd'hui en cuisinant, j'apprends à décortiquer délicatement les crevettes… et je découvre que leur saveur iodée et marine convient bien à une quiche.

Quiche aux crevettes et aux moules

Pour 6 personnes
Préparation : 25 min
Cuisson : 1 h environ

- **250 g de pâte feuilletée préétalée**
- **4 œufs**
- **1 kg de tomates**
- **1 gousse d'ail**
- **4 brins de basilic**
- **25 moules environ**
- **400 g de crevettes cuites**
- **2 cuill. à soupe d'huile d'olive**
- **10 cl de lait**
- **20 cl de crème liquide**
- **Sel et poivre**

▷ Préchauffez le four à 180 °C (therm. 6). Garnissez de pâte un moule à tarte de 28 cm de diamètre, préalablement recouvert de papier sulfurisé.

Avec une fourchette, pique le fond de pâte sur toute sa surface. Recouvre-le d'une feuille de papier sulfurisé puis d'une couche de légumes secs.

▷ Enfournez le moule pour 10 min puis ressortez-le.

Bats 1 œuf avec une fourchette puis badigeonnes-en la pâte avec un pinceau.

▷ Enfournez de nouveau le moule pour 5 min. Pendant ce temps, plongez les tomates 30 s dans de l'eau bouillante. Rafraîchissez-les sous l'eau froide.

Au-dessus d'un plat creux, retire la peau des tomates (c'est très facile). Rince le basilic et, avec une paire de ciseaux à bouts ronds, coupe-le en petits morceaux. Garde les queues du basilic.

▷ Épépinez les tomates et coupez-les en dés. Pelez et hachez l'ail. Nettoyez les moules en les grattant sous l'eau froide. Mettez-les dans une casserole avec un verre d'eau et les queues de basilic, couvrez et chauffez à feu vif pendant 3 min environ, le temps que les coquillages s'ouvrent. Égouttez les moules et décoquillez-les.

Décortique les crevettes cuites ; fais-toi aider pour que cela aille plus vite.

▷ Réglez la température du four à 220 °C (therm. 7-8). Faites chauffer l'huile à feu vif dans une sauteuse et faites-y revenir l'ail, les crevettes, les moules et le basilic. Au bout de 5 min, salez, poivrez et ajoutez les dés de tomate. Baissez le feu et comptez encore 10 min de cuisson.

Casse les 3 autres œufs dans un saladier. Mélange-les avec le lait et la crème à l'aide d'une fourchette. Sale et poivre légèrement.

▷ Égouttez le contenu de la sauteuse et étalez-le sur le fond de pâte précuit. Versez le mélange aux œufs par-dessus et enfournez. Abaissez la température du four à 160 °C (therm. 5-6) et laissez cuire 35 à 40 min. Servez chaud.

fruits de mer mélangés

Pour 6 personnes
Préparation : 15 min
Cuisson : 40 min environ

500 g de pâte feuilletée prête à étaler
50 cl de court-bouillon pour poisson tout prêt
8 langoustines
1 échalote
10 cl de vin blanc sec
15 cl de crème liquide
8 noix de saint-jacques
1 cuill. à soupe de calvados ou de marc
50 g de crevettes décortiquées
Sel et poivre

Dartois aux fruits de mer

▷ Faites chauffer le court-bouillon et, quand il bout, plongez-y les langoustines pendant 5 min. Retirez-les, décortiquez-les et coupez les queues en tronçons.
▷ Pelez et hachez l'échalote. Mettez-la dans une casserole avec le vin blanc et la crème fraîche. Salez, poivrez et chauffez. Plongez-y les noix de saint-jacques pendant 5 min.
▷ Retirez les saint-jacques avec une écumoire et coupez-les en dés.
▷ Ajoutez l'alcool dans la sauce puis faites-la réduire pour qu'elle devienne bien onctueuse.
▷ Ajoutez alors les langoustines, les noix de saint-jacques et les crevettes, mélangez bien et réchauffez doucement.
▷ Procédez ensuite comme pour la recette du dartois aux anchois page 95 (à partir du préchauffage du four).

Pour 6 personnes
Préparation : 40 min
Cuisson : 50 min environ

500 g de pâte feuilletée préétalée (2 rouleaux de pâte à dérouler)
600 g de noix de pétoncle
400 g de petites crevettes cuites décortiquées
200 g de champignons de Paris
60 g de beurre
1 cuill. à soupe d'huile d'olive
1 cuill. à soupe de farine
10 cl de vin blanc sec
10 cl de crème liquide
3 œufs
100 g de comté râpé
Sel et poivre

Mini-tourtes aux fruits de mer et aux champignons de Paris

▷ Détaillez dans la pâte douze disques pour des moules à tartelette de 10 cm de diamètre. Enveloppez-en six dans du film alimentaire et glissez-les au réfrigérateur. Recouvrez six moules à tartelette de papier sulfurisé et garnissez-les des disques de pâte restants. Piquez les fonds et mettez-les au réfrigérateur.
▷ Rincez les crevettes et les noix de pétoncle puis essuyez-les dans du papier absorbant. Nettoyez les champignons et émincez-les.
▷ Faites fondre la moitié du beurre dans une sauteuse, ajoutez l'huile et faites-y revenir les crevettes et les pétoncles pendant 3 min. Salez et poivrez. Retirez-les et remplacez-les dans la sauteuse par les champignons. Prolongez la cuisson sur feu vif pendant 5 min environ en mélangeant régulièrement. Égouttez-les.
▷ Préchauffez le four à 200 °C (therm. 6-7).
▷ Dans une casserole, faites fondre le reste de beurre. Saupoudrez de farine et mélangez bien. Quand la préparation commence à colorer, versez le vin et la crème sans cesser de mélanger. Laissez épaissir 10 min sur feu doux.
▷ Incorporez 2 œufs battus, le comté, les crevettes, les noix de pétoncle et les champignons. Rectifiez l'assaisonnement.
▷ Garnissez les tartelettes de cette préparation. Recouvrez-les des disques de pâte restants. Soudez bien les bords et formez une petite cheminée au centre. À l'aide d'une fourchette, dessinez des motifs géométriques sur le dessus. Battez le dernier œuf et badigeonnez-en la surface des mini-tourtes à l'aide d'un pinceau. Enfournez-les pour 30 min environ. Servez chaud.

Pour 6 personnes
Préparation : 35 min
Cuisson : 50 min environ

300 g de pâte à pain fraîche
(à acheter chez le boulanger)
25 moules environ
150 g de rondelles de calamar
900 g de tomates
4 cuill. à soupe d'huile d'olive
400 g de mozzarella
200 g de crevettes cuites décortiquées
10 à 12 olives noires
1 cuill. à soupe d'origan séché
Sel et poivre

Pizza océane

▷ Étalez la pâte à pain sur le plan de travail fariné en lui donnant la forme d'un rectangle un peu plus petit que la plaque du four (30 × 40 cm). Tapissez celle-ci de papier sulfurisé puis déposez la pâte dessus.
▷ Nettoyez les moules en les grattant sous l'eau froide. Mettez-les dans une casserole avec un verre d'eau, couvrez et chauffez à feu vif pendant 3 min environ, le temps que les coquillages s'ouvrent. Égouttez les moules et décoquillez-les.
▷ Faites cuire 10 min les rondelles de calamar dans de l'eau bouillante salée et égouttez-les.
▷ Plongez les tomates 30 s dans de l'eau bouillante. Pelez-les, épépinez-les et concassez-les grossièrement.
▷ Faites chauffer la moitié de l'huile à feu doux dans une sauteuse et faites-y revenir les tomates pendant 10 min.
▷ Préchauffez le four à 210 °C (therm. 7).
▷ Coupez la mozzarella en cubes.
▷ Faites chauffer le reste d'huile à feu vif dans une poêle et faites-y revenir les rondelles de calamar pendant 5 min. Égouttez-les sur du papier absorbant.
▷ Étalez une couche de tomate sur la pâte, puis disposez les cubes de mozzarella, les moules, les rondelles de calamar, les crevettes et les olives. Salez et poivrez, puis saupoudrez d'origan. Enfournez pour 30 min environ. Servez bien chaud.

Pour gagner du temps, vous pouvez utiliser un mélange de fruits de mer surgelés prêt à l'emploi. Faites-les cuire auparavant 5 min à l'eau bouillante et égouttez-les bien.

Pour 4 personnes
Préparation : 20 min
Marinade : 1 h
Cuisson : 35 min environ

4 feuilles de pâte filo
1 filet de cabillaud (ou de julienne)
de 200 à 250 g
150 g d'anneaux de calamar
1 citron
1 cuill. à soupe de sauce soja
1 morceau de gingembre frais
(1 ou 2 cm)
1 poivron rouge
400 g de courgettes
30 g de beurre
2 cuill. à soupe d'huile
1 cuill. à café de graines de coriandre
Sel et poivre

Tartelettes de la mer au gingembre

▷ Détaillez le filet de poisson en lanières et le calamar en petits morceaux, puis déposez-les dans une assiette creuse. Arrosez avec un filet de jus de citron et la sauce soja. Pelez et râpez le gingembre au-dessus de l'assiette, mélangez, recouvrez d'un film alimentaire et laissez mariner 1 h environ.
▷ Allumez le gril du four. Rincez le poivron, coupez-le en quatre, retirez les graines, puis placez-le sous le gril 15 min environ, jusqu'à ce que la peau se boursoufle et brunisse. Laissez-le tiédir, pelez-le et coupez-le en fines lanières.
▷ Lavez les courgettes et retirez les extrémités. Coupez-les en dés. Faites chauffer 10 g de beurre et l'huile dans une poêle et ajoutez le poivron et les courgettes. Salez, poivrez, incorporez les graines de coriandre écrasées, puis laissez cuire à feu moyen 5 min environ, en remuant de temps en temps.
▷ Préchauffez le four à 180 °C (therm. 6).
▷ Dans une poêle bien chaude, faites sauter 1 min les morceaux de calamar et de poisson avec 10 g de beurre. Ajoutez-les aux légumes, mélangez et retirez du feu.
▷ Beurrez les deux faces d'une feuille de pâte filo à l'aide d'un pinceau. Pliez-la en quatre puis disposez-la dans un moule à tartelette. Procédez de même avec les trois autres feuilles. Répartissez la garniture dans chaque moule. Enfournez pour 15 min environ, jusqu'à ce que les tartelettes soient dorées. Servez aussitôt.

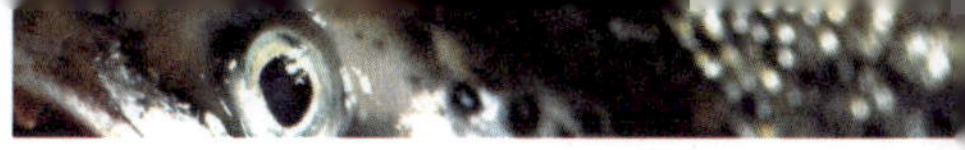

Pour 4 personnes
Préparation : 30 min
Repos de la pâte : 1 h
Cuisson : 25 min environ

Tartelettes aux fruits de mer et au lait de coco

Pour la pâte brisée au gingembre
80 g de beurre mou
170 g de farine
1 cuill. à café de gingembre en poudre

Pour la garniture
200 g de noix de pétoncle
150 à 200 g d'anneaux de calamar
200 g de crevettes décortiquées
40 cl de lait de coco
1 petit morceau de gingembre frais
1 cuill. à soupe de fécule (environ 8 g)
1 ou 2 cuill. à soupe de noix de coco râpée
1 œuf
Sel et poivre

▷ Préparez la pâte brisée. Coupez le beurre en dés. Tamisez la farine dans un saladier, creusez un puits et mettez-y le gingembre et du sel. Incorporez le beurre et pétrissez en ajoutant un peu d'eau. Formez une boule, enveloppez-la dans un linge ou dans un film alimentaire et laissez reposer 1 h au réfrigérateur.

▷ Préparez la garniture. Rincez et épongez les fruits de mer. Versez le lait de coco dans une casserole. Pelez le gingembre et râpez-le au-dessus de la casserole, puis faites chauffer. Lorsque le lait de coco arrive à ébullition, plongez-y les fruits de mer pour les faire pocher 1 min. Salez et poivrez puis retirez-les à l'aide d'une écumoire. Délayez la fécule dans 1 cuill. à soupe de lait de coco, puis versez dans la casserole et laissez épaissir sur feu doux.

▷ Préchauffez le four à 180 °C (therm. 6).

▷ Étalez la pâte sur 2 à 2,5 mm d'épaisseur et garnissez-en des moules à tartelette de 13 cm de diamètre environ, préalablement beurrés. Procédez à une cuisson à blanc pour pâte brisée pendant 5 min (voir p. 39).

▷ Saupoudrez les fonds de pâte précuits avec de la noix de coco. Badigeonnez-les avec de l'œuf battu, répartissez les fruits de mer puis nappez avec 3 ou 4 cuill. à soupe de la préparation au lait de coco (gardez le reste pour une autre recette, une soupe par exemple). Enfournez pour 15 à 20 min. Servez chaud.

Tartelette de la mer au gingembre ▶

haddock

Pour 6 personnes
Préparation : 30 min
Repos de la pâte : 1 h
Cuisson : 35 min environ

Pour la pâte à la noix muscade

75 g de beurre mou
170 g de farine
1 pincée de noix muscade

Pour la garniture

300 g de haddock
50 cl de lait
4 poireaux
20 g de beurre
2 cuill. à soupe d'huile d'olive

Tartelettes fines au haddock et aux poireaux

▷ Préparez la pâte. Coupez le beurre en dés. Tamisez la farine dans un saladier, creusez un puits et mettez-y la muscade et du sel. Ajoutez le beurre et pétrissez en ajoutant un peu d'eau. Formez une boule, enveloppez-la dans un linge ou dans un film alimentaire et laissez reposer 1 h au réfrigérateur.

▷ Préparez la garniture. Placez le haddock dans une casserole, versez dessus le lait et complétez avec de l'eau pour que le poisson soit totalement recouvert. Portez à ébullition, puis ôtez la casserole du feu, égouttez le haddock, laissez-le tiédir. Retirez la peau et détaillez le haddock en lanières.

▷ Préchauffez le four à 160-170 °C (therm. 5-6).

▷ Épluchez et lavez les poireaux, puis coupez-les en tronçons de 1 cm environ.

Tartelettes fines au haddock
et aux poireaux ▶

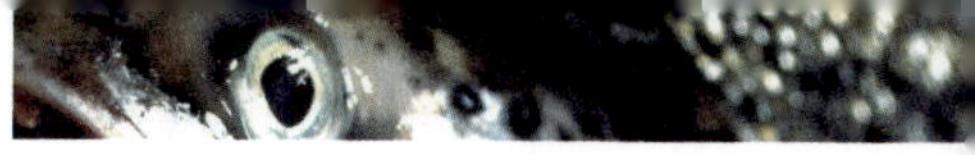

1 pincée de noix muscade
4 cuill. à soupe de crème liquide
40 g de gouda vieux
Sel et poivre

- ▷ Faites chauffer le beurre et l'huile dans une sauteuse et faites-y revenir les poireaux. Salez, poivrez, ajoutez la muscade et laissez cuire de 10 à 12 min, en remuant de temps en temps.
- ▷ Augmentez la température du four à 180 °C (therm. 6).
- ▷ Étalez la pâte sur 2 mm d'épaisseur environ. Découpez-y six cercles de 6 cm de diamètre et disposez-les sur une plaque recouverte de papier sulfurisé. Procédez à une cuisson à blanc pour pâte brisée pendant 5 min (voir p. 39).
- ▷ Disposez les rondelles de poireau et les lamelles de haddock sur les fonds de pâte précuits, en laissant une petite marge de pâte. Recouvrez de crème et parsemez de gouda préalablement râpé.
- ▷ Enfournez pour 12 à 15 min. Servez les tartelettes chaudes ou tièdes.

Tartelettes au haddock et aux poireaux parfumées au curry : remplacez la muscade dans la pâte et la garniture par 1 cuill. à café de curry en poudre.

lieu

Pour 4 à 6 personnes
Préparation : 30 min
Cuisson : 35 min environ

Quiche aux deux poissons et aux blettes

450 g de pâte aux petits-suisses (voir p. 30)
1/2 tablette ou 1/2 sachet de court-bouillon déshydraté
1 filet de lieu jaune de 120 g
1 filet de saumon de 120 g
400 g de blettes
1 échalote
2 cuill. à soupe d'huile d'olive
20 g de beurre
3 œufs
20 cl de crème liquide
5 cl de lait
Sel et poivre

- ▷ Délayez le court-bouillon dans une casserole d'eau froide. Ajoutez les filets de poisson, portez à ébullition, puis retirez la casserole du feu et laissez pocher les poissons 2 min. Égouttez-les et laissez refroidir avant d'ôter les arêtes et de détailler les filets en lamelles.
- ▷ Lavez les feuilles de blette (gardez les cardes pour une autre utilisation), puis hachez-les grossièrement au couteau. Pelez l'échalote et émincez-la.
- ▷ Faites chauffer l'huile et le beurre dans une sauteuse et faites-y revenir l'échalote. Ajoutez les feuilles de blette et laissez-les « fondre » à feu doux jusqu'à ce qu'elles aient rendu toute leur eau de végétation.
- ▷ Dans un saladier, battez les œufs avec la crème et le lait. Ajoutez les blettes, salez et poivrez.
- ▷ Préchauffez le four à 200 °C (therm. 6-7).
- ▷ Garnissez de pâte aux petits-suisses un moule à tarte de 28 cm de diamètre beurré. Disposez les lamelles de poisson sur le fond de pâte, puis recouvrez-les avec la préparation aux blettes. Enfournez pour 30 min environ. Servez tiède.

Vous pouvez remplacer la pâte aux petits-suisses par 250 g de pâte brisée ou feuilletée préétalée.

avec Béatrice Lagandré

Poissons et fruits de mer marinés

Fraîcheur marine et iodée, jeux de couleurs et de saveurs… Poissons et crustacés crus s'invitent sur les tartes fines et les feuilletés légers pour des mariages tout en subtilité. Détaillés très finement à la manière d'un carpaccio, ils marinent dans un mélange d'épices, d'huile et de jus de citron avant d'être délicatement disposés, au dernier moment, sur les autres ingrédients. Tous les mariages sont possibles ! Laissez aller votre imagination, osez innover et surprenez vos invités avec ces contrastes de texture et de saveurs. Un seul impératif : les produits de la mer doivent être d'une extrême fraîcheur.

Croustillants à la dorade, au fenouil et aux baies roses

Pour 4 personnes
Préparation : 15 min
Marinade : 2 h
Cuisson : 25 min environ

4 feuilles de pâte filo
350 à 400 g de filets de dorade
2 citrons
1 cuill. à café de baies roses
600 g de fenouil surgelé (ou 4 petits bulbes frais)
30 g de beurre
2 cuill. à soupe d'huile d'olive
Sel et poivre

▷ Demandez à votre poissonnier de détailler les filets de dorade en carpaccio. Déposez-les dans une assiette creuse et arrosez avec le jus des citrons. Poivrez, parsemez de baies roses et laissez mariner 2 h environ au réfrigérateur.

▷ Faites chauffer 20 g de beurre et l'huile dans une poêle et faites revenir les petits morceaux de fenouil surgelés. Salez, poivrez, et laissez cuire le temps indiqué sur l'emballage (15 à 20 min) en remuant de temps en temps, jusqu'à ce que le fenouil soit bien tendre.

▷ Préchauffez le four à 160 °C (therm. 5-6).

▷ Beurrez les deux faces d'une feuille de pâte filo à l'aide d'un pinceau puis pliez-la en quatre. À l'aide d'une paire de ciseaux, découpez des disques un peu plus grands que vos moules. Procédez de la même manière avec toutes les feuilles.

▷ Garnissez chaque moule de quatre disques de pâte.

▷ Répartissez le fenouil dans les moules et enfournez pour 10 min environ, jusqu'à ce que la pâte filo soit dorée.

▷ Sortez les tartelettes du four, puis garnissez-les de carpaccio de dorade. Rectifiez l'assaisonnement et servez aussitôt.

Vous pouvez réaliser cette recette avec une pâte feuilletée ; dans ce cas, faites-la cuire préalablement à blanc (voir p. 39) pendant 15 min environ.

Vous trouverez aussi des fruits de mer marinés dans la recette suivante :
• Tartelettes croustillantes de saint-jacques marinées et julienne de légumes p. 98.

moule

Pour 6 personnes
Préparation : 30 min
Cuisson : 50 min environ

250 g de pâte brisée préétalée
ou 250 g de pâte brisée maison (voir p. 28)
500 g de moules
30 g de beurre
1 cuill. à soupe de farine
10 cl de lait
10 cl de crème liquide
1 pincée de curry
4 œufs
100 g de mimolette
Sel et poivre

Quiche aux moules et au curry

▷ Préchauffez le four à 180 °C (therm. 6).
▷ Nettoyez les moules en les grattant sous l'eau. Mettez-les dans une casserole avec un verre d'eau, couvrez et chauffez à feu vif 3 min environ, le temps que les coquillages s'ouvrent.
▷ Égouttez les moules en récupérant le jus de cuisson. Décoquillez-les.
▷ Garnissez de pâte un moule à manqué de 26 cm de diamètre, préalablement recouvert de papier sulfurisé. Procédez à une cuisson à blanc pour pâte brisée pendant 10 min (voir p. 39).
▷ Préparez une sauce Béchamel. Faites fondre le beurre dans une petite casserole. Saupoudrez de farine et mélangez bien pendant 2 min, puis ajoutez le lait, la crème, le curry et 15 cl de jus de cuisson des moules filtré. Laissez épaissir le mélange en remuant régulièrement. Au bout de 10 min environ, retirez du feu. Rectifiez l'assaisonnement. Si des grumeaux subsistent malgré toutes vos précautions, n'hésitez pas à mixer la sauce. Ajoutez les œufs battus, les moules décoquillées et le fromage préalablement râpé. Mélangez bien.
▷ Versez la préparation aux moules sur le fond de pâte précuit et enfournez pour 35 à 40 min. Servez chaud avec une salade verte.

Tarte aux moules et au cumin : remplacez la pincée de curry par 1 pincée de cumin.

poutargue

Pour 4 personnes
Préparation : 10 min
Cuisson : 23 min

200 g de pâte feuilletée préétalée
1 paquet d'œufs de mulet séchés (poutargue) d'environ 180 g
10 cl de crème épaisse
10 cl d'huile d'olive

Tarte feuilletée à la poutargue

▷ Enlevez la couche de paraffine qui recouvre la poche de poutargue. Taillez des lamelles très fines de poutargue.
▷ Mixez un tiers des lamelles avec la crème et l'huile d'olive.
▷ Préchauffez le four à 180 °C (therm. 6).
▷ Déroulez la pâte feuilletée sur une plaque huilée, sans rebord. Posez une autre plaque dessus pour l'empêcher de gonfler et enfournez pour 20 min. Retirez la plaque du dessus et remettez au four pendant 3 min.
▷ Étalez sur la pâte le mélange crémeux à la poutargue, puis répartissez les dernières lamelles de poutargue. Servez aussitôt.

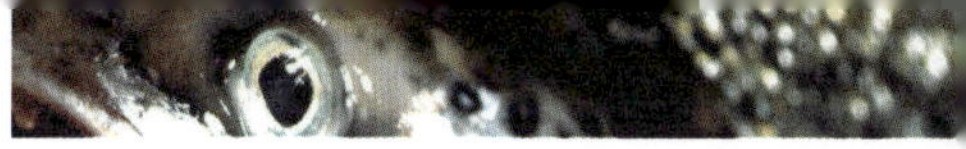

sardine

Pour 6 personnes
Préparation : 15 min
Cuisson : 12 min

500 g de pâte à pizza prête à étaler
ou 500 g de pâte à pizza maison (voir p. 37)
16 petites sardines
1 oignon
1 cuill. à soupe d'huile d'olive
25 cl de pulpe de tomate
1 cuill. à soupe de pistou tout prêt
50 g de petites olives noires
Sel et poivre

Pizza aux sardines

- Demandez au poissonnier d'ébarber, d'écailler, d'étêter les sardines et d'en retirer l'arête centrale.
- Rincez les filets de sardine puis essuyez-les avec du papier absorbant.
- Pelez l'oignon et émincez-le finement.
- Préchauffez le four à 210 °C (therm. 7).
- Huilez une plaque de four. Étalez la pâte en lui donnant la forme d'un grand disque de 3 mm d'épaisseur environ. Déposez-le sur la plaque.
- Huilez légèrement la pâte. Étalez dessus une couche de pulpe de tomate puis une couche de pistou. Répartissez dessus l'oignon émincé et les petites olives. Ajoutez ensuite les sardines, côté peau au-dessus. Salez et poivrez. Enfournez pour 12 min. Servez aussitôt.

Pizza aux lisettes : remplacez les sardines par des lisettes (petits maquereaux).

Pizza aux sardines ▼

Dartois aux sardines

Pour 6 personnes
Préparation : 30 min
Cuisson : 1 h 15 environ

500 g de pâte feuilletée prête à étaler
800 g d'épinards surgelés
1 gousse d'ail
300 g d'oseille
60 g de beurre
24 sardines à l'huile
1 œuf
Sel et poivre

▷ Faites décongeler les épinards. Pelez l'ail et hachez-le. Lavez et coupez les queues de l'oseille et épongez les feuilles.
▷ Faites fondre le beurre dans une casserole, mettez-y l'oseille ainsi que les épinards et faites-les chauffer pendant 5 min en les remuant plusieurs fois.
▷ Ajoutez l'ail. Salez et poivrez, mélangez et retirez du feu au bout de 10 min. Pressez les feuilles dans une passoire pour éliminer l'excès de liquide.
▷ Étalez la pâte feuilletée sur 5 mm d'épaisseur et découpez-y deux bandes de 30 cm de long sur 12 cm de large. Garnissez la plaque du four de papier sulfurisé et posez une bande dessus.
▷ Égouttez les sardines et épongez-les dans un papier absorbant. Ouvrez-les pour en retirer l'arête centrale.
▷ Préchauffez le four à 220 °C (therm. 7-8).
▷ Étalez une couche régulière de légumes sur la bande de pâte posée sur la plaque, sans aller jusqu'aux bords. Rangez par-dessus les sardines dans le sens de la largeur, côte à côte et tête-bêche.
▷ Avec un pinceau, mouillez légèrement d'eau les bords non garnis de la pâte. Posez par-dessus la seconde bande de pâte et soudez bien les bords en les pinçant entre le pouce et l'index.
▷ Battez l'œuf et badigeonnez-en la surface du dartois à l'aide d'un pinceau. Enfournez pour 1 h.
▷ Servez ce dartois chaud ou froid. Découpez-le délicatement avec un couteau-scie.

Tatin de sardine et de tomate

Pour 6 personnes
Préparation : 30 min
Cuisson : 1 h 35 environ

250 g de pâte feuilletée préétalée
6 sardines fraîches
1 kg de tomates
4 cuill. à soupe d'huile d'olive
2 cuill. à soupe de thym séché
1 cuill. à soupe de sucre en poudre
1 gousse d'ail
100 g de parmesan râpé
1 œuf
Sel et poivre

▷ Demandez au poissonnier d'ébarber, d'écailler, d'étêter les sardines et d'en retirer l'arête centrale.
▷ Rincez les filets de sardine puis essuyez-les avec du papier absorbant.
▷ Préchauffez le four à 90 °C (therm. 2-3).
▷ Lavez et coupez les tomates en deux. Huilez la plaque du four et déposez-y les tomates sur leur côté bombé. Saupoudrez de thym séché et de sucre. Salez et poivrez. Enfournez pour 1 h environ.
▷ Pelez la gousse d'ail et frottez-en un moule à manqué de 26 cm de diamètre, puis huilez-le. Disposez harmonieusement les filets de sardine sur le fond.
▷ Sortez les tomates du four et augmentez la température du four à 180 °C (therm. 6).
▷ Déposez les tomates sur les filets de sardine. Saupoudrez de parmesan. Recouvrez le tout avec de la pâte feuilletée en rabattant bien les bords à l'intérieur du moule. Battez l'œuf et badigeonnez-en la surface de la pâte à l'aide d'un pinceau. Enfournez pour 30 à 35 min. À la sortie du four, posez un plat de service sur le moule et retournez le tout. Retirez délicatement le moule. Servez chaud.

Mini-tatins de sardine et de tomate : préparez de la même façon six mini-tatins en détaillant la pâte en six morceaux et en divisant chaque filet de sardine en deux.

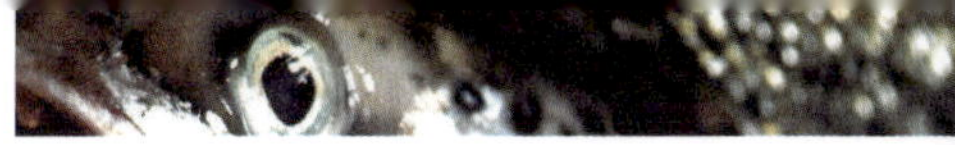

Pour 6 personnes
Préparation : 30 min
Cuisson : 1 h environ

250 g de pâte feuilletée préétalée
6 sardines fraîches
500 g d'oignons
2 poivrons en bocal à l'huile
1 gousse d'ail
6 branches de basilic
6 cuill. à soupe d'huile d'olive
100 g d'emmental râpé
Sel et poivre

Tarte aux filets de sardine

▷ Demandez au poissonnier d'ébarber, d'écailler, d'étêter les sardines et d'en retirer l'arête centrale.
▷ Préchauffez le four à 180 °C (therm. 6).
▷ Rincez les filets de sardine puis essuyez-les avec du papier absorbant.
▷ Pelez les oignons et émincez-les finement. Égouttez les poivrons et coupez-les en lanières. Pelez la gousse d'ail et hachez-la. Rincez et ciselez le basilic.
▷ Garnissez de pâte un moule à tarte de 28 cm de diamètre, préalablement recouvert de papier sulfurisé. Procédez à une cuisson à blanc pour pâte feuilletée pendant 15 min (voir p. 39).
▷ Pendant ce temps, faites chauffer à feu doux 4 cuill. à soupe d'huile dans une sauteuse et faites-y revenir l'ail et les oignons pendant 15 min.
▷ Faites chauffer le reste d'huile dans une poêle à revêtement antiadhésif et, lorsqu'elle est bien chaude, saisissez les filets de sardine, 2 min de chaque côté.
▷ Étalez sur le fond de pâte précuit la préparation aux oignons. Disposez en rosace les filets de sardine et les lanières de poivron, en les alternant. Saupoudrez de basilic et d'emmental. Salez et poivrez. Enfournez pour 30 min environ. Servez chaud.

Mini-tatin de sardine et de tomate ▼

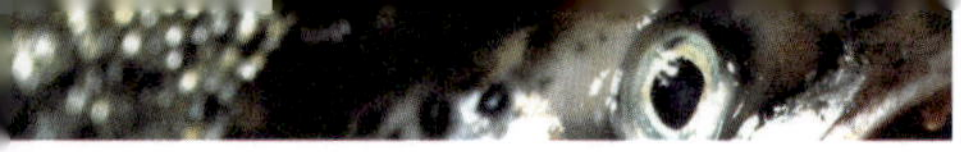

saumon

Pour 6 personnes
Préparation : 25 min
Cuisson : 30 min environ

250 g de pâte feuilletée préétalée
250 g de brocoli
300 g de saumon frais sans peau
3 œufs
20 cl de crème fraîche
1 cuill. à café de paprika
1 cuill. à soupe d'aneth ciselé
Sel et poivre

Tarte au saumon et au brocoli

- Retirez le tronc et les tiges du brocoli, séparez les petits bouquets, puis faites-les cuire 2 min à l'eau bouillante salée. Sortez les bouquets et égouttez-les.
- Rincez le morceau de saumon, épongez-le dans du papier absorbant. Assurez-vous qu'il n'y a plus d'arêtes en passant le doigt sur la chair, dans les deux sens. Coupez-le en morceaux d'environ 1,5 cm.
- Préchauffez le four à 180 °C (therm. 6).
- Battez les œufs avec la crème fraîche, le paprika et l'aneth. Salez, poivrez et fouettez encore.
- Garnissez de pâte un moule à tarte de 28 cm de diamètre (ou un moule rectangulaire) recouvert de papier sulfurisé. Répartissez le saumon et le brocoli sur la pâte, versez la préparation aux œufs et enfournez pour 30 min. Servez aussitôt.

Tarte au saumon et au brocoli ▶

Calzone au saumon

Pour 4 personnes
Préparation : 30 min
Cuisson : 30 min environ

300 g de pâte à pizza prête à étaler
ou 300 g de pâte à pizza maison **(voir p. 37)**
4 tranches de saumon fumé
4 tomates fraîches
100 g de mozzarella
4 branches de basilic
200 g de ricotta
3 œufs
Sel et poivre

▷ Préchauffez le four à 210 °C (therm. 7).
▷ Détaillez les tranches de saumon fumé en lanières.
▷ Plongez les tomates 30 s dans de l'eau bouillante. Pelez-les, épépinez-les et coupez la chair en dés.
▷ Coupez la mozzarella en cubes. Rincez le basilic, essuyez-le et ciselez les feuilles.
▷ Dans un saladier, rassemblez la ricotta, 2 œufs, les lanières de saumon, les dés de tomate, les cubes de mozzarella et le basilic ciselé. Salez et poivrez. Mélangez.
▷ Sur le plan de travail fariné, étalez la pâte à pizza en un disque de 3 mm d'épaisseur environ. Garnissez-la du mélange au saumon et repliez-la en forme de chausson. Soudez bien les bords et déposez ce chausson sur la plaque du four recouverte de papier sulfurisé.
▷ Battez le dernier œuf et badigeonnez-en la surface du chausson à l'aide d'un pinceau. Enfournez pour 30 min environ. Servez aussitôt.

Tarte aux deux saumons et au chou vert

Pour 4 personnes
Préparation : 30 min
Cuisson : 55 min environ

200 g de pâte feuilletée préétalée
300 g de cœur de chou vert
2 cuill. à soupe d'huile d'olive
2 œufs
15 cl de lait concentré non sucré
1 pincée de noix muscade
1 pavé de saumon de 170 g environ
70 g de saumon fumé
60 g d'emmental râpé
Sel et poivre

▷ Lavez le chou, coupez-le en morceaux puis en lanières. Faites-le cuire dans une grande casserole d'eau bouillante salée en comptant 5 min environ à partir de la reprise de l'ébullition. Égouttez soigneusement.
▷ Faites chauffer l'huile dans une sauteuse et ajoutez les lanières de chou. Salez, poivrez et laissez mijoter 20 min environ, jusqu'à ce que le chou soit bien tendre.
▷ Battez les œufs avec le lait concentré et la muscade. Salez modérément et poivrez. Ajoutez cette préparation aux lanières de chou et mélangez.
▷ Préchauffez le four à 180 °C (therm. 6).
▷ Garnissez de pâte feuilletée un moule à tarte de 24 cm de diamètre, préalablement recouvert de papier sulfurisé. Piquez la pâte avec une fourchette. Détaillez le saumon frais en dés et le saumon fumé en lanières et répartissez-les sur la pâte. Recouvrez avec la préparation au chou et parsemez d'emmental. Enfournez pour 30 min environ. Servez chaud.

Vous pouvez remplacer le lait concentré par 100 g de mascarpone et 10 cl de crème liquide.

Petits feuilletés au saumon et aux champignons sauvages

Pour 4 personnes

230 g de pâte feuilletée préétalée
1 échalote
2 cuill. à soupe d'huile d'olive
1 sachet de mélange de champignons surgelés (450 g environ)
200 g de saumon mariné surgelé ou de saumon fumé
1 cuill. à café de graines de sésame (facultatif)
Sel et poivre

▷ Préchauffez le four à 160 °C (therm. 5-6).
▷ Déroulez la pâte en la laissant sur son papier sulfurisé. À l'aide d'un emporte-pièce ou d'un bol, découpez quatre disques de pâte et déposez-les sur une plaque à pâtisserie, recouvrez-les d'un autre papier et de légumes secs, puis faites cuire à blanc pendant 12 à 15 min.
▷ Pelez et émincez l'échalote. Faites chauffer l'huile dans une poêle et faites-y suer l'échalote. Ajoutez les champignons et laissez cuire de 6 à 8 min (ou selon le temps indiqué sur l'emballage). Salez et poivrez.
▷ Augmentez la chaleur du four à 180 °C (therm. 6).
▷ Sortez du four les disques de pâte précuits. Retirez les légumes secs et le papier. Étalez les champignons. Enfournez à nouveau pour 5 min, jusqu'à ce que la pâte soit bien dorée.
▷ Sortez les petits feuilletés du four. Détaillez le saumon mariné en fines lanières et disposez celles-ci sur chaque feuilleté.
▷ Faites légèrement dorer les graines de sésame dans une petite poêle sans matière grasse, saupoudrez sur les feuilletés. Servez aussitôt.

Tarte aux calamars et à la tomate

Pour 4 personnes

230 g de pâte feuilletée préétalée
500 g d'anneaux de calamars surgelés
2 cuill. à soupe d'huile d'olive
1 cuill. à café de graines de coriandre
1 petite boîte de sauce tomate (200 g)
15 cl de crème liquide
Sel et poivre

▷ Préchauffez le four à 160 °C (therm. 5-6).
▷ Garnissez de pâte un moule à tarte de 28 cm de diamètre, préalablement recouvert de papier sulfurisé. Procédez à une cuisson à blanc pour pâte feuilletée pendant 10 min (voir p. 39).
▷ Laissez décongeler les calamars selon les indications portées sur l'emballage.
▷ Faites chauffer l'huile dans une sauteuse et mettez-y les calamars et les graines de coriandre concassées. Laissez cuire à feu vif pendant 1 ou 2 min en remuant. Salez, poivrez, ajoutez la sauce tomate, puis la crème et mélangez.
▷ Augmentez la chaleur du four à 180 °C (therm. 6).
▷ Disposez les calamars et leur sauce sur le fond de pâte précuit, enfournez pour 15 min. Servez chaud.

Vous pouvez utiliser de la même manière un mélange fruits de mer surgelés ou des bâtonnets de surimi. Ces derniers n'ont pas besoin d'être cuits au préalable : il suffit de les couper en dés avant de les déposer sur le fond de pâte.

Pour 4 personnes
Préparation : 25 min
Cuisson : 45 min environ

250 g de pâte feuilletée préétalée
6 endives
50 g de beurre
1 cuill. à soupe de sucre en poudre
3 pavés de saumon de 150 g environ
2 œufs
25 cl de crème liquide
2 cuill. à soupe d'aneth ciselé (facultatif)
Sel et poivre

Mini-quiches au saumon et aux endives

▷ Préchauffez le four à 180 °C (therm. 6).

▷ Garnissez de pâte quatre petits moules de 7 ou 8 cm de diamètre, préalablement beurrés. Procédez à une cuisson à blanc pour pâte feuilletée pendant 15 min (voir p. 39).

▷ Retirez la base des endives, rincez les feuilles et essuyez-les bien. Émincez-les finement.

▷ Faites fondre à feu doux le beurre dans une sauteuse. Ajoutez les endives émincées, le sucre et laissez fondre et caraméliser l'ensemble pendant 15 min, en remuant de temps en temps.

▷ Découpez les pavés de saumon en cubes de 1 cm de côté environ.

▷ Battez les œufs dans un saladier avec la crème et les endives caramélisées. Salez et poivrez. Répartissez les cubes de saumon sur les fonds de pâte précuits, puis versez dessus la préparation aux œufs. Saupoudrez éventuellement d'aneth. Enfournez pour 40 min. Servez bien chaud.

Mini-quiches au saumon et aux endives ▶

Pour 8 personnes
Préparation : 30 min
Repos de la pâte : 1 h
Cuisson : 1 h 35 min

Pour la pâte
300 g de beurre mou
500 g de farine
18 cl d'eau glacée

Pour le court-bouillon
4 branches de céleri
200 g de carottes
2 oignons
50 cl de vin blanc sec

Pour la garniture
1 morceau de saumon frais de 1,250 kg
250 g de champignons de Paris
130 g de beurre
3 cuill. à soupe de jus de citron
6 oignons
120 g de riz long
25 cl de bouillon de volaille
3 œufs
2 cuill. à soupe d'aneth ciselé
Sel et poivre

Pour l'assemblage
1 jaune d'œuf
25 cl de crème fraîche

Coulibiac de saumon

▷ Préparez la pâte. Coupez le beurre en morceaux. Tamisez la farine dans un saladier, creusez un puits et mettez-y le beurre et 1 pincée de sel. Travaillez la pâte et mouillez avec l'eau glacée. Formez une boule et partagez-la en deux parts égales. Farinez les deux boules, enveloppez-les dans un film alimentaire ou un linge et laissez reposer 1 h au réfrigérateur.
▷ Préparez le court-bouillon. Épluchez le céleri et les carottes, lavez-les. Pelez les oignons. Hachez tous ces légumes. Dans une grande poissonnière, versez 50 cl d'eau et le vin blanc. Ajoutez les légumes, salez, poivrez. Portez à ébullition puis laissez refroidir.
▷ Préparez la garniture. Mettez le saumon dans le court-bouillon. Faites reprendre l'ébullition, baissez le feu et laissez mijoter 10 min. Sortez le saumon, ôtez la peau et les arêtes, émiettez-le.
▷ Nettoyez les champignons et émincez-les. Faites-les revenir dans 20 g de beurre. Mettez-les dans un bol, arrosez-les du jus de citron, salez, poivrez et mélangez. Pelez et hachez les oignons, réservez-en 1 cuill. à soupe. Faites revenir le reste dans 80 g de beurre. Salez, poivrez, versez sur les champignons.
▷ Faites revenir les oignons réservés dans le reste du beurre. Ajoutez le riz et mélangez. Arrosez de bouillon, portez à ébullition. Laissez mijoter 10 min.
▷ Faites durcir les œufs, écalez-les et hachez-les. Ajoutez l'aneth au riz. Mélangez tous les ingrédients.
▷ Préchauffez le four à 220 °C (therm. 7-8).
▷ Étalez chaque boule de pâte en un rectangle de 5 mm d'épaisseur environ. Posez un rectangle sur la plaque du four beurrée et farinée. Mettez-y la garniture au saumon en l'étalant jusqu'à 2,5 cm des bords. Mélangez le jaune d'œuf et la crème, badigeonnez-en les bords. Recouvrez l'ensemble avec l'autre morceau de pâte. Soudez bien les bords et formez une cheminée au centre. Badigeonnez le coulibiac avec le reste du mélange œuf-crème. Faites cuire 1 h au four. Servez chaud.

Pour gagner du temps, vous pouvez utiliser un court-bouillon déshydraté du commerce pour la cuisson du saumon.
Avec les mêmes quantités d'ingrédients, vous pouvez préparer deux petits coulibiacs au lieu d'un seul.

Pour 6 personnes
Préparation : 20 min
Cuisson : 40 min environ

230 g de pâte brisée préétalée
ou 230 g de pâte brisée maison
(voir p. 28)
400 g d'asperges vertes
1 filet de saumon d'environ 150 g
100 g de truite fumée
3 œufs

Quiche au saumon, à la truite et aux asperges

▷ Grattez les asperges, coupez-en la base et rincez-les.
▷ Portez une grande quantité d'eau salée à ébullition et plongez-y les asperges. Laissez cuire 8 min et égouttez. Laissez tiédir puis coupez les asperges en deux ou en trois.
▷ Coupez les filets de saumon et de truite fumée en lanières.
▷ Préchauffez le four à 180 °C (therm. 6).

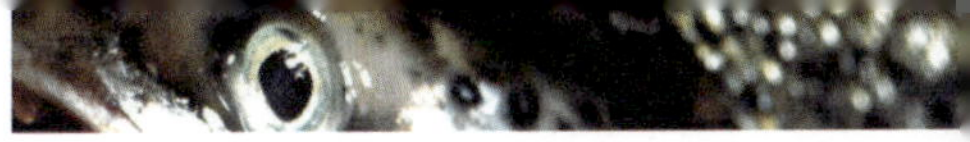

25 cl de crème liquide
1 cuill. à soupe de moutarde
Sel et poivre

▷ Garnissez de pâte brisée un moule à tarte de 28 cm de diamètre, préalablement recouvert de papier sulfurisé. Piquez le fond avec une fourchette et disposez les morceaux d'asperge, puis les lanières de saumon et de truite.

▷ Battez les œufs avec la crème et la moutarde. Salez, poivrez et mélangez, puis versez sur les asperges et le poisson. Enfournez pour 30 à 35 min. Servez chaud ou tiède.

Hors saison, vous pouvez utiliser des asperges surgelées ou en conserve.

Coulibiac de saumon ▼

Pour 6 à 8 personnes
Préparation : 30 min
Réfrigération : 30 min
Cuisson : 45 min environ

400 g de pâte feuilletée prête à étaler
1 saumon entier de 900 g à 1 kg
2 œufs
Sel et poivre

Saumon en croûte

▷ Demandez au poissonnier d'écailler et de vider le saumon (sans lui couper la tête).
▷ Rincez soigneusement l'intérieur du poisson.
▷ Faites bouillir 2 l d'eau. Posez le saumon sur une grille et mettez celle-ci sur un grand plat creux. Versez de l'eau bouillante sur tout le corps du saumon (sauf sur la tête) et enlevez ensuite la peau. Retournez le saumon et recommencez l'opération. Épongez-le avec du papier absorbant. Salez et poivrez l'intérieur.
▷ Tapissez la plaque du four de papier sulfurisé.
▷ Battez les œufs dans un bol.
▷ Coupez les deux tiers de la pâte et étalez-la en un rectangle de 36 × 14 cm, sur 3 mm d'épaisseur environ. Déposez ce rectangle sur la plaque. Posez le saumon sur la pâte. Salez et poivrez. Repliez chaque côté de pâte sur lui-même sur quelques centimètres et, avec un pinceau, badigeonnez d'œuf battu.
▷ Étalez le second morceau de pâte en un rectangle de 30 × 10 cm sur 4 mm d'épaisseur. Posez-le sur le poisson et soudez bien les bords sur la partie dorée à l'œuf. Découpez l'excédent de pâte en suivant la forme du saumon. Avec la pointe d'un couteau, dessinez légèrement la tête, la queue et des écailles. Dorez la pâte à l'œuf battu.
▷ Mettez la plaque au réfrigérateur pendant 30 min.
▷ Préchauffez le four à 180 °C (therm. 6).
▷ Dorez une nouvelle fois la pâte à l'œuf puis enfournez pour 45 min.
▷ Sortez la plaque et laissez le saumon reposer 10 min. Glissez-le sur le plat de service et servez.

Saumon en croûte ▶

Pour 6 personnes
Préparation : 20 min
Cuisson : 35 min environ

250 g de pâte brisée préétalée
ou 250 g de pâte brisée maison (voir p. 28)
500 g d'épinards frais
1 pavé de saumon de 200 g environ
3 œufs
1 pincée de cumin en poudre
Sel et poivre

Tatin au saumon et aux épinards

▷ Lavez les épinards et égouttez-les. Équeutez-les et faites-les cuire dans un peu d'eau bouillante salée pendant 8 min. Égouttez-les, attendez qu'ils refroidissent et essorez-les entre vos mains, afin d'éliminer l'eau au maximum. Hachez-les grossièrement.
▷ Faites cuire le pavé de saumon 5 min dans de l'eau bouillante salée (ou pendant 4 ou 5 min au four à micro-ondes réglé sur la puissance maximale). Coupez-le en cubes de 1 cm de côté environ.
▷ Préchauffez le four à 200 °C (therm. 6-7).
▷ Dans un saladier, mélangez les œufs, les épinards, les morceaux de saumon et le cumin. Salez et poivrez. Mélangez encore.
▷ Versez la préparation aux épinards dans un moule à manqué de 26 cm de diamètre, préalablement huilé. Recouvrez le tout avec de la pâte brisée en rabattant bien les bords à l'intérieur du moule. Huilez la surface de la pâte et enfournez pour 25 min environ.
▷ À la sortie du four, posez un plat de service sur le moule et retournez le tout. Retirez délicatement le moule. Servez chaud.

Vous pouvez ajouter à la garniture 1 ou 2 cuill. à soupe de coriandre ciselée.

surimi

Pour 6 personnes
Préparation : 30 min
Cuisson : 25 min environ

230 g de pâte brisée préétalée
ou 230 g de pâte brisée maison (voir p. 28)
1 petite boîte de crevettes (120 g)
300 g de surimi
Quelques pluches de persil
1 petit bouquet de ciboulette
3 œufs
200 g de fromage blanc
10 cl de crème liquide
Sel et poivre

Quiche inavouable

▷ Préchauffez le four à 180 °C (therm. 6).
▷ Garnissez de pâte brisée un moule à tarte de 28 cm, préalablement recouvert de papier sulfurisé. Piquez la pâte avec une fourchette et répartissez dessus les crevettes et le surimi coupé en dés.
▷ Rincez et ciselez le persil et la ciboulette.
▷ Cassez les œufs en séparant les blancs des jaunes. Dans un saladier, battez les jaunes en omelette en y incorporant le fromage blanc et la crème. Salez, poivrez et ajoutez le persil et la moitié de la ciboulette.
▷ Battez les blancs en neige ferme et incorporez-les délicatement à la préparation dans le saladier.
▷ Versez le mélange sur les crevettes et le surimi. Enfournez pour 25 min environ. Parsemez du reste de ciboulette ciselée et servez chaud ou tiède.

Quiche feuilletée aux crevettes et surimi : remplacez la pâte brisée par une pâte feuilletée. Pour une version plus traditionnelle, utilisez directement les œufs entiers sans battre les blancs en neige.

Tarte au surimi et aux oignons confits

Pour 6 personnes
Préparation : 10 min
Cuisson : 55 min environ

250 g de pâte brisée préétalée
ou 250 g de pâte brisée maison (voir p. 28)
250 g d'oignons émincés confits à l'huile
18 bâtonnets de surimi
150 g de petits pois surgelés
4 œufs
20 cl de crème fraîche
20 cl de lait
100 g d'emmental râpé
Sel et poivre

▷ Préchauffez le four à 180 °C (therm. 6).

▷ Garnissez de pâte un moule à manqué de 26 cm de diamètre, préalablement recouvert de papier sulfurisé. Procédez à une cuisson à blanc pour pâte brisée pendant 10 min (voir p. 39).

▷ Versez le contenu du bocal des oignons confits dans une poêle posée sur feu doux. Découpez les bâtonnets de surimi en cubes et ajoutez-les dans la poêle avec les petits pois. Mélangez bien et faites réchauffer l'ensemble pendant 10 min environ. Égouttez la préparation.

▷ Dans un saladier, battez les œufs avec la crème et le lait. Ajoutez le contenu de la poêle et mélangez bien. Salez et poivrez.

▷ Versez le contenu du saladier sur le fond de pâte précuit. Saupoudrez d'emmental et enfournez pour 40 min environ. Servez chaud.

Vous pouvez remplacer le surimi par 400 g de miettes de crabe.

thon

Tarte au thon et aux pommes de terre

Pour 6 personnes
Préparation : 20 min
Cuisson : 50 min environ

250 g de pâte feuilletée préétalée
1,2 kg de pommes de terre
500 g de thon au naturel
4 œufs
20 cl de lait
20 cl de crème liquide
100 g de beaufort râpé
2 cuill. à soupe de basilic ciselé
Sel et poivre

▷ Préchauffez le four à 180 °C (therm. 6).

▷ Garnissez de pâte un moule à tarte de 26 cm de diamètre, préalablement recouvert de papier sulfurisé. Procédez à une cuisson à blanc pour pâte feuilletée pendant 15 min (voir p. 39).

▷ Pendant ce temps, épluchez les pommes de terre et coupez-les en fines rondelles. Faites-les précuire à l'eau bouillante salée pendant 10 min. Égouttez-les.

▷ Égouttez le thon et émiettez-le à la fourchette.

▷ Dans un bol, battez les œufs avec le lait, la crème, le beaufort et le basilic.

▷ Disposez les rondelles de pomme de terre sur le fond de pâte précuit, ajoutez le thon émietté et versez le mélange aux œufs. Salez modérément et poivrez. Enfournez pour 40 min environ. Servez chaud.

Croustillants de crabe au guacamole

Pour 10 à 12 croustillants

100 g de chutes de pâte feuilletée
10 ou 12 pinces de crabe cuites surgelées (ou 10 ou 12 grosses crevettes roses surgelées cuites et décortiquées)
1 petit pot de guacamole (180 g)
1/2 cuill. à soupe d'aneth surgelé
Sel et poivre

▷ Préchauffez le four à 210 °C (therm. 7).
▷ Rassemblez les chutes de pâte, formez une boule, étalez-la sur le plan de travail fariné et découpez une dizaine de carrés de pâte de 5 cm de côté environ. Disposez-les sur une plaque recouverte de papier sulfurisé, posez dessus une autre plaque, pour éviter au feuilletage de trop lever, puis enfournez pour 10 min environ. Laissez tiédir.
▷ Décortiquez les pinces de crabe.
▷ Sur chaque carré de pâte, étalez un peu de guacamole, déposez 1 pince de crabe (ou 1 crevette rose) et parsemez d'aneth. Servez froid.

Mini-pizzas aux sardines, à la tapenade et aux tomates

Pour 4 personnes

260 g de pâte à pizza préétalée
1 oignon
1 ou 2 cuill. à soupe d'huile d'olive
1 boîte de tomates concassées
2 cuill. à soupe de tapenade
8 sardines à l'huile d'olive
Sel et poivre

▷ Pelez et émincez l'oignon. Faites chauffer l'huile dans une poêle, faites d'abord cuire l'oignon pendant 10 min, puis ajoutez les tomates, salez modérément et laissez cuire à feu moyen 20 min environ.
▷ Préchauffez le four à 210 °C (therm. 7).
▷ À l'aide d'un emporte-pièce ou d'un verre, découpez quatre disques dans la pâte à pizza.
▷ Badigeonnez-les de tapenade puis étalez dessus le mélange tomate-oignon. Enfournez pour 15 min.
▷ Baissez la température du four à 180 °C (therm. 6).
▷ Égouttez les sardines sans jeter leur huile, ouvrez-les délicatement pour en retirer l'arête centrale.
▷ Sortez les mini-pizzas du four et répartissez les sardines dessus. Arrosez d'un filet d'huile de la boîte de sardines, et remettez au four pour 5 min. Servez aussitôt.

Tarte au thon et à la moutarde

Pour 4 personnes

200 g de pâte brisée préétalée
300 g de thon à l'huile d'olive
2 cuill. à soupe de moutarde
400 g de tomates surgelées
Sel et poivre

▷ Préchauffez le four à 210 °C (therm. 7).
▷ Égouttez le thon et mettez-le en miettes.
▷ Garnissez de pâte brisée un moule à tarte de 24 cm de diamètre, préalablement recouvert de papier sulfurisé. Piquez la pâte avec une fourchette, badigeonnez-la de moutarde et étalez les miettes de thon.
▷ Disposez les morceaux de tomate sur les miettes de thon, salez, poivrez et enfournez pour 30 à 35 min. Servez chaud ou tiède.

Pour 6 personnes (18 samosas)
Préparation : 30 min
Cuisson : 1 h environ

9 feuilles de brick
1 grosse pomme de terre
100 g de petits pois
2 oignons
1 cuill. à soupe d'huile d'olive
1 cuill. à café de pâte de curry
160 g de thon au naturel
Sel

Samosas de thon

▷ Faites cuire la pomme de terre pendant 15 min environ dans de l'eau bouillante salée. Pelez-la et coupez-la en cubes.
▷ Faites cuire les petits pois à l'eau bouillante salée pendant 10 min.
▷ Pelez les oignons, hachez-les et faites-les revenir de 10 à 12 min dans l'huile avec la pâte de curry.
▷ Préchauffez le four à 200 °C (therm. 6-7).
▷ Dans un saladier, rassemblez le thon égoutté, les oignons, les cubes de pomme de terre et les petits pois. Mélangez bien et rectifiez l'assaisonnement.
▷ Découpez en deux les feuilles de brick pour obtenir dix-huit feuilles en forme de demi-cercle.
▷ Prenez l'une de ces demi-feuilles et repliez la partie arrondie vers la partie rectiligne pour obtenir une bande. Garnissez l'extrémité de cette bande d'une cuillerée de farce au thon et repliez l'ensemble en forme de triangle (vous allez peut-être « tâtonner » mais, une fois qu'on a le coup de main, c'est assez facile ; voir p. 43). Déposez le samosa sur la plaque du four préalablement recouverte de papier sulfurisé. Renouvelez l'opération jusqu'à épuisement des ingrédients. Enfournez pour 25 à 30 min environ. Servez tiède ou chaud.

Samosas de thon aux graines de sésame : juste après avoir façonné tous les samosas, huilez-les à l'aide d'un pinceau et saupoudrez-les de graines de sésame. Faites-les cuire au four de 25 à 30 min environ.

Pour 6 personnes
Préparation : 20 min
Cuisson : 1 h environ

250 g de pâte feuilletée préétalée
500 g d'épinards
6 tomates
400 g de thon au naturel en boîte
30 g de beurre
4 œufs
15 cl de lait
25 cl de crème fraîche
1 cuill. à soupe d'herbes de Provence séchées
100 g de parmesan râpé
Sel et poivre

Tarte au thon, aux tomates et aux épinards

▷ Préchauffez le four à 180 °C (therm. 6).
▷ Garnissez de pâte un moule à tarte de 26 cm de diamètre, préalablement recouvert de papier sulfurisé. Procédez à une cuisson à blanc pour pâte feuilletée pendant 10 min (voir p. 39).
▷ Lavez les épinards puis laissez-les s'égoutter dans une passoire. Rincez les tomates, essuyez-les et coupez-les en tranches fines ; laissez-les également s'égoutter dans une passoire. Égouttez le thon.
▷ Faites fondre le beurre dans une sauteuse et faites-y revenir les épinards pendant 10 min en mélangeant. Égouttez-les bien, puis hachez-les grossièrement.
▷ Dans un saladier, battez les œufs avec le lait, la crème, les herbes et le parmesan. Ajoutez les épinards, salez et poivrez. Mélangez bien.
▷ Disposez les rondelles de tomate et le thon émietté sur le fond de pâte précuit. Versez par-dessus la préparation aux épinards. Enfournez pour 40 min environ. Servez bien chaud.

Pour 6 personnes
Préparation : 30 min
Cuisson : 1 h 10 environ

500 g de pâte feuilletée (2 rouleaux de pâte à dérouler)
5 blancs de poireau
400 g de pavé de thon
30 g de beurre
1 cuill. à soupe de farine
25 cl de lait
1 pincée de curry
4 œufs
Sel et poivre

Tourte au thon et aux poireaux

▷ Garnissez de pâte feuilletée un moule à tarte de 26 cm de diamètre, préalablement recouvert de papier sulfurisé. Piquez la pâte à la fourchette et mettez le moule au réfrigérateur.

▷ Lavez les blancs de poireau puis coupez-les en tronçons.

▷ Portez deux casseroles d'eau salée à ébullition. Dans l'une, faites cuire les poireaux pendant 15 min ; dans l'autre, faites cuire le thon pendant 5 min. Égouttez les poireaux et le thon. Coupez le thon en morceaux.

▷ Préparez une sauce Béchamel. Faites fondre le beurre dans une sauteuse. Saupoudrez de farine et mélangez bien pendant 3 min. Versez le lait sans cesser de mélanger. Salez, poivrez et ajoutez le curry. Prolongez la cuisson 10 min encore, jusqu'à épaississement. Hors du feu, incorporez 3 œufs battus. Si des grumeaux subsistent, mixez la sauce.

▷ Préchauffez le four à 200 °C (therm. 6-7).

▷ Répartissez les poireaux et le thon sur le fond de pâte, puis versez la sauce au curry. Recouvrez l'ensemble avec l'autre morceau de pâte. Soudez bien les bords et formez une petite cheminée au centre. À l'aide d'une fourchette, dessinez des motifs géométriques sur le dessus de la tourte. Battez le dernier œuf et badigeonnez-en le dessus de la pâte. Enfournez pour 35 min environ. Servez aussitôt.

Tourte au saumon frais et aux poireaux : remplacez le pavé de thon par un morceau de saumon frais de 600 g.

Tourte au thon et aux poireaux ▼

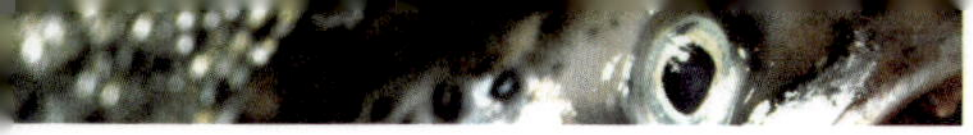

Tarte au thon et à la moutarde douce

Pour 6 personnes
Préparation : 15 min
Cuisson : 50 min environ

- 250 g de pâte brisée préétalée ou 250 g de pâte brisée maison (voir p. 28)
- 400 g de thon en boîte au naturel
- 2 tomates
- 3 œufs
- 20 cl de crème liquide
- 10 cl de lait
- 100 g d'emmental râpé
- 6 brins de ciboulette ciselés
- 3 cuill. à soupe de moutarde douce (type Savora)
- Sel et poivre

▷ Préchauffez le four à 180 °C (therm. 6).

▷ Garnissez de pâte un moule à manqué de 26 cm de diamètre, préalablement recouvert de papier sulfurisé. Procédez à une cuisson à blanc pour pâte brisée pendant 10 min (voir p. 39).

▷ Égouttez le thon et émiettez-le à la fourchette. Lavez les tomates et coupez-les en rondelles.

▷ Dans un saladier, battez les œufs avec la crème, le lait, l'emmental et la ciboulette. Salez et poivrez.

▷ Étalez la moutarde douce sur le fond de pâte précuit, puis le thon émietté et versez la préparation aux œufs. Déposez alors les rondelles de tomate, puis enfournez pour 40 min environ. Servez bien chaud.

Vous pouvez remplacer la moutarde douce par de la moutarde à l'ancienne (en grains).

truite

Tarte à la truite, aux poireaux et à l'anis

Pour 6 personnes
Préparation : 20 min
Cuisson : 40 min environ

- 230 g de pâte feuilletée préétalée
- 6 blancs de poireau
- 3 cuill. à soupe d'huile d'olive
- 20 cl de crème liquide
- 6 filets de truite sans la peau (environ 600 g)
- 7 cl de pastis
- Sel et poivre

▷ Préchauffez le four à 160 °C (therm. 5-6).

▷ Garnissez de pâte un moule à tarte de 28 cm de diamètre, préalablement recouvert de papier sulfurisé. Procédez à une cuisson à blanc pour pâte feuilletée pendant 20 min (voir p. 39).

▷ Lavez les blancs de poireau puis coupez-les en tronçons de 3 cm. Découpez ensuite chaque tronçon en fins bâtonnets.

▷ Faites chauffer l'huile dans une sauteuse, ajoutez les poireaux et laissez cuire à feu doux pendant 15 min, en remuant souvent. Ajoutez la crème, salez, poivrez puis laissez mijoter encore 5 min à feu doux.

▷ Augmentez la température du four à 180 °C (therm. 6).

▷ Détaillez le poisson en grosses lanières. Étalez la fondue de poireau sur le fond de pâte puis disposez le poisson par-dessus. Salez, poivrez, arrosez avec le pastis, puis enfournez pour 15 min environ. Servez chaud.

Pour 6 personnes
Préparation : 20 min
Cuisson : 1 h environ

250 g de pâte brisée préétalée ou 250 g de pâte brisée maison (voir p. 28)
400 g de cresson
6 filets de truite, levés par le poissonnier
3 œufs
30 cl de crème liquide
100 g d'emmental râpé
Sel et poivre

Tarte aux filets de truite et au cresson

▷ Préchauffez le four à 180 °C (therm. 6).

▷ Garnissez de pâte un moule à manqué de 26 cm de diamètre, préalablement recouvert de papier sulfurisé. Procédez à une cuisson à blanc pour pâte brisée pendant 10 min (voir p. 39).

▷ Lavez le cresson à grande eau et faites-le cuire 10 min dans une casserole d'eau bouillante salée. Refroidissez-le sous l'eau froide et essorez-le fortement en le pressant entre vos mains. Hachez-le au couteau.

▷ Coupez les filets de truite en cubes de 1 cm de côté environ.

▷ Dans un saladier, battez les œufs avec la crème et l'emmental. Ajoutez le cresson haché, salez, poivrez et mélangez bien.

▷ Disposez les morceaux de truite sur le fond de pâte précuit et versez-y la préparation aux œufs. Enfournez pour 40 min environ. Servez chaud.

À défaut de cresson, vous pouvez utiliser la même quantité d'épinards.

Tarte à la truite, aux poireaux et à l'anis ▶

Pour 6 personnes
Préparation : 20 min
Cuisson : 1 h environ

500 g de pâte feuilletée préétalée (2 rouleaux de pâte à dérouler)
300 g d'oseille
300 g de filets de truite sans la peau
1 sachet de court-bouillon déshydraté (facultatif)
30 g de beurre
1 cuill. à soupe de farine
20 cl de crème liquide
20 cl de lait
1 pincée de noix muscade
4 œufs
Sel et poivre

Tourte à la truite et à l'oseille

▷ Lavez les feuilles d'oseille et égouttez-les. Équeutez-les et faites-les cuire dans un peu d'eau bouillante salée pendant 8 min. Égouttez-les, attendez qu'elles refroidissent et essorez-les entre vos mains, afin d'éliminer le plus d'eau possible. Hachez-les grossièrement.

▷ Faites cuire les filets de truite 5 min dans de l'eau bouillante salée (ou dans un court-bouillon). Émiettez-les à l'aide d'une fourchette.

▷ Préchauffez le four à 200 °C (therm. 6-7).

▷ Préparez une sauce Béchamel. Dans une casserole, faites fondre le beurre. Saupoudrez de farine et mélangez pendant 3 min. Versez la crème et le lait sans cesser de mélanger, jusqu'à épaississement. Salez, poivrez et ajoutez la muscade. Laissez tiédir. Hors du feu, ajoutez 3 œufs battus.

▷ Huilez un moule à tarte de 26 cm de diamètre et garnissez-le avec un disque de pâte. Étalez dessus l'oseille hachée et les miettes de poisson, puis versez la préparation aux œufs.

▷ Recouvrez l'ensemble avec l'autre morceau de pâte. Soudez bien les bords et formez une petite cheminée au centre. À l'aide d'une fourchette, dessinez des motifs géométriques sur le dessus de la tourte. Battez le dernier œuf et badigeonnez-en la surface de la tourte à l'aide d'un pinceau. Enfournez pour 35 min. Servez chaud.

Tourte à la truite et aux épinards : remplacez l'oseille par la même quantité d'épinards. Faites-les cuire de la même manière.

Tout viande

agneau

Pour 6 personnes
Préparation : 25 min
Trempage des abricots : 15 min
Cuisson : 45 min environ

500 g de pâte feuilletée préétalée (2 rouleaux de pâte à dérouler)
1 sachet de thé à la menthe
150 g d'abricots secs
200 g d'oignons
3 cuill. à soupe d'huile d'olive
250 g de viande d'agneau hachée par le boucher
1/2 botte de persil plat
3 cuill. à soupe de cumin en poudre
1 œuf
Sel et poivre

Chaussons à l'agneau et aux abricots

▷ Préparez un bol de thé à la menthe et mettez-y à tremper les abricots secs pendant 15 min environ.

▷ Pelez les oignons et émincez-les finement. Dans une sauteuse, faites chauffer l'huile à feu doux et faites-y cuire la viande d'agneau et les oignons pendant 15 à 20 min, jusqu'à ce que ceux-ci soient fondants et colorés.

▷ À l'aide d'un emporte-pièce ou d'un grand bol, découpez six disques de pâte feuilletée de 15 cm de diamètre.

▷ Préchauffez le four à 210 °C (therm. 7).

▷ Égouttez les abricots et hachez-les. Rincez le persil et ciselez-le.

▷ Égouttez la préparation aux oignons et versez-la dans un plat creux. Saupoudrez de cumin, salez et poivrez. Ajoutez les abricots et le persil. Mélangez.

▷ Garnissez les disques de pâte avec cette préparation et repliez-les pour former des chaussons (voir p. 40). Soudez bien les bords. Battez l'œuf et badigeonnez-en le dessus des chaussons à l'aide d'un pinceau.

▷ Placez les chaussons sur une plaque du four, préalablement recouverte de papier sulfurisé. Enfournez pour 25 min environ. Les chaussons vont dorer et gonfler légèrement à la cuisson. Servez-les bien chauds.

Pour 4 à 6 personnes
Préparation : 25 min
Trempage des fruits secs : 1 h
Cuisson : 50 min environ

4 feuilles de pâte filo
200 g de pruneaux dénoyautés
4 abricots secs
450 à 500 g d'épaule d'agneau désossée
2 cuill. à soupe d'huile d'olive
2 oignons moyens
1 gousse d'ail
2 cuill. à café de cannelle en poudre
1 pincée de cumin en poudre
1 cuill. à café de graines de coriandre
1 cuill. à café de miel liquide toutes fleurs
10 g de beurre fondu
Sel et poivre

Tourte fine à l'agneau et aux pruneaux

▷ Faites tremper les pruneaux et les abricots secs dans un bol d'eau tiède pendant environ 1 h.

▷ Préchauffez le four à 240 °C (therm. 8).

▷ Placez l'épaule d'agneau dans un plat, arrosez-la d'un filet d'huile, salez, poivrez et enfournez. Baissez immédiatement la température du four à 180 °C (therm. 6) et laissez cuire 15 min environ. Laissez tiédir puis découpez la viande en dés.

▷ Égouttez les pruneaux et les abricots, puis coupez-les en dés.

▷ Pelez et émincez les oignons et la gousse d'ail. Faites chauffer 1 cuill. à soupe d'huile dans une sauteuse et faites-y revenir les oignons à feu moyen. Ajoutez les dés d'agneau, la cannelle, l'ail, le cumin, les graines de coriandre écrasées, puis les fruits secs. Mélangez puis ajoutez le miel, salez, poivrez et laissez mijoter 15 min à feu doux.

▷ À l'aide d'un pinceau, beurrez les feuilles de pâte filo et disposez-en deux au fond d'un moule à tarte de 24 cm de diamètre. Étalez la préparation à l'agneau, puis recouvrez-la avec les deux dernières feuilles de filo. Enfournez (toujours à 180 °C) pour 15 à 20 min, jusqu'à ce que le dessus de la tourte soit bien doré. Servez aussitôt.

Pour 6 personnes
Préparation : 25 min
Cuisson : 1 h 10 environ

500 g de pâte brisée préétalée (2 rouleaux de pâte à dérouler) ou 500 g de pâte brisée maison (voir p. 28)
200 g de viande d'agneau (épaule ou gigot)
150 g de viande de veau (épaule ou jarret)
150 g de viande de porc (échine)
1 oignon
1 gousse d'ail
3 cuill. à soupe d'huile d'olive
3 cuill. à soupe de purée de tomate
4 branches de thym
1 pincée de noix muscade
400 g de champignons de Paris
2 œufs
Quelques pluches de persil ciselé
15 cl de crème liquide
1 jaune d'œuf
Sel et poivre

Tourte aux trois viandes et aux champignons

▷ Hachez les viandes ou demandez au boucher de le faire.
▷ Pelez l'oignon et l'ail, puis émincez-les.
▷ Dans une sauteuse, faites chauffer 1 cuill. à soupe d'huile et faites-y revenir l'oignon. Ajoutez les viandes et l'ail, puis laissez cuire 5 min à feu moyen, en remuant souvent. Ajoutez la purée de tomate, le thym émietté et la muscade. Salez, poivrez et laissez mijoter 5 min. Versez cette préparation dans un saladier.
▷ Nettoyez les champignons, puis émincez-les.
▷ Faites chauffer le reste d'huile dans la sauteuse, ajoutez les champignons et laissez cuire 15 min. Mettez les champignons, 1 œuf et le persil dans le saladier et mélangez bien.
▷ Préchauffez le four à 180 °C (therm. 6).
▷ Déroulez l'un des disques de pâte sur une plaque recouverte de papier sulfurisé. Étalez dessus la garniture à la viande en laissant une petite marge tout autour. Recouvrez l'ensemble avec l'autre disque de pâte. Soudez bien les bords et formez une petite cheminée au centre. Battez le second œuf entier et badigeonnez-en la surface de la tourte à l'aide d'un pinceau. Enfournez pour 30 min.
▷ Battez la crème avec le jaune d'œuf. Sortez la tourte du four et versez délicatement le mélange crème-œuf par la cheminée. Enfournez à nouveau pour 5 à 10 min. Servez chaud.

Tourte fine à l'agneau et aux pruneaux ▶

bœuf

Pie au bœuf haché et au maïs

Pour 6 personnes
Préparation : 15 min
Cuisson : 45 min environ

250 g de pâte feuilletée préétalée
4 oignons
250 g de maïs en boîte
4 tomates
3 cuill. à soupe d'huile d'arachide
1 kg de viande de bœuf hachée
Tabasco
1 œuf
Sel

- ▷ Pelez les oignons et émincez-les. Égouttez le maïs.
- ▷ Plongez les tomates 30 s dans de l'eau bouillante. Pelez-les, coupez-les en quartiers et épépinez-les.
- ▷ Mettez à chauffer l'huile à feu moyen dans une sauteuse et faites-y revenir les oignons jusqu'à ce qu'ils soient colorés. Ajoutez la viande, les quartiers de tomate et le maïs. Salez, versez quelques gouttes de Tabasco, couvrez la sauteuse et faites mijoter 20 min à feu moyen.
- ▷ Égouttez la préparation.
- ▷ Préchauffez le four à 200 °C (therm. 6-7).
- ▷ Versez la préparation dans un moule à manqué de 24 cm de diamètre, préalablement recouvert de papier sulfurisé. Posez dessus la pâte feuilletée en rabattant bien les bords à l'intérieur du moule. Formez une petite cheminée au centre. À l'aide d'une fourchette, dessinez des motifs géométriques sur le dessus de la pâte. Battez l'œuf et badigeonnez-en la surface à l'aide d'un pinceau. Enfournez pour 20 à 25 min environ. Servez chaud.

Pizza au bœuf haché et aux poivrons

Pour 6 personnes
Préparation : 30 min
Cuisson : 1 h 10 environ

400 g de pâte à pain fraîche
(à acheter chez le boulanger)
ou 400 g de pâte à pizza maison
(voir p. 37)
3 oignons
800 g de tomates
2 poivrons jaunes
4 cuill. à soupe d'huile d'olive
400 g de viande de bœuf hachée
100 g de mascarpone
2 cuill. à café de concentré de tomate
200 g de mozzarella
1 cuill. à soupe d'origan séché
Sel et poivre

- ▷ Pelez les oignons et hachez-les.
- ▷ Plongez les tomates 30 s dans de l'eau bouillante. Pelez-les, épépinez-les et coupez-les en dés.
- ▷ Allumez le gril du four. Rincez les poivrons, coupez-les en quatre, retirez les graines, puis placez-les sous le gril 15 min environ, jusqu'à ce que la peau se boursoufle et brunisse. Laissez-les tiédir, pelez-les et coupez-les en lanières.
- ▷ Dans une grande sauteuse, faites chauffer la moitié de l'huile et faites-y revenir la viande à feu moyen, en remuant de temps en temps. Au bout de 5 min de cuisson, ajoutez le mascarpone, mélangez bien puis égouttez la préparation.
- ▷ Dans la même sauteuse, faites revenir dans le reste de l'huile les lanières de poivron à feu doux, pendant 5 à 10 min. Retirez-les et remplacez-les dans la sauteuse par les oignons. Faites revenir ces derniers à feu moyen, pendant 5 min. Ajoutez alors les dés de tomate et prolongez la cuisson 15 min. Ajoutez enfin le concentré de tomate, salez, poivrez et mélangez bien.
- ▷ Préchauffez le four à 210 °C (therm. 7).
- ▷ Étalez la pâte à pain en un rectangle de 30 x 40 cm ; placez-la sur la plaque du four, préalablement recouverte de papier sulfurisé. Garnissez-la du mélange à la tomate et de mozzarella coupée en morceaux. Ajoutez la viande et les lanières de poivron. Salez, poivrez et saupoudrez d'origan. Enfournez pour 30 min environ. Servez bien chaud.

avec Béatrice Lagandré

Tartelettes aux knacks et aux fonds d'artichaut

Pour 4 personnes

250 g de pâte feuilletée préétalée
4 à 6 fonds d'artichaut selon leur taille (surgelés ou en conserve)
1 sachet de 4 saucisses « knack » (saucisses de Strasbourg)
1 cuill. à soupe de moutarde à l'ancienne
15 cl de crème liquide
60 g d'emmental râpé
Sel et poivre

▷ Préchauffez le four à 180 °C (therm. 6).
▷ Garnissez de pâte des moules à tartelette beurrés de 13 cm de diamètre environ. Piquez la pâte avec une fourchette.
▷ Si vous utilisez des fonds d'artichaut surgelés, faites-les cuire le temps indiqué sur l'emballage dans de l'eau citronnée, puis égouttez-les. Si vous utilisez des fonds d'artichaut en conserve, égouttez-les.
▷ Coupez les fonds d'artichaut et les saucisses en dés.
▷ Badigeonnez les fonds de pâte avec de la moutarde, puis répartissez dessus les dés de saucisse et d'artichaut.
▷ Nappez avec la crème, salez modérément, poivrez, puis saupoudrez d'emmental. Enfournez les tartelettes pour 20 à 25 min. Servez chaud.

Mini-tatins de magret de canard

Pour 4 personnes

200 g de pâte feuilletée préétalée
400 g de mangue surgelée
30 g de beurre
Une trentaine de tranches de magret de canard fumé
1 pincée de quatre-épices (facultatif)
Sel et poivre

▷ Faites décongeler les morceaux de mangue comme indiqué sur l'emballage.
▷ Faites fondre le beurre dans une poêle, ajoutez les morceaux de mangue, salez, poivrez et laissez cuire à feu moyen pendant 10 min environ, en remuant de temps en temps.
▷ Préchauffez le four à 180 °C (therm. 6).
▷ À l'aide d'un emporte-pièce ou d'un bol, découpez dans la pâte feuilletée quatre disques de 11 cm de diamètre environ.
▷ Sur une plaque recouverte d'un papier sulfurisé, disposez par groupe de six les tranches de magret de canard en rosace. Poivrez, saupoudrez d'épices, puis ajoutez les morceaux de mangue et recouvrez avec les quatre disques de pâte.
▷ Enfournez pour 20 min environ. Laissez tiédir 1 min, puis détachez les mini-tatins à l'aide d'une spatule assez large et servez aussitôt.

Tatin d'andouille à l'oignon confit

Pour 4 à 6 personnes

230 g de pâte feuilletée préétalée
1 bocal d'oignons confits (200 g)
1 morceau d'andouille de 250 g environ (sous-vide)
Quelques noix (facultatif)
Sel et poivre

▷ Préchauffez le four à 180 °C (therm. 6).
▷ Répartissez l'oignon confit dans le fond d'un moule à tarte de 24 cm de diamètre, à revêtement antiadhésif.
▷ Coupez le morceau d'andouille en tranches et ôtez la peau. Répartissez celles-ci sur l'oignon, salez et poivrez généreusement.
▷ Décortiquez les noix et concassez-les grossièrement puis parsemez-les sur les tranches d'andouille. Recouvrez l'ensemble avec la pâte feuilletée en rabattant bien les bords à l'intérieur du moule. Enfournez pour 30 min environ.
▷ À la sortie du four, posez un plat de service sur le moule et retournez le tout. Retirez délicatement le moule. Servez chaud.

Tarte au bœuf et au cumin

Pour 4 à 6 personnes
Préparation : 20 min
Cuisson : 50 min environ

230 g de pâte brisée préétalée
ou 230 g de pâte brisée maison (voir p. 28)
3 tomates
2 oignons
2 cuill. à soupe d'huile d'olive
400 g de bœuf haché
2 œufs + 1 jaune
1 pincée de cumin en poudre
50 g d'emmental râpé
Sel et poivre

▷ Plongez les tomates 30 s dans de l'eau bouillante. Pelez-les, épépinez-les et coupez-les en dés.
▷ Pelez les oignons et émincez-les.
▷ Faites chauffer l'huile dans une sauteuse et faites-y revenir les oignons. Ajoutez les dés de tomate, salez, poivrez et laissez mijoter pendant 20 min, sans couvrir et en remuant de temps en temps. Ajoutez le bœuf haché, puis les œufs entiers et le jaune battus, ainsi que le cumin. Salez, poivrez et mélangez bien.
▷ Préchauffez le four à 180 °C (therm. 6).
▷ Garnissez de pâte brisée un moule beurré de 26 cm de diamètre. Piquez le fond avec une fourchette puis étalez dessus la préparation au bœuf. Saupoudrez d'emmental et enfournez pour 25 à 30 min. Servez chaud.

En hiver et/ou pour gagner du temps, vous pouvez utiliser des tomates concassées vendues en conserve.

Tarte au bœuf haché

Pour 6 personnes
Préparation : 25 min
Cuisson : 1 h 50 environ

250 g de pâte brisée préétalée
ou 250 g de pâte brisée maison (voir p. 28)
800 g de tomates
2 gousses d'ail
2 oignons
4 cuill. à soupe d'huile d'olive
200 g de viande de bœuf hachée
100 g de viande de veau hachée
100 g de jambon cru haché
10 cl de vin blanc sec
2 cuill. à café de concentré de tomate
1 bouquet garni
100 g de parmesan râpé
Sel et poivre

▷ Plongez les tomates 30 s dans de l'eau bouillante. Pelez-les, épépinez-les et coupez-les en petits dés.
▷ Pelez l'ail et les oignons et hachez-les.
▷ Dans une sauteuse, faites chauffer l'huile à feu vif et faites-y revenir l'ail et les oignons pendant 5 min. Ajoutez les viandes et le jambon hachés, salez et poivrez. Au bout de 5 min de cuisson, versez le vin. Mélangez bien et prolongez la cuisson à feu vif, jusqu'à ce que le vin se soit évaporé.
▷ Ajoutez enfin les dés et le concentré de tomate ainsi que le bouquet garni. Couvrez la sauteuse et laissez mijoter sur feu doux pendant 1 h environ.
▷ Préchauffez le four à 180 °C (therm. 6).
▷ Garnissez de pâte un moule à manqué de 26 cm de diamètre, préalablement recouvert de papier sulfurisé. Procédez à une cuisson à blanc pour pâte brisée pendant 10 min (voir p. 39).
▷ Retirez le couvercle de la sauteuse et prolongez la cuisson 10 min environ à feu vif, jusqu'à évaporation complète du jus de cuisson. Retirez le bouquet garni.
▷ Versez la sauce bolognaise sur la pâte et saupoudrez de parmesan. Enfournez pour 30 min. Servez chaud.

Vous pouvez ajouter sur le dessus quelques tomates-cerises et un peu de fleur de sel.

Tourtière canadienne

Pour 4 personnes
Préparation : 45 min
Repos de la pâte : 1 h
Cuisson : 40 min

2 oignons
4 gousses d'ail
400 g de bœuf haché (dans la culotte de préférence)
1 œuf
Sel et poivre

Pour la pâte
200 g de beurre mou
400 g de farine
30 cl d'eau

▷ Préparez la pâte. Coupez le beurre en morceaux. Tamisez la farine sur le plan de travail, creusez un puits au centre et mettez-y le beurre, 1 pincée de sel et l'eau. Pétrissez, puis formez une boule, enveloppez-la dans un linge ou dans un film alimentaire et laissez reposer 1 h au frais.
▷ Préchauffez le four à 200 °C (therm. 6-7).
▷ Étalez la pâte en deux disques. Garnissez avec un disque de pâte un moule à manqué beurré de 24 cm de diamètre.
▷ Pelez les oignons et les gousses d'ail. Hachez-les.
▷ Mélangez le bœuf, l'oignon et l'ail. Salez et poivrez. Mélangez encore.
▷ Étalez cette préparation sur la pâte. Recouvrez l'ensemble avec l'autre disque de pâte. Soudez bien les bords et formez une petite cheminée au centre. Battez l'œuf et badigeonnez-en la surface de la tourte à l'aide d'un pinceau. Enfournez pour 40 min. Servez.

Pour garnir ce plat, très populaire au Canada, vous pouvez utiliser aussi du poulet, du canard, de la dinde, ou encore du lapin ou du lièvre.

◄ Tarte au bœuf haché

porc

Pour 6 personnes
Préparation : 25 min
Cuisson : 50 min environ

500 g de pâte feuilletée préétalée (2 rouleaux de pâte à dérouler)
2 tiges de citronnelle
200 g d'oignons
3 cuill. à soupe d'huile d'olive
250 g de chair à saucisse
1 pincée de curry en poudre
2 cuill. à soupe de noix de coco râpée
1/2 botte de coriandre
1 œuf
Sel et poivre

Chaussons au porc, à la citronnelle et à la coriandre

- Rincez les tiges de citronnelle et émincez-les très finement. Pelez les oignons et émincez-les finement.
- Dans une sauteuse, faites chauffer l'huile à feu doux et faites-y revenir les oignons et la chair à saucisse pendant 5 min. Ajoutez le curry, la noix de coco et la citronnelle et prolongez la cuisson de 15 à 20 min. Égouttez la préparation et versez-la dans un plat creux. Rectifiez l'assaisonnement.
- Préchauffez le four à 210 °C (therm. 7).
- À l'aide d'un emporte-pièce ou d'un grand bol, découpez six disques de pâte feuilletée de 15 cm de diamètre.
- Rincez la coriandre, ciselez-la et ajoutez-la à la préparation à la viande.
- Garnissez les disques de pâte de cette préparation et repliez-les pour former des chaussons (voir p. 40). Soudez bien les bords. Battez l'œuf et badigeonnez-en la pâte à l'aide d'un pinceau.
- Placez les chaussons sur la plaque du four, préalablement recouverte de papier sulfurisé. Enfournez pour 25 min environ. Les chaussons vont dorer et gonfler légèrement à la cuisson. Servez-les bien chauds.

Pour 4 personnes (2 tartes)
Préparation : 30 min
Repos de la pâte : 1 h
Cuisson : 15 min

Pour la pâte à pain
400 g de farine
1 pincée de sel
10 g de levure de boulanger
5 cuill. à soupe d'huile d'arachide
20 cl d'eau

Pour la garniture
2 oignons moyens
2 ou 3 cuill. à soupe d'huile d'olive
200 g de lard fumé
20 cl de crème épaisse

Flammenküche

- Préparez la pâte à pain. Tamisez la farine avec le sel. Creusez un puits au centre, mettez-y la levure émiettée, l'huile et l'eau, puis mélangez en ramenant peu à peu la farine vers le centre. Pétrissez pendant quelques minutes jusqu'à ce que la pâte, lisse et souple, se décolle bien des doigts. Couvrez avec un linge et laissez reposer 1 h à température ambiante.
- Préparez la garniture. Épluchez les oignons et émincez-les. Faites-les fondre doucement à la poêle avec l'huile jusqu'à ce qu'ils deviennent transparents. Après avoir ôté la couenne, détaillez le lard en tranches très fines.
- Préchauffez le four à 240 °C (therm. 8).
- Divisez la pâte en deux, étalez-la le plus finement possible (elle doit être presque transparente) en deux disques (ou rectangles) et posez chacun sur une plaque recouverte de papier sulfurisé (en l'enroulant autour d'un rouleau à pâtisserie pour le soulever). Humectez le tour, relevez les bords et enroulez-les pour former un bourrelet très plat tout autour. Piquez chaque morceau de pâte avec une fourchette, étalez la moitié de la crème fraîche dessus, puis répartissez la moitié des oignons et des tranches de lard sur chaque part. Salez et poivrez. Mettez la plaque au four et faites cuire pendant 10 à 15 min.

Mini-quiches aux deux jambons

Pour 4 personnes
Préparation : 25 min
Cuisson : 25 min environ

250 g de pâte aux petits-suisses (**voir p. 30**)
1 cuill. à soupe de moutarde
1 tranche épaisse de jambon blanc (environ 150 g)
100 g de jambon fumé
3 œufs
20 cl de crème épaisse
30 g de morbier (fromage de vache franc-comtois)
Sel et poivre

▷ Étalez la pâte sur une épaisseur de 2 mm environ. Garnissez-en des moules à tartelette beurrés de 13 cm de diamètre. Piquez les fonds de pâte avec une fourchette et enduisez-les de moutarde.

▷ Préchauffez le four à 180 °C (therm. 6).

▷ Coupez le jambon blanc en dés et le jambon fumé en lanières.

▷ Dans un saladier, battez les œufs avec la crème, puis ajoutez les morceaux de jambon. Salez modérément et poivrez.

▷ Versez cette préparation dans les moules. Coupez le morbier en lamelles et répartissez celles-ci sur le dessus des tartelettes. Enfournez pour 25 min environ. Servez chaud ou tiède.

Flammenküche ▼

avec Thierry Roussillon

Aujourd'hui, je découvre en cuisinant que la délicate saveur fumée de la saucisse de Morteau se marie très bien dans une quiche avec cet autre produit de l'est de la France qu'est le comté.

Pizza à la saucisse de Morteau et au comté

Pour 6 personnes
Préparation : 20 min
Cuisson : 50 min environ

400 g de pâte à pizza prête à étaler ou 400 g de pâte à pizza maison (voir p. 37)
6 pommes de terre
3 saucisses de Morteau
25 cl de crème épaisse
2 cuill. à soupe de concentré de tomate
6 brins de ciboulette
150 g de comté
Sel et poivre

▷ Faites cuire séparément les pommes de terre et les saucisses à l'eau bouillante salée pendant 15 à 20 min environ. Égouttez et rafraîchissez les pommes de terre sous l'eau froide.

Lorsqu'elles ont bien refroidi, pèle les pommes de terre (la peau devrait se retirer facilement). Dans un bol, mélange la crème et le concentré de tomate.

▷ Préchauffez le four à 210 °C (therm. 7). Coupez les pommes de terre en tranches et émincez finement les saucisses.

Passe les brins de ciboulette sous l'eau et essuie-les avec du papier absorbant. Utilise une paire de ciseaux à bouts ronds pour les ciseler grossièrement. Tu peux aussi râper le comté, avec une petite râpe à fromage.

▷ Étalez la pâte à pizza en un rectangle de 30 × 40 cm environ. Placez celui-ci sur la plaque du four, préalablement recouverte de papier sulfurisé.

Étale sur la pâte une couche de crème à la tomate. Ranges-y les rondelles de pomme de terre et de saucisse de Morteau. Sale, poivre et saupoudre de comté râpé et de ciboulette ciselée.

▷ Enfournez pour 30 min environ. Servez chaud.

Pour 6 personnes
Préparation : 30 min
Macération de la viande : 1 nuit
Cuisson : 45 min environ

650 g de pâte à pâté (voir p. 29)
2 gousses d'ail
6 baies de genièvre
540 g d'échine de porc avec du gras
150 g de poitrine fumée
40 g de pistaches
5 brins de thym
50 g de beurre mou
400 g de carré de porc fumé désossé
1 œuf
15 cl de gelée
Sel et poivre

Pâté d'échine aux pistaches

▷ La veille, pelez et hachez l'ail. Écrasez les baies de genièvre. Coupez la viande de porc en dés. Mettez-la dans un plat avec l'ail et le genièvre. Salez, poivrez, couvrez et laissez reposer au frais pendant 1 nuit.
▷ Le jour même, hachez finement la viande et malaxez-la.
▷ Coupez la poitrine fumée en dés. Ajoutez ceux-ci à la viande et mélangez le tout avec les pistaches concassées et le thym émietté.
▷ Graissez avec le beurre un moule à cake de 22 cm de longueur.
▷ Préchauffez le four à 250 °C (therm. 8-9).
▷ Étalez 400 g de pâte à pâté sur 2,5 mm d'épaisseur environ et garnissez-en le moule.
▷ Remplissez le moule avec la moitié de la farce en la faisant remonter sur les bords. Posez dessus le carré fumé puis ajoutez le reste de farce. Tassez bien.
▷ Étalez le reste de pâte pour former un couvercle. Posez celui-ci sur la farce et soudez bien les bords de pâte. Battez l'œuf et badigeonnez-en la surface de la pâte. Formez deux cheminées.
▷ Enfournez pour 15 min, puis abaissez la température du four à 180 °C (therm. 6) et laissez cuire pendant 30 min.
▷ Sortez le moule du four et laissez tiédir.
▷ Faites chauffer doucement la gelée et versez-la dans le pâté par les cheminées. Quand le liquide ressort, mettez le pâté au réfrigérateur jusqu'au lendemain.
▷ Servez frais avec une salade et un chutney, à la mangue ou à l'oignon.

Pour 6 personnes
Préparation : 25 min
Cuisson : 45 min environ

300 g de pâte brisée préétalée
ou 300 g de pâte brisée maison (voir p. 28)
100 g d'oignons
2 cuill. à soupe d'huile d'olive
150 g de viande de porc hachée par le boucher
2 cuill. à soupe de gingembre en poudre
1/2 botte de coriandre
1 œuf
Sel et poivre

Petits chaussons de porc au gingembre

▷ À l'aide d'un emporte-pièce ou d'un verre, découpez dans la pâte brisée douze disques de 7 cm de diamètre.
▷ Pelez les oignons et émincez-les finement.
▷ Dans une sauteuse, faites chauffer l'huile à feu doux et faites-y revenir la viande hachée et les oignons pendant 15 à 20 min, jusqu'à ce que ceux-ci soient bien fondants et colorés.
▷ Égouttez la préparation et versez-la dans un plat creux. Saupoudrez de gingembre, salez et poivrez. Mélangez.
▷ Rincez la coriandre, ciselez-la et ajoutez-la au mélange.
▷ Préchauffez le four à 210 °C (therm. 7).
▷ Étalez la garniture sur les disques de pâte et repliez-les pour former des chaussons (voir p. 40). Soudez bien les bords. Battez l'œuf et badigeonnez-en le dessus des chaussons à l'aide d'un pinceau.
▷ Placez-les sur la plaque du four, préalablement recouverte de papier sulfurisé. Enfournez pour 25 min environ. Les chaussons vont dorer et gonfler légèrement à la cuisson. Servez-les bien chauds.

Pizza au jambon cru et aux artichauts

Pour 6 personnes
Préparation : 25 min
Cuisson : 30 min environ

350 g de pâte à pain fraîche (à acheter chez le boulanger) ou 350 g de pâte à pizza maison (voir p. 37)
4 fonds d'artichaut (surgelés ou en conserve)
1 grosse boîte de tomates concassées (500 g)
2 cuill. à soupe de concentré de tomate
300 g de mozzarella
6 fines tranches de jambon cru
12 olives noires
1 cuill. à soupe d'origan séché
Sel et poivre

▷ Si vous utilisez des fonds d'artichaut surgelés, faites-les cuire le temps indiqué sur l'emballage dans de l'eau citronnée, puis égouttez-les. Si vous utilisez des fonds d'artichaut en conserve, égouttez-les.
▷ Coupez les fonds d'artichaut en tranches fines.
▷ Préchauffez le four à 210 °C (therm. 7).
▷ Égouttez les tomates et mixez-les avec le concentré de tomate.
▷ Découpez la mozzarella en dés et les tranches de jambon en grosses lanières.
▷ Étalez la pâte à pain en un rectangle de 30 × 40 cm ; placez-la sur la plaque du four, préalablement recouverte de papier sulfurisé.
▷ Étalez la purée de tomate sur le rectangle de pâte, puis ajoutez les dés de mozzarella, les tranches d'artichaut, les lanières de jambon et les olives. Salez, poivrez et saupoudrez d'origan. Enfournez pour 30 min environ. Servez bien chaud.

Pizza au jambon de Parme et aux aubergines

Pour 4 à 6 personnes
Préparation : 15 min
Cuisson : 20 min environ

260 g de pâte à pizza préétalée ou 260 g de pâte à pizza maison (voir p. 37)
2 petites aubergines
2 cuill. à soupe d'huile d'olive
4 cuill. à soupe de purée de tomate
12 olives noires
100 g de mozzarella
150 g de chiffonnade de jambon de Parme
Sel et poivre

▷ Préchauffez le four à 190-200 °C (therm. 6-7).
▷ Déroulez la pâte à pizza sur une plaque à pâtisserie, préalablement recouverte de papier sulfurisé.
▷ Lavez les aubergines, retirez les extrémités, puis coupez-les en cubes. Étalez-les sur une plaque recouverte de papier sulfurisé, salez, poivrez, arrosez d'un filet d'huile et enfournez pour 5 min environ.
▷ Badigeonnez la pâte à pizza de purée de tomate. Répartissez dessus les dés d'aubergine et les olives. Arrosez d'un filet d'huile, enfournez pour 10 min environ.
▷ Ajoutez la mozzarella coupée en lamelles, puis enfournez à nouveau pour environ 5 min, jusqu'à ce que la pâte et le fromage soient bien dorés.
▷ Répartissez la chiffonnade de jambon de Parme sur la pizza juste avant de servir.

Vous pouvez également précuire les dés d'aubergine à la poêle, dans un filet d'huile, ou à la vapeur (ils seront alors plus moelleux).

Pizza au jambon cru et aux artichauts ▶

Pour 4 à 6 personnes
Préparation : 25 min
Cuisson : 40 min

250 g de pâte feuilletée préétalée
400 g de jambon blanc
2 oignons
2 tomates
2 poireaux
3 œufs
30 cl de crème liquide
Sel et poivre

Quiche bohémienne

▷ Préchauffez le four à 200 °C (therm. 6-7).
▷ Garnissez de pâte feuilletée un moule à tarte beurré de 28 cm de diamètre.
▷ Coupez le jambon en morceaux. Pelez les oignons. Lavez les tomates et coupez-les en quartiers. Épluchez les poireaux, fendez-les en deux, lavez-les, coupez-les en tronçons.
▷ Hachez ensemble le jambon, les oignons, les tomates, les poireaux.
▷ Battez les œufs avec la crème fraîche dans un saladier. Ajoutez la préparation précédente, salez, poivrez et mélangez.
▷ Versez le mélange sur la pâte. Enfournez pour 40 min. Servez tiède avec une salade de laitue.

Quiche au jambon et au brocoli

Pour 4 à 6 personnes
Préparation : 25 min
Cuisson : 55 min environ

230 g de pâte brisée préétalée
ou 230 g de pâte brisée maison
(voir p. 28)
400 g de brocolis
3 petits œufs + 1 jaune
15 cl de crème liquide
2 cuill. à soupe de lait
200 g de jambon blanc
3 cuill. à soupe de porto
80 g de mimolette râpée
Sel et poivre

▷ Détachez les bouquets de brocoli, rincez-les puis faites-les cuire à la vapeur pendant 12 à 15 min. Écrasez la moitié des brocolis à la fourchette et gardez le reste en bouquets.

▷ Dans un saladier, battez les œufs entiers et le jaune d'œuf avec la crème et le lait. Découpez le jambon en petits dés et ajoutez-les dans le saladier avec le porto. Salez, poivrez puis incorporez les brocolis écrasés et la moitié de la mimolette.

▷ Préchauffez le four à 190-200 °C (therm. 6-7).

▷ Garnissez de pâte brisée un moule à tarte de 28 cm de diamètre, préalablement recouvert de papier sulfurisé. Piquez le fond avec une fourchette. Disposez les bouquets de brocoli sur le fond de pâte puis recouvrez avec la préparation aux œufs. Saupoudrez du reste de mimolette et enfournez pour 35 à 40 min.

▷ Servez chaud ou tiède.

Quiche aux deux jambons et au chou romanesco : remplacez une partie du jambon blanc par du jambon fumé et les brocolis par des bouquets de chou romanesco.

Quiche lorraine ▶

Pour 6 personnes
Préparation : 20 min
Cuisson : 50 min environ

250 de pâte brisée préétalée
ou 250 g de pâte brisée maison (voir p. 28)
4 branches de menthe fraîche
6 tranches de jambon cru
1/2 melon
5 œufs
15 cl de lait
25 cl de crème liquide
150 g de chèvre frais
Sel et poivre

Quiche au jambon cru, au melon et à la menthe

▷ Préchauffez le four à 180 °C (therm. 6).

▷ Garnissez de pâte un moule à manqué de 26 cm de diamètre, préalablement recouvert de papier sulfurisé. Procédez à une cuisson à blanc pour pâte brisée pendant 10 min (voir p. 39).

▷ Rincez la menthe, essuyez-la, puis ciselez-la.

▷ Découpez le jambon en lanières et le melon en petits dés.

▷ Battez les œufs avec le lait, la crème, la menthe et le fromage de chèvre. Salez et poivrez. Mélangez bien.

▷ Disposez les lanières de jambon et les dés de melon sur le fond de pâte précuit et versez dessus le mélange aux œufs. Enfournez pour 35 à 40 min. Servez chaud.

Pour 6 personnes
Préparation : 40 min
Repos de la pâte : 1 h
Cuisson : 40 à 45 min

Pour la pâte brisée
125 g de beurre mou
250 g de farine
1/4 de cuill. à café de sel
10 cl d'eau environ

Pour la garniture
200 g de poitrine maigre fumée
8 œufs
50 cl de crème fraîche
Sel et poivre

Quiche lorraine

▷ Préparez la pâte. Coupez le beurre en morceaux. Tamisez la farine et le sel dans un saladier, creusez un puits au centre et mettez-y le beurre. Mélangez rapidement avec le bout des doigts pour obtenir une masse granuleuse. Versez juste assez d'eau pour pouvoir mélanger sans que la pâte devienne collante. Pétrissez-la quelques instants en l'écrasant avec la paume de la main, ramassez-la en boule et enveloppez la. Laissez reposer au frais pendant 1 h.

▷ Préparez la garniture. Après avoir ôté la couenne, coupez la poitrine en petits lardons et mettez ceux-ci dans une petite casserole. Couvrez d'eau froide, portez à ébullition à feu modéré, écumez et laissez bouillir 2 ou 3 min. Égouttez, puis faites revenir doucement ces lardons à la poêle sans les faire rissoler.

▷ Étalez la pâte et garnissez-en un moule à manqué de 28 cm de diamètre, largement beurré. Piquez le fond avec une fourchette.

▷ Préchauffez le four à 220 °C (therm. 7-8).

▷ Battez les œufs avec la crème, puis ajoutez les lardons. Salez modérément, poivrez et mélangez. Versez cette préparation dans le moule. Enfournez pour 20 min.

▷ Abaissez ensuite la température du four à 180 °C (therm. 6) et poursuivez la cuisson encore 20 à 25 min. Servez chaud.

Quiche lorraine à l'emmental : remplacez la moitié des œufs par 100 g d'emmental râpé. Fouettez pour rendre le mélange homogène et versez-le sur les lardons.

Tourte paysanne à la viande

Pour 6 personnes
Préparation : 25 min
Marinade : 1 nuit
Cuisson : 50 min environ

500 g de pâte feuilletée prête à étaler
500 g de sauté de porc (dans le filet par exemple), coupé en petits morceaux
1 oignon
1 bouquet garni
2 clous de girofle
30 cl de vin blanc sec (de type muscadet)
25 g de beurre (pour la tourtière)
1 cuill. à soupe d'huile d'olive
3 œufs
20 cl de crème liquide
6 brins de ciboulette
Sel et poivre

▷ La veille, faites mariner la viande. Mettez les morceaux de porc dans un saladier. Pelez l'oignon et émincez-le. Ajoutez-le dans le saladier avec le bouquet garni et les clous de girofle. Salez et poivrez. Arrosez de vin et couvrez d'un film alimentaire. Laissez mariner au réfrigérateur pendant 1 nuit.

▷ Le jour même, partagez la pâte feuilletée en deux morceaux et étalez-les pour obtenir deux disques de 30 cm de diamètre environ. Garnissez de l'un de ces disques une tourtière largement beurrée. Piquez le fond avec une fourchette. Mettez la tourtière et l'autre disque de pâte au réfrigérateur.

▷ Filtrez la marinade et retirez les clous de girofle et le bouquet garni.

▷ Dans une sauteuse, faites chauffer l'huile et faites-y revenir les morceaux de porc marinés pendant 10 min à feu moyen, en remuant souvent. Égouttez si nécessaire et laissez refroidir.

▷ Préchauffez le four à 200 °C (therm. 6-7).

▷ Sortez la tourtière du réfrigérateur, versez-y les morceaux de viande, recouvrez l'ensemble avec l'autre disque de pâte. Soudez bien les bords et formez une petite cheminée au centre. À l'aide d'une fourchette, dessinez des motifs géométriques sur le dessus de la tourte. Battez 1 œuf et badigeonnez-en la surface de la tourte à l'aide d'un pinceau. Enfournez pour 30 min environ.

▷ Dans un saladier, mélangez la crème et les deux derniers œufs. Salez, poivrez et ajoutez la ciboulette ciselée.

▷ Sortez la tourte du four. À l'aide d'un couteau, découpez la partie supérieure de la pâte pour « décalotter » la tourte. Versez le mélange œufs-crème dans la tourte et remettez le couvercle de pâte. Enfournez à nouveau pour 10 min. Servez bien chaud.

Tarte aux chipolatas et aux poivrons

Pour 6 personnes
Préparation : 25 min
Cuisson : 1 h environ

250 g de pâte feuilletée préétalée
1 poivron rouge
1 poivron vert
6 chipolatas
1 oignon
1 cuill. à soupe d'huile d'olive
4 œufs
20 cl de crème liquide
15 cl de lait
100 g d'emmental râpé
Sel et poivre

▷ Préchauffez le four à 180 °C (therm. 6).

▷ Garnissez de pâte un moule à manqué de 26 cm de diamètre, préalablement recouvert de papier sulfurisé. Procédez à une cuisson à blanc pour pâte feuilletée pendant 15 min (voir p. 39).

▷ Allumez le gril du four. Rincez les poivrons, coupez-les en quatre, retirez les graines, puis placez-les sous le gril 15 min environ, jusqu'à ce que la peau se boursoufle et brunisse. Laissez-les tiédir, pelez-les et coupez-les en lanières.

▷ Coupez les chipolatas en rondelles. Pelez l'oignon et émincez-le.

▷ Dans une sauteuse, faites chauffer l'huile à feu moyen et faites-y revenir l'oignon, les lanières de poivron et les rondelles de chipolata pendant 10 min. Égouttez la préparation.

▷ Dans un saladier, battez les œufs avec la crème et le lait. Salez et poivrez.

▷ Versez la préparation sur le fond de pâte précuit, en veillant à bien répartir les rondelles de chipolata, puis ajoutez le mélange aux œufs et saupoudrez d'emmental. Enfournez pour 40 min environ. Servez chaud ou tiède.

Pour 6 personnes
Préparation : 25 min
Cuisson : 1 h 10 environ

250 g de pâte feuilletée préétalée
200 g de champignons des bois mélangés (en conserve ou surgelés)
4 échalotes
300 g de jambon blanc (en tranches épaisses)
2 cuill. à soupe d'huile d'olive
30 g de beurre
1 cuill. à soupe de farine
40 cl de lait
1 pincée de noix muscade
100 g de fromage râpé
4 œufs
Sel et poivre

Tarte forestière

▷ Préchauffez le four à 180 °C (therm. 6).
▷ Garnissez de pâte un moule à tarte de 26 cm de diamètre, préalablement recouvert de papier sulfurisé. Procédez à une cuisson à blanc pour pâte feuilletée pendant 15 min (voir p. 39).
▷ Égouttez les champignons, ou faites-les décongeler, puis émincez-les.
▷ Pelez les échalotes et hachez-les. Coupez le jambon en dés.
▷ Faites chauffer l'huile dans une poêle et faites-y revenir les champignons et les échalotes pendant 10 min à feu doux. Égouttez.
▷ Préparez une sauce Béchamel. Faites fondre le beurre dans une casserole posée sur feu doux. Versez la farine et mélangez bien pendant 1 min, puis ajoutez le lait. Prolongez la cuisson pendant 5 min environ, jusqu'à ce que la sauce épaississe.
▷ Hors du feu, incorporez la muscade, le fromage et les œufs. Mixez longuement avant de rectifier l'assaisonnement en sel et en poivre. Ajoutez alors les échalotes, les champignons et les dés de jambon dans la béchamel et mélangez.
▷ Versez la préparation aux champignons sur le fond de pâte précuit et enfournez pour 40 min environ. Servez chaud.

Tourte paysanne à la viande ▶

Pour 6 personnes
Préparation : 15 min
Cuisson : 50 min environ

250 g de pâte brisée préétalée ou 250 g de pâte brisée maison (voir p. 28)
1 bocal d'oignons émincés à l'huile d'olive (250 g)
1 grosse boîte de tomates concassées (environ 500 g)
3 tranches de jambon blanc
2 douzaines d'olives noires
2 cuill. à soupe de basilic ciselé
100 g d'emmental râpé
Sel et poivre

Tarte au jambon blanc, à la tomate et au fromage

▷ Préchauffez le four à 180 °C (therm. 6).
▷ Garnissez de pâte un moule à manqué de 26 cm de diamètre, préalablement recouvert de papier sulfurisé. Procédez à une cuisson à blanc pour pâte brisée pendant 10 min (voir p. 39).
▷ Égouttez les oignons à l'huile. Versez les tomates dans une passoire et laissez-les s'égoutter.
▷ Découpez les tranches de jambon en lanières.
▷ Mélangez les tomates et les oignons et étalez-les sur le fond de pâte précuit. Disposez-y ensuite les lanières de jambon et les olives noires. Parsemez de basilic et d'emmental. Salez et poivrez. Enfournez pour 40 min environ. Servez chaud.

Si vous ne trouvez pas de bocal d'oignons émincés à l'huile, faites revenir à feu doux 250 g d'oignon cru émincé avec 2 cuill. à soupe d'huile pendant 10 à 15 min.

Petits chaussons à la viande de veau et au citron confit ▼

Pour 6 personnes
Préparation : 25 min
Cuisson : 50 min environ

250 g de pâte brisée préétalée
ou 250 g de pâte brisée maison (voir p. 28)
3 blancs de poireau
200 g de cèpes (frais ou conserve)
200 g de jambon cru (en tranches épaisses)
2 cuill. à soupe d'huile d'olive
4 œufs
30 cl de crème épaisse
1 pincée de noix muscade
Sel et poivre

Tarte au jambon cru, aux poireaux et aux cèpes

▷ Préchauffez le four à 180 °C (therm. 6).
▷ Garnissez de pâte un moule à manqué de 26 cm de diamètre, préalablement recouvert de papier sulfurisé. Procédez à une cuisson à blanc pour pâte brisée pendant 10 min (voir p. 39).
▷ Lavez les blancs de poireau et émincez-les. Nettoyez les champignons et émincez-les. Coupez le jambon en dés.
▷ Dans une sauteuse, faites chauffer l'huile à feu moyen et faites-y revenir les poireaux, les cèpes et le jambon, pendant 10 min environ. Égouttez.
▷ Battez les œufs et la crème dans un saladier. Ajoutez les poireaux, le jambon, les champignons et la muscade. Salez et poivrez. Remuez.
▷ Versez cette préparation sur le fond de pâte précuit et enfournez pour 40 min environ. Servez chaud.

veau

Pour 4 personnes
Préparation : 25 min
Repos de la pâte : 1 h
Cuisson : 25 min environ

Pour la pâte brisée aux quatre-épices
260 g de farine
1 cuill. à café de levure chimique
1 pincée de quatre-épices
80 g de beurre mou
40 g de yaourt nature brassé

Pour la garniture
1 gousse d'ail
300 g de viande de veau (épaule ou jarret)
1 rondelle de citron confit
10 à 12 olives noires dénoyautées
1 oignon
2 cuill. à soupe d'huile d'olive
1 cuill. à café de quatre-épices
1 œuf
Sel et poivre

Petits chaussons à la viande de veau et au citron confit

▷ Préparez la pâte. Versez la farine, la levure, les épices et 1 pincée de sel dans un saladier et mélangez. Creusez un puits au centre, mettez-y le beurre et le yaourt. Mélangez, pétrissez puis formez une boule. Enveloppez-la dans un linge ou dans un film alimentaire et laissez reposer 1 h environ au réfrigérateur.
▷ Préparez la garniture. Pelez la gousse d'ail. Coupez la viande en morceaux et hachez-la avec l'ail. Coupez le citron confit et les olives en dés. Pelez l'oignon et émincez-le.
▷ Dans une sauteuse, faites chauffer l'huile et faites-y revenir l'oignon. Ajoutez la viande, les épices, salez, poivrez, puis laissez cuire à feu moyen pendant 5 min. Incorporez les dés de citron et d'olive.
▷ Préchauffez le four à 180 °C (therm. 6).
▷ Étalez la pâte sur 3 mm d'épaisseur environ, puis découpez-y quatre disques. Répartissez la viande sur une moitié de chaque disque de pâte, puis rabattez l'autre moitié de pâte pour former un chausson (voir p. 40). Soudez bien les bords. Battez l'œuf et badigeonnez-en le dessus des chaussons à l'aide d'un pinceau.
▷ Déposez les chaussons sur une plaque recouverte de papier sulfurisé et enfournez pour 20 min environ, jusqu'à ce que la pâte soit bien dorée. Servez chaud.

Pour gagner du temps, vous pouvez utiliser 250 g de pâte brisée ou feuilletée préétalée.

Kidney pie

Pour 6 personnes
Préparation : 25 min
Cuisson : 55 min environ

250 g de pâte feuilletée préétalée
3 rognons de veau dégraissés
3 tranches de bacon
3 échalotes
500 g de champignons de Paris
2 cuill. à soupe d'huile de tournesol
1 bouquet garni
2 cuill. à café de sauce Worcestershire
2 cuill. à soupe de cognac
3 cuill. à soupe de crème liquide
2 œufs
Sel et poivre

▷ Rincez les rognons puis essuyez-les dans du papier absorbant. Coupez-les en petits morceaux.
▷ Découpez le bacon en lanières. Pelez et hachez les échalotes. Nettoyez les champignons et émincez-les.
▷ Dans une sauteuse, faites chauffer l'huile et faites-y dorer à feu vif les lanières de bacon, les échalotes et les morceaux de rognon pendant 5 min. Ajoutez les champignons et prolongez la cuisson 5 min. Ajoutez le bouquet garni, arrosez de sauce Worcestershire et de cognac. Laissez bouillir jusqu'à évaporation de tout le liquide.
▷ Préchauffez le four à 180 °C (therm. 6).
▷ Retirez la sauteuse du feu, ajoutez la crème et 1 œuf, puis salez et poivrez. Mélangez bien et versez la préparation dans une tourtière à rebords de 26 cm de diamètre, préalablement recouverte de papier sulfurisé. Posez dessus le disque de pâte. Soudez bien les bords de la pâte à ceux du moule et formez une petite cheminée au centre. À l'aide d'une fourchette, dessinez des motifs géométriques sur la surface de la pâte. Battez l'œuf restant et badigeonnez-en la pâte à l'aide d'un pinceau. Enfournez pour 35 à 40 min. Servez bien chaud.

Pâté berrichon

Pour 4 personnes
Préparation : 30 min
Cuisson : 1 h 30

400 g de pâte feuilletée prête à étaler
1 gros oignon
2 échalotes
60 g de beurre
300 g de veau haché (rôti ou restes divers)
100 g de chair à saucisse
6 œufs
1 cuill. à soupe de persil haché
1 cuill. à café de thym
Sel et poivre

▷ Épluchez l'oignon et les échalotes, hachez-les finement. Faites-les revenir dans le beurre, puis ajoutez le veau et la chair à saucisse. Faites dorer en écrasant le mélange à la fourchette de façon à bien amalgamer le tout, salez (modérément, car la chair est déjà salée) et poivrez. Couvrez et laissez cuire environ 20 min. Lorsque le hachis est cuit, mélangez-le avec 1 œuf, le persil et le thym.
▷ Faites cuire 4 œufs à l'eau bouillante pendant 10 min. Rafraîchissez-les sous l'eau froide, écalez-les et coupez-les en deux.
▷ Préchauffez le four à 180 °C (therm. 6).
▷ Étalez la pâte feuilletée, découpez deux disques de 20 cm de diamètre. Sur chaque moitié de disque, disposez la moitié de la farce et 2 demi-œufs. Recouvrez avec l'autre moitié de la pâte de façon à obtenir un chausson (voir p. 40). Procédez de la même façon avec l'autre disque de pâte pour obtenir un second chausson. Battez l'œuf restant et badigeonnez-en les deux chaussons à l'aide d'un pinceau. Enfournez et faites cuire pendant 1 h environ. Servez chaud, avec une salade verte par exemple.

Dans le Berry, il est de tradition de servir ces pâtés à Pâques. Les œufs de poule qui entrent dans leur composition sont parfois remplacés par des œufs de caille.

avec Béatrice Lagandré

Bricks de poulet aux saveurs d'Asie

Pour 4 personnes

4 feuilles de brick
1 oignon
250 g de blancs de poulet
2 cuill. à soupe de sauce soja
1 ou 2 cuill. à café de cinq-épices
2 cuill. à soupe d'huile d'olive
10 g de beurre
1 cuill. à soupe de graines de sésame
Sel et poivre

▷ Pelez l'oignon et coupez-le en deux.
▷ Découpez les blancs de poulet en gros morceaux et mixez ceux-ci avec l'oignon. Ajoutez au mélange la sauce soja et les épices. Salez modérément, poivrez et mélangez bien.
▷ Faites chauffer l'huile dans une poêle et faites-y revenir la préparation pendant 3 à 5 min.
▷ Préchauffez le four à 180 °C (therm. 6).
▷ Enduisez de beurre fondu les feuilles de brick, puis répartissez la viande sur une moitié de chaque feuille. Rabattez la feuille pour former un chausson (voir p. 40), enduisez à nouveau de beurre et déposez sur une plaque. Enfournez pour 15 min. Quelques minutes avant la fin de la cuisson, saupoudrez de sésame. Servez chaud.

Mini-pizzas au bacon et au jambon

Pour 4 personnes

260 g de pâte à pizza préétalée
4 cuill. à soupe de tapenade
120 g de jambon blanc (en tranche épaisse)
70 g de parmesan
1 cuill. à soupe d'huile d'olive
4 fines tranches de bacon
Sel et poivre

▷ Découpez dans la pâte à pizza quatre ronds ou quatre rectangles et disposez-les sur une plaque à pâtisserie recouverte de papier sulfurisé. Badigeonnez-les de tapenade.
▷ Préchauffez le four à 190-200 °C (therm. 6-7).
▷ Détaillez le jambon blanc en gros dés et répartissez-les sur les mini-pizzas. Ajoutez le parmesan détaillé en copeaux, salez modérément, poivrez, puis arrosez d'un filet d'huile. Enfournez pour 10 min environ.
▷ Coupez le bacon en lanières. Sortez les pizzas du four et répartissez le bacon. Remettez au four pour 5 min. Servez chaud.

Fines tourtelettes de poulet au miel et au gingembre

Pour 4 personnes

4 feuilles de brick
400 g de blancs de poulet
1 cuill. à soupe de vinaigre de riz (ou de jus de citron en flacon)
1 ou 2 cuill. à café de gingembre en poudre
2 cuill. à soupe de sauce soja
1 cuill. à soupe de miel liquide (acacia)
1 cuill. à soupe d'huile d'olive
10 g de beurre
Sel et poivre

▷ Coupez les blancs de poulet en fines lanières et mettez-les dans un plat creux.
▷ Dans un bol, mélangez le vinaigre, le gingembre, la sauce soja et le miel. Salez, poivrez, mélangez et versez sur les lanières de poulet. Recouvrez d'un film et laissez mariner au réfrigérateur pendant au moins 2 h.
▷ Préchauffez le four à 180 °C (therm. 6).
▷ Dans une sauteuse, faites chauffer l'huile à feu vif et faites-y colorer rapidement les lanières de poulet.
▷ Enduisez de beurre fondu les feuilles de brick à l'aide d'un pinceau et garnissez-en des moules à tartelette de 13 cm de diamètre en plaçant le côté beurré contre le fond. Placez au centre de chaque moule des lanières de poulet, arrosez avec un peu de marinade, puis rabattez la feuille sur le dessus. Enfournez pour 15 min environ. Servez aussitôt.

Tarte à la viande et aux oignons

Pour 4 à 6 personnes
Préparation : 25 min
Cuisson : 30 à 40 min environ

400 g de pâte brisée prête à étaler ou 400 g de pâte brisée maison (voir p. 28)
750 g d'oignons
80 g de beurre
1 œuf
20 cl de crème fraîche
1 pincée de noix muscade
200 g environ de restes de veau froid (ou de restes de poulet ou de jambon blanc)
Sel et poivre

▷ Préchauffez le four à 180 °C (therm. 6).
▷ Garnissez de pâte un moule à tarte de 28 cm de diamètre, préalablement recouvert de papier sulfurisé. Procédez à une cuisson à blanc pour pâte brisée pendant 10 min (voir p. 39).
▷ Pendant ce temps, épluchez les oignons et coupez-les finement. Faites-les cuire doucement dans une sauteuse avec 50 g de beurre pendant 15 à 20 min.
▷ Augmentez la température du four à 210 °C (therm. 7).
▷ Battez l'œuf avec la crème dans un bol, salez, poivrez et ajoutez la muscade.
▷ Versez ce mélange dans une casserole et faites-le épaissir sur feu très doux, sans ébullition, puis ajoutez-le dans la sauteuse.
▷ Coupez les restes de viande (ou de jambon) en tout petits bâtonnets. Garnissez-en le fond de pâte précuit. Versez la préparation aux oignons dessus. Parsemez de noisettes de beurre et enfournez pour 15 à 20 min. Servez bien chaud.

volaille

Croustades de foies de volaille

Pour 4 personnes
Préparation : 40 min
Cuisson : 25 min environ

250 g de pâte brisée préétalée ou 250 g de pâte brisée maison (voir p. 28)
1 œuf
350 g de foies de volaille
350 g de champignons
2 échalotes
100 g de beurre
10 cl de madère
1 truffe (facultatif)
Sel et poivre

▷ Préchauffez le four à 240 °C (therm. 8).
▷ Préparez les croustades. Découpez quatre disques de pâte et garnissez-en des moules à tartelette beurrés de 10 cm de diamètre environ. Façonnez légèrement la pâte pour qu'elle soit un peu plus épaisse en haut des moules afin qu'elle ne se rétracte pas à la cuisson.
▷ Piquez le fond des moules avec une fourchette puis recouvrez-le de papier sulfurisé. Enfournez pour 10 min. Laissez refroidir les croustades puis sortez-les de leur moule.
▷ Battez l'œuf et badigeonnez-en chaque croustade à l'aide d'un pinceau. Remettez-les 3 ou 4 min dans le four pour les faire sécher.
▷ Préparez les foies de volaille : enlevez tous les filaments, séparez les lobes, salez-les et poivrez-les.
▷ Nettoyez et coupez finement les champignons. Hachez les échalotes.
▷ Faites fondre 50 g de beurre dans une sauteuse et faites-y revenir rapidement échalotes et champignons, salez. Laissez cuire ensuite à feu doux pendant 10 min environ, sans couvrir.
▷ Dans une poêle, faites fondre le reste du beurre et faites sauter à feu vif les foies de volaille. Salez et poivrez. Égouttez-les (jetez le beurre de cuisson), puis ajoutez-les au mélange échalotes-champignons. Versez le madère et mélangez.
▷ Réchauffez les croustades, garnissez-les avec la préparation au foie de volaille et servez-les bien chaudes. On peut les décorer avec une rondelle de truffe ou un peu de truffe hachée.

Chicken pie

Pour 6 personnes
Préparation : 30 min
Cuisson : 55 min environ

250 g de pâte brisée préétalée
ou 250 g de pâte maison (voir p. 28)
600 g de blancs de poulet
4 tranches de bacon
200 g de champignons de Paris
2 oignons
5 œufs
3 cuill. à soupe d'huile de tournesol
5 cl de whisky
25 cl de crème fraîche épaisse
Sel et poivre

▷ Coupez les blancs de poulet en cubes. Coupez le bacon en lanières. Nettoyez les champignons et émincez-les. Pelez et émincez les oignons.
▷ Faites cuire 3 œufs à l'eau bouillante pendant 10 min. Rafraîchissez-les sous l'eau froide, écalez-les et coupez-les en quartiers.
▷ Dans une sauteuse, faites chauffer l'huile à feu moyen et faites-y dorer les cubes de poulet, le bacon et les oignons pendant 5 min. Ajoutez les champignons et prolongez la cuisson 5 min. Versez le whisky et faites flamber la préparation. Rectifiez l'assaisonnement.
▷ Dans un bol, mélangez la crème et 1 œuf.
▷ Préchauffez le four à 180 °C (therm. 6).
▷ Versez la préparation au poulet dans un moule à manqué beurré de 24 cm de diamètre. Ajoutez les quartiers d'œufs durs et le mélange crème-œuf. Recouvrez le tout avec de la pâte brisée en rabattant bien les bords à l'intérieur du moule. À l'aide d'une fourchette, dessinez des motifs géométriques sur le dessus de la tourte. Battez le dernier œuf et badigeonnez-en la surface de la tourte à l'aide d'un pinceau. Enfournez pour 35 à 40 min. Servez chaud.

Chicken pie ▼

Crumble de poulet aux herbes de Provence

Pour 6 personnes
Préparation : 30 min
Cuisson : 40 min environ

750 g de blancs de poulet
3 pommes de terre
3 tomates
2 oignons
3 courgettes
2 cuill. à soupe d'huile d'olive
1 bouquet garni
15 cl de bouillon de légumes
150 g de petits pois
Sel et poivre

Pour la pâte à crumble

100 g de farine
100 g de beurre mou
100 g de parmesan râpé
4 cuill. à soupe de chapelure
2 cuill. à soupe d'herbes de Provence séchées

▷ Coupez les blancs de poulet en petits dés.
▷ Épluchez les pommes de terre et coupez-les en cubes.
▷ Plongez les tomates 30 s dans de l'eau bouillante. Pelez-les, coupez-les en quartiers et épépinez-les.
▷ Pelez les oignons et émincez-les. Lavez les courgettes, retirez leurs extrémités et coupez-les en cubes.
▷ Dans une sauteuse, faites chauffer l'huile à feu vif et faites-y colorer les morceaux de volaille et les oignons. Ajoutez les cubes de pomme de terre, le bouquet garni et le bouillon de légumes. Salez, poivrez et couvrez. Baissez le feu et laissez mijoter 10 min.
▷ Ajoutez les tomates, les courgettes et les petits pois. Prolongez la cuisson pendant 5 min.
▷ Égouttez la préparation, retirez le bouquet garni et étalez-la au fond d'un moule à manqué beurré de 24 cm de diamètre.
▷ Préchauffez le four à 180 °C (therm. 6).
▷ Préparez la pâte. Dans un saladier, mélangez la farine, le beurre, le parmesan, la chapelure et les herbes. Frottez la pâte entre vos mains afin d'obtenir une texture sableuse.
▷ Répartissez cette pâte sur la préparation aux légumes. Enfournez pour 20 min environ. Servez bien chaud.

Empanadillas au confit de canard et aux cèpes

Pour 24 empanadillas
Préparation : 20 min
Cuisson : 20 min environ

500 g de pâte brisée préétalée (2 rouleaux de pâte à dérouler)
3 oignons
6 petits cèpes
2 cuill. à soupe d'huile d'olive
200 g de cuisses de canard confites et désossées en conserve
1 branche de thym séché
1 œuf
100 g de graines de sésame
Sel et poivre

▷ Déroulez les rouleaux de pâte. À l'aide d'un emporte-pièce ou d'un verre, découpez vingt-quatre disques de pâte de 4 à 6 cm de diamètre.
▷ Préchauffez le four à 200 °C (therm. 6-7).
▷ Pelez et hachez les oignons. Nettoyez les cèpes et coupez-les en petits morceaux.
▷ Faites chauffer l'huile dans une sauteuse et faites-y dorer les oignons et les champignons pendant 5 min, en remuant constamment.
▷ Effilochez la chair de canard entre vos doigts et mettez-la dans un saladier, avec la préparation aux champignons et le thym émietté. Mélangez bien, salez et poivrez.
▷ Garnissez les disques de pâte de cette farce. Refermez-les pour former de petits chaussons. Battez l'œuf et badigeonnez-en le dessus des chaussons à l'aide d'un pinceau. Saupoudrez ces derniers de graines de sésame.
▷ Déposez les empanadillas sur la plaque du four préalablement recouverte de papier sulfurisé. Enfournez pour 15 min (il faut que les empanadillas soient bien dorées). Servez chaud.

Pour 6 personnes
Préparation : 25 min
Cuisson : 55 min environ

250 g de pâte feuilletée préétalée
300 g de blancs de pintade
150 g de foies de volaille
250 g de champignons de Paris
1 échalote
1 gousse d'ail
50 g de beurre
2 cuill. à soupe d'huile
2 cuill. à soupe de porto ou de cognac
2 œufs
Quelques brins de persil ciselés
25 cl de crème liquide
10 à 12 noix
Sel et poivre

Tarte à la pintade, aux foies de volaille et aux champignons

▷ Coupez les blancs de pintade en dés. Nettoyez les foies de volaille puis coupez-les en tout petits dés. Nettoyez les champignons et émincez-les. Pelez et hachez l'échalote et l'ail.

▷ Préchauffez le four à 180 °C (therm. 6).

▷ Garnissez de pâte un moule à tarte de 28 cm de diamètre, préalablement recouvert de papier sulfurisé. Procédez à une cuisson à blanc pour pâte feuilletée pendant 15 min (voir p. 39).

▷ Pendant ce temps, faites chauffer 10 g de beurre et l'huile dans une poêle et faites-y suer l'échalote. Ajoutez les champignons et laissez cuire environ 10 min à feu moyen, en remuant régulièrement. Versez ce mélange dans un grand saladier.

▷ Faites chauffer 20 g de beurre dans la même poêle et ajoutez les foies de volaille et l'ail. Laissez cuire 2 min à feu vif, puis versez l'alcool et poursuivez la cuisson 3 min. Versez le tout dans le saladier.

▷ Chauffez le reste de beurre et faites revenir rapidement les dés de pintade. Ajoutez-les aux autres ingrédients et mélangez.

▷ Ajoutez les œufs battus, le persil et la crème. Cassez les noix, concassez-les grossièrement et mettez-les dans le saladier, puis rectifiez l'assaisonnement.

▷ Versez la préparation sur le fond de pâte précuit, recouvrez d'une feuille d'aluminium pour éviter le dessèchement et enfournez pour 25 min environ.

Tourte à la pintade, aux foies de volaille et aux champignons : recouvrez la tarte d'un disque de pâte feuilletée de même taille pour former une tourte. Soudez bien les bords, formez une petite cheminée au centre et dorez la pâte à l'œuf avant d'enfourner.

Empanadillas au confit de canard et aux cèpes ▶

Pastilla marocaine

Pour 4 à 6 personnes
Préparation : 30 min
Cuisson : 1 h 30 environ

9 feuilles de brick
3 oignons
2 gousses d'ail
6 cuisses de poulet
125 g de beurre
40 cl de bouillon
1 cuill. à café de cannelle, de cumin, de gingembre et de safran en poudre
100 g d'amandes mondées
3 œufs
2 cuill. à soupe de miel liquide
3 cuill. à soupe de jus de citron
3 cuill. à soupe de coriandre ciselée
3 cuill. à soupe de persil plat ciselé
1/2 cuill. à soupe de sucre glace
6 pincées de cannelle en poudre
Sel et poivre

▷ Pelez et coupez les oignons en fines rondelles. Pelez et hachez les gousses d'ail.
▷ Dans une sauteuse, faites dorer les cuisses de poulet dans 25 g de beurre. Retirez-les, remplacez-les par les oignons. Laissez cuire 10 min en remuant de temps en temps. Retirez les oignons.
▷ Remettez les cuisses de poulet dans la sauteuse avec le bouillon, l'ail et les épices. Salez, poivrez, couvrez et laissez mijoter 40 min.
▷ Faites dorer les amandes dans une poêle, en remuant souvent. Laissez-les refroidir, concassez-les.
▷ Retirez les cuisses de la sauteuse, enlevez la peau, désossez-les et coupez la chair en lanières. Battez les œufs en omelette avec le miel.
▷ Filtrez et faites réduire le bouillon avec le jus de citron, pour n'avoir plus que 10 cl de liquide. Ajoutez le mélange aux œufs. Laissez la sauteuse sur feu doux. Remuez jusqu'à obtenir une crème onctueuse. Ajoutez alors la chair de poulet, les oignons, les amandes, la coriandre et le persil.
▷ Préchauffez le four à 180 °C (therm. 6).
▷ Faites fondre le reste de beurre et badigeonnez-en les feuilles de brick. Étalez-en quatre dans un moule à manqué beurré en les laissant déborder tout autour. Versez dessus la préparation au poulet. Rabattez les feuilles sur la garniture.
▷ Couvrez avec les cinq feuilles restantes en rabattant bien les bords à l'intérieur du moule. Badigeonnez du reste de beurre. Enfournez pour 20 à 25 min.
▷ À la sortie du four, saupoudrez la pastilla de bandes de sucre glace, striées de cannelle, et servez.

Pastilla marocaine ▶

Pour 6 personnes
Préparation : 25 min
Cuisson : 55 min environ

500 g de pâte feuilletée préétalée (2 rouleaux de pâte à dérouler)
2 magrets de canard de 300 g environ
3 figues sèches
4 oignons
1 cuill. à soupe de farine
5 cl de banyuls
2 cuill. à soupe de romarin
1 œuf
Sel et poivre

Tourte au magret de canard et aux figues sèches

▷ À l'aide d'un couteau, entaillez légèrement la peau des magrets en « dessinant » des croisillons.
▷ Déposez-les dans une poêle bien chaude et faites-les revenir à feu vif, côté peau, pendant 5 min. Baissez le feu au minimum et prolongez la cuisson 15 min. Videz la graisse obtenue dans un bol et détaillez les magrets en fines lamelles.
▷ Coupez les figues sèches en petits dés. Pelez les oignons et émincez-les.
▷ Dans une sauteuse, versez un peu de graisse de canard et faites-y revenir les oignons et les figues pendant 5 min. Saupoudrez de farine, mélangez et versez le banyuls. Faites cuire 5 min encore.
▷ Préchauffez le four à 180 °C (therm. 6).
▷ Garnissez de pâte feuilletée un moule à tarte beurré de 28 cm de diamètre. Piquez le fond de pâte avec une fourchette. Versez le mélange figues-oignons, disposez les lamelles de magret, salez, poivrez et saupoudrez de romarin.
▷ Recouvrez l'ensemble avec l'autre morceau de pâte. Soudez bien les bords et formez une petite cheminée au centre. À l'aide d'une fourchette, dessinez des motifs géométriques sur le dessus de la tourte. Battez l'œuf et badigeonnez-en la surface de la tourte à l'aide d'un pinceau. Enfournez pour 30 min environ. Servez chaud.

Pour 6 personnes
Préparation : 20 min
Cuisson : 30 min environ

500 g de pâte feuilletée préétalée (2 rouleaux de pâte à dérouler)
200 g de tranches de magret de canard fumé
2 pommes (type golden)
200 g de fromage de chèvre frais
1 cuill. à soupe de thym émietté
1 cuill. à soupe de miel de pin
1 œuf
Sel et poivre

Feuilletés de magret de canard aux pommes et au chèvre frais

▷ À l'aide d'un emporte-pièce ou d'un bol, découpez dans la pâte feuilletée douze disques de 10 à 12 cm de diamètre. Piquez-les avec une fourchette et glissez-les au réfrigérateur.
▷ Coupez en lanières les tranches de magret. Pelez les pommes, épépinez-les et coupez-les en dés.
▷ Dans un saladier, mélangez le fromage de chèvre, les morceaux de magret, les dés de pomme, le thym et le miel.
▷ Préchauffez le four à 180 °C (therm. 6).
▷ Sortez les disques de pâte du réfrigérateur et garnissez-les de farce. Repliez-les pour former des chaussons (voir p. 40) et soudez bien les bords. Placez les feuilletés sur la plaque du four recouverte de papier sulfurisé. Battez l'œuf avec un peu d'eau et badigeonnez-en le dessus des feuilletés à l'aide d'un pinceau. Enfournez pour 30 min environ. Servez aussitôt.

Tarte fine au boudin blanc et aux mirabelles

Pour 4 personnes

4 feuilles de brick
50 g de beurre demi-sel
400 g de mirabelles surgelées
4 boudins blancs (surgelés ou sous vide)
Sel et poivre

▷ Faites fondre 20 g de beurre et badigeonnez-en les feuilles de brick à l'aide d'un pinceau.
▷ Avec un couteau, découpez un grand cercle en suivant le contour d'un moule de 24 cm de diamètre retourné sur les feuilles de brick superposées. Disposez le cercle sur une plaque recouverte de papier sulfurisé.
▷ Préchauffez le four à 180 °C (therm. 6).
▷ Faites décongeler les mirabelles comme indiqué sur l'emballage.
▷ Faites fondre le reste de beurre dans une poêle et ajoutez les mirabelles. Salez, poivrez et laissez cuire pendant 10 min environ à feu doux, en remuant de temps en temps.
▷ Pendant ce temps, faites cuire les boudins : piquez-les et placez-les sur la grille du four pour 10 min environ.
▷ Coupez-les en rondelles et répartissez-les sur les feuilles de brick en les alternant avec les mirabelles. Enfournez pour 12 à 15 min. Servez aussitôt.

Tarte feuilletée aux boudins et aux mirabelles : remplacez les feuilles de brick par 230 g de pâte feuilletée. Laissez cuire les mirabelles 5 min seulement et utilisez les rondelles de boudin sans les précuire. Faites cuire la tarte environ 25 min.

Fines tourtelettes aux gésiers confits et aux champignons

Pour 4 personnes

4 feuilles de pâte filo
10 g de beurre
2 cuill. à soupe d'huile neutre
1 échalote
400 g de mélange de champignons (surgelés)
200 g de gésiers de volaille confits
Sel et poivre

▷ À l'aide d'un pinceau, beurrez les feuilles de pâte filo sur chaque face, pliez-les en quatre et disposez-les dans quatre moules à tartelette de 13 cm de diamètre.
▷ Préchauffez le four à 180 °C (therm. 6).
▷ Pelez l'échalote et émincez-la.
▷ Faites chauffer l'huile dans une sauteuse et faites-y revenir l'échalote. Ajoutez les champignons et laissez cuire pendant le temps indiqué sur l'emballage (de 6 à 8 min environ).
▷ Coupez les gésiers confits en petits dés et ajoutez-les dans la sauteuse. Salez, poivrez et mélangez bien.
▷ Répartissez la préparation entre les quatre moules, puis rabattez les feuilles sur la garniture. Enfournez pour 12 à 15 min, jusqu'à ce que la pâte soit bien dorée. Servez chaud.

Pour 6 personnes
Préparation : 30 min
Marinade : 3 ou 4 h
Cuisson : 1 h environ

600 g de pâte brisée prête à étaler ou 600 g de pâte brisée maison (voir p. 28)
1 tranche de jambon de 5 mm d'épaisseur
2 oignons
6 brins de ciboulette
300 g de viande de veau hachée
300 g de viande de porc hachée
300 g de blanc de poulet haché
1 cuill. à café de thym séché
10 cl de vin blanc sec
3 œufs
30 g de beurre pour le moule
Sel et poivre

Pâté en croûte

▷ Coupez la tranche de jambon en dés. Pelez et hachez les oignons. Rincez la ciboulette et ciselez-la.

▷ Dans un saladier, mélangez les viandes hachées avec les dés de jambon, les oignons, le thym et la ciboulette. Arrosez de vin blanc, salez et poivrez. Laissez mariner 3 ou 4 h au réfrigérateur.

▷ Préchauffez le four à 180 °C (therm. 6).

▷ Égouttez la préparation marinée et incorporez-y 2 œufs en malaxant.

▷ Étalez la pâte sur 1 cm d'épaisseur et garnissez-en un moule à cake de 28 cm de longueur, largement beurré. Laissez dépasser la pâte sur les bords.

▷ Versez la préparation dans la terrine et rabattez les bords de pâte. Battez le dernier œuf et badigeonnez-en la surface. Enfournez pour 1 h environ.

▷ À mi-cuisson, posez une feuille d'aluminium sur la terrine pour éviter que la surface du pâté ne noircisse.

Vous pouvez aussi préparer cette recette avec une pâte à pâté (voir p. 29).

Pâté en croûte ▶

Pour 4 à 6 personnes
Préparation : 20 min
Cuisson : 50 min environ

250 g de pâte brisée préétalée
ou 250 g de pâte brisée maison (voir p. 28)
600 g de blancs de poulet
2 tiges de citronnelle
1 cuill. à soupe d'huile d'olive
150 g de petits pois
15 cl de lait de coco
1/2 bouquet de coriandre
3 œufs
15 cl de crème liquide
1 cuill. à café de gingembre en poudre
Sel et poivre

Quiche au poulet, au lait de coco et à la citronnelle

▷ Préchauffez le four à 180 °C (therm. 6).
▷ Garnissez de pâte un moule à manqué de 26 cm de diamètre, préalablement recouvert de papier sulfurisé. Procédez à une cuisson à blanc pour pâte brisée pendant 10 min (voir p. 39).
▷ Découpez les blancs de poulet en lanières.
▷ Rincez et hachez les tiges de citronnelle.
▷ Dans une sauteuse, faites chauffer l'huile à feu moyen et faites-y dorer les lanières de poulet. Ajoutez les petits pois, couvrez d'eau à hauteur des ingrédients, salez, poivrez et faites cuire à couvert pendant 10 min. Égouttez.
▷ Dans une petite casserole, faites chauffer à feu doux le lait de coco et la citronnelle pendant 5 min.
▷ Filtrez le lait de coco à la citronnelle. Rincez et ciselez la coriandre.
▷ Dans un saladier, mélangez les œufs, le lait de coco parfumé et la crème. Ajoutez la préparation au poulet, ainsi que la coriandre et le gingembre. Rectifiez l'assaisonnement.
▷ Versez sur le fond de pâte précuit et enfournez pour 40 min. Servez chaud.

Pizza au poulet et au curry ▼

Pour 6 personnes
Préparation : 15 min
Cuisson : 50 min environ

300 g de pâte à pizza prête à étaler ou 300 g de pâte à pizza maison (voir p. 37)
600 g de blancs de poulet
300 g d'oignons
1 grosse boîte de tomates concassées (environ 500 g)
2 cuill. à soupe d'huile d'arachide
1 cuill. à soupe de pâte de curry
2 cuill. à soupe de concentré de tomate
2 cuill. à soupe de coriandre ciselée
100 g d'emmental râpé
Sel et poivre

Pizza au poulet et au curry

▷ Étalez la pâte sur 3 à 5 mm d'épaisseur et déposez-la sur la plaque du four recouverte de papier sulfurisé.
▷ Découpez les blancs de poulet en lanières. Pelez les oignons et émincez-les. Versez les tomates dans une passoire et laissez-les s'égoutter.
▷ Préchauffez le four à 210 °C (therm. 7).
▷ Dans une sauteuse, faites chauffer à feu moyen l'huile. Faites-y revenir les oignons et les lanières de poulet. À coloration, ajoutez la pâte de curry et les tomates puis prolongez la cuisson 10 min. Égouttez la préparation et ajoutez-y le concentré de tomate. Salez, poivrez et mélangez.
▷ Étalez ce mélange sur la pâte à pizza. Parsemez de la moitié de la coriandre et d'emmental. Enfournez pour 30 min environ. À la sortie du four, ajoutez le reste de coriandre et servez aussitôt.

Pour 4 à 6 personnes
Préparation : 30 min
Repos de la pâte : 1 h
Cuisson : 50 min environ

Pour la pâte brisée aux noix
20 g de cerneaux de noix
135 g de farine
60 g de beurre mou

Pour la garniture
400 g de blancs de poulet
1 oignon
1 tranche de potiron d'environ 500 g
3 cuill. à soupe d'huile d'olive
1 ou 2 cuill. à soupe de miel liquide (toutes fleurs)
2 cuill. à soupe de vinaigre balsamique
12 cl de bouillon de volaille
Sel et poivre

Pour la pâte à crumble
50 g de farine
70 g de beurre mou
50 g de pistaches non salées
50 g de cerneaux de noix

Tarte au poulet, au potiron et au miel façon crumble

▷ Préparez la pâte brisée. Concassez très finement les cerneaux de noix. Versez la farine dans un saladier et mélangez avec les noix et du sel. Ajoutez le beurre coupé en dés, mélangez puis pétrissez en ajoutant un peu d'eau. Formez une boule, enveloppez-la dans un linge ou dans un film alimentaire et laissez reposer 1 h environ au frais.
▷ Préparez la garniture. Détaillez les blancs de poulet en lanières. Pelez et émincez l'oignon. Pelez le potiron et coupez la chair en petits dés.
▷ Dans une sauteuse, faites chauffer à feu moyen 2 cuill. à soupe d'huile et faites-y suer l'oignon. Ajoutez les lanières de poulet et faites cuire à feu vif, en remuant, jusqu'à ce qu'elles soient juste colorées.
▷ Faites chauffer le reste d'huile dans une petite poêle et faites-y revenir les dés de potiron 10 min environ.
▷ Ajoutez-les dans la sauteuse, versez le miel, le vinaigre et le bouillon. Salez, poivrez et laissez mijoter environ 5 min, jusqu'à ce que le potiron soit tendre.
▷ Préchauffez le four à 180 °C (therm. 6).
▷ Étalez la pâte sur 2 mm d'épaisseur environ et garnissez-en un moule à tarte de 24 cm de diamètre, préalablement recouvert de papier sulfurisé. Procédez à une cuisson à blanc pour pâte brisée pendant 10 min (voir p. 39).
▷ Préparez la pâte à crumble. Mélangez la farine avec le beurre et les fruits secs mixés ou concassés très finement. Salez et mélangez du bout des doigts pour obtenir un mélange grossier.
▷ Répartissez la préparation au poulet dans le moule. Parsemez dessus la pâte à crumble. Enfournez pour 25 min environ. Servez chaud.

Pour 4 personnes
Préparation : 25 min
Cuisson : 35 min

4 feuilles de pâte filo
450 g de filets de dinde ou de poulet
1 cuill. à soupe de tapenade verte
2 blancs de poireau
1 belle tomate bien mûre
1 cuill. à soupe d'huile d'olive
30 g de beurre
1 cuill. à soupe de pignons de pin
Sel et poivre

Fine tourte de volaille à la tapenade

▷ Coupez tous les filets de volaille en lanières et disposez-les dans un plat. Ajoutez la tapenade, mélangez et laissez mariner pendant la préparation des légumes.
▷ Lavez les blancs de poireau, coupez-les en tronçons de 3 cm environ puis recoupez chaque tronçon en fins bâtonnets. Pelez la tomate et coupez-la en quartiers.
▷ Faites chauffer l'huile et 20 g de beurre dans une sauteuse et faites-y revenir les poireaux pendant 5 min, en remuant de temps en temps. Ajoutez les morceaux de tomate et poursuivez la cuisson de 8 à 10 min à feu moyen. Salez et poivrez, augmentez le feu et ajoutez les pignons et les lanières de volaille. Faites revenir à feu assez vif, jusqu'à ce que celles-ci soient bien colorées.
▷ Préchauffez le four à 170-180 °C (therm. 5-6).
▷ Badigeonnez les feuilles de pâte filo avec le reste de beurre puis tapissez avec deux feuilles un moule à tarte de 24 cm de diamètre. Répartissez la garniture puis recouvrez avec les deux autres feuilles. Rabattez les bords dans le moule, puis enfournez pour 20 min environ, jusqu'à ce que la tourte soit dorée.

Utilisez des « sot-l'y-laisse » de dinde (vendus au rayon frais) ; ils sont économiques et très savoureux.
Mini-tourtes de volaille : pliez chaque feuille de pâte filo en deux et disposez-la dans un moule à tartelette de 12 cm de diamètre environ. Répartissez la garniture puis rabattez la feuille par-dessus.

Pour 4 personnes
Préparation : 20 min
Cuisson : 50 min

250 g de pâte brisée préétalée
ou 250 g de pâte brisée maison
(voir p. 28)
300 g de blancs de dinde
300 g de mousserons
(ou de champignons de Paris)
4 échalotes
2 gousses d'ail
20 g de beurre
1 cuill. à soupe d'huile
1 petit bouquet d'origan frais
1 cuill. à soupe d'herbes de Provence
3 belles tomates
2 cuill. à café de sucre
3 cuill. à soupe de tapenade noire
toute prête ou maison (voir p. 49)
Sel et poivre

Tarte à la dinde et aux mousserons

▷ Coupez les blancs de dinde en dés.
▷ Nettoyez les champignons. Pelez et hachez les échalotes et les gousses d'ail.
▷ Dans une sauteuse, faites rissoler les dés de dinde dans le beurre pendant 5 min. Salez et poivrez. Réservez.
▷ Faites chauffer l'huile à feu moyen dans la même sauteuse, ajoutez l'échalote et l'ail puis laissez cuire 5 min, en remuant souvent. Ajoutez les champignons, faites-les sauter jusqu'à évaporation de leur eau de végétation. Ajoutez les dés de dinde, la moitié de l'origan effeuillé et les herbes de Provence, mélangez et réservez.
▷ Préchauffez le four à 180 °C (therm. 6).
▷ Plongez les tomates 30 s dans de l'eau bouillante. Pelez-les, coupez-les en quatre et épépinez-les. Faites-leur rendre leur eau dans la sauteuse, sans mettre de matière grasse. Ajoutez le sucre en fin de cuisson. Salez et poivrez.
▷ Garnissez de pâte un moule à tarte de 26 cm de diamètre, préalablement recouvert de papier sulfurisé. Piquez le fond avec une fourchette. Étalez la tapenade puis la préparation aux champignons et les morceaux de tomate. Enfournez pour 35 min environ. Parsemez du reste d'origan. Servez aussitôt.

Tarte à la dinde et aux mousserons ▶

Pour 6 personnes
Préparation : 20 min
Cuisson : 55 min environ

500 g de pâte feuilletée préétalée (2 rouleaux de pâte à dérouler)
300 g de blancs de dinde
2 oignons
2 cuill. à soupe d'huile de tournesol
100 g de lardons fumés
30 cl de crème liquide
250 g de fromage frais à l'ail et aux fines herbes
5 œufs
Sel et poivre

Tourte à la dinde, au fromage frais « ail et fines herbes »

- Coupez les blancs de dinde en lanières. Pelez les oignons et émincez-les.
- Dans une sauteuse, faites chauffer l'huile à feu moyen et faites-y revenir les lardons, les oignons et les lanières de dinde, jusqu'à ce qu'elles soient bien dorées.
- Dans une petite casserole, faites chauffer à feu doux la crème et le fromage pendant 5 min environ, en remuant souvent.
- Égouttez le contenu de la sauteuse et mettez-le dans un saladier. Salez et poivrez.
- Hors du feu, ajoutez 4 œufs à la préparation au fromage, mélangez, puis versez le tout dans le saladier. Mélangez encore.
- Préchauffez le four à 200 °C (therm. 6-7).
- Garnissez avec un disque de pâte feuilletée une tourtière beurrée de 24 cm de diamètre. Étalez dessus le contenu du saladier et recouvrez l'ensemble avec l'autre morceau de pâte. Soudez bien les bords et formez une petite cheminée au centre. À l'aide d'une fourchette, dessinez des motifs géométriques sur le dessus de la tourte. Battez le dernier œuf et badigeonnez-en la surface de la tourte à l'aide d'un pinceau. Enfournez pour 40 min environ. Servez bien chaud.

Pour 8 personnes
(24 pièces)
Préparation : 20 min
Cuisson : 1 h 30

12 feuilles de brick
2 aubergines moyennes
1/2 citron
1 petit bocal de tomates séchées à l'huile
200 g de feta
1/2 bouquet de coriandre
3 cuill. à soupe d'huile d'olive
3 escalopes de poulet
Sel et poivre

Mini-triangles de brick au poulet, au caviar d'aubergine et à la feta

▷ Préchauffez le four à 200 °C (therm. 6-7).

▷ Piquez les aubergines avec la pointe d'un couteau et mettez-les dans un plat. Enfournez-les pour 1 h. Laissez-les refroidir, coupez-les en deux et récupérez la chair à l'aide d'une petite cuillère. Mettez la chair dans un saladier, ajoutez-y le jus de citron, salez, poivrez et mélangez délicatement.

▷ Égouttez les tomates séchées puis concassez-les grossièrement à l'aide d'un couteau. Émiettez la feta. Rincez la coriandre et ciselez-la.

▷ Versez 1 cuill. à soupe d'huile dans une poêle et faites-y cuire les escalopes de poulet pendant 5 min de chaque côté. Égouttez-les et coupez-les en dés.

▷ Incorporez au caviar d'aubergine les tomates séchées, la feta, la coriandre et les dés de poulet. Goûtez et rectifiez l'assaisonnement.

▷ Préchauffez de nouveau le four à 200 °C (therm. 6-7).

▷ Coupez les feuilles de brick en deux. Garnissez-les du mélange précédent et repliez-les pour former des petits triangles (voir p. 43). Badigeonnez-les d'huile d'olive puis enfournez-les pour 10 à 15 min. Servez aussitôt.

Mini-triangles de brick au poulet, au caviar d'aubergine et à la feta ▶

Pour 6 personnes
Préparation : 25 min
Cuisson : 45 min

500 g de pâte feuilletée préétalée (2 rouleaux de pâte à dérouler)
50 g de raisins secs
1 citron non traité
4 pêches
30 g de beurre
1 cuill. à soupe de miel liquide (toutes fleurs)
500 g de filets de canard
1 cuill. à soupe d'huile d'olive
1 pincée de quatre-épices
1 œuf
Sel et poivre

Tourte au canard et aux pêches

▷ Faites tremper les raisins secs dans un peu d'eau tiède pendant la préparation des fruits et de la viande.
▷ Prélevez le zeste du citron. Pelez les pêches, dénoyautez-les puis coupez la chair en dés.
▷ Faites chauffer le beurre dans une poêle et faites-y revenir les dés de pêche pendant 5 min à feu doux. Salez, poivrez, ajoutez le miel et mélangez.
▷ Découpez les filets de canard en morceaux de 2 cm de côté environ et faites-les juste colorer dans l'huile.
▷ Hachez-les au couteau avec les épices et le zeste de citron. Salez, poivrez, puis ajoutez les dés de pêche et les raisins égouttés. Mélangez.
▷ Préchauffez le four à 180 °C (therm. 6).
▷ Disposez un premier disque de pâte sur une plaque recouverte de papier sulfurisé. Piquez-le avec une fourchette puis étalez la préparation au canard, en laissant une marge tout autour. Recouvrez l'ensemble avec l'autre morceau de pâte. Soudez bien les bords et formez une petite cheminée au centre. Battez l'œuf et badigeonnez-en la surface de la tourte à l'aide d'un pinceau. Enfournez pour 40 min environ. Servez chaud.

Si vous préparez vous-même la pâte feuilletée, parfumez-la avec 1 cuill. à café de quatre-épices avant de l'étaler.

foie gras

Pour 6 personnes
Préparation : 25 min
Cuisson : 55 min environ

250 g de pâte brisée préétalée ou 250 g de pâte brisée maison (voir p. 28)
200 g de girolles
2 cuill. à soupe d'huile d'olive
200 g de bloc de foie gras mi-cuit
4 œufs
25 cl de lait
25 cl de crème liquide
Sel et poivre

Quiche au foie gras et aux girolles

▷ Préchauffez le four à 180 °C (therm. 6).
▷ Garnissez de pâte un moule à manqué de 26 cm de diamètre, préalablement recouvert de papier sulfurisé. Procédez à une cuisson à blanc pour pâte brisée pendant 10 min (voir p. 39).
▷ Rincez les girolles et essuyez-les délicatement dans un linge humide. Coupez-les en morceaux.
▷ Dans une sauteuse, faites chauffer l'huile et faites-y revenir les champignons pendant 10 min à feu moyen. Salez et poivrez. Égouttez-les.
▷ Découpez le foie gras en petits dés.
▷ Battez les œufs dans un saladier avec le lait et la crème. Ajoutez le foie gras et les girolles. Salez, poivrez et mélangez.
▷ Versez la préparation sur le fond de pâte précuit et enfournez pour 40 min environ. Servez chaud.

Autour du foie gras

La plupart du temps, nous savourons le foie gras lors des grandes occasions, découpé en escalopes puis poêlé, ou simplement accompagné de tranches de pain légèrement toastées. Mais le foie gras peut aussi être préparé en terrine ou être intégré dans la garniture d'une quiche, ou d'une tarte, qu'il anoblira par sa présence. Il faut le choisir cuit s'il s'agit de compléter une garniture à froid, mais cru ou mi-cuit si la recettre prévoit un passage au four.

Quiche au foie gras et aux châtaignes

Pour 6 personnes
Préparation : 25 min
Cuisson : 45 min

250 g de pâte feuilletée préétalée
200 g de châtaignes cuites (en conserve)
150 g de foie gras cru
3 œufs
15 cl de lait
15 cl de crème liquide
Sel et poivre

▷ Préchauffez le four à 180 °C (therm. 6).
▷ Garnissez de pâte un moule à tarte de 26 cm de diamètre, préalablement recouvert de papier sulfurisé. Procédez à une cuisson à blanc pour pâte feuilletée pendant 15 min (voir p. 39).
▷ Égouttez les châtaignes et concassez-les.
▷ Coupez le foie gras en cubes.
▷ Dans un saladier, mélangez les œufs, le lait et la crème. Salez et poivrez.
▷ Disposez les châtaignes et les cubes de foie gras sur le fond de pâte précuit. Versez le mélange aux œufs et enfournez pour 25 à 30 min environ. Servez chaud.

Vous trouverez aussi du foie gras dans les recettes suivantes :

- **Quiche au foie gras et aux girolles p. 167**
- **Bouchées au foie gras et aux huîtres p. 170**
- **Petits croustillants au foie gras et aux figues fraîches p. 170**

Pour 10 bouchées
Préparation : 1 h 15
Réfrigération : 30 min
Cuisson : 20 min environ

1 kg de pâte feuilletée prête à étaler
1 œuf
10 huîtres
150 g de foie gras cuit ou mi-cuit
Poivre blanc

Bouchées au foie gras et aux huîtres

▷ Préparez les bouchées. Étalez la pâte feuilletée sur 5 mm d'épaisseur environ. À l'aide d'un emporte-pièce rond et cannelé de 8 à 10 cm de diamètre, découpez vingt disques de pâte.
▷ Sur la plaque du four humidifiée, posez dix disques, en les retournant pour que les bords un peu obliques ne se rétractent pas à la cuisson. Battez l'œuf et badigeonnez-en la surface des disques à l'aide d'un pinceau.
▷ À l'aide d'un emporte-pièce rond uni de 7 à 9 cm de diamètre, découpez le centre des dix autres disques pour obtenir des couronnes. Placez ces dix couronnes sur les dix disques, en superposant bien les bords extérieurs.
▷ Mettez la plaque au réfrigérateur pendant 30 min.
▷ Préchauffez le four à 180 °C (therm. 6).
▷ Sortez la plaque du réfrigérateur et enfournez-la pour 12 à 15 min.
▷ Avec la pointe d'un couteau, détachez avec précaution le couvercle de chaque bouchée et retirez éventuellement l'excédent de pâte molle resté à l'intérieur.
▷ Préchauffez le four à 250 °C (therm. 8-9).
▷ Ouvrez les huîtres et retirez-les de leur coquille.
▷ Enfournez les bouchées pendant 5 min pour les réchauffer.
▷ Coupez le foie gras en dix carrés. Placez 1 carré de foie gras dans chaque bouchée puis posez dessus 1 huître crue. Poivrez et servez aussitôt.

Pour gagner du temps, vous pouvez utiliser des bouchées de pâte feuilletée toutes prêtes vendues en supermarché.

Pour 4 personnes
Préparation : 15 min
Cuisson : 25 min environ

4 feuilles de brick
6 belles figues bien mûres
40 g de beurre
1 pincée de gingembre en poudre (facultatif)
4 fines tranches (35 à 40 g) de foie gras cru
Sel et poivre

Petits croustillants au foie gras et aux figues fraîches

▷ Nettoyez les figues et coupez-les en morceaux.
▷ Faites chauffer 20 g de beurre dans une poêle. Lorsqu'il mousse, ajoutez les figues et éventuellement le gingembre, salez, poivrez et laissez cuire 10 min environ, en ajoutant un peu d'eau si nécessaire. Les figues doivent être compotées.
▷ Préchauffez le four à 180 °C (therm. 6).
▷ Détaillez les tranches de foie gras en dés ou en lanières.
▷ À l'aide d'un pinceau, badigeonnez les feuilles de brick de beurre fondu, pliez-les en deux et répartissez la compotée de figue au centre de chaque feuille.
▷ Recouvrez de morceaux de foie gras, salez, poivrez et repliez la feuille en deux puis rabattez les extrémités sous la garniture pour former un rectangle. Enfournez pour 12 à 15 min, jusqu'à ce que les croustillants soient dorés. Servez chaud, avec une salade de mesclun, par exemple.

Petits croustillants au foie gras et aux pommes : lorsque ce n'est pas la saison des figues, vous pouvez préparer ces croustillants avec une compotée de pomme (type reinette).

Tout *fromage*

bleu d'Auvergne

Pour 4 à 6 personnes
Préparation : 15 min
Cuisson : 1 h environ

250 g de pâte brisée préétalée
ou 250 g de pâte brisée maison
(voir p. 28)
2 tranches épaisses (1 cm d'épaisseur)
de jambon fumé
50 g de beurre
2 cuill. à soupe de farine
30 cl de lait
250 g de bleu d'Auvergne
2 œufs
Sel et poivre

Quiche au bleu d'Auvergne et au jambon fumé

- ▷ Préchauffez le four à 180 °C (therm. 6).
- ▷ Garnissez de pâte un moule à manqué de 26 cm de diamètre, préalablement recouvert de papier sulfurisé. Procédez à une cuisson à blanc pour pâte brisée pendant 10 min (voir p. 39).
- ▷ Découpez les tranches de jambon en petits cubes et faites-les revenir à sec et à feu vif dans une poêle à revêtement antiadhésif pendant 3 à 5 min.
- ▷ Préparez une béchamel. Dans une casserole, faites fondre le beurre. Saupoudrez-le de farine et mélangez bien jusqu'à obtenir un début de coloration. Versez le lait petit à petit sans cesser de mélanger et prolongez la cuisson pendant 10 min environ, jusqu'à épaississement. Si des grumeaux subsistent, mixez la sauce.
- ▷ Émiettez le fromage et faites-le fondre à feu doux dans la béchamel pendant 10 min. Retirez la casserole du feu et laissez refroidir.
- ▷ Battez les œufs dans un saladier puis incorporez-les à la préparation au fromage. Salez et poivrez.
- ▷ Disposez les dés de jambon sur le fond de pâte précuit et recouvrez du mélange au fromage. Enfournez pour 40 min environ. Servez chaud.

Tarte au brocciu et aux blettes ▶

brie

Pour 4 à 6 personnes
Préparation : 30 min
Cuisson : 40 min environ

250 g de pâte feuilletée préétalée
1,5 kg de pommes de terre
300 g de brie de Meaux bien « fait »
100 g de comté
1 oignon
10 brins de ciboulette
10 cl de crème liquide
5 cl de vin blanc sec
Sel et poivre

Tatin de brie aux pommes de terre

▷ Préchauffez le four à 180 °C (therm. 6).
▷ Pelez les pommes de terre et faites-les précuire 10 min dans de l'eau bouillante salée. Égouttez-les et laissez-les refroidir.
▷ Coupez les fromages en lamelles. Ne retirez pas la croûte du brie.
▷ Pelez l'oignon et hachez-le. Rincez la ciboulette et ciselez-la.
▷ Coupez les pommes de terre en rondelles.
▷ Huilez un moule à manqué d'environ 26 cm de diamètre. Saupoudrez le fond de ciboulette et d'oignon.
▷ Disposez-y la moitié des rondelles de pomme de terre. Salez et poivrez. Ajoutez les lamelles de fromage et recouvrez avec le reste des pommes de terre. Salez et poivrez à nouveau. Versez dessus la crème et le vin. Recouvrez le tout avec la pâte feuilletée en rabattant bien les bords à l'intérieur du moule. Piquez la pâte de quelques coups de fourchette, puis enfournez pour 30 min environ.
▷ À la sortie du four, posez un plat de service sur le moule et retournez le tout. Retirez délicatement le moule. Servez chaud.

brocciu

Pour 4 à 6 personnes
Préparation : 20 min
Cuisson : 45 min

250 g de pâte brisée préétalée
ou 250 g de pâte brisée maison
(voir p. 28)
500 g de feuilles de blette
2 œufs
200 g de brocciu (fromage corse de brebis et de chèvre)
1 pincée de noix muscade
Sel et poivre

Tarte au brocciu et aux blettes

▷ Préchauffez le four à 180 °C (therm. 6).
▷ Lavez les feuilles de blette et faites-les cuire dans de l'eau bouillante salée pendant 5 min.
▷ Égouttez-les, rafraîchissez-les sous l'eau froide et essorez-les entre vos mains pour bien éliminer le maximum d'eau. Hachez-les ensuite.
▷ Dans un saladier, battez les œufs avec le fromage, puis incorporez les feuilles de blette et la muscade. Salez et poivrez.
▷ Garnissez de pâte un moule à manqué de 26 cm de diamètre, préalablement recouvert de papier sulfurisé. Étalez dessus la préparation au brocciu et enfournez pour 40 min environ. À mi-cuisson, couvrez la tarte d'une feuille d'aluminium pour éviter que la surface ne se dessèche. Servez chaud.

camembert

Petits croustillants de camembert aux pommes

Pour 4 personnes
Préparation : 15 min
Cuisson : 30 min environ

4 feuilles de pâte filo
4 pommes (boskoop, granny smith)
40 g de beurre
1 camembert
2 cuill. à soupe de lait
Sel et poivre

▷ Pelez les pommes, ôtez le cœur et les pépins puis coupez-les en lamelles ou en dés.

▷ Faites chauffer 30 g de beurre dans une poêle. Lorsqu'il mousse, mettez-y les morceaux de pomme et faites cuire à feu moyen pendant 10 à 15 min, en remuant de temps en temps, jusqu'à ce que les fruits soient tendres. Salez et poivrez.

▷ Préchauffez le four à 180 °C (therm. 6).

▷ Coupez le camembert en deux. Détaillez une moitié de camembert en dés. Ôtez la croûte de l'autre moitié, coupez-la en morceaux et déposez ceux-ci dans une petite casserole. Ajoutez le lait et faites fondre sur feu doux. Poivrez.

▷ Faites fondre le reste de beurre et badigeonnez-en les feuilles de pâte filo à l'aide d'un pinceau. Pliez chaque feuille en quatre et répartissez les morceaux de pomme au centre. Disposez les dés de fromage par-dessus puis versez la crème de camembert. Repliez les feuilles de filo pour former des chaussons, déposez ceux-ci sur une plaque à revêtement antiadhésif puis enfournez et laissez cuire 15 min environ, jusqu'à ce que les petits croustillants soient bien dorés. Servez chaud.

Vous pouvez ajouter une larme de calvados aux pommes poêlées.
Pour préparer des tourtelettes, vous pouvez plier chaque feuille de pâte filo en quatre et les placer dans des moules à tartelette de 13 cm environ en laissant la pâte déborder. Garnissez de pomme et de camembert puis repliez la feuille par-dessus. Enfournez pour 15 à 20 min.

Quiche au camembert et à l'andouille

Pour 4 personnes
Préparation : 20 min
Cuisson : 30 min

200 g de pâte brisée préétalée
ou 200 g de pâte brisée maison (voir p. 28)
1 camembert
100 g d'andouille (de Guémené par exemple)
2 œufs
100 g de fromage blanc
5 cl de crème liquide
1 cuill. à soupe de pommeau de Normandie (facultatif)
Sel et poivre

▷ Préchauffez le four à 180 °C (therm. 6).

▷ Garnissez de pâte brisée un moule de 24 cm de diamètre préalablement recouvert de papier sulfurisé, puis piquez le fond de pâte avec une fourchette.

▷ Grattez le camembert (enlevez éventuellement une partie de la croûte) puis coupez-le en lamelles.

▷ Coupez l'andouille en fines tranches et disposez-les sur le fond de pâte en les alternant avec des lamelles de camembert.

▷ Battez les œufs dans un saladier puis ajoutez le fromage blanc, la crème et, éventuellement, le pommeau. Salez, poivrez et mélangez. Versez cette préparation dans le moule puis enfournez pour 30 min environ. Servez chaud.

Vous pouvez remplacer l'andouille par des tranches de jambon cru ou de bacon.

cantal

Pour 4 à 6 personnes
Préparation : 20 min
Cuisson : 50 min environ

200 g de pâte feuilletée préétalée
150 g de chou romanesco
150 g de chou-fleur
150 g de brocolis
3 œufs
10 cl de lait de soja (ou de lait de vache)
80 g de cantal râpé
1 pincée de noix muscade
Sel et poivre

Quiche au cantal et aux trois choux

▷ Préchauffez le four à 180 °C (therm. 6).
▷ Garnissez de pâte un moule à tarte de 24 cm de diamètre, préalablement recouvert de papier sulfurisé. Procédez à une cuisson à blanc pour pâte feuilletée pendant 15 min (voir p. 39).
▷ Détachez les bouquets des différents choux, coupez le bout des tiges (vous devez utiliser environ 350 g de fleurettes de chou au total). Rincez les bouquets et faites-les cuire à la vapeur pendant 10 min environ (ils doivent rester légèrement croquants).
▷ Répartissez les bouquets de chou sur le fond de pâte précuit.
▷ Battez les œufs dans un saladier. Ajoutez le lait de soja, le cantal râpé et la muscade. Salez, poivrez et mélangez. Versez cette préparation dans le moule et enfournez pour 25 à 30 min. Servez chaud ou froid.

Vous pouvez aussi préparer cette quiche avec un seul type de chou et remplacer le cantal par du comté.

Petits croustillants de camembert aux pommes ▶

Pour 6 personnes
Préparation : 20 min
Cuisson : 55 min environ

250 g de pâte feuilletée préétalée
1/4 de chou vert
200 g de cantal
4 tranches de jambon d'Auvergne
2 œufs
25 cl de crème épaisse
Sel et poivre

Tarte au cantal et au jambon d'Auvergne

▷ Préchauffez le four à 180 °C (therm. 6).

▷ Garnissez de pâte un moule à tarte de 26 cm de diamètre, préalablement recouvert de papier sulfurisé. Procédez à une cuisson à blanc pour pâte feuilletée pendant 15 min (voir p. 39).

▷ Pendant ce temps, détachez les feuilles de chou et faites-les cuire 10 min dans une casserole d'eau bouillante salée. Rafraîchissez-les sous l'eau froide et égouttez-les. Essorez-les entre vos mains afin d'éliminer le maximum d'eau. Hachez-les grossièrement au couteau.

▷ Découpez le cantal en fines tranches et le jambon d'Auvergne en lanières.

▷ Battez les œufs avec la crème et les feuilles de chou. Salez et poivrez.

▷ Garnissez le fond de pâte précuit d'une couche de feuilles de chou à la crème, puis de lanières de jambon et de tranches de fromage. Enfournez pour 40 min. Servez chaud.

Tarte au cheddar, aux asperges et au bacon ▶

cheddar

Tarte au cheddar et aux olives noires

Pour 6 personnes
Préparation : 15 min
Cuisson : 30 min

250 de pâte brisée préétalée
ou 250 g de pâte brisée maison (voir p. 28)
100 g d'olives noires
150 g de cheddar
2 œufs
20 cl de crème épaisse
Sel et poivre

▷ Préchauffez le four à 200 °C (therm. 6-7).
▷ Garnissez de pâte brisée un moule à tarte de 28 cm de diamètre, préalablement recouvert de papier sulfurisé.
▷ Dénoyautez les olives, rangez-les sur le fond de tarte. Râpez le fromage et répartissez-le dessus.
▷ Battez les œufs avec la crème, salez et poivrez. Versez ce mélange sur le fromage et enfournez pour 30 min. Servez chaud ou froid.

Vous pouvez servir cette tarte coupée en petits cubes à l'apéritif.

Tarte au cheddar, aux asperges et au bacon

Pour 6 personnes
Préparation : 20 min
Cuisson : 50 min environ

250 de pâte brisée préétalée
ou 250 g de pâte brisée maison (voir p. 28)
24 asperges vertes
200 g de cheddar
6 brins de ciboulette
12 tranches de bacon
3 œufs
25 cl de crème liquide
Sel et poivre

▷ Préchauffez le four à 180 °C (therm. 6).
▷ Grattez les asperges et retirez les pieds. Faites chauffer une grande casserole d'eau salée.
▷ Garnissez de pâte un moule à manqué de 26 cm de diamètre, préalablement recouvert de papier sulfurisé. Procédez à une cuisson à blanc pour pâte brisée pendant 10 min (voir p. 39).
▷ Pendant ce temps, faites cuire les asperges pendant 8 min dans l'eau bouillante. Égouttez-les. Coupez-les en deux et mettez de côté les morceaux sans tête pour une autre recette.
▷ Râpez le cheddar. Rincez et ciselez la ciboulette.
▷ Coupez en deux les tranches de bacon. Enveloppez les têtes d'asperge dans les demi-tranches de bacon.
▷ Battez les œufs avec la crème dans un saladier. Salez, poivrez, ajoutez le cheddar et la ciboulette.
▷ Versez la préparation aux œufs. Déposez harmonieusement les têtes d'asperge sur la tarte et enfournez pour 40 min environ. Servez chaud.

Tarte au gouda, aux asperges et au jambon : remplacez le cheddar par du gouda et le bacon par du jambon cru.

chèvre

Pour 4 à 6 personnes
Préparation : 30 min
Cuisson : 10 min environ

400 g de pâte feuilletée prête à étaler
1 sainte-maure-de-Touraine (fromage de chèvre)
20 cl de crème liquide
1 œuf
Sel et poivre

Feuilletés au sainte-maure-de-Touraine

▷ Préchauffez le four à 220 °C (therm. 7-8).
▷ Écrasez le sainte-maure à la fourchette. Incorporez la crème jusqu'à l'obtention d'un mélange lisse et homogène. Salez et poivrez.
▷ Étalez la pâte et découpez-y douze disques à l'aide d'un emporte-pièce ou d'un bol de 8 cm de diamètre.
▷ Déposez 1 cuill. à soupe de préparation au fromage au centre de la moitié des disques. Mouillez les bords de la pâte et recouvrez avec les disques restants. Battez l'œuf et badigeonnez-en la surface des feuilletés à l'aide d'un pinceau.
▷ Déposez les feuilletés sur une plaque recouverte de papier sulfurisé. Enfournez pour 10 min environ. Servez aussitôt.

Vous pouvez parfumer la préparation au fromage avec des fines herbes ou de la menthe, et ajouter 2 cuill. à soupe de noisettes grillées et concassées.

Pour 6 personnes
Préparation : 20 min
Cuisson : 1 h environ

250 g de pâte feuilletée préétalée
24 asperges vertes
200 g de chèvre frais
25 cl de crème liquide
3 œufs
1 pincée de noix muscade
Sel et poivre

Quiche au chèvre frais et aux asperges

▷ Préchauffez le four à 180 °C (therm. 6).
▷ Grattez les asperges et retirez les pieds. Faites chauffer une grande casserole d'eau salée.
▷ Garnissez de pâte un moule à manqué de 26 cm de diamètre, préalablement recouvert de papier sulfurisé. Procédez à une cuisson à blanc pour pâte feuilletée pendant 15 min (voir p. 39).
▷ Pendant ce temps, faites cuire les asperges pendant 8 min dans l'eau bouillante. Égouttez-les. Coupez-les en deux et réservez les morceaux avec tête.
▷ Mixez les autres morceaux avec le fromage de chèvre, la crème et les œufs. Salez, poivrez et ajoutez la muscade. Mélangez.
▷ Versez la préparation aux asperges sur le fond de pâte précuit. Disposez dessus les têtes d'asperge et enfournez pour 40 à 45 min. Servez chaud.

Pour obtenir une tarte plus légère, vous pouvez utiliser de la crème liquide allégée en matières grasses.

avec Béatrice Lagandré

Tarte feuilletée aux deux fromages

Pour 4 à 6 personnes

200 g de pâte feuilletée préétalée
100 g de roquefort
25 cl de crème liquide
150 g de comté
2 œufs
Sel et poivre

▷ Préchauffez le four à 180 °C (therm. 6).
▷ Garnissez de pâte feuilletée un moule à tarte de 24 cm de diamètre, préalablement recouvert de papier sulfurisé. Piquez la pâte avec une fourchette.
▷ Écrasez le roquefort avec une fourchette puis mélangez-le à la crème. Râpez le comté.
▷ Battez les œufs dans un saladier, ajoutez le comté et le mélange roquefort-crème. Salez, poivrez et mélangez. Versez dans le moule et enfournez pour 30 à 35 min. Servez chaud.

Tartelettes au comté et aux oignons

Pour 4 personnes

230 g de pâte brisée ou feuilletée préétalée
2 cuill. à soupe d'huile d'olive
400 g d'oignons émincés surgelés (ou 8 oignons moyens)
120 g de comté
12 olives dénoyautées
Sel et poivre

▷ Faites chauffer l'huile dans une sauteuse. Ajoutez les oignons émincés, salez, poivrez et laissez cuire 10 min environ.
▷ Préchauffez le four à 180 °C (therm. 6).
▷ Détaillez le comté en lamelles ou râpez-le.
▷ Coupez les olives en petits morceaux.
▷ Garnissez de pâte quatre moules à tartelette de 13 cm de diamètre, préalablement beurrés. Piquez le fond de pâte avec une fourchette et répartissez les oignons. Ajoutez les morceaux d'olive et le comté. Enfournez pour 20 min environ. Servez chaud.

Vous pouvez remplacer le comté par un crottin de chèvre.

Tartelettes au roquefort et aux champignons

Pour 4 personnes

230 g de pâte brisée préétalée
2 cuill. à soupe d'huile d'olive
500 g de champignons mélangés surgelés
150 g de roquefort
1 branche de thym séché
Sel et poivre

▷ Faites chauffer l'huile dans une sauteuse, ajoutez les champignons, salez, poivrez et laissez cuire le temps indiqué sur l'emballage (environ 10 min), jusqu'à ce que les champignons soient bien dorés.
▷ Préchauffez le four à 180 °C (therm. 6).
▷ Garnissez de pâte quatre moules à tartelette de 13 cm de diamètre, préalablement beurrés. Procédez à une cuisson à blanc pour pâte brisée pendant 10 min (voir p. 39).
▷ Répartissez les champignons sur chaque fond de pâte précuit. Émiettez le roquefort par-dessus, poivrez et parsemez de thym. Enfournez pour 10 min environ. Servez chaud.

Pour 4 personnes
Préparation : 25 min
Cuisson : 40 min environ

230 g de pâte feuilletée préétalée
6 ou 7 figues (fraîches ou surgelées pour un poids de 400 g environ)
20 g de beurre
1 cuill. à soupe de porto
130 g de fromage de chèvre demi-sec
2 ou 3 cuill. à café de miel liquide
2 fines tranches de jambon cru
1 petite poignée de roquette
Sel et poivre

Tarte au chèvre, aux figues et au jambon cru

▷ Préchauffez le four à 180 °C (therm. 6).
▷ Garnissez de pâte un moule à tarte de 24 cm de diamètre, préalablement recouvert de papier sulfurisé. Procédez à une cuisson à blanc pour pâte feuilletée pendant 10 min (voir p. 39).
▷ Coupez les figues en quartiers et faites-les revenir de 3 à 5 min à la poêle avec le beurre et le porto.
▷ Déposez les figues sur le fond de pâte précuit. Ajoutez le fromage de chèvre coupé en lamelles. Salez, poivrez et versez le miel. Enfournez pour 20 à 25 min.
▷ Coupez le jambon en fines lanières. Lavez et essorez la roquette.
▷ Sortez la tarte du four, disposez les lanières de jambon cru et la roquette sur le dessus de la tarte. Servez aussitôt.

Proposez en même temps une salade de roquette assaisonnée avec du vinaigre de figue.

Tartelettes au chèvre, aux figues et au jambon cru : vous pouvez préparer de la même façon quatre tartelettes en utilisant des moules de 13 cm de diamètre environ. Prévoyez 1 ou 2 figues par tartelette.

Pour 6 personnes
Préparation : 25 min
Cuisson : 55 min environ

250 g de pâte feuilletée préétalée
200 g de fromage de chèvre frais
50 g de cerneaux de noix
6 abricots secs
6 pruneaux dénoyautés
3 tranches de bacon
20 g de beurre
3 œufs
20 cl de crème liquide
10 cl de lait
1 cuill. à soupe de thym
Sel et poivre

Tarte au chèvre frais et aux fruits secs

▷ Préchauffez le four à 180 °C (therm. 6).
▷ Garnissez de pâte un moule à tarte de 26 cm de diamètre, préalablement recouvert de papier sulfurisé. Procédez à une cuisson à blanc pour pâte feuilletée pendant 10 min (voir p. 39).
▷ Pendant ce temps, découpez le fromage en tranches et concassez les cerneaux de noix.
▷ Hachez grossièrement au couteau les abricots secs, les pruneaux et les tranches de bacon.
▷ Faites fondre le beurre dans une sauteuse et faites-y revenir le bacon, les abricots et les pruneaux pendant 5 min à feu vif.
▷ Retirez du feu et versez le mélange sur du papier absorbant.
▷ Dans un saladier, battez les œufs avec la crème et le lait. Ajoutez la préparation au bacon, les cerneaux de noix et le thym. Salez, poivrez et mélangez bien.
▷ Déposez les tranches de fromage sur le fond de pâte précuit et versez le mélange aux œufs par-dessus. Enfournez pour 40 min. Servez chaud.

Vous pouvez remplacer les cerneaux de noix par d'autres fruits secs : noisettes, amandes, noix de pécan ou de macadamia, etc.

Tarte au chèvre frais et à la menthe

Pour 6 personnes
Préparation : 10 min
Cuisson : 30 min environ

250 g de pâte feuilletée préétalée
200 g de fromage de chèvre frais (en bûchette)
1/2 bouquet de menthe
3 œufs
15 cl de crème liquide
10 cl de lait
Sel et poivre

▷ Préchauffez le four à 240 °C (therm. 8).
▷ Découpez le fromage en rondelles.
▷ Rincez la menthe, essorez-la dans du papier absorbant et ciselez-la.
▷ Dans un saladier, battez les œufs avec la crème et le lait. Ajoutez la menthe ciselée. Salez, poivrez et mélangez bien.
▷ Garnissez de pâte feuilletée un moule à tarte de 26 cm de diamètre, préalablement recouvert de papier sulfurisé. Déposez-y les rondelles de fromage et versez le mélange aux œufs par-dessus. Enfournez pour 25 à 30 min environ. Servez chaud.

Vous pouvez remplacer la menthe par d'autres herbes : le parfum de l'estragon, du basilic ou de la ciboulette se marie très bien avec la saveur du chèvre frais.

Tartelettes au chèvre, aux figues et au jambon cru ▶

Tarte au chèvre mi-sec, aux tomates et aux courgettes

Pour 6 personnes
Préparation : 20 min
Cuisson : 50 min environ

250 g de pâte brisée préétalée
ou 250 g de pâte brisée maison
(voir p. 28)
6 tomates
2 petits oignons frais
2 petites courgettes
2 cuill. à soupe d'huile d'olive
200 g de chèvre mi-sec
(banons ou crottins)
2 œufs entiers + 1 jaune
15 cl de crème liquide
2 cuill. à soupe de basilic ciselé
1 cuill. à café d'herbes de Provence
Sel et poivre

▷ Préchauffez le four à 180 °C (therm. 6).
▷ Garnissez de pâte un moule à tarte de 28 cm de diamètre, préalablement recouvert de papier sulfurisé. Procédez à une cuisson à blanc pour pâte brisée pendant 10 min (voir p. 39).
▷ Plongez les tomates 30 s dans de l'eau bouillante. Pelez-les et épépinez-les. Coupez-les en morceaux.
▷ Pelez et hachez les oignons. Pelez les courgettes. Coupez-les en cubes.
▷ Dans une sauteuse, faites chauffer l'huile et faites-y d'abord revenir les courgettes avec l'oignon pendant 5 min. Ajoutez les tomates puis laissez sur feu moyen jusqu'à ce qu'il n'y ait plus de liquide. Salez, poivrez. Laissez tiédir.
▷ Enlevez la croûte des fromages et coupez-les en lamelles.
▷ Couvrez le fond de pâte précuit d'une première couche de légumes, ajoutez les lamelles de fromage dessus et couvrez du reste de légumes.
▷ Battez les œufs entiers avec le jaune. Ajoutez la crème, le basilic et les herbes. Salez, poivrez et mélangez. Versez cette préparation sur les légumes. Enfournez pour 30 à 35 min. Servez aussitôt.

Tarte au sainte-maure-de-Touraine et aux poivrons

Pour 6 personnes
Préparation : 25 min
Cuisson : 1 h 10 environ

250 de pâte brisée préétalée
ou 250 g de pâte brisée maison
(voir p. 28)
2 poivrons rouges
2 poivrons verts
3 oignons
3 cuill. à soupe d'huile d'olive
200 g de sainte-maure-de-Touraine
(fromage de chèvre)
3 œufs
30 cl de crème liquide
Sel et poivre

▷ Préchauffez le four à 180 °C (therm. 6).
▷ Garnissez de pâte un moule à manqué de 26 cm de diamètre, préalablement recouvert de papier sulfurisé. Procédez à une cuisson à blanc pour pâte brisée pendant 10 min (voir p. 39).
▷ Pendant ce temps, rincez les poivrons, coupez-les en quatre, retirez les graines, puis placez-les sous le gril 15 min environ, jusqu'à ce que la peau se boursoufle et brunisse. Laissez-les tiédir, pelez-les et coupez-les en lanières.
▷ Pelez les oignons et émincez-les finement.
▷ Faites chauffer l'huile dans une sauteuse et mettez-y les poivrons et les oignons. Couvrez et laissez fondre les légumes pendant 15 min sur feu doux.
▷ Découpez le sainte-maure en rondelles.
▷ Dans un saladier, battez les œufs, ajoutez la crème, salez et poivrez.
▷ Quand les légumes sont cuits, laissez-les tiédir puis incorporez-les dans le mélange aux œufs.
▷ Versez cette préparation sur le fond de pâte précuit, disposez les rondelles de fromage et enfournez pour 40 min. Servez chaud ou froid.

Tarte au chèvre mi-sec, aux tomates
et aux courgettes ▶

Pour 6 personnes
Préparation : 30 min
Cuisson : 45 environ

250 de pâte brisée préétalée
ou 250 g de pâte brisée maison
(voir p. 28)
250 g de chèvre frais

Pour la ratatouille
3 courgettes longues
1 aubergine
1 poivron vert
3 tomates
2 gousses d'ail
2 oignons
4 cuill. à soupe d'huile d'olive
1 branche de thym
Sel et poivre

Tarte au chèvre et à la ratatouille

▷ Préparez la ratatouille. Lavez tous les légumes. Pelez l'aubergine. Coupez les courgettes et l'aubergine en cubes. Ouvrez le poivron, retirez les graines et coupez-le en lanières. Plongez les tomates 30 s dans de l'eau bouillante. Pelez-les, épépinez-les, concassez-les. Pelez l'ail et les oignons et hachez-les. Versez l'huile dans une sauteuse et faites-y revenir à feu moyen les légumes et le thym pendant 25 min. Salez, poivrez et mélangez.
▷ Préchauffez le four à 180 °C (therm. 6).
▷ Garnissez de pâte un moule à tarte de 28 cm de diamètre, préalablement recouvert de papier sulfurisé. Procédez à une cuisson à blanc pour pâte brisée pendant 10 min (voir p. 39).
▷ Découpez le fromage de chèvre en rondelles.
▷ Égouttez la ratatouille puis versez-la sur le fond de pâte précuit. Disposez les rondelles de fromage de chèvre par-dessus et enfournez pour 20 min environ. Servez chaud.

Vous pouvez préparer cette recette avec un reste de ratatouille (prévoyez 350 g environ).

Pour 4 personnes
Préparation : 15 min
Repos de la pâte : 1 h
Cuisson : 30 min environ

Pour la pâte brisée aux noisettes

70 g de beurre mou
140 g de farine
20 g de noisettes en poudre

Pour la garniture

2 œufs
50 g de noisettes en poudre
10 cl de lait
150 g de fromage de chèvre (type sainte-maure-de-Touraine)
20 g de noisettes entières décortiquées
Sel et poivre

Tartelettes au chèvre et aux noisettes

▷ Préparez la pâte. Coupez le beurre en dés. Tamisez la farine dans un saladier, creusez un puits et mettez-y le sel, les noisettes en poudre et le beurre. Pétrissez du bout des doigts en ajoutant un peu d'eau. Formez une boule, enveloppez-la dans un linge ou dans un film alimentaire et laissez reposer 1 h au réfrigérateur.
▷ Préchauffez le four à 180 °C (therm. 6).
▷ Garnissez de pâte quatre moules à tartelette de 13 cm de diamètre, préalablement recouverts de papier sulfurisé. Procédez à une cuisson à blanc pendant 5 min (voir p. 39).
▷ Préparez la garniture. Cassez les œufs au-dessus d'un saladier, fouettez-les avec les noisettes en poudre et le lait. Salez, poivrez puis émiettez les trois quarts du fromage et ajoutez-les dans le saladier.
▷ Versez cette préparation sur les fonds de pâte précuits puis disposez le reste du fromage coupé en rondelles.
▷ Concassez les noisettes entières et répartissez-les sur les tartelettes. Enfournez pour 20 à 25 min. Servez aussitôt.

Pour 4 à 6 personnes
Préparation : 25 min
Cuisson : 40 min environ

250 g de pâte feuilletée préétalée
6 endives
3 oranges
50 g de beurre
1 cuill. à soupe de miel liquide toutes fleurs
3 crottins de Chavignol
1 cuill. à café de thym séché
Sel et poivre

Tatin au chavignol et aux endives parfumées au thym

▷ Retirez la base des endives et éventuellement les feuilles extérieures si elles sont abîmées. Coupez-les en deux dans le sens de la longueur.
▷ Pressez les oranges.
▷ Dans une sauteuse, faites fondre le beurre, ajoutez les endives, le miel, le jus d'orange et laissez caraméliser l'ensemble à feu doux pendant 15 min environ, en remuant de temps en temps. Salez et poivrez. Égouttez.
▷ Préchauffez le four à 200 °C (therm. 6-7).
▷ Coupez les crottins en deux dans l'épaisseur.
▷ Beurrez un moule à manqué de 26 cm de diamètre et saupoudrez-le de thym. Disposez dedans les moitiés de crottin. Disposez délicatement les moitiés d'endive côté bombé sur le dessus. Recouvrez le tout avec de la pâte feuilletée en rabattant bien les bords à l'intérieur du moule. Huilez la surface de la pâte et enfournez pour 25 min environ.
▷ À la sortie du four, posez un plat de service sur le moule et retournez le tout. Retirez délicatement le moule. Servez chaud.

Vous pouvez remplacer le miel liquide par la même quantité de sirop d'érable et les demi-crottins par des rocamadours.

Tatin au chavignol et aux endives parfumées au thym ▶

Pour 6 personnes
Préparation : 20 min
Cuisson : 40 min environ

250 g de pâte feuilletée préétalée
6 courgettes
4 cuill. à soupe d'huile d'olive
1 cuill. à soupe de cassonade
150 g de pesto en bocal ou maison (voir p. 49)
200 g de chèvre frais
Sel et poivre

Tatin au chèvre frais, aux courgettes et au pesto

▷ Lavez les courgettes, retirez les extrémités et coupez-les en cubes.

▷ Faites chauffer l'huile dans une sauteuse et ajoutez les cubes de courgette, salez et faites revenir à feu moyen pendant 5 min.

▷ Préchauffez le four à 200 °C (therm. 6-7).

▷ Égouttez les cubes de courgette puis remettez-les dans la sauteuse avec la cassonade et le pesto. Laissez caraméliser 10 min sur feu doux en remuant souvent. Rectifiez l'assaisonnement.

▷ Égouttez à nouveau si nécessaire puis versez la préparation dans un moule à manqué de 24 cm de diamètre, préalablement huilé. Ajoutez le fromage de chèvre émietté. Recouvrez le tout avec de la pâte feuilletée en rabattant bien les bords à l'intérieur du moule. Enfournez pour 25 min environ.

▷ À la sortie du four, posez un plat de service sur le moule et retournez le tout. Retirez délicatement le moule. Servez chaud.

comté

Pour 10 barquettes
Préparation : 30 min
Cuisson : 30 min environ

250 de pâte brisée préétalée
ou 250 g de pâte brisée maison
(voir p. 28)
350 g de champignons de Paris
110 g de beurre
1 cuill. à soupe de farine
25 cl de lait
1 pincée de muscade
100 g de comté râpé
50 g de chapelure

Barquettes au comté et aux champignons

▷ Préchauffez le four à 180 °C (therm. 6).
▷ Découpez la pâte brisée en dix morceaux de la taille des moules à barquette. Garnissez-en les dix moules préalablement beurrés, piquez la pâte avec une fourchette puis enfournez pour 10 min.
▷ Nettoyez les champignons et coupez-les finement. Faites-les dorer dans une poêle avec 30 g de beurre.
▷ Augmentez la température du four à 210 °C (therm. 7).
▷ Préparez une sauce Béchamel. Dans une casserole, faites fondre 30 g de beurre puis ajoutez la farine. Versez le lait et faites épaissir sur feu doux en remuant, jusqu'à épaississement. Salez, poivrez et ajoutez la muscade.
▷ Hors du feu, ajoutez le comté et les lamelles de champignon.
▷ Garnissez les barquettes de ce mélange, parsemez de chapelure, arrosez de 50 g de beurre fondu et faites gratiner. Servez aussitôt.

Pour 6 personnes
Préparation : 30 min
Cuisson : 40 min environ

500 g de pâte feuilletée prête à étaler
300 g de morilles fraîches ou
40 g de morilles séchées
3 échalotes
50 g de cerneaux de noix
100 g de comté
75 g de beurre
1 cuill. à café de fécule de maïs
30 cl de crème liquide
1 œuf
Sel et poivre

Feuilletés au comté et aux morilles

▷ Étalez la pâte sur 3 mm d'épaisseur environ, en lui donnant la forme d'un rectangle de 36 x 24 cm. Découpez ce rectangle en six carrés de 12 cm de côté. Piquez-les avec une fourchette. Mettez-les sur un plat et gardez-les au réfrigérateur.
▷ Nettoyez les morilles en les rinçant rapidement à l'eau vinaigrée. Essuyez-les délicatement dans du papier absorbant, puis retirez la base et brossez les alvéoles en utilisant un pinceau de cuisine, que vous tremperez régulièrement dans l'eau. Si vous utilisez des morilles séchées, suivez les indications données sur l'emballage.
▷ Préchauffez le four à 200 °C (therm. 6-7).
▷ Pelez et hachez les échalotes. Concassez les cerneaux de noix et râpez le comté.
▷ Faites fondre le beurre dans une sauteuse et faites-y revenir les morilles et les échalotes à feu doux pendant 5 min. Salez et poivrez. Saupoudrez de fécule de maïs, mélangez, puis versez la crème et prolongez la cuisson 5 min en mélangeant encore. Retirez du feu, ajoutez le comté et les cerneaux de noix.
▷ Garnissez les carrés de pâte de cette farce. Pliez-les en deux et soudez bien les bords. Disposez-les sur la plaque du four préalablement recouverte de papier sulfurisé. Battez l'œuf et badigeonnez-en la surface des feuilletés à l'aide d'un pinceau. Enfournez pour 25 à 30 min. Servez aussitôt.

avec Béatrice Lagandré

Pizza aux deux fromages

Pour 4 à 6 personnes

260 g de pâte à pizza préétalée
80 g de mimolette vieille
1 cuill. à soupe d'huile d'olive
100 à 150 g de champignons de Paris émincés en conserve ou surgelés
4 cuill. à soupe de purée de tomate
125 g de mozzarella
Sel et poivre

- ▷ Détaillez la mimolette en lamelles.
- ▷ Faites chauffer l'huile dans une sauteuse. Ajoutez les champignons, salez, poivrez et laissez cuire 5 min environ.
- ▷ Préchauffez le four 210 °C (therm. 7).
- ▷ Déroulez la pâte à pizza sur une plaque à pâtisserie recouverte de papier sulfurisé. Badigeonnez-la de purée de tomate puis répartissez les lamelles de champignon et de mimolette. Enfournez pour 10 min.
- ▷ Coupez la mozzarella en lamelles. Sortez la pizza du four et répartissez la mozzarella sur le dessus. Enfournez à nouveau de 5 à 8 min. Servez chaud.

Tarte à la mozzarella, à la tomate et au basilic

Pour 4 à 6 personnes

200 g de pâte brisée préétalée
1 oignon
1 cuill. à soupe d'huile d'olive
1 boîte de 400 g de pulpe de tomate
1 boule de mozzarella (125 g)
2 cuill. à soupe de basilic surgelé
Sel et poivre

- ▷ Préchauffez le four à 180 °C (therm. 6).
- ▷ Pelez et émincez l'oignon puis faites-le revenir dans l'huile. Ajoutez la pulpe de tomate et mélangez bien. Retirez du feu.
- ▷ Garnissez de pâte un moule à manqué de 24 cm de diamètre, préalablement recouvert de papier sulfurisé. Procédez à une cuisson à blanc pour pâte brisée pendant 10 min (voir p. 39).
- ▷ Versez le mélange oignon-tomate sur le fond de pâte précuit. Enfournez pour 10 min.
- ▷ Coupez la mozzarella en lamelles.
- ▷ Sortez la tarte du four, ajoutez les lamelles de mozzarella et la moitié du basilic haché sur le dessus. Salez, poivrez et remettez au four pour 10 à 15 min, jusqu'à ce que la tarte soit bien dorée. Sortez la tarte du four, parsemez du reste de basilic et servez chaud.

Tarte au morbier et aux épinards

Pour 4 à 6 personnes

200 g de pâte brisée préétalée
150 g d'épinards surgelés (en branches de préférence)
10 cl de crème liquide
200 g de morbier
50 g de noisettes décortiquées
Sel et poivre

- ▷ Faites cuire les épinards pendant le temps indiqué sur l'emballage.
- ▷ Égouttez-les et ajoutez-y la crème. Salez, poivrez et mélangez.
- ▷ Préchauffez le four à 180-200 °C (therm. 6-7).
- ▷ Garnissez de pâte brisée un moule à tarte de 24 cm de diamètre, préalablement recouvert de papier sulfurisé. Piquez la pâte avec une fourchette puis étalez les épinards et le morbier en lamelles par-dessus. Salez, poivrez puis enfournez pour 20 min.
- ▷ Concassez les noisettes. Sortez la tarte du four, répartissez les morceaux de noisette sur le dessus, remettez au four pour 10 à 15 min. Servez chaud.

emmental

Pour 4 à 6 personnes
Préparation : 10 min
Cuisson : 30 min

250 de pâte brisée préétalée
ou 250 g de pâte brisée maison
(voir p. 28)
2 œufs
25 cl de lait
15 cl de crème liquide
1 pincée de noix muscade
125 g d'emmental râpé
Sel et poivre

Tarte à l'emmental

▷ Préchauffez le four à 220 °C (therm. 7-8).
▷ Battez ensemble les œufs, le lait, la crème et la muscade. Salez, poivrez et ajoutez l'emmental.
▷ Garnissez de pâte brisée un moule à tarte de 26 cm de diamètre, préalablement recouvert de papier sulfurisé. Versez la préparation au fromage et enfournez pour 30 min. Servez chaud ou tiède, avec une salade verte.

Emmental et gruyère sont souvent confondus, car, en France, on utilise volontiers le mot « gruyère » pour désigner tous les fromages en grandes meules à pâte pressée cuite (beaufort, comté, emmental). L'emmental s'emploie surtout en cuisine, souvent râpé.

feta

Pour 6 personnes
(30 feuilletés)
Préparation : 30 min
Cuisson : 15 min environ

30 feuilles de pâte filo
3 œufs
300 g de feta
100 g de beurre
10 cl d'huile d'olive
Poivre

Feuilletés à la feta

▷ Battez les œufs dans un saladier. Émiettez la feta au-dessus du saladier et poivrez. Mélangez jusqu'à ce qu'il ne reste plus de grumeaux de feta dans cette farce.
▷ Coupez le beurre en morceaux et faites-le fondre à feu doux dans une petite casserole. Versez-y l'huile, mélangez et réservez.
▷ Préchauffez le four à 180 °C (therm. 6).
▷ Sortez les feuilles de filo de leur emballage au fur et à mesure de leur utilisation car elles sèchent très vite. Coupez-les en deux.
▷ Sur un plan de travail huilé, étalez deux rectangles de pâte. Badigeonnez-les de matière grasse fondue à l'aide d'un pinceau. Superposez-les puis repliez-les en trois dans la longueur. Aplatissez légèrement cette bande de pâte. Faites de même avec le reste des feuilles.
▷ Déposez 1 cuill. à soupe de farce dans un coin de la bande. Rabattez-le sur toute la largeur de la bande pour former un triangle (voir p. 43). Rabattez alors celui-ci vers le bas de la bande. Continuez à plier ainsi jusqu'au bout de la bande. Vous obtenez alors un triangle de pâte de plusieurs épaisseurs. Procédez de la même manière avec les autres feuilles de filo.
▷ Recouvrez la plaque du four de papier sulfurisé. Déposez les feuilletés dessus. Badigeonnez-les du reste de matière grasse fondue. Enfournez pour 15 min environ. Servez chaud.

Pour 6 personnes
(12 feuilletés)
Préparation : 25 min
Cuisson : 35 min environ

12 feuilles de pâte filo
1,25 kg d'épinards frais
2 oignons
5 cuill. à soupe d'huile d'olive
3 œufs
300 g de feta
3 cuill. à soupe de crème épaisse
Sel et poivre

Petits feuilletés grecs à la feta et aux épinards

▷ Préchauffez le four à 200 °C (therm. 6-7).
▷ Lavez les feuilles d'épinards, essorez-les et hachez-les grossièrement au couteau.
▷ Pelez et hachez les oignons.
▷ Versez 3 cuill. à soupe d'huile dans une sauteuse et faites-y revenir les oignons sur feu doux.
▷ Ajoutez les épinards, couvrez et prolongez la cuisson 10 min encore. Salez et poivrez.
▷ Battez les œufs dans un saladier. Émiettez la feta au-dessus du saladier, ajoutez la crème, les épinards, salez, poivrez et mélangez.
▷ Repliez chaque feuille de filo afin d'obtenir une bande de 10 cm de large environ. Déposez 1 cuill. de farce à une extrémité de la bande. Repliez en forme de triangle (voir p. 43). Répétez l'opération jusqu'à épuisement des ingrédients. Huilez les feuilletés et déposez-les sur la plaque du four recouverte de papier sulfurisé. Enfournez pour 20 min environ. Servez aussitôt.

Hors saison, vous pouvez utiliser des épinards surgelés (prévoyez 500 g environ).

Petits feuilletés grecs à la feta et aux épinards ▶

Aujourd'hui, je découvre en cuisinant qu'on peut déguster de La vache qui rit autrement qu'en la tartinant sur une tranche de pain. Associée à une herbe aromatique, du basilic par exemple, elle peut servir à garnir une tarte.

Tarte à La vache qui rit®

Pour 6 personnes
Préparation : 20 min
Cuisson : 40 min environ

250 de pâte brisée préétalée
ou 250 g de pâte brisée maison
(voir p. 28)
1 petit bouquet de basilic
3 œufs
25 cl de crème liquide
200 g d'emmental râpé
250 g de La vache qui rit (12 portions)
Sel et poivre

Lave le basilic, essore-le dans du papier absorbant et utilise une paire de ciseaux à bouts ronds pour le ciseler. Tu dois en obtenir 1 cuill. à soupe environ.

▷ Préchauffez le four à 200 °C (therm. 6-7).

Casse les œufs dans un saladier et ajoute la crème. Sale, poivre, ajoute l'emmental et le basilic. Mélange bien.

▷ Garnissez de pâte brisée un moule à tarte de 28 cm de diamètre, préalablement recouvert de papier sulfurisé.

Pique le fond de pâte à l'aide d'une fourchette. Ouvre les portions de La vache qui rit et étale-les sur la tarte en les aplatissant un peu. Verse le mélange aux œufs par-dessus.

▷ Enfournez pour 35 à 40 min environ. Servez aussitôt.

Vous pouvez remplacer le basilic par de la menthe fraîche.

Tarte à La vache qui rit et aux saucisses de Strasbourg : **coupez en rondelles 200 g de saucisses de Strasbourg et répartissez-les sur le fromage étalé. Enfournez pour 30 à 40 min. Ainsi enrichie, cette tarte peut constituer un plat unique qui plaira beaucoup aux enfants.**

Pour 6 personnes (18 chaussons)
Préparation : 25 min
Cuisson : 30 min environ

9 feuilles de brick
4 tomates
200 g de feta
3 cuill. à soupe d'huile d'olive
3 cuill. à soupe de thym frais ou séché
Sel et poivre

Chaussons à la feta et au thym en feuille de brick

▷ Préchauffez le four à 200 °C (therm. 6-7).
▷ Plongez les tomates 30 s dans de l'eau bouillante. Pelez-les, épépinez-les et concassez-les. Coupez la feta en petits cubes.
▷ Dans un saladier, mélangez la feta, les morceaux de tomate, l'huile et le thym. Salez, poivrez et remuez.
▷ Découpez en deux chaque feuille de brick. Vous devez donc obtenir dix-huit demi-cercles.
▷ Prenez l'une de ces demi-feuilles et repliez la partie arrondie vers l'autre bord pour obtenir une bande.
▷ Déposez sur l'extrémité de cette bande 1 cuill. à soupe de préparation à la feta et repliez l'ensemble pour former un triangle (voir p. 43). Vous allez peut-être « tâtonner », mais, quand on a acquis le tour de main, c'est assez facile.
▷ Badigeonnez d'huile le chausson et déposez-le sur la plaque du four préalablement recouverte de papier sulfurisé. Renouvelez l'opération jusqu'à épuisement des ingrédients. Enfournez pour 25 à 30 min. Servez aussitôt.

fromage aux herbes

Pour 6 personnes
Préparation : 15 min
Cuisson : 45 min environ

250 de pâte brisée préétalée ou 250 g de pâte brisée maison (voir p. 28)
2 tomates
2 courgettes moyennes
150 g de fromage frais à l'ail et aux fines herbes
Sel et poivre

Tarte au fromage frais à l'ail et aux fines herbes

▷ Préchauffez le four à 200 °C (therm. 6-7).
▷ Lavez les tomates et coupez-les en fines rondelles puis déposez-les sur du papier absorbant.
▷ Lavez les courgettes, essuyez-les et retirez les extrémités. Coupez-les également en rondelles.
▷ Faites cuire les rondelles de courgette à l'eau bouillante salée pendant 10 à 15 min. Égouttez-les soigneusement.
▷ Garnissez de pâte brisée un moule à tarte de 28 cm, préalablement recouvert de papier sulfurisé. Étalez sur la pâte une couche de fromage à l'ail, déposez-y les rondelles de tomate et de courgette, puis salez et poivrez. Enfournez pour 25 à 30 min environ. Servez chaud.

gorgonzola

Pour 6 personnes
Préparation : 20 min
Cuisson : 1 h environ

250 de pâte brisée préétalée
ou 250 g de pâte brisée maison
(voir p. 28)
5 gros poireaux
60 g de beurre
1 cuill. à soupe de farine
40 cl de lait
200 g de gorgonzola
4 œufs
Sel et poivre

Tarte au gorgonzola et aux poireaux

▷ Préchauffez le four à 180 °C (therm. 6).
▷ Lavez les poireaux, essuyez-les et coupez-les en tronçons de 3 cm. Découpez ensuite chaque tronçon en fins bâtonnets.
▷ Garnissez de pâte un moule à manqué de 26 cm de diamètre, préalablement recouvert de papier sulfurisé. Procédez à une cuisson à blanc pour pâte brisée pendant 10 min (voir p. 39).
▷ Faites fondre la moitié du beurre dans une sauteuse et faites-y revenir à feu doux les poireaux pendant 20 min. Salez et poivrez.
▷ Pendant ce temps, préparez une sauce Béchamel. Faites fondre le reste de beurre dans une casserole posée sur feu doux. Versez la farine et mélangez bien pendant 1 min, puis ajoutez le lait. Prolongez la cuisson pendant 5 min environ, jusqu'à épaississement.
▷ Hors du feu, incorporez le gorgonzola émietté et les œufs. Mixez longuement puis rectifiez l'assaisonnement si nécessaire.
▷ Ajoutez cette préparation dans la sauteuse et mélangez.
▷ Versez la garniture aux poireaux sur le fond de pâte précuit et enfournez pour 40 min environ. Servez chaud.

Goyère ▶

Pour 6 à 8 personnes
Préparation : 45 min
Repos de la pâte : 2 h
Réfrigération : 20 min au moins
Cuisson : 40 min environ

Pour la pâte sucrée-salée
60 g de beurre demi-sel mou
40 g de sucre glace
12 g d'amandes en poudre
1 pincée de vanille
1 œuf
90 g de farine

Pour la garniture
110 g de sucre
8 cl d'eau
30 cl de crème liquide
80 g de gorgonzola
4 jaunes d'œufs
2 grosses poires
1 citron
30 g de beurre

Tarte au gorgonzola et aux poires

▷ Préparez la pâte. Mélangez tous les ingrédients, sauf la farine. Ajoutez celle-ci en la tamisant et mélangez encore. Formez une boule, enveloppez-la dans un linge ou dans un film alimentaire et laissez reposer 2 h au réfrigérateur.

▷ Préchauffez le four à 165 °C (therm. 5-6). Étalez la pâte sur une épaisseur d'environ 2 mm. Garnissez-en un moule à tarte de 26 cm de diamètre environ, préalablement beurré. Procédez à une cuisson à blanc pendant 20 min (voir p. 39).

▷ Pendant ce temps, préparez la garniture. Portez à ébullition le sucre avec l'eau pour faire un sirop, en remuant pour décoller le sucre au fond de la casserole.

▷ Fouettez la crème bien froide au batteur électrique ou à la main. Réservez au réfrigérateur. Retirez la croûte du gorgonzola et faites-le fondre doucement dans une petite casserole à fond épais.

▷ Fouettez les jaunes d'œufs dans un grand bol. Versez doucement dessus le sirop en continuant de fouetter. Remettez le tout à chauffer dans un bain-marie sans cesser de fouetter pendant 10 min. Quand le mélange au sirop a doublé de volume, ajoutez le gorgonzola fondu. Remuez puis laissez tiédir.

▷ Ajoutez la crème fouettée. Placez au réfrigérateur, au moins 20 min.

▷ Pelez les poires et coupez des tranches très fines. Posez-les sur une assiette et pressez du jus de citron dessus pour éviter qu'elles ne noircissent.

▷ Faites chauffer le beurre dans une poêle, ajoutez les tranches de poire et faites-les dorer 10 min à feu moyen, en retournant les tranches une fois. Laissez un peu tiédir. Posez les tranches de poire sur le fond de pâte précuit. Recouvrez de la préparation au gorgonzola bien fraîche. Servez aussitôt.

maroilles

Pour 4 à 6 personnes
Préparation : 30 min
Cuisson : 45 min environ

250 de pâte brisée préétalée
ou 250 g de pâte brisée maison (voir p. 28)
130 g de fromage blanc en faisselle
240 g de maroilles
2 œufs
1 cuill. à soupe de crème liquide
30 g de beurre
Sel et poivre

Goyère

▷ Préchauffez le four à 180 °C (therm. 6).

▷ Garnissez de pâte un moule à manqué de 22 cm de diamètre, préalablement recouvert de papier sulfurisé. Procédez à une cuisson à blanc pour pâte brisée pendant 10 min (voir p. 39).

▷ Mettez le fromage blanc à égoutter. Écroûtez le maroilles, coupez la pâte en cubes, incorporez ceux-ci au fromage blanc en les écrasant avec une fourchette.

▷ Battez les œufs avec la crème et le sel, poivrez généreusement. Malaxez avec les fromages.

▷ Augmentez la température du four à 230 °C (therm. 7-8).

▷ Versez la garniture sur le fond de pâte précuit et enfournez pour 20 min.

▷ Sortez la goyère et, avec la pointe d'un couteau, tracez sur le dessus des losanges. Parsemez de dés de beurre. Remettez au four 15 min. Servez très chaud.

Pour 4 personnes
Préparation : 25 min
Cuisson : 30 min environ

4 feuilles de brick
4 blancs de poireau
1 oignon
350 g de maroilles
2 cuill. à soupe d'huile d'olive
Quelques noisettes
10 g de beurre
Sel et poivre

Chaussons au maroilles et à la fondue de poireau

▷ Lavez les blancs de poireau et émincez-les assez finement.
▷ Pelez l'oignon et hachez-le. Coupez le maroilles en fines tranches.
▷ Faites chauffer l'huile dans une sauteuse et faites suer l'oignon haché à feu vif pendant quelques instants en remuant. Ajoutez les poireaux, salez, poivrez et laissez mijoter 15 min environ, en remuant régulièrement.
▷ Préchauffez le four à 180 °C (therm. 6).
▷ À l'aide d'un pinceau, badigeonnez les feuilles de brick de beurre fondu. Étalez de la fondue de poireau au centre de chaque feuille, puis répartissez les tranches de fromage. Parsemez de noisettes concassées. Repliez les feuilles de brick sur la préparation pour former des petits chaussons (voir p. 40), puis déposez-les sur une plaque recouverte de papier sulfurisé.
▷ Enfournez pour 15 min environ, jusqu'à ce que les chaussons soient dorés. Servez aussitôt, avec une salade de mâche par exemple.

mascarpone

Pour 6 personnes
Préparation : 15 min
Cuisson : 55 min

250 g de pâte feuilletée préétalée
100 g de tomates cerises
1/2 bouquet de basilic
100 g de petits pois frais ou surgelés
3 œufs
250 g de mascarpone
100 g de parmesan râpé
Sel et poivre

Quiche au mascarpone et au parmesan

▷ Préchauffez le four à 180 °C (therm. 6).
▷ Garnissez de pâte un moule à tarte de 26 cm de diamètre, préalablement recouvert de papier sulfurisé. Procédez à une cuisson à blanc pour pâte feuilletée pendant 10 min (voir p. 39).
▷ Lavez les tomates cerises, égouttez-les et coupez-les en deux. Rincez le basilic et ciselez-le.
▷ Faites cuire pendant 5 min les petits pois dans de l'eau bouillante salée.
▷ Dans un saladier, battez les œufs avec le mascarpone et le parmesan. Salez et poivrez. Ajoutez les petits pois et le basilic.
▷ Versez ce mélange sur le fond de pâte précuit. Disposez-y les moitiés de tomate et enfournez pour 40 min. Servez chaud.

mimolette

Pour 4 à 6 personnes
Préparation : 15 min
Cuisson : 50 min environ

250 g de pâte feuilletée préétalée
200 g de mimolette
6 tranches de bacon
1 tomate
3 œufs
20 cl de crème liquide
10 cl de lait
Sel et poivre

Quiche à la mimolette et au bacon

▷ Préchauffez le four à 180 °C (therm. 6).
▷ Garnissez de pâte un moule à tarte de 26 cm de diamètre, préalablement recouvert de papier sulfurisé. Procédez à une cuisson à blanc pour pâte feuilletée pendant 10 min (voir p. 39).
▷ Râpez le fromage et coupez les tranches de bacon en lanières. Lavez la tomate et coupez-la en fines rondelles.
▷ Dans un saladier, battez les œufs avec la crème et le lait. Ajoutez le fromage râpé. Salez, poivrez et mélangez bien.
▷ Versez le mélange aux œufs sur le fond de pâte précuit. Ajoutez dessus les rondelles de tomate et les lanières de bacon et enfournez pour 40 min. Servez chaud.

Quiche au mascarpone et au parmesan ▶

mozzarella

Pour 6 personnes
Préparation : 20 min
Cuisson : 1 h environ

500 g de pâte feuilletée préétalée
(2 rouleaux de pâte à dérouler)
6 pommes de terre moyennes
200 g de mozzarella
20 g de beurre
1 cuill. à café d'origan séché
30 g de ricotta
1 œuf
Sel et poivre

Tourte à la mozzarella et aux pommes de terre

▷ Pelez les pommes de terre, lavez-les et essuyez-les dans du papier absorbant. Découpez-les en fines rondelles.
▷ Coupez la mozzarella en tranches fines.
▷ Préchauffez le four à 160 °C (therm. 5-6).
▷ Beurrez largement une tourtière de 26 cm de diamètre et garnissez-la d'un premier disque de pâte.
▷ Disposez la moitié des rondelles de pomme de terre dans la tourtière, ajoutez les tranches de mozzarella et recouvrez du reste des pommes de terre. Salez, poivrez et saupoudrez d'origan. Parsemez de ricotta émiettée et recouvrez l'ensemble avec l'autre morceau de pâte.
▷ Soudez bien les bords et formez une petite cheminée au centre. À l'aide d'une fourchette, dessinez des motifs géométriques sur le dessus de la tourte. Battez l'œuf et badigeonnez-en la surface de la tourte à l'aide d'un pinceau. Enfournez pour 1 h environ. Servez chaud avec une salade verte.

Pour 4 à 6 personnes
Préparation : 20 min
Cuisson : 20 min environ

250 g de pâte à pizza préétalée
ou 250 g de pâte à pizza maison
(voir p. 37)
400 g de mozzarella
4 cuill. à soupe d'huile d'olive
1 cuill. à café d'origan séché
100 g de parmesan
80 de roquette
Sel et poivre

Pizza blanche à la roquette

▷ Préchauffez le four à 240 °C (therm. 8).
▷ Déroulez la pâte à pizza sur la plaque du four préalablement recouverte de papier sulfurisé.
▷ Coupez la mozzarella en petits dés et répartissez-les sur la pâte. Arrosez de 2 cuill. à soupe d'huile. Saupoudrez d'origan, salez, poivrez et enfournez pour 20 min environ.
▷ À l'aide d'un couteau éplucheur, taillez des copeaux de parmesan.
▷ Assaisonnez la roquette avec l'huile restante. Salez, poivrez et mélangez.
▷ Sortez la pizza du four et garnissez-la de roquette et de copeaux de parmesan. Servez aussitôt.

Pizza blanche à la roquette ▶

Pour 4 à 6 personnes
Préparation : 15 min
Cuisson : 30 min

250 g de pâte à pizza préétalée ou 250 g de pâte à pizza maison (voir p. 37)
300 g de mozzarella
1 grosse boîte de tomates pelées (450 g environ)
2 cuill. à soupe de concentré de tomate
1 poignée d'olives noires
1 cuill. à soupe d'origan séché
Sel et poivre

Pizza à la mozzarella et à la tomate

▷ Préchauffez le four à 210 °C (therm. 7).
▷ Déroulez la pâte à pizza sur la plaque du four préalablement recouverte de papier sulfurisé.
▷ Coupez la mozzarella en dés.
▷ Égouttez les tomates pelées, ouvrez-les en deux et épépinez-les. Mixez-les avec le concentré de tomate.
▷ Versez la purée obtenue sur la pâte. Ajoutez par-dessus la mozzarella et les olives. Salez, poivrez et saupoudrez d'origan. Enfournez pour 30 min. Servez bien chaud.

Fromage et fruits

Certains fromages associés à des fruits, ou à des préparations qui en comportent, peuvent composer des garnitures savoureuses et souvent originales pour des tartes, des tourtes ou des quiches. Gorgonzola et poires, brocciu et zestes d'agrumes, roquefort et gelée de groseille, brebis basque et confiture de cerise noire feront ainsi toujours bon ménage sur une pâte.

Tarte au parmesan et aux Griottines®

Pour 6 à 8 personnes
Préparation : 30 min
Repos de la pâte : 2 h
Réfrigération : 40 min au moins
Cuisson : 40 min environ

Pour la pâte au parmesan

- 120 g de beurre demi-sel mou
- 80 g de sucre glace
- 30 g de parmesan râpé
- 2 jaunes d'œufs
- 200 g de farine

Pour la garniture

- 200 g de parmesan jeune (90 g seulement s'il a 2 ou 3 ans d'âge)
- 320 g de sucre en poudre
- 20 cl d'eau
- 6 feuilles de gélatine
- 90 cl de crème liquide entière
- 12 jaunes d'œufs
- 50 cl de Griottines®

▷ Préparez la pâte. Mélangez tous les ingrédients, sauf la farine. Ajoutez celle-ci en la tamisant et mélangez encore. Formez une boule, enveloppez-la dans un linge ou dans un film alimentaire et laissez reposer 2 h au réfrigérateur.

▷ Préchauffez le four à 165 °C (therm. 5-6).

▷ Étalez la pâte sur une épaisseur de 2 mm. Garnissez-en un moule à tarte beurré de 30 cm de diamètre. Procédez à une cuisson à blanc pendant 20 min (voir p. 39).

▷ Préparez la garniture. Râpez le parmesan finement. Portez à ébullition le sucre avec l'eau pour faire un sirop ; remuez pour décoller le sucre au fond de la casserole.

▷ Faites tremper les feuilles de gélatine dans un bol d'eau tiède.

▷ Fouettez la crème bien froide dans un grand bol froid. Réservez au réfrigérateur.

▷ Fouettez les jaunes d'œufs dans un grand bol. Versez doucement dessus le sirop en continuant de fouetter. Remettez le tout à chauffer dans un bain-marie pendant 10 min, sans cesser de fouetter.

▷ Ajoutez cuillerée par cuillerée le parmesan tout en continuant de fouetter.

▷ Quand le mélange au sirop a doublé de volume, ajoutez, hors du feu et en remuant, la gélatine égouttée. Laissez tiédir.

▷ Incorporez la crème fouettée. Placez ce parfait au réfrigérateur.

▷ Dans une casserole à fond épais, faites chauffer à feu doux les Griottines et leur jus pendant 20 min environ, jusqu'à obtention d'une texture sirupeuse.

▷ Étalez sur le fond de pâte précuit une couche de parfait au parmesan bien froid. Disposez des Griottines par-dessus, puis, à l'aide d'une poche à douille, parsemez des petites boules de parfait. Servez aussitôt.

Vous trouverez aussi des fromages associés à des fruits dans :

• Petits croustillants de camembert aux pommes p. 174
• Tarte au chèvre, aux figues et au jambon cru p. 180
• Tarte au chèvre frais et aux fruits secs p. 180
• Tarte au gorgonzola et aux poires p. 193
• Croustillants de mimolette vieille aux abricots p. 200

Croustillants de mimolette vieille aux abricots

Pour 4 personnes

4 feuilles de brick
60 g de noisettes
4 abricots au sirop
2 abricots secs
200 g de mimolette vieille
2 cuill. à soupe d'huile
Sel et poivre

▷ Préchauffez le four à 170 °C (therm. 5-6).

▷ Concassez grossièrement les noisettes. Égouttez et rincez les abricots au sirop puis coupez-les en dés. Coupez également les abricots secs en dés.

▷ À l'aide d'un couteau éplucheur, taillez des copeaux de mimolette et mélangez-les aux dés d'abricot. Ajoutez les noisettes. Salez et poivrez.

▷ Badigeonnez les feuilles de brick d'huile des deux côtés, puis pliez-les en deux. Déposez de la farce au fromage sur une extrémité de la feuille puis repliez celle-ci sur elle-même pour former un triangle. Déposez les croustillants sur une plaque à pâtisserie recouverte de papier sulfurisé, puis enfournez pour 15 à 20 min, jusqu'à ce qu'ils soient bien dorés. Servez aussitôt, avec une petite salade de roquette aux noisettes, par exemple.

Croustillants de mimolette vieille aux poires : remplacez les abricots secs et au sirop par 1 poire au sirop.

Fines tartelettes au brie et aux poireaux

Pour 4 personnes

230 g de pâte feuilletée préétalée
2 cuill. à soupe d'huile d'olive
400 g de poireaux surgelés (coupés en rondelles)
130 g de brie
1 cuill. à soupe de graines de pavot
Sel et poivre

▷ Préchauffez le four à 180 °C (therm. 6).

▷ Découpez quatre disques de pâte feuilletée de 13 cm de diamètre environ. Disposez-les sur une plaque à pâtisserie. Recouvrez de papier sulfurisé puis d'une autre plaque et faites cuire la pâte à blanc pendant 15 min.

▷ Pendant ce temps, faites chauffer l'huile dans une poêle puis faites suer les rondelles de poireau 15 min environ à feu moyen, jusqu'à ce qu'ils soient cuits. Salez et poivrez.

▷ Disposez la fondue de poireau sur les fonds de pâte précuits. Coupez le brie en lamelles et répartissez celles-ci sur chaque tartelette. Salez, poivrez, puis saupoudrez de graines de pavot.

▷ Enfournez pour 10 min. Servez chaud.

Fines tartelettes au brie et aux oignons : remplacez les poireaux par la même quantité d'oignons surgelés et les graines de pavot par des graines de sésame. Procédez de la même manière pour la cuisson des oignons à la poêle.

munster

Pour 4 à 6 personnes
Préparation : 20 min
Cuisson : 45 min environ

250 g de pâte brisée préétalée ou 250 g de pâte brisée maison **(voir p. 28)**
8 pommes de terre à chair ferme de taille identique (roseval, charlotte ou amandine)
1 petit munster fermier (200 g environ)
20 cl de crème épaisse
2 pincées de quatre-épices
1 pincée de coriandre en poudre
Sel et poivre

Tarte vosgienne au munster et aux pommes de terre

▷ Pelez les pommes de terre. Lavez-les et coupez-les en rondelles. Mettez-les dans une grande casserole d'eau salée, portez à ébullition et laissez cuire pendant 10 min environ.
▷ Préchauffez le four à 210 °C (therm. 7).
▷ Garnissez de pâte brisée un moule à tarte beurré de 26 cm de diamètre. Piquez le fond avec une fourchette.
▷ Égouttez les pommes de terre et séchez-les.
▷ Retirez la croûte du munster, puis coupez-le en lamelles. Disposez celles-ci sur la pâte. Couvrez avec les rondelles de pomme de terre.
▷ Mélangez la crème avec du sel et les épices. Nappez-en les pommes de terre.
▷ Enfournez le moule, baissez la température du four à 180 °C (therm. 6) et laissez cuire de 30 à 35 min.
▷ Poivrez la tarte cuite à la sortie du four. Servez aussitôt avec une salade verte parsemée d'échalote hachée et de persil plat ciselé finement.

Tarte vosgienne au munster et aux pommes de terre ▶

Pour 4 à 6 personnes
Préparation : 20 min
Cuisson : 50 min environ

230 g de pâte brisée préétalée ou 230 g de pâte brisée maison (voir p. 28)
2 petites pommes de terre (150 à 200 g au total)
1/2 ou 1 cuill. à café de graines de cumin
200 g de munster
2 œufs
120 g de petit-suisse
Sel et poivre

Quiche au munster et aux pommes de terre

▷ Pelez les pommes de terre et lavez-les. Mettez-les dans une grande casserole d'eau salée, portez à ébullition et laissez cuire 15 à 20 min.
▷ Égouttez les pommes de terre, laissez-les tiédir et coupez-les en rondelles.
▷ Faites légèrement griller les graines de cumin dans une petite poêle bien chaude.
▷ Préchauffez le four à 180-200 °C (therm. 6-7).
▷ Coupez le munster en lamelles.
▷ Cassez les œufs en séparant les blancs des jaunes. Mélangez les jaunes avec les petits-suisses et le cumin.
▷ Battez les blancs en neige ferme et incorporez-les délicatement au mélange précédent. Salez et poivrez.
▷ Garnissez de pâte brisée un moule à tarte de 28 cm de diamètre, préalablement recouvert de papier sulfurisé. Piquez la pâte avec une fourchette puis recouvrez-la de lamelles de fromage et de rondelles de pomme de terre. Versez le mélange aux œufs et enfournez pour 30 à 35 min. Servez chaud.

Vous pouvez aussi préparer cette quiche avec une pâte feuilletée.

Tartelettes à la raclette et à la viande des Grisons ▶

raclette

Pour 4 à 6 personnes
Préparation : 10 min
Cuisson : 35 min

250 g de pâte feuilletée préétalée
200 g de fromage à raclette
300 g de viande des Grisons coupée en fines tranches
Sel et poivre

Tarte à la raclette et à la viande des Grisons

- Préchauffez le four à 180 °C (therm. 6).
- Garnissez de pâte un moule à tarte de 26 cm de diamètre, préalablement recouvert de papier sulfurisé. Procédez à une cuisson à blanc pour pâte feuilletée pendant 15 min (voir p. 39).
- Pendant ce temps, découpez le fromage en lichettes et la viande en lanières.
- Garnissez le fond de pâte précuit de lamelles de fromage et de lanières de viande. Enfournez pour 15 à 20 min. Servez chaud.

Tartelettes à la raclette et à la viande des Grisons : préparez de la même façon des tartelettes en utilisant six moules de 8 cm de diamètre environ ou des spatules à raclette (dans ce cas, vérifiez avant qu'elles pourront supporter la chaleur du four).

ricotta

Pour 6 personnes
Préparation : 20 min
Cuisson : 30 min environ

300 g de pâte à pain fraîche (à acheter chez le boulanger) ou 300 g de pâte à pizza maison (voir p. 37)
4 tomates
1/2 bouquet de basilic
250 g de ricotta
2 œufs
1 cuill. à soupe de concentré de tomate
1 poignée d'olives noires
1 cuill. à soupe d'origan séché
50 g de parmesan râpé
Sel et poivre

Pizza à la ricotta et à la tomate

- Préchauffez le four à 210 °C (therm. 7).
- Étalez la pâte à pain sur 3 mm d'épaisseur environ et garnissez-en la plaque du four, préalablement recouverte de papier sulfurisé.
- Coupez les tomates en tranches et déposez celles-ci sur du papier absorbant. Salez-les et poivrez-les.
- Lavez le basilic et ciselez-le.
- Dans un saladier, mélangez la ricotta, les œufs, le concentré de tomate et le basilic ciselé. Salez et poivrez.
- Étalez cette préparation sur la pâte. Déposez les rondelles de tomate. Ajoutez les olives et saupoudrez d'origan et de parmesan. Enfournez pour 30 min environ. Servez chaud.

Traditionnellement utilisé pour parfumer une pizza, l'origan peut toutefois être remplacé par du thym ou du romarin.

Quiche à la ricotta et aux blettes

Pour 4 à 6 personnes
Préparation : 30 min
Cuisson : 40 min environ

200 g de pâte brisée préétalée
ou 200 g de pâte brisée maison (voir p. 28)
1 botte de blettes (environ 400 g de feuilles)
2 cuill. à soupe d'huile d'olive
2 œufs
300 g de ricotta
40 g de pignons de pin
Sel et poivre

▷ Lavez les feuilles de blette (réservez les côtes pour une autre recette), puis hachez-les grossièrement au couteau.
▷ Faites chauffer l'huile dans une sauteuse, ajoutez les blettes et laissez cuire à feu moyen pendant 5 min environ. Salez, poivrez et mixez-les grossièrement.
▷ Préchauffez le four à 180 °C (therm. 6).
▷ Battez les œufs dans un saladier, ajoutez la ricotta, mélangez, puis incorporez les blettes.
▷ Garnissez de pâte brisée un moule de 24 cm de diamètre, préalablement recouvert de papier sulfurisé. Piquez le fond de pâte avec une fourchette puis étalez la garniture aux blettes. Enfournez pour 30 min.
▷ Sortez la quiche du four et répartissez les pignons de pin. Remettez au four pour 5 min environ. Servez chaud.

Vous pouvez remplacer les pignons de pin par des noisettes ou des noix concassées.

roquefort

Tarte au roquefort

Pour 6 personnes
Préparation : 30 min
Cuisson : 30 min environ

250 g de pâte feuilletée préétalée
140 g de roquefort
4 cuill. à soupe de crème liquide
30 g de beurre
1 cuill. à soupe de farine
25 cl de lait
1 pincée de muscade
Sel et poivre

▷ Préchauffez le four à 180 °C (therm. 6).
▷ Garnissez de pâte un moule à tarte de 28 cm de diamètre, préalablement recouvert de papier sulfurisé. Procédez à une cuisson à blanc pour pâte feuilletée pendant 15 min (voir p. 39).
▷ Pendant ce temps, coupez le roquefort en petits morceaux puis écrasez-le à la fourchette. Malaxez-le avec la crème pour obtenir une pâte homogène.
▷ Préparez une sauce Béchamel. Dans une casserole, faites fondre le beurre puis ajoutez la farine. Versez le lait et faites cuire sur feu doux en remuant, jusqu'à épaississement. Salez, poivrez et ajoutez la muscade.
▷ Hors du feu, ajoutez le mélange au roquefort et remuez.
▷ Versez cette préparation sur le fond de pâte précuit et remettez au four pendant 10 à 15 min. Servez chaud.

Pour 6 personnes
Préparation : 20 min
Cuisson : 1 h environ

250 de pâte brisée préétalée
ou 250 g de pâte brisée maison **(voir p. 28)**
200 g de chair de potiron
4 œufs
25 cl de crème liquide
15 cl de lait
1 pincée de noix muscade
150 g de roquefort
Sel et poivre

Tarte au roquefort et au potiron

▷ Préchauffez le four à 180 °C (therm. 6).

▷ Garnissez de pâte un moule à tarte de 26 cm de diamètre, préalablement recouvert de papier sulfurisé. Procédez à une cuisson à blanc pour pâte brisée pendant 10 min (voir p. 39).

▷ Pendant ce temps, découpez la chair de potiron en cubes. Faites cuire ceux-ci dans une casserole d'eau bouillante salée pendant 15 min environ.

▷ Dans un saladier, battez les œufs avec la crème, le lait et la muscade. Incorporez le roquefort émietté. Salez modérément et poivrez.

▷ Égouttez les cubes de potiron, ajoutez-les dans le saladier et mélangez.

▷ Étalez cette préparation sur le fond de pâte précuit. Enfournez pour 40 min. Servez chaud.

Tarte au stilton et au potiron : remplacez le roquefort par la même quantité de stilton, fromage anglais à pâte persillée.

Tarte au roquefort et au potiron ▶

Pour 4 personnes
Préparation : 15 min
Cuisson : 30 min environ

250 g de pâte feuilletée préétalée
300 g de roquefort
20 cl de crème liquide
100 g de cerneaux de noix
1 œuf
Poivre

Chausson au roquefort et aux noix

▷ Préchauffez le four à 200 °C (therm. 6-7).
▷ Écrasez le roquefort et la crème à la fourchette. Concassez les cerneaux de noix et incorporez-les au mélange. Poivrez.
▷ Déroulez la pâte feuilletée et piquez-la avec une fourchette. Étalez sur la pâte le mélange au roquefort puis repliez-la pour former un gros chausson (voir p. 40). Soudez bien les bords et déposez le chausson sur la plaque du four recouverte de papier sulfurisé.
▷ Battez l'œuf et badigeonnez-en la surface du chausson à l'aide d'un pinceau. Enfournez pour 25 à 30 min. Servez chaud.

vacherin

Pour 4 à 6 personnes
Préparation : 30 min
Cuisson : 40 min environ

200 g de pâte feuilletée préétalée
600 g de pommes de terre à chair ferme
400 g de vacherin pas trop fait
20 g de beurre
4 cuill. à soupe de vin blanc sec (facultatif)
1 œuf
Sel et poivre

Tatin au vacherin et aux pommes de terre

▷ Épluchez les pommes de terre et lavez-les. Faites-les cuire 10 min à l'eau bouillante salée.
▷ Coupez le vacherin en lamelles.
▷ Égouttez les pommes de terre, laissez-les tiédir, puis coupez-les en rondelles.
▷ Préchauffez le four à 180 °C (therm. 6).
▷ Beurrez largement un moule à manqué de 23 cm de diamètre. Disposez une couche de rondelles de pomme de terre dans le fond du moule, ajoutez quelques lamelles de vacherin, salez, poivrez, puis disposez à nouveau une couche de pomme de terre. Terminez par les lamelles de vacherin. Salez, poivrez, versez éventuellement le vin blanc.
▷ Recouvrez le tout avec de la pâte feuilletée en rabattant bien les bords à l'intérieur du moule. Battez l'œuf et badigeonnez-en la surface de la pâte à l'aide d'un pinceau. Enfournez pour 25 à 30 min, jusqu'à ce que la pâte soit bien dorée.
▷ À la sortie du four, posez un plat de service sur le moule et retournez le tout. Retirez délicatement le moule. Servez chaud.

Tout *fruits*

abricot

Pour 4 à 6 personnes
Préparation : 15 min
Cuisson : 35 à 40 min

350 g de pâte feuilletée prête à étaler
700 g d'abricots assez mûrs (ou d'oreillons d'abricot au sirop)
80 g de sucre en poudre
5 cuill. à soupe de confiture d'abricot
40 g d'amandes
Sucre glace

Tarte aux abricots et aux amandes

▷ Préchauffez le four à 200 °C (therm. 6-7).
▷ Étalez la pâte et garnissez-en un moule à tarte de 30 cm de diamètre environ, préalablement recouvert de papier sulfurisé. Piquez la pâte avec une fourchette.
▷ Rincez les abricots, dénoyautez-les (ou égouttez les fruits au sirop) et coupez-les en grosses lamelles. Répartissez la moitié du sucre sur le fond de pâte. Disposez les lamelles d'abricot en rosace, puis saupoudrez dessus le reste de sucre. Enfournez pour 35 à 40 min, jusqu'à ce que la pâte soit bien dorée.
▷ Sortez la tarte du four, laissez-la tiédir puis démoulez-la et posez-la sur une grille.
▷ Faites chauffer la confiture quelques instants à feu très doux. Versez la confiture liquéfiée sur la tarte, hachez les amandes et répartissez-les en surface. Laissez refroidir et saupoudrez légèrement de sucre glace.

Tarte mille-feuille aux abricots : faites d'abord une tarte en suivant la recette ci-dessus puis préparez de la même manière un second disque de pâte feuilletée de 350 g. Saupoudrez-le de 2 cuill. à café de sucre glace et faites-le cuire à 210 °C (therm. 7) pendant 15 min environ. Sortez-le du four, applatissez si nécessaire les boursouflures qui se sont formées puis déposez-le simplement sur le dessus de la tarte aux abricots.

Pour 4 à 6 personnes
Préparation : 20 min
Cuisson : 40 min environ

230 g de pâte feuilletée préétalée
600 g d'abricots
50 g de beurre
100 g de sucre en poudre
3 brins de lavande
4 biscuits à la cuillère
2 sachets de sucre vanillé

Tarte aux abricots parfumée à la lavande

▷ Préchauffez le four à 180 °C (therm. 6).
▷ Garnissez de pâte un moule à tarte de 24 cm de diamètre, préalablement recouvert de papier sulfurisé. Procédez à une cuisson à blanc pour pâte feuilletée pendant 10 min (voir p. 39).
▷ Rincez les abricots, coupez-les en deux et dénoyautez-les.
▷ Faites fondre 30 g de beurre dans une sauteuse, ajoutez le sucre puis les oreillons d'abricot. Parsemez de lavande et laissez cuire doucement pendant 15 min environ, en retournant les fruits délicatement pour les faire cuire des deux côtés.
▷ Émiettez les biscuits à la cuillère sur le fond de pâte précuit. Disposez les abricots côté bombé en dessous puis saupoudrez-les de sucre vanillé. Parsemez de noisettes de beurre. Enfournez pour 20 min environ. Servez tiède.

Tarte aux abricots et au gingembre

Pour 4 à 6 personnes
Préparation : 20 min
Cuisson : 35 min environ

250 g de pâte feuilletée préétalée
800 g d'abricots
2 œufs
80 g de beurre mou
1 cuill. à soupe de crème liquide
80 g de cassonade
100 g de noisettes en poudre
2 cuill. à soupe de gingembre râpé
2 cuill. à soupe de gelée de fruit (de groseille par exemple)

▷ Préchauffez le four à 180 °C (therm. 6).
▷ Garnissez de pâte un moule à tarte de 28 cm de diamètre, préalablement recouvert de papier sulfurisé. Procédez à une cuisson à blanc pour pâte feuilletée pendant 10 min (voir p. 39).
▷ Rincez les abricots, coupez-les en deux et dénoyautez-les.
▷ Dans un saladier, battez les œufs puis mélangez-les avec le beurre, la crème, la cassonade, les noisettes en poudre et le gingembre. Remuez jusqu'à obtenir une préparation homogène.
▷ Versez cette préparation sur le fond de pâte précuit. Disposez harmonieusement les abricots par-dessus, côté bombé contre la pâte, et enfournez pour 25 min environ.
▷ Faites fondre la gelée de fruit à feu doux et badigeonnez-en les abricots à la fin de la cuisson de la tarte. Laissez refroidir la tarte avant de la servir.

Tarte aux abricots et à la cannelle : remplacez le gingembre par la même quantité de cannelle en poudre.

Tarte aux abricots et aux amandes ▶

Tarte briochée aux abricots et au romarin

Pour 4 à 6 personnes
Préparation : 20 min
Cuisson : 25 min environ

300 g de pâte briochée (voir p. 37)
1 kg d'abricots
2 œufs
100 g de beurre mou
100 g de sucre en poudre
120 g d'amandes en poudre
2 cuill. à soupe de romarin haché

▷ Préchauffez le four à 180 °C (therm. 6).

▷ Étalez la pâte briochée en un rectangle de 30 × 40 cm. Déposez celui-ci sur la plaque du four, préalablement recouverte de papier sulfurisé.

▷ Rincez les abricots, coupez-les en deux et dénoyautez-les.

▷ Dans un saladier, battez les œufs puis mélangez-les avec le beurre, le sucre, les amandes en poudre et le romarin. Remuez jusqu'à obtenir une préparation homogène.

▷ Versez cette préparation sur la pâte, disposez harmonieusement les abricots par-dessus, côté bombé contre la pâte, et enfournez pour 25 min environ. Servez tiède.

Si vous n'avez pas de romarin, vous pouvez utiliser la même quantité de basilic ou de menthe ; leurs saveurs se marient également très bien avec celle de l'abricot.

Galette des rois à la frangipane ▶

Pour 4 personnes
Préparation : 20 min
Cuisson : 20 min environ

250 g de pâte feuilletée préétalée
100 g de noix de coco râpée
1 grosse boîte de 850 g d'abricots au sirop (soit environ 400 g égouttés)
100 g de groseilles fraîches ou surgelées
1 cuill. à café de vanille liquide
2 cuill. à soupe de miel liquide de lavande (à défaut, du miel toutes fleurs)

Tartelettes aux abricots et aux groseilles

▷ Préchauffez le four à 180 °C (therm. 6).

▷ Garnissez de pâte feuilletée quatre moules à tartelette de 13 cm de diamètre, préalablement beurrés. Piquez les fonds avec une fourchette, recouvrez de papier sulfurisé et de légumes secs, puis faites cuire à blanc pendant 5 min environ.

▷ Retirez les légumes et le papier puis recouvrez la pâte de la moitié de la noix de coco râpée.

▷ Égouttez les abricots et coupez-les en dés.

▷ Rincez et égrappez les groseilles puis ajoutez-les aux abricots. Incorporez la vanille liquide et le miel et mélangez bien.

▷ Répartissez les fruits sur les fonds de pâte précuits, saupoudrez du reste de noix de coco et enfournez pour 15 à 18 min. Servez tiède ou froid.

amande

Pour 6 personnes
Préparation : 20 min
Repos : 30 min
Cuisson : 40 min

600 g de pâte feuilletée prête à étaler
1 œuf
1 fève

Pour la crème frangipane
80 g de beurre
1 petit œuf
80 g de sucre glace
80 g d'amandes en poudre

Galette des rois à la frangipane

▷ Préparez la crème frangipane. Coupez le beurre en petits morceaux. Cassez l'œuf dans un saladier, ajoutez le beurre, le sucre et fouettez à la main pour obtenir une crème lisse. Incorporez les amandes en poudre et mélangez à nouveau.

▷ Divisez le bloc de pâte en deux et étalez chaque morceau en un disque de 2,5 mm d'épaisseur environ. Posez l'un des disques de pâte sur la plaque du four recouverte de papier sulfurisé.

▷ Battez l'œuf et badigeonnez-en le pourtour du disque à l'aide d'un pinceau. Étalez la crème frangipane sur celui-ci et ajoutez la fève à quelques centimètres du bord.

▷ Posez l'autre disque de pâte par-dessus et soudez bien les bords. Avec un petit couteau pointu, tracez des rayures parallèles, espacées, dans un sens puis dans l'autre, de façon à former des losanges. Laissez reposer au réfrigérateur pendant 30 min.

▷ Préchauffez le four à 250 °C (therm. 8-9).

▷ Badigeonnez la pâte avec le reste de l'œuf battu. Enfournez la plaque, abaissez la température du four à 200 °C (therm. 6-7) et faites cuire pendant 40 min. Servez chaud ou tiède.

banane

Pour 4 à 6 personnes
Préparation : 10 min
Cuisson : 25 min
Réfrigération : 2 h

250 g de pâte feuilletée préétalée
180 g de chocolat noir pâtissier
30 cl de crème liquide
Quelques amandes effilées
3 bananes

Tarte à la banane et au chocolat

▷ Préchauffez le four à 180 °C (therm. 6).
▷ Garnissez de pâte un moule à tarte de 28 cm de diamètre, préalablement recouvert de papier sulfurisé. Procédez à une cuisson à blanc pour pâte feuilletée pendant 20 min (voir p. 39).
▷ Pendant ce temps, cassez le chocolat en morceaux et faites-le fondre doucement au bain-marie, avec la crème. Mélangez bien.
▷ Faites légèrement griller les amandes à sec dans une poêle.
▷ Coupez les bananes en rondelles. Disposez-en les deux tiers sur le fond de pâte précuit et versez dessus la crème au chocolat.
▷ Décorez le dessus avec le reste des rondelles de banane et les amandes effilées. Mettez 2 h au réfrigérateur avant de servir.

Tartelettes à la banane et au chocolat : vous pouvez préparer de la même manière des tartelettes en utilisant six petits moules de 8 cm de diamètre environ.

Pour 4 à 6 personnes
Préparation : 20 min
Cuisson : 35 min environ

250 de pâte brisée préétalée
ou 250 g de pâte brisée maison (voir p. 28)
500 g de rhubarbe fraîche (ou surgelée)
2 cuill. à soupe de miel liquide
70 g de sucre en poudre
2 bananes
1 citron
2 cuill. à soupe d'amandes en poudre

Tarte à la banane et à la rhubarbe

▷ Préchauffez le four à 180 °C (therm. 6).
▷ Rincez la rhubarbe, épluchez-la et coupez-la en tronçons. Mettez ceux-ci dans une casserole avec le miel et le sucre. Laissez cuire sur feu doux pendant 15 min environ, en ajoutant 1 ou 2 cuill. à soupe d'eau si nécessaire. Égouttez.
▷ Garnissez de pâte un moule à tarte de 26 cm de diamètre, préalablement recouvert de papier sulfurisé. Procédez à une cuisson à blanc pour pâte brisée pendant 10 min (voir p. 39).
▷ Épluchez les bananes, coupez-les en rondelles et arrosez-les de jus de citron.
▷ Saupoudrez le fond de pâte précuit avec les amandes en poudre, puis recouvrez de rhubarbe. Disposez les rondelles de banane par-dessus et enfournez pour 15 à 20 min. Servez tiède.

Pour 4 personnes
Préparation : 10 min
Cuisson : 30 min environ

250 g de pâte sablée préétalée
ou 250 g de pâte sablée maison
(voir p. 31)
4 bananes
40 g de beurre
1 cuill. à café d'extrait
de vanille liquide
50 g de noix de coco râpée

Tartelettes à la banane et à la noix de coco

▷ Garnissez de pâte sablée quatre moules à tartelette de 13 cm de diamètre, préalablement beurrés. Piquez la pâte avec une fourchette.
▷ Préchauffez le four à 180 °C (therm. 6).
▷ Coupez les bananes en rondelles. Faites fondre la moitié du beurre dans une poêle, ajoutez les rondelles de banane et l'extrait de vanille, puis laissez cuire 2 min à feu doux en remuant.
▷ Disposez les rondelles de banane sur les fonds de tarte. Saupoudrez de noix de coco, répartissez quelques noisettes de beurre puis enfournez pour 20 à 25 min. Servez tiède.

Tartelettes à la banane
et au chocolat ▶

cerise

Tarte aigrelette aux cerises

Pour 4 à 6 personnes
Préparation : 30 min
Repos de la pâte : 30 min
Cuisson : 30 min environ

700 g de cerises fraîches (reverchon ou griottes) ou de cerises en conserve
3 cuill. à soupe de sucre glace
2 blancs d'œufs
1 yaourt nature brassé

Pour la pâte sucrée
190 g de beurre mou
250 g de farine
65 g de sucre glace
1 œuf

▷ Préparez la pâte. Coupez le beurre en morceaux. Versez la farine dans un saladier, creusez un puits au centre et mettez-y le beurre, le sucre glace et la moitié de l'œuf battu. Mélangez les ingrédients avec les doigts et travaillez rapidement la pâte pour qu'elle soit souple et pas trop molle. Formez une boule, enveloppez-la dans un linge et laissez reposer au moins 30 min au réfrigérateur.
▷ Préchauffez le four à 180 °C (therm. 6).
▷ Étalez la pâte en lui donnant la forme d'un disque d'environ 30 cm de diamètre et de 3 mm d'épaisseur. Garnissez-en un moule préalablement recouvert de papier sulfurisé. Procédez à une cuisson à blanc pendant 15 min (voir p. 39).
▷ Sortez le moule du four, retirez les légumes secs et le papier, puis, à l'aide d'un pinceau, badigeonnez le fond avec le reste d'œuf battu et remettez au four pendant 5 min.
▷ Augmentez la température du four à 230 °C (therm. 7-8).
▷ Rincez les cerises, séchez-les dans un torchon puis équeutez-les. Dénoyautez-les puis broyez-les rapidement au mixer.
▷ Versez la purée de cerise sur le fond de pâte, saupoudrez 2 cuill. à soupe de sucre glace et enfournez pour 5 min.
▷ Sortez à nouveau la tarte du four et allumez le gril.
▷ Battez les blancs d'œufs en neige ferme puis ajoutez la dernière cuillerée de sucre glace et le yaourt. Mélangez délicatement en soulevant la masse et étalez cette crème en couche régulière sur la tarte tiède.
▷ Placez-la sous le gril pendant 3 ou 4 min, jusqu'à ce que la surface prenne une belle coloration. Servez aussitôt.

Tarte aux cerises de Duclair

Pour 4 à 6 personnes
Préparation : 15 min
Repos de la pâte : 30 min
Cuisson : 30 min environ
Réfrigération : 1 h

1 kg de cerises
40 g de beurre
200 g de sucre en poudre
10 cl de calvados
200 g de fromage blanc
20 cl de crème liquide

Pour la pâte brisée
150 g de beurre mou
1/4 de cuill. à café de sel

▷ Préparez d'abord la pâte. Travaillez le beurre à la spatule jusqu'à ce qu'il soit parfaitement onctueux et crémeux. Ajoutez ensuite le sel, le sucre, l'œuf et le lait, en continuant à remuer. Quand le mélange est bien homogène, incorporez petit à petit la farine sans cesser de remuer. Travaillez la pâte le moins longtemps possible. Dès qu'elle forme une boule, enveloppez-la dans un linge ou dans un film alimentaire et laissez reposer au moins 30 min dans le réfrigérateur.
▷ Rincez les cerises, équeutez-les et séchez-les bien. Dénoyautez-les.
▷ Faites fondre le beurre dans une grande poêle avec 50 g de sucre, remuez bien et ajoutez les cerises. Roulez les fruits dans le mélange, laissez à feu vif 5 min en secouant bien la poêle, puis ajoutez le calvados et 50 g de sucre. Faites cuire à feu très doux 15 min environ, jusqu'à ce que l'ensemble caramélise légèrement.
▷ Préchauffez le four à 200 °C (therm. 6-7).

1 cuill. à café de sucre en poudre
1 œuf
1 cuill. à soupe de lait
170 g de farine

▷ Étalez la pâte et garnissez-en un moule à tarte beurré de 24 cm de diamètre. Procédez à une cuisson à blanc pour pâte brisée pendant 20 min (voir p. 39).

▷ Battez le fromage blanc avec le reste de sucre et fouettez la crème en chantilly ; incorporez-la délicatement au fromage battu. Étalez cette préparation sur le fond de pâte précuit et mettez au réfrigérateur pendant 1 h.

▷ Disposez les cerises sur la crème et remettez au frais jusqu'au moment de servir.

Si vous voulez être sûr d'obtenir une belle découpe, ajoutez un peu de gélatine au fromage blanc pour que la garniture soit un peu plus ferme : faites tremper 1 ou 2 feuilles dans de l'eau froide, égouttez-les puis faites-les fondre dans 2 cuill. à soupe de fromage blanc chauffé. Incorporez la gélatine à la crème au fromage et terminez la tarte de la même façon.

Tarte aux cerises de Duclair ▶

citron

Pour 4 à 6 personnes
Préparation : 30 min
Cuisson : 35 à 40 min

250 g de pâte sablée préétalée
ou 250 g de pâte sablée maison (voir p. 31)
3 citrons jaunes non traités
50 g de beurre
1 cuill. à soupe de fécule de maïs
4 œufs
200 g de sucre en poudre

Tarte au citron

▷ Garnissez de pâte sablée un moule à tarte de 26 cm de diamètre, préalablement recouvert de papier sulfurisé.
▷ Rincez les citrons et prélevez-en finement le zeste. Pressez le jus des fruits.
▷ Faites fondre doucement le beurre dans une petite casserole. Délayez la fécule de maïs dans 1 cuill. à soupe d'eau.
▷ Préchauffez le four à 200 °C (therm. 6-7).
▷ Cassez les œufs dans un saladier, ajoutez le sucre et fouettez énergiquement jusqu'à ce que le mélange blanchisse. Incorporez la fécule, le beurre, le jus et le zeste des citrons et mélangez bien.
▷ Versez cette crème sur le fond de pâte, enfournez pour 35 à 40 min, jusqu'à ce que les bords de la pâte soient dorés et que la crème soit figée.
▷ Sortez la tarte du four, démoulez-la aussitôt et posez-la sur une grille. Servez froid.

Pour 6 personnes
Préparation : 35 min
Repos de la pâte : 45 min
Cuisson : 45 min environ

Pour la pâte
140 g de beurre
2 pincées de sel
250 g de farine
1 jaune d'œuf
50 g de sucre en poudre

Pour la crème
2 citrons jaunes non traités
4 œufs
180 g de sucre en poudre
1 cuill. à café de fécule de maïs
1 pincée de sel
Sucre glace (facultatif)

Tarte au citron du pays niçois

▷ Préparez la pâte. Faites ramollir 125 g de beurre et délayez le sel dans 2 cuill. à soupe d'eau. Versez la farine tamisée dans un saladier, creusez un puits, mettez-y le jaune d'œuf, le sucre, le beurre et l'eau salée. Du bout des doigts, mélangez tous les ingrédients. Formez une boule, enveloppez-la dans un linge ou dans un film alimentaire et laissez reposer au moins 30 min dans le réfrigérateur.
▷ Étalez la pâte et garnissez-en un moule à tarte de 28 cm de diamètre, préalablement beurré. Piquez le fond avec une fourchette, laissez reposer 15 min.
▷ Préchauffez le four à 170 °C (therm. 5-6).
▷ Placez sur le fond du moule un disque de papier sulfurisé et des légumes secs. Enfournez et faites cuire à blanc pendant 15 min.
▷ Préparez la crème. Râpez les zestes et pressez le jus des citrons. Cassez les œufs en séparant les blancs et les jaunes. Versez 90 g de sucre sur les jaunes et fouettez jusqu'à ce que la préparation blanchisse. Ajoutez les zestes et le jus des citrons, la fécule de maïs et mélangez bien. Faites chauffer le mélange au bain-marie en remuant sans cesse. Il doit devenir crémeux au bout de 10 à 15 min. Transvasez la crème dans un autre récipient et laissez refroidir.
▷ Montez les blancs en neige ferme avec le sel puis ajoutez le reste du sucre. Mélangez avec précaution, puis incorporez ces blancs délicatement à la crème.
▷ Versez la crème mousseuse sur le fond de pâte précuit, en lissant bien pour obtenir une surface plane.
▷ Réglez la température du four à 180 °C (therm. 6) et enfournez pour 15 min.
▷ Démoulez la tarte quelques minutes après la sortie du four. Laissez-la refroidir puis saupoudrez-la, éventuellement, de sucre glace.

Tarte épicée au citron

Pour 6 personnes
Préparation : 30 min
Cuisson : 35 à 40 min

250 de pâte brisée prête à étaler
ou 250 g de pâte brisée maison
(voir p. 28)
3 citrons jaunes non traités
50 g de beurre
1 cuill. à soupe de fécule de maïs
4 œufs
100 g de miel liquide
1 cuill. à café de gingembre en poudre
1 cuill. à café de curcuma en poudre

▷ Rincez les citrons et prélevez-en finement le zeste. Coupez les citrons en deux, pressez-les et récupérez le jus.
▷ Préchauffez le four à 200 °C (therm. 6-7).
▷ Faites fondre doucement le beurre dans une petite casserole. Délayez la fécule de maïs dans 1 cuill. à soupe d'eau.
▷ Cassez les œufs dans un saladier, ajoutez le miel et fouettez énergiquement jusqu'à ce que le mélange blanchisse. Incorporez la fécule, le beurre, le gingembre et le curcuma, le jus et le zeste des citrons et mélangez.
▷ Étalez la pâte sur 3 ou 4 mm d'épaisseur. Garnissez-en un moule à tarte de 20 cm de diamètre, préalablement recouvert de papier sulfurisé.
▷ Versez la crème sur le fond de pâte et enfournez pour 35 à 40 min, jusqu'à ce que les bords de la pâte soient dorés et que la crème soit figée.
▷ Sortez la tarte du four, démoulez-la aussitôt et posez-la sur une grille pour qu'elle refroidisse légèrement. Servez-la tiède, en accompagnement d'une viande rôtie ou d'un gibier.

▼ Tarte au citron du pays niçois

Tarte au citron meringuée

Pour 6 personnes
Préparation : 35 min
Cuisson : 40 min environ

250 g de pâte sablée préétalée
ou 250 g de pâte sablée maison **(voir p. 31)**
3 citrons jaunes non traités
50 g de beurre
1 cuill. à soupe de fécule de maïs
4 œufs
200 g de sucre en poudre

Pour la meringue

4 blancs d'œufs
100 g de sucre glace

▷ Garnissez de pâte sablée un moule à tarte de 26 cm de diamètre, préalablement recouvert de papier sulfurisé.
▷ Rincez les citrons et prélevez-en finement le zeste. Pressez le jus des fruits.
▷ Faites fondre doucement le beurre dans une petite casserole. Délayez la fécule de maïs dans 1 cuill. à soupe d'eau.
▷ Préchauffez le four à 200 °C (therm. 6-7).
▷ Cassez les œufs dans un saladier, ajoutez le sucre et fouettez énergiquement jusqu'à ce que le mélange blanchisse. Incorporez la fécule, le beurre, le jus et le zeste des citrons et mélangez.
▷ Versez cette crème sur le fond de pâte, enfournez pour 35 à 40 min, jusqu'à ce que les bords de la pâte soient dorés et que la crème soit figée.
▷ Sortez la tarte du four et laissez-la refroidir.
▷ Préparez la meringue. Montez les blancs d'œufs en neige ferme puis incorporez le sucre glace au dernier moment, en soulevant délicatement les blancs pour ne pas les briser.
▷ Allumez le gril du four.
▷ Étalez la meringue sur la tarte froide en lissant la surface avec une spatule, puis dessinez un décor avec les dents d'une fourchette. Glissez la tarte 2 ou 3 min sous le gril, jusqu'à ce qu'elle prenne une belle coloration.
▷ Sortez la tarte du four, démoulez-la aussitôt et posez-la sur une grille pour la laisser refroidir. Servez froid.

Tarte au citron vert

Pour 6 personnes
Préparation : 35 min
Repos de la pâte : 30 min
Cuisson : 40 min environ

Pour la pâte

100 g de beurre mou
200 g de farine
1 cuill. à soupe de sucre en poudre
1 cuill. à soupe de vinaigre
1 jaune d'œuf

Pour la garniture

4 citrons verts non traités
1 cuill. à soupe de fécule de maïs
2 jaunes d'œufs
120 g de sucre en poudre
25 cl de lait

▷ Préparez la pâte. Coupez le beurre en morceaux. Mélangez rapidement tous les ingrédients de la pâte avec les doigts. Formez une boule, enveloppez-la dans un linge et laissez-la reposer à température ambiante pendant 30 min.
▷ Préchauffez le four à 180 °C (therm. 6).
▷ Mettez la pâte dans un moule à tarte beurré de 21 cm de diamètre et étalez-la avec la paume de la main, en partant du milieu et en terminant par les bords. Piquez le fond avec une fourchette. Enfournez pour 20 min.
▷ Préparez la garniture. Rincez les citrons verts et prélevez-en finement le zeste. Pressez le jus de 3 fruits au-dessus d'un bol.
▷ Faites dissoudre la fécule de maïs dans 1 cuill. à soupe d'eau froide.
▷ Dans une casserole, mélangez les jaunes d'œufs, le sucre, le jus et les zestes de citron, le lait, la fécule de maïs. Faites cuire à feu doux et sans cesser de remuer pendant 25 min environ.
▷ Portez presque à ébullition puis stoppez aussitôt la cuisson. Laissez tiédir.
▷ Versez alors cette crème sur le fond de pâte précuit. Lissez avec une spatule et laissez refroidir dans un endroit frais (mais pas au réfrigérateur) avant de servir.

avec Béatrice Lagandré

Barquettes aux abricots

Pour 10 barquettes

300 g de pâte brisée prête à étaler
20 g de beurre
1 cuill. à soupe de sucre en poudre
1 boîte d'oreillons d'abricot au sirop
60 g d'amandes effilées
5 cuill. à soupe de marmelade d'abricot

▷ Préchauffez le four à 200 °C (therm. 6-7).
▷ Étalez la pâte sur 3 ou 4 mm d'épaisseur et découpez-la en dix morceaux au format des moules à barquette. Beurrez les moules et garnissez-les de pâte. Piquez le fond avec une fourchette et poudrez-les avec 1 pincée de sucre.
▷ Égouttez les oreillons d'abricot au sirop et coupez-les en deux. Rangez les quartiers en longueur dans les barquettes, peau en dessous. Enfournez pour 20 min.
▷ Pendant ce temps, faites griller légèrement les amandes à la poêle.
▷ Démoulez les barquettes et laissez-les refroidir sur une grille.
▷ Délayez un peu la marmelade avec 2 cuill. à soupe d'eau, passez-la dans une passoire et nappez-en chaque barquette à l'aide d'un pinceau. Décorez avec les amandes et servez.

Tartelettes aux amandes

Pour 8 à 10 tartelettes

250 g de pâte feuilletée préétalée
2 œufs
60 g de sucre en poudre
20 g d'amandes en poudre
10 cl de crème liquide
Sucre glace

▷ Déroulez la pâte feuilletée et découpez-y, à l'aide d'un emporte-pièce ou d'un bol, dix disques de 8 cm de diamètre. Garnissez-en des moules à tartelette assez profonds en faisant remonter un peu la pâte au-dessus des bords. Piquez les fonds avec une fourchette et posez les moules sur une plaque recouverte de papier sulfurisé. Mettez au réfrigérateur pendant au moins 1 h.
▷ Fouettez les œufs dans un saladier avec le sucre jusqu'à ce qu'ils blanchissent. Ajoutez les amandes en poudre et la crème. Mélangez.
▷ Préchauffez le four à 180 °C (therm. 6).
▷ Sortez les moules du réfrigérateur et répartissez la garniture. Saupoudrez largement la surface de sucre glace et enfournez pour 20 min environ. Servez tiède ou froid.

Tarte à la compote

Pour 4 personnes

230 g de pâte sablée préétalée
30 g d'amandes en poudre
2 œufs
400 g de compote de votre choix
50 g de sucre roux en poudre

▷ Préchauffez le four à 180 °C (therm. 6).
▷ Garnissez de pâte sablée un moule beurré de 24 cm de diamètre. Piquez la pâte et répartissez les amandes en poudre.
▷ Cassez les œufs en séparant les blancs des jaunes. Versez la compote de fruits sur les jaunes, mélangez puis ajoutez le sucre.
▷ Battez les blancs en neige puis incorporez-les délicatement à la préparation précédente.
▷ Versez le mélange sur le fond de pâte, puis enfournez pour 30 à 35 min. Servez tiède ou froid.

Pour 6 personnes
Préparation : 20 min
Cuisson : 25 min environ

250 g de pâte feuilletée préétalée
1 citron vert non traité
3 blancs d'œufs
130 g de sucre glace
250 g de noix de coco râpée
1 cuill. à café de noix muscade
1 pincée de cannelle

Tarte aux zestes de citron vert et à la noix de coco

▷ Préchauffez le four à 180 °C (therm. 6).
▷ Rincez le citron vert, prélevez-en le zeste et hachez-le.
▷ Montez les blancs d'œufs en neige et incorporez-leur, en fouettant, le sucre, la noix de coco, les épices et le zeste.
▷ Garnissez de pâte feuilletée un moule à tarte de 28 cm de diamètre, préalablement recouvert de papier sulfurisé. Piquez le fond de tarte avec une fourchette, versez la préparation au citron vert et enfournez pour 25 min environ. Servez froid.

Si vous n'avez pas de citron vert, utilisez un citron jaune ou une orange. L'association avec la noix de coco sera tout aussi réussie.

Tartelette aux clémentines ▼

clémentine

Tartelettes aux clémentines

Pour 4 personnes
Préparation : 35 min
Cuisson : 30 min

250 g de pâte sablée préétalée
ou 250 g de pâte sablée maison
(voir p. 31)
8 clémentines non traitées
1 cuill. à soupe de Grand Marnier
2 œufs
40 g de sucre en poudre
1 cuill. à soupe de fécule de maïs
5 cl de crème liquide
20 g de beurre
1 sachet de sucre vanillé
40 g de sucre glace
1 cuill. à soupe d'amandes en poudre
Sel

- ▷ Préchauffez le four à 180 °C (therm. 6).
- ▷ Garnissez de pâte sablée quatre moules à tartelette de 13 cm de diamètre. Piquez la pâte avec une fourchette, recouvrez de papier sulfurisé et de légumes secs, puis faites cuire à blanc pendant 5 min environ.
- ▷ Prélevez le zeste d'une clémentine et hachez-le. Pressez le jus de 2 clémentines au-dessus d'un bol (vous devez en obtenir 8 cl environ). Ajoutez le Grand Marnier.
- ▷ Épluchez les 6 dernières clémentines, détachez les quartiers et pelez-les à vif.
- ▷ Cassez les œufs en séparant les blancs des jaunes. Dans un saladier, fouettez les jaunes avec le sucre jusqu'à ce que le mélange blanchisse. Ajoutez le zeste et le contenu du bol. Mélangez puis incorporez la fécule et la crème.
- ▷ Faites fondre le beurre dans une poêle puis ajoutez les morceaux de clémentine et le sucre vanillé. Laissez cuire à feu moyen pendant 5 min environ.
- ▷ Saupoudrez les fonds de pâte d'amandes en poudre puis répartissez les clémentines. Versez dessus la préparation aux œufs puis enfournez pour 15 min.
- ▷ Pendant ce temps, battez les blancs en neige avec le sucre glace et déposez cette meringue sur les tartelettes. Remettez au four 5 min environ, jusqu'à ce que la meringue soit dorée. Servez tiède.

figue

Tarte fine aux figues

Pour 4 personnes
Préparation : 15 min
Cuisson : 35 min

230 g de pâte feuilletée préétalée
1 cuill. à soupe de pignons de pin
1 cuill. à soupe d'amandes ou
de noisettes entières
1 cuill. à soupe de pistaches entières
1 douzaine de belles figues fraîches
40 g de beurre
2 ou 3 cuill. à soupe de miel liquide
2 cuill. à soupe de vinaigre de figue
(ou de vinaigre balsamique)

- ▷ Préchauffez le four à 180 °C (therm. 6).
- ▷ Découpez un disque de pâte de la taille d'un moule de 24 cm de diamètre. Disposez ce disque sur une plaque, recouvrez d'un papier puis d'une autre plaque (ou d'un moule) et faites cuire 10 min.
- ▷ Concassez tous les fruits secs. Essuyez les figues.
- ▷ Faites fondre une noix de beurre dans une poêle, ajoutez les figues coupées en deux, versez le miel et faites cuire 3 min à feu moyen en retournant les figues délicatement.
- ▷ Sortez les figues de la poêle à l'aide d'une écumoire. Faites réchauffer le jus de cuisson, versez le vinaigre de figue, portez à ébullition et retirez du feu.
- ▷ Disposez les figues au centre du disque de pâte, saupoudrez de fruits secs puis nappez avec 1 cuill. à soupe de jus de cuisson. Enfournez pour 20 min environ. Servez chaud.

Tarte aux figues noires et aux framboises

Pour 4 à 6 personnes
Préparation : 20 min
Cuisson : 40 min

250 de pâte brisée préétalée ou 250 g de pâte brisée maison (voir p. 28)
150 g de crème frangipane (voir p. 50)
600 g de figues noires
50 g de sucre en poudre
1/3 de cuill. à café de cannelle en poudre
1 barquette de framboises

▷ Garnissez de pâte brisée un moule à tarte de 26 cm de diamètre, préalablement recouvert de papier sulfurisé. Piquez le fond avec une fourchette.
▷ Préchauffez le four à 180 °C (therm. 6).
▷ Essuyez les figues; coupez-les verticalement en quatre ou en six suivant leur taille.
▷ Répartissez la crème frangipane sur le fond de pâte.
▷ Disposez les figues par-dessus, en cercle, la pointe en haut, et la peau contre la crème à l'amande. Enfournez pour 40 min.
▷ Sortez la tarte du four et laissez-la tiédir 5 min avant de la poser sur une grille.
▷ Mélangez le sucre et la cannelle et saupoudrez-en la tarte dès qu'elle est froide. Ajoutez ensuite les framboises. Servez frais.

Délices aux fraises ▶

Pour 4 à 6 personnes
Préparation : 25 min
Repos de la pâte : 1 h
Cuisson : 45 min environ

Pour la pâte
70 g de beurre mou
130 g de farine
20 g de sucre en poudre
1 sachet de sucre vanillé
20 g d'amandes en poudre
Sel

Pour la garniture
250 g de figues fraîches
500 g de pommes (clochard ou chantecler)
20 g de beurre
1 cuill. à soupe de miel liquide (toutes fleurs)
30 g de biscuits type « speculoos »
1 œuf
1 cuill. à soupe de crème liquide
50 g de sucre en poudre

Tarte aux figues et aux pommes

▷ Préparez la pâte. Coupez le beurre en petits morceaux. Versez la farine dans un saladier et mélangez avec le sucre en poudre, le sucre vanillé, les amandes et 1 pincée de sel. Ajoutez le beurre, mélangez du bout des doigts et pétrissez. Formez une boule, enveloppez-la dans un linge ou dans un film alimentaire et laissez reposer 1 h au réfrigérateur.

▷ Préparez la garniture. Essuyez les figues et coupez-les en quatre. Pelez les pommes, ôtez le cœur, puis coupez-les en lamelles. Faites chauffer la moitié du beurre dans une poêle et ajoutez les lamelles de pomme. Laissez cuire 5 min environ à feu moyen. Retirez les pommes de la poêle, faites chauffer le reste de beurre et ajoutez les quartiers de figue et le miel. Laissez cuire en remuant délicatement pendant 5 min environ à feu moyen.

▷ Préchauffez le four à 170-180 °C (therm. 5-6).

▷ Étalez la pâte et garnissez-en un moule à tarte de 24 cm de diamètre, préalablement recouvert de papier sulfurisé. Piquez la pâte avec une fourchette. Écrasez les biscuits avec un pilon ou le dos d'une cuillère à soupe, puis saupoudrez la pâte de miettes de biscuit. Répartissez les morceaux de fruits par-dessus.

▷ Battez l'œuf avec la crème et le sucre. Versez cette préparation sur les fruits. Enfournez pour 35 min environ. Servez tiède.

fraise

Pour 6 tartelettes
Préparation : 30 min
Macération des fruits : 1 h
Cuisson : 10 min

250 g de pâte sablée préétalée
ou 250 g de pâte sablée maison (voir p. 31)
300 g de fraises
60 g de sucre en poudre
130 g de beurre
6 feuilles de menthe fraîche

Délices aux fraises

▷ Rincez rapidement les fraises, équeutez-les et coupez-les en deux. Mettez-en la moitié dans un saladier avec le sucre et laissez-les macérer pendant environ 1 h.

▷ Mettez l'autre moitié à égoutter sur du papier absorbant.

▷ Préchauffez le four à 180 °C (therm. 6).

▷ Déroulez la pâte sablée et, avec un emporte-pièce ou un bol, découpez six disques de pâte et garnissez-en des moules à tartelette préalablement beurrés. Procédez à une cuisson à blanc pendant 10 min (voir p. 39).

▷ Mettez le beurre dans un saladier et, avec un fouet ou une fourchette, travaillez-le pour le ramollir.

▷ Égouttez les fraises macérées, passez-les au tamis et ajoutez-les au beurre. Mélangez jusqu'à ce que vous obteniez une crème bien homogène.

▷ Quand les fonds de tartelette sont froids, démoulez-les délicatement et répartissez-y la crème à la fraise. Déposez les fraises fraîches par-dessus et décorez avec quelques feuilles de menthe. Servez froid.

Pour 6 personnes
Préparation : 20 min
Repos : 1 h 30

- **250 g de pâte aux biscuits secs au chocolat** **(voir p. 33)**
- **100 g de chocolat noir pâtissier**
- **25 g de beurre**
- **10 cl de crème liquide**
- **250 g de fraises**
- **2 cuill. à soupe de gelée de fruits**

Tarte chocolatée aux fraises

▷ Préchauffez le four à 180 °C (therm. 6).

▷ Disposez la pâte dans un moule à tarte de 28 cm de diamètre, préalablement recouvert d'un film alimentaire et étalez-la avec le dos d'une cuillère. Gardez au réfrigérateur.

▷ Préparez une ganache. Faites fondre doucement le chocolat au bain-marie. Ajoutez le beurre et la crème et mélangez.

▷ Versez cette préparation sur le fond de pâte et laissez-la durcir pendant 1 h 30 environ.

▷ Rincez rapidement les fraises, essuyez-les, équeutez-les et coupez-les en deux.

▷ Disposez-les sur la tarte. Faites fondre la gelée de fruits à feu doux et badigeonnez-en les fruits. Servez froid.

Vous pouvez alléger cette tarte en la préparant sans ganache : disposez les fraises directement sur le fond de pâte aux biscuits.

Pour 6 personnes
Préparation : 20 min
Cuisson : 35 min

- **250 g de pâte sablée préétalée ou 250 g de pâte sablée maison** **(voir p. 31)**
- **3 brins de basilic**
- **25 cl de lait**
- **1 œuf**
- **50 g de sucre en poudre**
- **30 g de farine**
- **300 g de fraises**

Tarte aux fraises et au basilic

▷ Préchauffez le four à 180 °C (therm. 6).

▷ Garnissez de pâte sablée un moule à tarte de 28 cm de diamètre, préalablement recouvert de papier sulfurisé. Enfournez pour 25 min, puis retirez du four.

▷ Rincez le basilic, essuyez-le et ciselez-le.

▷ Mettez-le avec le lait dans une casserole et portez celui-ci à ébullition.

▷ Dans un saladier, fouettez l'œuf et le sucre pendant 2 min. Versez la farine et fouettez encore jusqu'à obtenir un mélange homogène.

▷ Filtrez le lait bouillant et versez-le dans le saladier, sans cesser de mélanger. Mixez la préparation si des grumeaux subsistent.

▷ Remettez le mélange à chauffer sur feu moyen dans la casserole sans cesser de tourner pendant 5 min environ, jusqu'à épaississement. Retirez du feu et laissez refroidir.

▷ Rincez rapidement les fraises, essuyez-les, équeutez-les et coupez-les en deux.

▷ Étalez la crème refroidie sur le fond de pâte et disposez les fraises par-dessus. Servez frais.

Vous pouvez remplacer le basilic par de la menthe fraîche ciselée.

Tarte aux fraises et aux kiwis

Pour 6 personnes
Préparation : 25 min
Cuisson : 20 min
Réfrigération : 1 h

250 g de pâte aux biscuits secs au chocolat (voir p. 33) ou 250g de pâte sablée maison (voir p. 31)
2 œufs
12 cl de crème liquide
75 g de sucre en poudre
1 sachet de sucre vanillé
4 kiwis
500 g de fraises
3 cuill. à soupe de gelée de groseille

- ▷ Préchauffez le four à 180 °C (therm. 6).
- ▷ Disposez la pâte dans un moule à tarte de 28 cm de diamètre, préalablement recouvert d'un papier sulfurisé et étalez-la avec le dos d'une cuillère en la faisant remonter sur les bords du moule.
- ▷ Battez les œufs dans un saladier avec la crème, le sucre en poudre et le sucre vanillé.
- ▷ Étalez cette préparation sur le fond de pâte. Recouvrez d'une feuille d'aluminium et enfournez pour 20 min.
- ▷ Pendant ce temps, pelez les kiwis et coupez-les en rondelles. Rincez rapidement les fraises, essuyez-les dans du papier absorbant, équeutez-les et coupez-les en lamelles.
- ▷ Disposez les morceaux de fruits sur la pâte. Faites fondre la gelée de groseille et badigeonnez-en les fruits à l'aide d'un pinceau. Glissez au réfrigérateur pendant 1 h avant de servir.

Tarte chocolatée aux fraises ▶

Aujourd'hui, je découvre comment faire « briller » des framboises disposées sur une tarte : il suffit de faire un peu chauffer de la gelée de fruit et d'en badigeonner les framboises à l'aide d'un pinceau. En refroidissant, la gelée se fige et les fruits deviennent brillants.

Tartelettes aux framboises

Pour 6 personnes
Préparation : 25 min
Cuisson : 35 min
Réfrigération : 15 min environ

250 g de pâte sablée préétalée
ou 250 g de pâte sablée maison
(voir p. 31)
2 œufs
75 g de sucre en poudre
1 sachet de sucre vanillé
500 g de framboises
3 cuill. à soupe de gelée de fruit
(de groseille ou de framboise)

▷ Préchauffez le four à 180 °C (therm. 6). Garnissez de pâte sablée six moules à tartelette de 8 cm de diamètre environ, préalablement recouverts de papier sulfurisé.

Pique les fonds de pâte avec une fourchette.

▷ Enfournez pour 10 min.

Prépare deux récipients différents, un saladier et un grand bol par exemple. Casse les œufs en mettant les 2 blancs dans le saladier et 1 seul jaune dans le bol (tu peux garder le second jaune pour une autre utilisation). Mélange le jaune avec la moitié du sucre.

▷ Sortez les moules du four et badigeonnez la pâte avec la préparation précédente. Enfournez à nouveau, pour 10 min.

À l'aide d'un fouet électrique, monte les blancs en neige ferme, avec le reste de sucre en poudre et le sucre vanillé. Fais-toi aider si c'est trop difficile.

▷ Ressortez les fonds de pâte du four et garnissez-les de blancs en neige. Enfournez à nouveau, pour 10 min, avant de retirer du four.

Dispose les framboises harmonieusement sur la meringue en faisant très attention de ne pas te brûler.

▷ Remettez au four pour 5 min encore. Faites fondre doucement la gelée de fruit.

Utilise un pinceau pour badigeonner les fruits de gelée de fruit. Mets les tartelettes au réfrigérateur de 10 à 15 min avant de servir.

framboise

Pour 10 barquettes
Préparation : 15 min
Cuisson : 15 min

250 de pâte brisée préétalée
ou 250 g de pâte brisée maison (voir p. 28)
150 g de crème pâtissière (voir p. 50)
200 g de framboises
5 cuill. à soupe de gelée de groseille (ou de framboise)

Barquettes aux framboises

▷ Préchauffez le four à 180 °C (therm. 6).
▷ Découpez la pâte brisée en dix morceaux de la taille des moules à barquette. Garnissez-en dix moules préalablement beurrés, piquez la pâte avec une fourchette puis enfournez pour 15 min.
▷ Démoulez les barquettes et laissez-les refroidir.
▷ Avec une petite cuillère, mettez au fond de chacune d'elles un peu de crème pâtissière. Triez les framboises et répartissez-les dessus.
▷ Dans une petite casserole, faites tiédir la gelée de groseille (ou de framboise) et, à l'aide d'un pinceau, nappez-en délicatement les framboises. Servez frais.

Pour 4 personnes
Préparation : 35 min
Cuisson : 30 min

400 g de pâte brisée prête à étaler
ou 400 g de pâte brisée maison (voir p. 28)
4 œufs
100 g de sucre en poudre
1/2 citron
1 feuille de gélatine
200 g de framboises
Sel

Pour la crème Chantilly
20 cl de crème liquide
50 g de sucre en poudre

Lemon chiffon pie

▷ Préchauffez le four à 200 °C (therm. 6-7).
▷ Étalez la pâte et garnissez-en un moule à tarte de 25 cm de diamètre environ, préalablement recouvert de papier sulfurisé. Procédez à une cuisson à blanc pour pâte brisée pendant 20 min (voir p. 39).
▷ Cassez les œufs en séparant les blancs des jaunes. Gardez les blancs au réfrigérateur. Battez les jaunes à la fourchette, ajoutez le sucre. Pressez le demi-citron et versez le jus dans la préparation. Mélangez.
▷ Faites cuire ce mélange au bain-marie en remuant ; attendez le moment où il commence à épaissir, soit 8 min environ. Laissez refroidir.
▷ Mettez la feuille de gélatine dans un bol avec 3 cuill. à soupe d'eau froide et laissez reposer 5 min.
▷ Égouttez la gélatine, ajoutez-la à la préparation aux œufs et mélangez bien. Gardez au frais.
▷ Montez les blancs d'œufs en neige ferme avec 1 pincée de sel. Incorporez-les doucement au mélange précédent. Ajoutez les framboises délicatement pour ne pas les écraser. Versez la garniture sur le fond de pâte cuit.
▷ Montez la crème en chantilly, puis ajoutez-y peu à peu le sucre. Décorez le gâteau et servez.

Originaire des États du nord des États-Unis, ce lemon pie se prépare également au Canada.

Mini-cheesecakes aux framboises

Pour 4 personnes
Préparation : 20 min
Cuisson : 10 min environ
Réfrigération : 3 h minimum

250 g de pâte aux biscuits secs (voir p. 33)
4 feuilles de gélatine
1 citron non traité
350 g de fromage blanc
12 cl de crème liquide
50 g de sucre en poudre
100 g de coulis de fruits rouges
100 g de framboises fraîches ou surgelées

▷ Faites tremper la gélatine dans un bol d'eau froide pendant environ 20 min.
▷ Préchauffez le four à 160-170 °C (therm. 5-6).
▷ Recouvrez une plaque du four de papier sulfurisé. Posez sur la plaque quatre cercles à pâtisserie de 9 cm de diamètre environ et garnissez-les de pâte aux biscuits secs en la tassant bien avec les doigts. Enfournez pour 10 min environ : la pâte doit dorer mais ne pas trop brunir. Laissez tiédir.
▷ Rincez le citron, prélevez-en le zeste et hachez-le. Égouttez les feuilles de gélatine et essorez-les.
▷ Mettez le fromage blanc dans un saladier et mélangez-le avec la crème, le sucre et le zeste de citron.
▷ Faites chauffer doucement 1 cuill. à soupe de coulis de fruits. Lorsqu'il arrive à ébullition, ajoutez la gélatine égouttée, retirez du feu et mélangez bien, puis versez cette préparation dans le saladier. Ajoutez enfin les framboises en remuant délicatement pour ne pas les abîmer.
▷ Étalez cette préparation dans les cercles et placez au réfrigérateur au moins 3 h avant de servir. Servez avec le reste du coulis de fruits rouges.

Tarte aux fruits rouges et à la crème de noisette

Pour 4 personnes
Préparation : 30 min
Repos de la pâte : 1 h
Cuisson : 35 min environ

Pour la pâte aux noisettes
60 g de beurre mou
20 g de noisettes entières
120 g de farine
30 g de sucre en poudre
Sel

Pour la garniture
60 g de beurre mou
2 œufs
80 g de sucre en poudre
100 g de noisettes en poudre
4 cl de crème liquide
300 g de fruits rouges : framboises, groseilles, mûres
2 cuill. de sucre glace (ou de cassonade)

▷ Préparez la pâte. Coupez le beurre en dés. Mixez les noisettes. Dans un saladier, mélangez la farine, les noisettes en poudre, le sucre et 1 pincée de sel. Ajoutez le beurre et pétrissez. Formez une boule, enveloppez-la dans un linge ou dans un film alimentaire et laissez reposer 1 h au réfrigérateur.
▷ Préchauffez le four à 180 °C (therm. 6).
▷ Préparez la garniture. Coupez le beurre en petits morceaux. Dans un saladier, fouettez les œufs avec le sucre. Ajoutez les noisettes en poudre, le beurre et la crème. Mélangez.
▷ Étalez la pâte puis garnissez-en un moule beurré de 24 cm de diamètre. Piquez la pâte avec une fourchette et versez la préparation aux œufs. Enfournez pour 18 à 20 min.
▷ Pendant ce temps, nettoyez les fruits rouges.
▷ Sortez le moule du four, répartissez les fruits rouges et remettez au four pendant 12 à 15 min.
▷ Saupoudrez de sucre glace à la sortie du four. Servez tiède ou froid.

fruits exotiques

Pour 6 à 8 personnes
Préparation : 20 min
Cuisson : 35 min environ

250 g de pâte brisée préétalée
ou 250 g de pâte brisée maison
(voir p. 28)
2 œufs
1/2 citron
110 g de sucre en poudre
1 cuill. à café de farine
10 cl de lait
4 cuill. à soupe de sirop d'ananas réduit
6 tranches d'ananas au sirop
30 g de sucre glace

Tarte à l'ananas meringuée

▷ Préchauffez le four à 200 °C (therm. 6-7).

▷ Garnissez de pâte brisée un moule à tarte de 24 cm de diamètre environ, préalablement recouvert de papier sulfurisé. Piquez le fond avec une fourchette. Enfournez le moule, abaissez la température du four à 180 °C (therm. 6) et faites cuire à blanc pendant 20 min.

▷ Cassez les œufs en séparant les blancs des jaunes. Pressez le jus du demi-citron. Mélangez les jaunes avec 80 g de sucre, la farine et le lait. Faites épaissir ce mélange sur feu doux en remuant sans arrêt, puis ajoutez le jus de citron et le sirop d'ananas réduit.

▷ Laissez tiédir le fond de pâte précuit, puis versez-y la crème et disposez dessus les tranches d'ananas bien égouttées.

▷ Battez les blancs d'œufs en neige ferme avec 30 g de sucre, recouvrez-en les fruits et poudrez de sucre glace. Remettez 10 min au four pour faire dorer la meringue. Servez frais.

Tarte aux fruits rouges
et à la crème de noisette ▶

Tarte à l'ananas et au citron vert

Pour 4 à 6 personnes
Préparation : 35 min
Repos de la pâte : 1 h
Cuisson : 1 h 10 environ

Pour la pâte brisée au citron vert

1 citron vert non traité (également utilisé pour la garniture)
65 g de beurre mou
140 g de farine
20 g de sucre en poudre
Sel

Pour la garniture

1 ananas d'environ 1 kg
1/2 gousse de vanille
30 g de sucre en poudre
1 œuf
5 cuill. à soupe de crème liquide
1 cuill. à soupe de fécule de maïs
30 g de beurre
1 sachet de sucre vanillé
4 cuill. à soupe de noix de coco râpée

▷ Préparez la pâte. Rincez le citron, prélevez le zeste et hachez-le. Coupez le beurre en dés. Versez la farine et 1 pincée de sel dans un saladier. Ajoutez 1 cuill. à café environ de zeste et le sucre. Mélangez puis ajoutez le beurre et pétrissez la pâte. Formez une boule, enveloppez-la dans un linge ou dans un film alimentaire et laissez reposer 1 h au réfrigérateur.

▷ Préparez la garniture. Coupez l'ananas en deux dans le sens de la longueur puis en tranches. Ôtez l'écorce, le cœur fibreux et les yeux. Réservez quelques demi-tranches puis détaillez le reste en cubes (vous devez en obtenir de 500 g). Pressez le jus du citron vert.

▷ Déposez les cubes d'ananas dans une casserole. Ajoutez le reste du zeste et le jus de citron. Fendez la gousse de vanille en deux dans le sens de la longueur et grattez-la au-dessus de la casserole pour récupérer les graines. Ajoutez le sucre et 2 cuill. à soupe d'eau et laissez cuire à feu doux de 35 à 40 min.

▷ Retirez du feu et mixez la préparation avec l'œuf, la crème et la fécule.

▷ Faites fondre le beurre dans une poêle et ajoutez le sucre vanillé. Jetez-y les demi-tranches d'ananas et laissez cuire à feu moyen pendant 5 min environ, jusqu'à ce qu'elles soient caramélisées.

▷ Préchauffez le four à 180 °C (therm. 6).

▷ Étalez la pâte et garnissez-en un moule beurré de 24 cm. Piquez la pâte avec une fourchette et saupoudrez de 2 cuill. à soupe de noix de coco. Étalez la compote d'ananas par-dessus puis disposez les demi-tranches d'ananas. Saupoudrez du reste de noix de coco et enfournez pour 30 min environ. Servez tiède.

Tarte à l'ananas et au citron vert ▶

Tarte aux pruneaux et aux mirabelles

Pour 4 personnes

230 g de pâte sablée préétalée
25 pruneaux dénoyautés
2 cuill. à soupe d'alcool de prune (facultatif)
30 g d'amandes en poudre
250 g de mirabelles surgelées
50 g de sucre roux
30 g de beurre
2 cuill. à soupe de confiture de mirabelle

▷ Faites tremper les pruneaux dans l'alcool de prune additionné d'eau tiède pendant 2 h environ. Égouttez-les et coupez-les en deux.
▷ Préchauffez le four à 180 °C (therm. 6).
▷ Garnissez de pâte un moule beurré de 28 cm de diamètre. Piquez la pâte avec une fourchette et répartissez les amandes en poudre puis les pruneaux et les mirabelles (côté bombé en dessous) encore surgelées. Saupoudrez de sucre et ajoutez quelques noisettes de beurre puis enfournez pour 25 min environ. Sortez la tarte du four, badigeonnez de confiture de mirabelle puis remettez au four pour 8 à 10 min. Servez tiède.

Vous pouvez dès la veille faire tremper les pruneaux dans du thé.

Tartelettes à la rhubarbe et au muesli

Pour 4 personnes

250 g de pâte brisée préétalée
100 g environ de framboises surgelées
500 g de rhubarbe surgelée
1 sachet de sucre vanillé
100 g de sucre en poudre
8 cuill. à soupe de muesli

▷ Laissez décongeler les framboises.
▷ Mettez les morceaux de rhubarbe surgelés dans une casserole et laissez cuire le temps indiqué sur l'emballage (10 min environ), jusqu'à ce que la rhubarbe soit compotée. Ajoutez le sucre vanillé et le sucre en poudre puis laissez mijoter 3 min.
▷ Préchauffez le four à 180 °C (therm. 6).
▷ Garnissez de pâte quatre moules beurrés de 13 cm de diamètre. Piquez la pâte, recouvrez d'un papier sulfurisé et de légumes secs puis faites cuire la pâte à blanc pendant 5 min. Sortez les moules du four, retirez les légumes secs et le papier puis répartissez la rhubarbe. Remettez au four pour 10 min environ.
▷ Sortez les tartelettes du four, répartissez les framboises et le muesli sur la rhubarbe et remettez au four pour 8 à 10 min. Servez chaud ou tiède.

Tourte aux noix

Pour 6 à 8 personnes

500 g de pâte sablée préétalée (2 rouleaux de pâte à dérouler)
150 g de cerneaux de noix
150 g de sucre en poudre
20 cl de crème liquide
1 cuill. à soupe de miel
1 œuf

▷ Préchauffez le four à 180 °C (therm. 6).
▷ Concassez les cerneaux de noix avec le rouleau à pâtisserie (mais ne les émiettez pas trop).
▷ Mettez le sucre dans une casserole avec 2 cuill. à soupe d'eau et faites-le fondre jusqu'à ce qu'il caramélise et devienne blond. Versez la crème en mélangeant bien, puis remettez à bouillir en ajoutant le miel sans cesser de tourner. Retirez la casserole du feu et incorporez les cerneaux de noix.
▷ Garnissez avec un disque de pâte une tourtière beurrée de 24 cm de diamètre. Versez la préparation aux noix et recouvrez l'ensemble avec l'autre morceau de pâte. Soudez bien les bords et formez une petite cheminée au centre. Battez l'œuf et badigeonnez-en la surface de la tourte à l'aide d'un pinceau. Avec une fourchette, marquez les bords. Enfournez pour 45 min. Servez froid.

Tarte à la papaye

Pour 6 personnes
Préparation : 25 min
Cuisson : 35 min environ

250 g de pâte brisée ou sablée préétalée
ou 250 g de pâte brisée ou sucrée maison (voir p. 28 ou 32)
2 papayes
100 g de noix de cajou
2 œufs
100 g de beurre mou
100 g de cassonade
1 cuill. à soupe de crème liquide

▷ Préchauffez le four à 180 °C (therm. 6).
▷ Garnissez de pâte un moule à tarte de 28 cm de diamètre environ, préalablement recouvert de papier sulfurisé. Procédez à une cuisson à blanc pendant 10 min (voir p. 39).
▷ Pendant ce temps, pelez les papayes, ouvrez-les en deux et épépinez-les. Coupez-les en tranches.
▷ Mixez les noix de cajou jusqu'à les réduire en poudre.
▷ Dans un saladier, battez les œufs avec le beurre, la cassonade, la crème et la poudre de noix de cajou.
▷ Étalez cette préparation sur le fond de pâte précuit et ajoutez les tranches de papaye.
▷ Enfournez pour 25 min environ. Servez tiède ou froid.

Tatin à la mangue et au piment d'Espelette

Pour 6 personnes
Préparation : 35 min
Repos de la pâte : 1 h minimum
Cuisson : 40 min

Pour la pâte brisée
125 g de beurre demi-sel mou
250 g de farine
12 cl d'eau tiède
1 pincée de sel

Pour la garniture
3 grosses mangues mûres, à la peau lisse et sans tache
60 g de cassonade (ou de sucre roux)
60 g de beurre
2 cuill. à soupe de vinaigre de xérès
4 g de piment d'Espelette en poudre

▷ Préparez la pâte brisée. Coupez le beurre en morceaux. Formez un cône avec la farine et le sel, creusez un puits au centre et mettez-y le beurre. Travaillez rapidement du bout des doigts, puis avec les paumes. Mouillez petit à petit la pâte avec l'eau et pétrissez pour obtenir une consistance souple. Formez une boule, enveloppez-la dans un linge ou dans un film alimentaire et laissez reposer au moins 1 h au frais.
▷ Préparez la garniture. Épluchez les mangues et faites de grosses tranches, en recueillant le jus dans un récipient à part. Réservez les trois quarts des tranches (les plus régulières). Passez le reste au mixeur avec le jus. Réservez.
▷ Préchauffez le four à 200 °C (therm. 6-7).
▷ Dans une casserole, faites fondre la cassonade et le beurre. Versez la purée de mangue et le vinaigre de xérès. Faites chauffer jusqu'à obtenir un jus épais, presque sirupeux.
▷ Pendant ce temps, étalez la pâte sur une épaisseur de 4 mm environ. Beurrez un moule de 26 à 28 cm de diamètre. Versez le jus sirupeux au fond du moule. Disposez les tranches de mangue dessus. Saupoudrez de piment d'Espelette. Recouvrez de la pâte brisée. Soudez les bords sur les parois du plat en pressant avec vos doigts mouillés. Enfournez pour 25 min.
▷ À la sortie du four, posez un plat de service sur le moule et retournez le tout. Retirez délicatement le moule. Servez tiède.

Vous pouvez remplacer le vinaigre de xérès par du vinaigre balsamique : le goût du jus sirupeux que vous obtiendrez sera alors plus doux.
Cette tatin ne se cuit pas à l'avance, car elle se déguste tiède. En revanche, vous pouvez préparer la pâte la veille et la laisser reposer.

Pour 6 personnes
Préparation : 20 min
Cuisson : 45 min environ

460 g de pâte brisée préétalée (2 rouleaux de pâte à dérouler) ou 460 g de pâte brisée maison (voir p. 28)
50 g de raisins secs
2 mangues
1 petit morceau de gingembre frais
30 g de beurre demi-sel
1 sachet de sucre vanillé
50 g de sucre en poudre
1 œuf

Tourte à la mangue et au gingembre

▷ Faites tremper les raisins secs dans un peu d'eau tiède.
▷ Pelez les mangues et coupez la chair en cubes. Épluchez le morceau de gingembre et hachez-le.
▷ Faites chauffer à feu doux le beurre dans une poêle et versez les deux types de sucre. Lorsque le mélange commence à caraméliser, ajoutez les morceaux de mangue et le gingembre. Laissez cuire 10 min environ à feu moyen.
▷ Préchauffez le four à 180 °C (therm. 6).
▷ Garnissez un moule à tarte beurré de 24 cm de diamètre avec un disque de pâte. Piquez le fond de la pâte avec une fourchette et versez-y la préparation à la mangue. Recouvrez avec l'autre morceau de pâte. Soudez bien les bords et formez une petite cheminée au centre. À l'aide d'une fourchette, dessinez des motifs géométriques sur le dessus de la tourte. Battez l'œuf et badigeonnez-en la surface de la tourte à l'aide d'un pinceau. Enfournez pour 35 min environ. Servez tiède.

Tourtelettes à la mangue, au gingembre et à la noix de coco : détaillez la pâte en douze disques. Garnissez six moules à tartelette beurrés. Saupoudrez les fonds de pâte avec 2 cuill. à soupe de noix de coco râpée, répartissez la préparation à la mangue puis procédez de la même manière pour recouvrir le tout avec les six disques de pâte restants.

Tatin à la mangue et au piment d'Espelette ▶

fruits mélangés

Pour 4 personnes
Préparation : 15 min
Cuisson : 35 min environ

Corolles de sorbet et fruits frais

250 g de fraises gariguette ou mara des bois
100 g de framboises
100 g de groseilles ou 100 g de cassis
sorbet de votre choix

Pour les corolles

20 g de beurre + 1 noisette
1 cuill. à soupe de miel toutes fleurs
4 feuilles de brick

Pour le coulis

1 orange à jus
1 citron vert
100 g de purée de fruits rouges mélangés
5 cl de vin rouge
15 cl de crème de cassis
50 g de sucre en poudre
1 cuill. à soupe de miel

▷ Préparez les corolles. Préchauffez le four à 180 °C (therm. 6). Faites fondre le beurre et le miel, puis enduisez chaque feuille de brick de ce mélange à l'aide d'un pinceau. Beurrez des ramequins individuels. Pliez les feuilles de brick en huit en forme d'éventail, réduisez le diamètre à l'aide de ciseaux et déposez-les dans chaque ramequin pour former une corolle. Enfournez pour 5 min environ, jusqu'à ce que les corolles soient bien dorées.

▷ Préparez le coulis. Pressez l'orange et le citron. Versez la moitié du jus obtenu dans une casserole. Ajoutez le mélange de fruits rouges, le vin, la crème de cassis, le sucre et le miel puis portez à ébullition. Baissez le feu et laissez réduire 30 min environ à feu doux. Passez au chinois et laissez refroidir au réfrigérateur.

▷ Rincez rapidement les fraises, équeutez-les puis mettez-les avec les framboises et les groseilles dans un saladier. Arrosez avec le reste de jus d'agrumes et laissez macérer quelques minutes.

▷ Déposez quelques fraises, framboises et groseilles dans les corolles. Ajoutez une boule de sorbet et arrosez d'un peu de coulis. Servez aussitôt.

Ne répartissez le mélange de fruits et le sorbet qu'au dernier moment, sans quoi vous risqueriez de ramollir les corolles de feuilles de brick.
Vous pouvez ajouter une boule de glace à la vanille ou au lait d'amande, saupoudrer le bord des corolles de sucre glace et décorer avec une feuille de menthe.

Pour 6 personnes
Préparation : 30 min
Marinade : 30 min
Cuisson : 30 min environ

Samosas aux fruits

9 feuilles de brick
1 pomme (type granny smith)
1 banane ferme
1 clémentine
1 moitié de mangue
1 kiwi
1 cuill. à soupe de cassonade
1 cuill. à café de cannelle en poudre
5 cl de jus d'orange
20 g de beurre

▷ Pelez tous les fruits (retirez également les petites peaux blanches qui entourent chacun des quartiers de la clémentine), coupez-les en petits dés et mettez-les dans un saladier. Ajoutez la cassonade, la cannelle et le jus d'orange. Mélangez bien et laissez mariner 30 min au frais.

▷ Préchauffez le four à 200 °C (therm. 6-7).

▷ Égouttez les fruits. Découpez en deux les feuilles de brick. Vous devez donc obtenir dix-huit feuilles en forme de demi-cercle.

▷ Prenez l'une de ces demi-feuilles et repliez la partie arrondie de façon à obtenir obtenir une bande. Déposez 1 cuill. de salade de fruits à l'une des extrémités de cette bande et repliez l'ensemble pour former un triangle (voir p. 43). Vous allez peut-être « tâtonner », mais, quand on a le coup de main, c'est assez facile. Déposez le samosa sur la plaque du four préalablement recouverte de papier sulfurisé. Renouvelez l'opération jusqu'à épuisement des ingrédients.

▷ Badigeonnez les samosas de beurre fondu et enfournez pour 25 à 30 min. Servez bien chaud avec une boule de glace à la vanille.

Tartelettes de brick aux fruits secs

Pour 4 personnes
Préparation : 20 min
Trempage des fruits secs : 1 h
Cuisson : 20 min environ

4 feuilles de brick
40 g de raisins secs
40 g de figues sèches
40 g d'abricots secs
2 cuill. à soupe de rhum
1 citron non traité
110 g de beurre mou
90 g d'amandes en poudre
70 g de miel liquide
3 œufs
90 g de pignons de pin légèrement grillés

▷ Faites tremper tous les fruits secs dans un grand bol d'eau tiède additionnée de rhum pendant 1 h environ.
▷ Rincez le citron, prélevez-en le zeste et hachez-le.
▷ Égouttez les fruits. Coupez les figues et les abricots en petits dés.
▷ Coupez 90 g de beurre en petits morceaux. Dans un saladier, fouettez le beurre avec les amandes en poudre. Ajoutez le miel et le zeste de citron. Remuez puis incorporez les œufs un par un en mélangeant bien entre chaque ajout. Ajoutez enfin les fruits secs et les pignons de pin.
▷ Préchauffez le four à 170-180 °C (therm. 5-6).
▷ Faites fondre le reste de beurre et badigeonnez-en les feuilles de brick à l'aide d'un pinceau. Garnissez de feuilles de brick quatre moules à tartelette de 13 cm de diamètre environ. Versez-y la préparation aux fruits secs, rabattez les coins de feuilles par-dessus et enfournez pour 20 min environ. Servez tiède.

Corolle de sorbet et fruits frais ▶

Pour 4 personnes
Préparation : 15 min
Repos de la pâte : 20 min
Macération des fruits : 20 min
Cuisson : 20 min

250 g de pâte sablée maison (voir p. 31)
200 g de chocolat noir pâtissier
40 g de beurre
10 cl de crème liquide
30 g de noisettes en poudre
1 cuill. à café de gingembre frais râpé
1 cuill. à café de cannelle en poudre
1 clou de girofle pilé
300 g de fruits rouges et noirs (fraises, framboises, fraises des bois, mûres, myrtilles)
2 cuill. à soupe de sirop de sucre de canne

Tartelettes aux fruits rouges et ganache épicée

▷ Étalez la pâte sablée sur 5 mm d'épaisseur environ et découpez-y quatre disques de 14 cm de diamètre. Garnissez-en des moules à tartelette beurrés de 10 cm de diamètre. Piquez les fonds avec une fourchette. Couvrez-les de papier sulfurisé et de légumes secs et laissez reposer 20 min au frais.
▷ Préchauffez le four à 180 °C (therm. 6).
▷ Enfournez les moules pendant 15 min. Sortez-les, retirez les légumes et le papier et renfournez à nouveau 5 min environ pour que la pâte soit bien dorée. Laissez-les tiédir, puis démoulez les fonds sur une grille et laissez-les refroidir.
▷ Cassez le chocolat en petits morceaux. Coupez le beurre en dés. Portez la crème à ébullition. Hors du feu et en remuant, incorporez peu à peu le chocolat puis le beurre, les noisettes en poudre et toutes les épices.
▷ Rincez les fraises, séchez-les et équeutez-les. Coupez-les en morceaux. Nettoyez les autres fruits. Mélangez-les avec le sirop de sucre. Laissez macérer 20 min.
▷ Égouttez les fruits. Gardez-en 2 cuill. pour le décor. Répartissez le reste dans les fonds. Couvrez de crème au chocolat et des fruits réservés. Servez aussitôt.

kiwi

Pour 6 personnes
Préparation : 30 min
Cuisson : 30 min environ

250 g de pâte brisée préétalée ou 250 g de pâte brisée maison (voir p. 28)
2 poires au sirop
2 cuill. à soupe d'alcool de poire Williams
30 cl de lait
3 jaunes d'œufs
80 g de sucre en poudre
30 g de farine
10 cl de crème liquide
6 kiwis
1 cuill. à soupe de vanille liquide
50 g de framboises fraîches (facultatif)

Tarte aux kiwis et aux poires

▷ Préchauffez le four à 180 °C (therm. 6).
▷ Garnissez de pâte brisée un moule à tarte beurré de 24 cm de diamètre. Piquez le fond avec une fourchette. Procédez à une cuisson à blanc pendant 20 min (voir p. 39). Retirez les légumes secs et le papier sulfurisé et remettez au four pendant 5 min, jusqu'à ce que la pâte soit bien dorée. Laissez-la tiédir puis démoulez-la sur un plat de service.
▷ Égouttez les poires en récupérant le sirop dans un bol. Coupez les fruits en petits dés et arrosez-les d'alcool.
▷ Portez le lait à ébullition. Battez les jaunes avec le sucre jusqu'à ce qu'ils blanchissent, puis incorporez la farine et versez peu à peu le lait.
▷ Dans une casserole, faites chauffer cette préparation en remuant, pour la faire épaissir jusqu'à ce qu'elle nappe la spatule. Laissez-la refroidir en la remuant souvent.
▷ Pelez et coupez les kiwis en rondelles. Montez la crème liquide en chantilly.
▷ Incorporez dans la casserole les dés de poire avec l'alcool, la vanille puis la chantilly. Garnissez le fond de pâte de cette préparation puis des rondelles de kiwis disposés en cercles concentriques. Badigeonnez-les du sirop de poire et décorez éventuellement de framboises. Servez frais.

Tartelettes aux kiwis et fruits rouges

Pour 6 personnes
Préparation : 30 min
Réfrigération : 4 h
Cuisson : 5 min

Pour la pâte aux cookies
150 g de biscuits au chocolat (type cookies)
50 g de beurre

Pour la garniture
1 citron non traité
200 g de mascarpone
100 g de fromage blanc
50 g de sucre roux
1 goutte d'extrait de vanille liquide (ou 1 cuill. à café de liqueur de fraise)
1 œuf
500 g de fraises
2 kiwis
20 g de pistaches non salées
Coulis de fruits rouges (facultatif)

▷ Préchauffez le four à 180 °C (therm. 6).

▷ Préparez la pâte. Cassez les cookies en deux et mixez-les grossièrement. Faites fondre le beurre et incorporez-le en mixant à nouveau pour obtenir une pâte assez grossière. Disposez des cercles à pâtisserie de 10 cm de diamètre environ sur une plaque recouverte de papier sulfurisé puis répartissez la pâte à l'intérieur en la tassant bien avec les mains. Enfournez pour 5 min environ.

▷ Préparez la garniture. Rincez le citron, prélevez-en le zeste et hachez-le. Versez le mascarpone dans un saladier et fouettez-le en ajoutant le fromage blanc puis le sucre roux. Mélangez et incorporez le zeste de citron et la vanille (ou la liqueur de fraise). Cassez l'œuf en séparant le blanc du jaune. Ajoutez le jaune dans le saladier et mélangez encore.

▷ Battez le blanc en neige et incorporez-le délicatement à la préparation.

▷ Rincez rapidement les fraises, équeutez-les puis coupez-en la moitié en fines lamelles et répartissez-les sur les fonds de pâte. Recouvrez de préparation au mascarpone, puis placez les cercles au réfrigérateur pendant 4 h au moins.

▷ Juste avant de servir, pelez les kiwis et coupez-les en tranches fines. Répartissez-les sur chaque tartelette. Faites légèrement dorer les pistaches au four ou dans une poêle à revêtement antiadhésif, concassez-les et saupoudrez-les sur les kiwis. Servez avec le reste de fraises et, éventuellement, un coulis de fruits rouges.

Tartelette aux fruits rouges et ganache épicée ▶

melon

Pour 6 personnes
Préparation : 20 min
Cuisson : 40 min environ

250 g de pâte brisée préétalée
ou 250 g de pâte brisée maison **(voir p. 28)**
1 orange non traitée
1 melon de 600 à 700 g environ
50 g de beurre
300 g de sucre en poudre
100 g de miel de sapin ou de montagne
1 gousse de vanille

Tatin au melon et au miel

▷ Préchauffez le four à 180 °C (therm. 6).
▷ Lavez l'orange et prélevez-en le zeste. Hachez-le finement.
▷ Coupez le melon en deux, retirez les pépins et prélevez des billes de chair (à l'aide d'une cuillère parisienne) ou détaillez-la en dés de 5 à 10 mm de côté.
▷ Faites fondre le beurre dans une poêle et faites-y revenir les morceaux de melon, jusqu'à ce qu'ils soient légèrement colorés. Mettez-les dans une passoire.
▷ Rincez la poêle et posez-la à nouveau sur le feu. Versez-y le sucre et 2 cuill. à soupe d'eau. Portez à ébullition jusqu'à obtenir un caramel blond. Ajoutez alors le miel et le zeste d'orange. Ouvrez la gousse de vanille, grattez-la pour récupérer les graines et ajoutez ces dernières au caramel.
▷ Huilez un moule à manqué de 24 cm de diamètre. Versez-y le caramel puis les morceaux de melon. Recouvrez le tout avec de la pâte en rabattant bien les bords à l'intérieur du moule. Enfournez pour 30 min environ.
▷ À la sortie du four, posez un plat de service sur le moule et retournez le tout. Retirez délicatement le moule. Servez tiède avec une boule de glace à la vanille.

mûre

Tartelettes aux mûres

Pour 6 personnes
Préparation : 20 min
Cuisson : 25 à 30 min

400 g de pâte sucrée maison (voir p. 32)
800 g de mûres
40 g de sucre en poudre
Sel

▷ Préchauffez le four à 200 °C (therm. 6-7).
▷ Lavez les mûres, triez-les et équeutez-les.
▷ Étalez la pâte sucrée sur 3 mm d'épaisseur environ et garnissez-en six moules à tartelette beurrés de 12 cm de diamètre environ. Piquez les fonds à la fourchette et poudrez-les de sucre.
▷ Disposez les mûres dans les moules en les serrant bien les unes contre les autres. Poudrez à nouveau de sucre. Enfournez pour 25 à 30 min.
▷ Laissez tiédir les tartelettes et démoulez-les sur une grille. Servez tiède ou froid.

myrtille

Tarte aux myrtilles

Pour 6 personnes
Préparation : 20 min
Cuisson : 35 min environ

250 g de pâte brisée préétalée ou 250 g de pâte brisée maison (voir p. 28)
500 g de myrtilles fraîches (ou surgelées)
2 cuill. à soupe de chapelure fine
2 œufs
10 cl de crème liquide
30 g de sucre glace

▷ Préchauffez le four à 190 °C (therm. 6-7).
▷ Rincez rapidement les myrtilles sans les laisser tremper puis séchez-les délicatement dans du papier absorbant.
▷ Garnissez de pâte brisée un moule à tarte beurré de 26 cm de diamètre. Piquez le fond avec une fourchette.
▷ Saupoudrez le fond de pâte de chapelure puis étalez les myrtilles. Enfournez pour 20 min.
▷ Cassez les œufs dans un saladier, ajoutez la crème et fouettez pour obtenir un mélange bien lisse.
▷ Sortez le moule du four, versez cette préparation sur les fruits et remettez à cuire 15 min environ, jusqu'à ce que la pâte prenne une belle couleur dorée.
▷ Une fois la tarte cuite, saupoudrez-la de sucre glace et laissez tiédir avant de démouler. Servez tiède ou froid.

Tarte aux bleuets : au Québec, la myrtille porte le nom de bleuet. La tarte aux bleuets traditionnelle ne comporte pas de garniture à base d'œuf. On fait cuire simplement la pâte avec les fruits pendant 30 min environ, puis on la décore avec des noisettes de crème Chantilly.

◄ Tarte aux myrtilles

noix diverses

Pour 6 personnes
Préparation : 25 min
Cuisson : 50 min environ

250 g de pâte brisée préétalée
ou 250 g de pâte brisée ou sucrée maison (voir p. 28 ou 32)
3 œufs
75 cl de lait
80 g de fécule de maïs
110 g de sucre en poudre
150 g de noix de coco râpée

Flan à la noix de coco

▷ Préchauffez le four à 180 °C (therm. 6).
▷ Garnissez de pâte un moule à manqué de 26 cm de diamètre, préalablement recouvert de papier sulfurisé. Piquez le fond de pâte à l'aide d'une fourchette. Battez 1 œuf et badigeonnez-en la pâte à l'aide d'un pinceau. Enfournez pour 10 min.
▷ Dans un saladier, battez les œufs avec le lait, la fécule de maïs, le sucre et 100 g de noix de coco. Mixez au besoin pour éliminer les grumeaux.
▷ Faites chauffer le mélange en remuant constamment jusqu'à ébullition et retirez aussitôt du feu.
▷ Versez la préparation sur le fond de pâte et enfournez pour 35 à 40 min.
▷ Sortez le flan du four et saupoudrez-le du reste de noix de coco. Servez froid.

Si vous aimez vraiment le goût de la noix de coco, vous pouvez remplacer 35 cl de lait par 35 cl de lait de coco.

Pour 6 personnes
Préparation : 25 min
Cuisson : 30 min environ

250 g de pâte sablée préétalée
ou 250 g de pâte sablée maison (voir p. 31)
2 œufs
100 g de beurre mou
100 g d'amandes en poudre
100 g de chocolat noir pâtissier
20 cl de crème liquide
1 douzaine de cerneaux de noix concassés
1 douzaine d'amandes concassées

Tarte aux noix, aux amandes et au chocolat

▷ Préchauffez le four à 180 °C (therm. 6).
▷ Garnissez de pâte sablée un moule à tarte de 28 cm de diamètre, préalablement recouvert de papier sulfurisé.
▷ Battez les œufs puis mélangez-les avec le beurre et la poudre d'amande jusqu'à obtenir une préparation homogène.
▷ Étalez ce mélange sur la pâte et enfournez pour 25 min environ.
▷ Cassez le chocolat en morceaux et faites-le fondre doucement au bain-marie avec la crème. Ajoutez les fruits secs concassés et mélangez.
▷ Versez cette préparation sur la tarte et laissez durcir pendant 1 h environ, avant de servir.

Vous pouvez utiliser d'autres variétés de noix (noix de pécan, de macadamia ou de cajou).

Pour 8 personnes
Préparation : 20 min
Cuisson : 25 min

400 g de pâte sablée maison (voir p. 31)
100 g de noix de pécan décortiquées
40 g de pistaches non salées
60 g de raisins blonds
12 cuill. à café de caramel au beurre salé (voir p. 49)

Tartelettes aux noix de pécan et au caramel

▷ Coupez les noix de pécan en deux, dans le sens de la longueur. Concassez grossièrement les pistaches.
▷ Préchauffez le four à 200 °C (therm. 6-7).
▷ Étalez la pâte sablée et garnissez-en huit moules à tartelette de 10 cm de diamètre environ, préalablement beurrés. Procédez à une cuisson à blanc pendant 20 min (voir p. 39).
▷ Pendant ce temps, préparez le caramel au beurre salé. Étalez-en une couche sur les fonds de pâte précuits. Parsemez de noix de pécan, de raisins et de pistaches et enfournez pour 5 min. Servez chaud ou froid.

Tartelette aux noix de pécan et au caramel ▶

pêche

Pour 6 personnes
Préparation : 20 min
Cuisson : 35 min environ

250 g de pâte feuilletée préétalée
4 pêches
100 g de beurre mou
2 œufs
20 cl de crème liquide
80 g de cassonade
1 sachet de sucre vanillé
100 g d'amandes en poudre
2 cuill. à soupe d'amandes effilées
2 cuill. à soupe de gelée de fruit
(de groseille par exemple)

Tarte aux pêches et aux amandes

▷ Préchauffez le four à 180 °C (therm. 6).

▷ Garnissez de pâte un moule à tarte de 28 cm de diamètre, préalablement recouvert de papier sulfurisé. Procédez à une cuisson à blanc pour pâte feuilletée pendant 10 min (voir p. 39).

▷ Pelez les pêches, coupez-les en deux et dénoyautez-les.

▷ Coupez le beurre en petits morceaux. Dans un saladier, battez les œufs avec le beurre, la crème, la cassonade, le sucre vanillé et les amandes en poudre. Mélangez jusqu'à obtenir une préparation homogène.

▷ Versez-la sur le fond de pâte précuit. Disposez les moitiés de pêche côté bombé sur le dessus et enfournez pour 25 min environ.

▷ Dans une poêle, faites griller les amandes effilées, à sec et à feu vif, pendant 1 ou 2 min.

▷ Faites fondre la gelée de fruit à feu doux.

▷ Sortez la tarte du four et badigeonnez les pêches de gelée de fruit fondue. Saupoudrez d'amandes effilées et laissez refroidir la tarte avant de servir.

Tarte aux pêches et aux amandes ▶

poire

Pour 4 personnes
Préparation : 35 min
Cuisson : 40 min

300 g de pâte feuilletée prête à étaler
4 belles poires fermes mais mûres
4 cuill. à soupe de sucre en poudre
40 g de beurre
1 œuf

Douillons

▷ Étalez la pâte feuilletée sur 5 mm d'épaisseur environ et découpez-y quatre carrés.
▷ Pelez les poires en les conservant entières, puis évidez-les à l'aide d'un emporte-pièce par la base en conservant la queue.
▷ Préchauffez le four à 180 °C (therm. 6).
▷ Mélangez le beurre avec le reste du sucre et remplissez-en le cœur de chaque fruit.
▷ Posez chaque poire au centre d'un carré de pâte, puis saupoudrez chacune d'un peu de sucre. Repliez la pâte autour des poires en pinçant les quatre angles du carré autour de la queue et donnez aux douillons la forme du fruit.
▷ Avec les chutes de pâte, découpez des feuilles et collez-les sur les douillons pour faire un décor. Humectez les bords au pinceau et soudez-les bien en pressant régulièrement avec le bout des doigts. Battez l'œuf et badigeonnez-en la surface à l'aide d'un pinceau.
▷ Posez les douillons sur une plaque du four recouverte de papier sulfurisé. Enfournez pour 40 min environ ; couvrez éventuellement les douillons avec une feuille d'aluminium si la pâte se colore trop vite. Servez-les chauds ou tièdes, avec un bol de crème froide.

Si vos poires ne sont pas très mûres, faites-les pocher quelques minutes dans un sirop léger parfumé d'un clou de girofle. Égouttez-les et séchez-les bien avant de les placer sur la pâte.

Pour 4 à 6 personnes
Préparation : 20 min
Cuisson : 50 min

460 g de pâte feuilletée préétalée
(2 rouleaux de pâte à dérouler)
4 poires (conférence par exemple)
10 cl de crème de cassis
50 cl de vin rouge
50 g de sucre en poudre
1 bâton de cannelle
2 cuill. à soupe d'amandes en poudre
200 g de cassis surgelés
50 g de cassonade
1 œuf

Pie aux poires et au cassis

▷ Pelez les poires en les laissant entières.
▷ Versez la crème de cassis et le vin dans une casserole. Ajoutez le sucre, le bâton de cannelle et portez à ébullition. Plongez les poires dans le sirop obtenu et laissez cuire 20 min environ à feu doux. Égouttez les poires, laissez-les tiédir puis coupez-les en lamelles.
▷ Préchauffez le four à 180 °C (therm. 6).
▷ Déroulez un premier disque de pâte sur une plaque recouverte de papier sulfurisé. Piquez la pâte avec une fourchette, saupoudrez-la d'amandes puis répartissez les lamelles de poire. Ajoutez le cassis, saupoudrez de cassonade puis recouvrez l'ensemble avec le second disque de pâte. Soudez bien les bords. Battez l'œuf et badigeonnez-en la surface de la pâte à l'aide d'un pinceau. Enfournez pour 30 min environ. Servez tiède.

Pour 6 personnes
Préparation : 25 min
Cuisson : 35 min environ

250 g de pâte feuilletée ou sablée préétalée
ou 250 g de pâte sablée maison (voir p. 31)
4 grosses poires (doyenné du Comice par exemple)
40 g de beurre demi-sel
2 cuill. à soupe de sirop d'érable
100 g de pistaches non salées

Fines tartelettes aux poires et aux pistaches

▷ Préchauffez le four à 180 °C (therm. 6).
▷ À l'aide d'un emporte-pièce ou d'un bol, découpez six disques de pâte de 11 cm de diamètre environ et disposez-les sur une plaque recouverte de papier sulfurisé. Piquez la pâte avec une fourchette, recouvrez les disques de pâte d'une feuille de papier sulfurisé puis d'une autre plaque et enfournez pour 12 à 15 min.
▷ Pelez les poires, ôtez le cœur et détaillez-les en lamelles pas trop fines.
▷ Faites chauffer le beurre dans une poêle, ajoutez les poires et faites cuire 5 min en remuant de temps en temps. Arrosez de sirop d'érable et poursuivez la cuisson pendant 10 min à feu moyen.
▷ Égouttez les lamelles de poire puis disposez-les sur les fonds de pâte précuits. Enfournez pour 5 min.
▷ Mixez grossièrement les pistaches.
▷ Retirez les tartelettes du four et allumez le gril. Saupoudrez les pistaches concassées sur les poires, enfournez à nouveau pour quelques instants, jusqu'à ce que les pistaches soient grillées. Servez chaud.

Vous pouvez remplacer les pistaches par des noisettes. Servez avec une quenelle de glace caramel au beurre salé.

Pour 6 personnes
Préparation : 30 min
Cuisson : 40 min environ

600 g de pâte feuilletée prête à étaler
600 g de poires à cuire
60 g de beurre
50 g de sucre en poudre
100 g de raisins secs
5 cl de vin rouge
1/2 cuill. à café de cannelle en poudre
1 œuf

Rissoles savoyardes

▷ Pelez les poires, retirez le cœur et les pépins et coupez-les en petits dés. Faites-les cuire à feu doux avec le beurre, le sucre, les raisins secs et le vin pendant 30 min pour obtenir une compote épaisse. Ajoutez-y la cannelle.
▷ Étalez la pâte feuilletée sur 3 ou 4 mm d'épaisseur et découpez-la, à l'aide d'un emporte-pièce ou d'un bol, en six disques de 8 cm de diamètre ou bien en carrés de 8 cm de côté.
▷ Préchauffez le four à 220 °C (therm. 7-8).
▷ Déposez au centre de chaque morceau de pâte un peu de garniture à la poire, puis humectez les bords au pinceau. Repliez la pâte et soudez les bords pour former de petits chaussons (voir p. 40). Rangez-les sur une plaque du four recouverte de papier sulfurisé. Battez l'œuf et badigeonnez la surface des rissoles à l'aide d'un pinceau. Enfournez pour 10 min environ.
▷ Servez chaud ou tiède.

Pour 4 à 6 personnes
Préparation : 30 min
Cuisson : 30 min

250 g de pâte brisée préétalée
ou 250 g de pâte brisée maison (voir p. 28)
10 à 12 demi-poires au sirop (selon la taille)

Pour la crème frangipane

1 petit œuf
60 g de beurre mou
60 g de sucre en poudre
80 g d'amandes en poudre

Tarte Bourdaloue

- Coupez le beurre en morceaux et laissez-le ramollir à température ambiante : il doit être souple pour préparer la crème frangipane.
- Égouttez les demi-poires au sirop puis coupez-les en lamelles.
- Préchauffez le four à 190 °C (therm. 6-7).
- Préparez la crème frangipane. Cassez l'œuf dans un saladier, ajoutez les morceaux de beurre, le sucre et fouettez à la main pour obtenir une crème lisse. Incorporez les amandes en poudre et mélangez à nouveau.
- Garnissez de pâte un moule de 22 cm de diamètre, préalablement recouvert d'un papier sulfurisé. Versez la crème frangipane sur la pâte et étalez-la bien. Installez les lamelles de poire en couronne par-dessus. Enfournez pour 30 min.
- Laissez tiédir avant de démouler. Servez froid.

Tarte Bourdaloue ▶

Tarte épicée aux poires

Pour 6 personnes
Préparation : 30 min
Cuisson : 40 min environ

350 g de pâte brisée prête à étaler
ou 350 g de pâte brisée maison **(voir p. 28)**
6 demi-poires au sirop (en conserve)
1 cuill. à café de paprika doux
100 g de parmesan râpé

Pour la crème frangipane
60 g de beurre
1 petit œuf
60 g de sucre en poudre
80 g d'amandes en poudre

- Coupez le beurre en morceaux et laissez-le ramollir à température ambiante : il doit être souple pour préparer la crème frangipane.
- Égouttez les demi-poires au sirop.
- Préchauffez le four à 200 °C (therm. 6-7).
- Étalez la pâte brisée et garnissez-en un moule à tarte de 26 à 28 cm de diamètre, préalablement recouvert de papier sulfurisé. Piquez le fond avec une fourchette et mettez au réfrigérateur.
- Préparez la crème frangipane. Cassez l'œuf dans un saladier, ajoutez les morceaux de beurre, le sucre et fouettez à la main pour obtenir une crème lisse. Incorporez les amandes en poudre et mélangez à nouveau.
- Étalez les deux tiers de la crème frangipane dans le moule puis disposez les poires en étoile, côté bombé vers le haut, et recouvrez-les du reste de crème. Enfournez pour 35 à 40 min.
- Sortez la tarte du four quand les bords de la pâte commencent à dorer.
- Préchauffez le gril du four.
- Saupoudrez la surface de paprika et de parmesan et glissez la tarte pendant 2 ou 3 min sous le gril pour qu'elle soit bien dorée. Laissez tiédir un peu et démoulez.

Servez cette tarte en accompagnement d'une viande rôtie.

Tartelette aux poires et au Nutella® ▶

Pour 6 personnes
Préparation : 15 min
Cuisson : 25 min environ

250 g de pâte sablée préétalée
ou 250 g de pâte sablée maison
(voir p. 31)
3 œufs
150 g de Nutella®
20 cl de crème liquide
150 g d'amandes en poudre
3 poires (conférence ou beurré hardy)

Tarte aux poires et au Nutella®

▷ Préchauffez le four à 180 °C (therm. 6).
▷ Garnissez de pâte sablée un moule à tarte de 28 cm de diamètre, préalablement recouvert de papier sulfurisé. Piquez la pâte avec une fourchette.
▷ Battez les œufs et mélangez-les avec le Nutella, la crème et les amandes en poudre jusqu'à obtenir une préparation homogène.
▷ Pelez les poires, épépinez-les et coupez-les en fines lamelles.
▷ Étalez le mélange au Nutella® sur la pâte puis disposez les lamelles de poire et enfournez pour 25 min environ. Servez froid.

Tartelettes aux poires et au Nutella® : préparez six tartelettes en utilisant des moules beurrés de 10 cm de diamètre environ. Confectionnez la garniture au chocolat de la même façon, disposez dans chaque moule la moitié d'une poire coupée en lamelles puis versez la garniture tout autour.

pomme

Pour 6 à 8 personnes
Préparation : 30 min
Cuisson : 50 min environ

500 g de pâte brisée prête à étaler
ou 500 g de pâte brisée maison
(voir p. 28)
40 g de farine
30 g de cassonade
1 pincée de vanille en poudre
1/2 cuill. à café de cannelle en poudre
1 pincée de noix muscade
800 g de pommes reinettes
1 citron
1 œuf battu

Apple pie

▷ Divisez la pâte brisée en deux pâtons inégaux, l'un de 300 g, l'autre de 200 g environ. Étalez-les sur une épaisseur de 3 mm environ.
▷ Disposez le plus grand pâton dans un moule à tarte en porcelaine de 22 cm de diamètre, préalablement beurré.
▷ Dans un saladier, mélangez la farine, la cassonade, la vanille, la cannelle et la noix muscade. Répartissez la moitié de ce mélange dans le moule.
▷ Préchauffez le four à 200 °C (therm. 6-7).
▷ Pelez les pommes, coupez-les en quartiers, puis en fines tranches. Disposez-les en couronne dans le moule en formant un dôme au centre. Arrosez de jus de citron, puis poudrez du reste du mélange farine-cassonade aux épices.
▷ Recouvrez l'ensemble avec l'autre disque de pâte. Battez l'œuf, enduisez les bords et soudez bien. Formez une petite cheminée au centre et dorez le couvercle à l'œuf. Enfournez pour 10 min.
▷ Sortez le moule du four. Badigeonnez à nouveau la pâte d'œuf battu et poursuivez la cuisson pendant encore 40 min.
▷ Servez ce pie nature et encore tiède en l'accompagnant de crème fraîche, d'un coulis de mûre ou même d'une boule de glace à la vanille.

Si l'apple pie est le plus classique des pies britanniques, on en prépare aussi aux poires, aux prunes, aux baies, à la tomate verte, à la citrouille. Il est courant de mélanger plusieurs fruits (pommes et mûres, fraises et framboises, pommes et poires...).

Pour 10 à 12 petits chaussons
Préparation : 30 min
Cuisson : 35 à 40 min

500 g de pâte feuilletée préétalée (2 rouleaux de pâte à dérouler)
1 citron
30 g de beurre
5 pommes reinettes
150 g de sucre
20 g de crème épaisse
1 œuf

Chaussons aux pommes

- Pressez le jus de citron. Coupez le beurre en petits morceaux.
- Pelez les pommes en enlevant les pépins ; coupez-les en petits dés et mélangez-les tout de suite avec un peu de jus de citron pour éviter qu'elles ne noircissent. Égouttez-les et mélangez-les dans un saladier avec le sucre et la crème.
- Préchauffez le four à 250 °C (therm. 8-9).
- Déroulez la pâte feuilletée et découpez-y de dix à douze disques de 12 cm de diamètre environ.
- Battez l'œuf et badigeonnez le pourtour des disques à l'aide d'un pinceau.
- Déposez des morceaux de pomme et de beurre sur une moitié de chaque disque.
- Repliez l'autre moitié sur celle qui est garnie pour former des chaussons (voir p. 40). Dorez le dessus de la pâte avec le reste de l'œuf. Laissez sécher puis, avec la pointe d'un couteau, tracez des croisillons en prenant soin de ne pas percer les chaussons.
- Enfournez pour 10 min à 250 °C (therm. 8-9), puis continuez la cuisson à 200 °C (therm. 6-7) pendant 25 à 30 min. Servez tiède.

Chaussons aux pommes et aux pruneaux : remplacez une des pommes par 250 g de pruneaux trempés, dénoyautés et coupés en dés ainsi que 50 g de raisins de Corinthe trempés dans du rhum.

Pour 4 à 6 personnes
Préparation : 40 min
Cuisson : 50 min environ

500 g de pâte feuilletée prête à étaler
1 kg de pommes acidulées (type reinette)
1 citron
1 sachet de sucre vanillé
1 cuill. à café de cannelle en poudre
1 œuf
5 ou 6 cuill. à soupe de confiture d'abricot
50 g de sucre en grains

Jalousies aux pommes

- Préparez la marmelade de pomme. Pelez les fruits et taillez-les en lamelles ; arrosez-les du jus de citron et faites-les cuire tout doucement avec le sucre vanillé 20 min environ. Remuez en fin de cuisson pour assécher la marmelade, ajoutez la cannelle et mélangez bien.
- Préchauffez le four à 200 °C (therm. 6-7).
- Étalez la pâte feuilletée en un grand rectangle de 3 mm d'épaisseur environ. Découpez-y deux bandes égales de 10 cm de large. Humectez la plaque du four et posez-y l'une des deux bandes de pâte.
- Battez l'œuf et, à l'aide d'un pinceau, badigeonnez le tour de cette bande de pâte. Étalez dessus la marmelade de pomme en une seule couche épaisse, à l'intérieur de la partie badigeonnée.
- Sur la seconde bande de pâte feuilletée, faites avec un couteau des entailles régulières, espacées de 5 mm et en biais sur toute la surface, sans aller jusqu'au bord.
- Posez cette bande sur la première. Pincez les bords tout autour pour bien souder les deux épaisseurs. Égalisez le pourtour et badigeonnez le dessus avec le reste d'œuf battu. Enfournez pour 30 min.
- À la sortie du four, badigeonnez le dessus de la pâte avec de la confiture d'abricot diluée avec un peu d'eau. Parsemez de grains de sucre. Coupez la jalousie en parts de 5 cm de large. Servez tiède.

Pour 4 personnes
Préparation : 25 min
Réfrigération : 30 min
Cuisson : 35 min environ

400 g de pâte feuilletée prête à étaler
500 g de pommes à cuire
(reinettes, granny smith)
120 g de sucre brun
1 cuill. à café de cannelle en poudre
1 cuill. à soupe de raisins secs
1 œuf

Choquarts

▷ Étalez la pâte feuilletée sur 3 mm d'épaisseur environ et découpez-y, à l'aide d'un emporte-pièce ou d'un bol, quatre disques de 15 cm de diamètre. Posez ceux-ci sur une plaque recouverte de papier sulfurisé et piquez la moitié de chaque disque avec une fourchette. Mettez au réfrigérateur pendant 30 min.

▷ Pelez les pommes, coupez-les en quartiers et faites-les cuire à feu doux pendant 10 à 15 min avec 2 cuill. à soupe d'eau, le sucre, la cannelle et les raisins secs pour obtenir une compote.

▷ Préchauffez le four à 180 °C (therm. 6).

▷ Garnissez de compote la partie piquée des disques de pâte en laissant une marge tout autour, humectez les bords et repliez l'autre moitié de pâte sur celle qui est garnie pour former des chaussons (voir p. 40). Pressez bien avec le bout des doigts pour souder le tour. Battez l'œuf et badigeonnez-en les chaussons. À l'aide d'une fourchette, dessinez un décor en surface. Enfournez pour 20 min. Servez chaud ou froid.

Ce chausson originaire de Bretagne existe aussi dans une version plus rustique, le « pommé », où la compote est remplacée par des lamelles de pommes crues.

Choquarts ▶

avec Béatrice Lagandré

Fruits et épices

Mangue et gingembre, ananas et cardamome, fraises et piment… autant de mariages étonnants qui titilleront vos papilles ! La douceur sucrée des fruits s'allie à merveille avec la force subtile des épices ; mais, si la cannelle, le gingembre ou la badiane peuvent sublimer un ananas rôti ou des lamelles de mangue, ils risquent, si on les surdose, de tuer leurs parfums délicats.

Mille-feuilles d'ananas aux épices

Pour 6 personnes
Préparation : 25 min
Cuisson : 15 min

6 feuilles de pâte filo
60 g de beurre
Sucre glace
1 ananas de 800 g environ
1 petit morceau de gingembre
4 gousses de cardamome
4 cuill. à soupe de cassonade
1 gousse de vanille
1 cuill. à soupe de pistaches non salées
150 g de coulis de fruits rouges
Quelques groseilles

▷ Préchauffez le four à 180 °C (therm. 6).
▷ Superposez deux feuilles de pâte filo, badigeonnez-les avec un peu de beurre fondu à l'aide d'un pinceau et saupoudrez d'un peu de sucre glace.
▷ Découpez-y six disques de 12 cm de diamètre environ et disposez-les sur une plaque recouverte de papier sulfurisé. Faites dorer au four pendant 3 à 5 min.
▷ Procédez de la même façon avec les quatre autres feuilles.
▷ Coupez l'ananas, ôtez les yeux et le cœur fibreux puis détaillez la chair en dés (vous devez en obtenir environ 600 g) et déposez ceux-ci dans un saladier.
▷ Pelez le morceau de gingembre et râpez-le au-dessus d'un bol. Ouvrez les gousses de cardamome, concassez grossièrement les graines et ajoutez-les dans le bol avec la cassonade. Fendez la gousse de vanille en deux et grattez les graines au dessus du bol avec la pointe d'un petit couteau. Mélangez.
▷ Faites fondre le reste de beurre dans une sauteuse et ajoutez les dés d'ananas ; saupoudrez de cassonade aux épices et laissez cuire à feu moyen pendant 10 min environ, en remuant souvent.
▷ Concassez les pistaches et passez-les rapidement sous le gril du four, jusqu'à ce qu'elles soient dorées.
▷ Montez les mille-feuilles : déposez un rond de pâte filo dans chaque assiette. Recouvrez-le de dés d'ananas et de pistaches grillées, puis d'un deuxième disque de pâte et ainsi de suite en terminant par un rond de pâte.
▷ Entourez chaque mille-feuille d'un cordon de coulis et décorez avec un peu de sucre glace et une petite grappe de groseille.

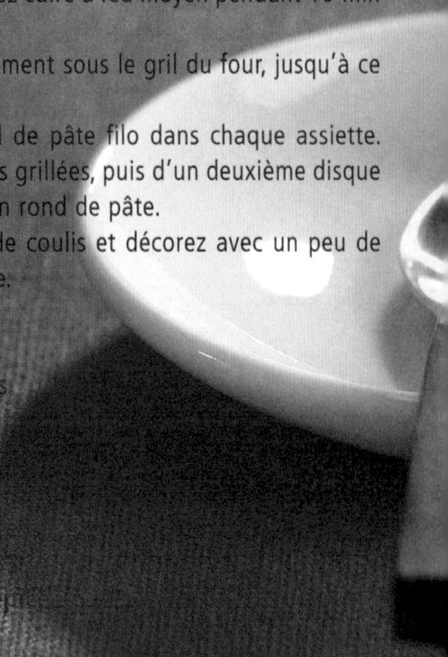

Vous trouverez aussi des fruits épicés dans les recettes suivantes :

- Tarte aux abricots et au gingembre p. 20…
- Tarte épicée au citron p. 217
- Tatin à la mangue et au piment d'Espele…
- Tourte à la mangue et au gingembre p. 2…
- Tartelettes aux fruits rouges et ganache épi…
- Tarte épicée aux poires p. 246

Tarte liégeoise aux pommes

Pour 4 à 6 personnes
Préparation : 20 min
Cuisson : 45 min

250 g de pâte brisée préétalée
ou 250 g de pâte brisée maison
(voir p. 28)
1 œuf
2 pincées de cannelle en poudre
200 g de sucre en poudre
1 kg de pommes
50 g de farine

▷ Étalez la pâte sur une épaisseur de 3 mm environ et garnissez-en un moule beurré de 24 cm de diamètre, préalablement recouvert de papier sulfurisé.
▷ Préchauffez le four à 200 °C (therm. 6-7).
▷ Battez l'œuf dans un saladier avec 1 pincée de cannelle et 1 cuill. à soupe de sucre en poudre.
▷ Pelez les pommes, coupez-les en quartiers puis détaillez-les en fines lamelles.
▷ Badigeonnez le fond de pâte avec l'œuf à la cannelle. Mélangez 150 g de sucre, l'autre pincée de cannelle et la farine et poudrez-en la pâte. Disposez les lamelles de pomme par-dessus. Enfournez pour 45 min.
▷ Quand la tarte a un peu refroidi, démoulez-la sur un plat et poudrez-la du reste du sucre. Servez tiède.

Tarte liégeoise aux prunes : remplacez les pommes par la même quantité de prunes. Lavez-les, coupez-les en deux et dénoyautez-les. Disposez les demi-prunes à plat sur le fond de pâte badigeonné.

Tarte aux pommes flambée au whisky

Pour 6 personnes
Préparation : 30 min
Cuisson : 35 min environ

350 g de pâte brisée prête à étaler
ou 350 g de pâte brisée maison
(voir p. 28)
40 g de beurre
1 kg de pommes reinettes
150 g de sucre cristallisé ou de sucre roux
2 cuill. à café de cannelle
12 cl de whisky

▷ Préchauffez le four à 200 °C (therm. 8).
▷ Étalez la pâte sur une épaisseur de 3 mm environ. Garnissez-en un moule beurré de 26 cm de diamètre. Procédez à une cuisson à blanc pour pâte brisée pendant 20 min (voir p. 39).
▷ Pendant ce temps, pelez les pommes et coupez-les en huit. Faites fondre le beurre dans une poêle et mettez-les à dorer.
▷ Ajoutez 125 g de sucre, saupoudrez de 1 cuill. à café de cannelle et ajoutez 2 cuill. à soupe de whisky. Mélangez délicatement, couvrez et laissez cuire doucement pendant 10 min.
▷ Étalez la garniture aux pommes sur le fond de pâte précuit. Mélangez le reste du sucre et de la cannelle dans un bol et saupoudrez-en la tarte. Gardez au chaud.
▷ Faites chauffer le reste du whisky dans une petite casserole, versez-le sur les pommes et faites flamber. Servez aussitôt.

avec Béatrice Lagandré

Tarte aux myrtilles express

Pour 4 à 6 personnes

230 g de pâte sablée préétalée
400 g de myrtilles surgelées
80 g de coulis de fruits rouges
4 cuill. à soupe d'amandes en poudre
2 blancs d'œufs
80 g de sucre glace

▷ Préchauffez le four à 180 °C (therm. 6).
▷ Garnissez de pâte sablée un moule de 24 cm de diamètre, préalablement recouvert de papier sulfurisé. Procédez à une cuisson à blanc pendant 12 min environ (voir p. 39).
▷ Rincez rapidement les myrtilles, épongez-les puis mettez-les dans un bol. Versez le coulis de fruits et mélangez pour enrober les myrtilles.
▷ Sortez le moule du four et abaissez la température du four à 150 °C (therm 5.).
▷ Saupoudrez le fond de pâte précuit d'amandes en poudre puis étalez la préparation aux myrtilles.
▷ Battez les blancs en neige ferme et incorporez-y le sucre glace. Répartissez cette meringue sur les fruits, enfournez pour 20 min environ, en surveillant la cuisson. Servez chaud ou tiède.

Vous pouvez remplacer les amandes en poudre par 4 ou 5 biscuits à la cuillère écrasés et/ou la moitié des myrtilles par d'autres fruits rouges (mûres, groseilles).

Tartelettes aux deux prunes

Pour 6 personnes

250 g de pâte feuilletée préétalée
250 g de mirabelles surgelées
250 g de quetsches surgelées
6 cuill. à café de miel liquide
3 cuill. à café de sucre roux
20 g d'amandes effilées

▷ Rincez toutes les prunes et essuyez-les délicatement. Coupez les mirabelles en deux et les quetsches en quatre. Retirez les noyaux.
▷ Préchauffez le four à 180 °C (therm. 6).
▷ Déroulez la pâte feuilletée et découpez-y six disques un peu plus grands que les moules. Garnissez-en les moules préalablement beurrés. Piquez les fonds avec une fourchette.
▷ Disposez les morceaux de fruits sur la pâte en alternant les deux variétés de prune. Faites couler 1 cuill. à café de miel sur chaque tartelette en tenant la cuillère assez haut et en la faisant tourner au-dessus des fruits. Saupoudrez ensuite de sucre puis enfournez pour 20 à 25 min, jusqu'à ce que les bords de la pâte soient bien dorés.
▷ Pendant ce temps, faites dorer les amandes effilées à sec dans une petite poêle à revêtement antiadhésif.
▷ Parsemez-en les tartelettes à leur sortie du four et laissez tiédir un peu avant de servir.

Tatin aux pommes

Pour 6 personnes
Préparation : 40 min
Repos de la pâte : 30 min
Cuisson : 30 min environ

Pour la pâte brisée
100 g de beurre
200 g de farine
2 cuill. à soupe de sucre en poudre
1 grosse pincée de sel fin
10 cl d'eau

Pour la garniture
500 g de pommes à chair ferme
95 g de beurre
150 g de sucre en poudre
150 g de crème liquide

▷ Préparez la pâte brisée. Coupez le beurre en petits morceaux. Dans un saladier, versez la farine, le sucre et le sel. Ajoutez le beurre, mélangez du bout des doigts puis versez l'eau en remuant énergiquement avec une cuillère en bois. La pâte ne doit pas être collante. Formez une boule, enveloppez-la dans un linge ou dans un film alimentaire et laissez reposer 30 min au frais.

▷ Pendant ce temps, préparez la garniture. Pelez les pommes et coupez-les en tranches épaisses. Détaillez 75 g de beurre en morceaux.

▷ Beurrez largement un moule à tarte de 22 cm de diamètre. Poudrez le fond de 75 g de sucre. Disposez-y les tranches de pomme et versez le reste de sucre en pluie. Répartissez les noisettes de beurre par-dessus.

▷ Préchauffez le four à 180 °C (therm. 6).

▷ Travaillez la pâte brisée de la paume de la main puis étalez-la sur 4 mm d'épaisseur environ. Découpez un disque de pâte d'un diamètre supérieur de 4 cm à celui du moule.

▷ Recouvrez le dessus des pommes avec le disque de pâte en rabattant bien les bords à l'intérieur du moule.

▷ Faites caraméliser la tarte en posant le moule directement sur le feu. Laissez chauffer environ 3 min à feu vif puis enfournez pour 30 min.

▷ À la sortie du four, posez un plat de service sur le moule et retournez le tout. Retirez délicatement le moule. Laissez un peu tiédir.

▷ Juste au moment de servir, versez la crème par-dessus ou servez-la à part.

Vous pouvez aussi servir la tarte Tatin accompagnée d'une glace.

Tatin aux pommes ▶

prune

Pour 4 à 6 personnes
Préparation : 20 min
Repos de la pâte : 1 h
Cuisson : 30 min

Pour la pâte sucrée au quatre-épices
70 g de beurre mou
130 g de farine
30 g de sucre en poudre
1 pincée de quatre-épices
Sel

Pour la garniture
50 g de pain d'épices
600 g de mirabelles (fraîches ou surgelées)
1 œuf
40 g de sucre en poudre
20 g de miel toutes fleurs
40 g de beurre

Tarte aux mirabelles, au miel et au pain d'épices

▷ Préparez la pâte. Coupez le beurre en morceaux. Versez la farine dans un saladier et ajoutez le sucre, les épices et 1 pincée de sel. Incorporez le beurre, mélangez du bout des doigts et pétrissez. Formez une boule, enveloppez-la dans un linge ou dans un film alimentaire et laissez reposer 1 h environ au réfrigérateur.
▷ Allumez le gril et faites légèrement griller le pain d'épices.
▷ Étalez la pâte et garnissez-en un moule beurré de 24 cm de diamètre environ. Piquez le fond de la pâte avec une fourchette. Parsemez dessus le pain d'épices finement émietté.
▷ Préchauffez le four à 180 °C (therm. 6).
▷ Rincez les mirabelles, séchez-les puis coupez-les en deux et dénoyautez-les Disposez-les dans le moule, côté bombé en dessous.
▷ Battez l'œuf dans un bol et fouettez-le avec le sucre et le miel. Faites fondre le beurre et ajoutez-le dans le bol. Mélangez bien puis versez sur les fruits. Enfournez pour 30 min. Servez tiède.

Pour 4 personnes
Préparation : 15 min
Repos de la pâte : 2 h
Cuisson : 25 à 30 min

6 biscuits à la cuillère ou 150 g de génoise
1,2 kg de quetsches
100 g de sucre en poudre
1 cuill. à café de cannelle en poudre

Pour la pâte brisée
150 g de beurre mou
1 cuill. à café de sucre en poudre
1 œuf
1 cuill. à soupe de lait
170 g de farine
1/4 de cuill. à café de sel

Tarte aux quetsches

▷ Préparez d'abord la pâte. Divisez le beurre en morceaux dans un saladier et travaillez-le à la spatule jusqu'à ce qu'il ait pris la consistance d'une crème. Ajoutez ensuite le sel, le sucre, l'œuf et le lait en continuant à remuer. Quand le mélange est bien homogène, incorporez petit à petit la farine en travaillant la pâte le moins longtemps possible. Formez une boule, enveloppez-la dans un linge ou dans un film alimentaire et laissez reposer au moins 2 h au réfrigérateur.
▷ Préchauffez le four à 200 °C (therm. 6-7).
▷ Beurrez un moule à tarte de 28 cm de diamètre. Étalez la pâte sur 3 mm d'épaisseur environ et garnissez-en le moule. Écrasez les biscuits pour les réduire en chapelure ou émiettez finement la génoise ; étalez-les en couche régulière dans le moule.
▷ Rincez les quetsches, séchez-les puis coupez-les en deux et dénoyautez-les. Disposez-les en cercles concentriques, bien serrées et la face bombée vers le bas. Enfournez pour 25 à 30 min.
▷ Sortez la tarte du four, posez-la sur une grille et saupoudrez de sucre et de cannelle. Démoulez et laissez refroidir.

pruneau

Pour 6 personnes
Préparation : 25 min
Cuisson : 50 min environ

250 g de pâte brisée préétalée
ou 250 g de pâte brisée maison (voir p. 28)
2 œufs
75 cl de lait
80 g de fécule de maïs
110 g de sucre en poudre
2 douzaines de pruneaux dénoyautés

Flan aux pruneaux

▷ Préchauffez le four à 180 °C (therm. 6).
▷ Garnissez de pâte un moule à manqué de 26 cm de diamètre, préalablement recouvert de papier sulfurisé. Procédez à une cuisson à blanc pour pâte brisée pendant 10 min (voir p. 39).
▷ Dans un saladier, battez les œufs avec le lait, la fécule de maïs et le sucre. Mixez la préparation si des grumeaux subsistent.
▷ Ajoutez les pruneaux et faites chauffer le mélange en remuant constamment jusqu'à ébullition. Retirez aussitôt du feu et versez la préparation sur le fond de pâte précuit. Enfournez pour 35 à 40 min. Laissez refroidir avant de servir.

Flan aux abricots : remplacez les pruneaux par la même quantité d'abricots secs. Faites-les éventuellement tremper au préalable dans un bol de thé tiède.

Pour 6 à 8 personnes
Préparation : 30 min
Macération des fruits : 24 h
Repos de la pâte : 2 h
Cuisson : 20 à 30 min

Pour la pâte levée
15 g de levure de boulanger
12 cl de lait
100 g de beurre
2 œufs
250 g de farine
1 cuill. à soupe de sucre en poudre
1 pincée de sel

Pour la garniture
400 g de pruneaux
8 cl de madère
35 g de cassonade brune
1 pincée de cannelle
1 œuf

Tarte belge au côrin (aux pruneaux)

▷ Mettez les pruneaux à tremper pendant 24 h dans le vin de Madère, après l'avoir allongé d'eau et additionné de cassonade.
▷ Le lendemain, préparez d'abord la pâte. Délayez la levure dans le lait. Laissez reposer 10 min. Coupez le beurre en petits morceaux et laissez-le ramollir. Battez les œufs dans un saladier. Incorporez la levure délayée et le beurre. Ajoutez la farine, le sucre et le sel. Travaillez la pâte du bout des doigts jusqu'à ce qu'elle soit souple. Laissez reposer 2 h au frais.
▷ Égouttez les pruneaux, dénoyautez-les, mixez-les rapidement et ajoutez-y la cannelle. La purée obtenue (le côrin) doit être granuleuse.
▷ Préchauffez le four à 200 °C (therm. 6-7).
▷ Étalez la pâte (gardez-en un peu pour la décoration). Garnissez-en un moule à tarte de 24 cm de diamètre, préalablement recouvert de papier sulfurisé.
▷ Répartissez le côrin sur la pâte et disposez quelques croisillons de pâte.
▷ Battez l'œuf et badigeonnez-en les croisillons. Enfournez pour 20 à 30 min. Servez tiède.

raisin

Pour 6 à 8 personnes
Préparation : 30 min
Cuisson : 40 min

250 g de pâte sablée préétalée
ou 250 g de pâte sablée maison
(voir p. 31)
500 g de raisin blanc
3 œufs
100 g de sucre en poudre
25 cl de crème liquide
25 cl de lait
10 cl de kirsch
Sucre glace

Tarte au raisin frais

▷ Rincez le raisin blanc et égrappez-le.
▷ Garnissez de pâte sablée un moule à tarte de 24 cm de diamètre, préalablement recouvert de papier sulfurisé. Piquez le fond avec une fourchette.
▷ Préchauffez le four à 200 °C (therm. 6-7).
▷ Rangez les grains de raisin sur la pâte en les serrant bien les uns contre les autres et enfournez pour 10 min.
▷ Dans un saladier, mélangez les œufs et le sucre en poudre puis, quand la préparation blanchit, ajoutez la crème. Battez bien au fouet et arrosez peu à peu avec le lait, puis avec le kirsch.
▷ Sortez la tarte du four, versez-y la crème puis enfournez à nouveau pour 30 min. Laissez refroidir, démoulez et poudrez de sucre glace.

Tarte au raisin frais ▶

Croustillants aux deux raisins et aux pommes

Pour 4 personnes
Préparation : 20 min
Cuisson : 35 min environ

4 feuilles de pâte filo
2 cuill. à soupe de raisins secs
1 cuill. à soupe de rhum ou de calvados (facultatif)
3 pommes (reinette, chantecler, clochard)
1 petite grappe de raisin blanc
40 g de beurre
1 sachet de sucre vanillé
Sel

▷ Faites tremper les raisins secs dans un peu d'eau tiède, éventuellement additionnée d'alcool.

▷ Pelez les pommes, ôtez le cœur et coupez-les en dés.

▷ Rincez le raisin blanc et égrappez-le. Pelez les grains, coupez-les en deux et épépinez-les.

▷ Faites fondre la moitié du beurre dans une poêle et, lorsqu'il mousse, ajoutez les dés de pomme. Saupoudrez de sucre vanillé et laissez cuire à feu moyen pendant 15 à 20 min en remuant souvent, jusqu'à ce que les pommes soient tendres. Au bout de 10 min, ajoutez les raisins secs égouttés et le raisin blanc.

▷ Préchauffez le four à 170 °C (therm. 5-6).

▷ Faites fondre le reste de beurre. Badigeonnez-en les feuilles de pâte filo. Pliez chaque feuille de pâte filo en quatre. Garnissez quatre petits moules de 13 cm de diamètre.

▷ Répartissez les fruits dans les moules et repliez la pâte par-dessus. Enfournez pour 10 à 12 min, jusqu'à ce que la pâte soit dorée. Servez aussitôt.

Tarte à la rhubarbe et aux groseilles ▶

Pour 6 personnes
Préparation : 25 min
Cuisson : 15 min

250 g de pâte brisée préétalée
ou 250 g de pâte brisée maison (voir p. 28)
300 g de raisin blanc à gros grains
3 cuill. à soupe de cassonade
1 cuill. à soupe de farine
20 g de beurre demi-sel
6 cuill. à soupe de jus de raisin rouge

Tartelettes aux raisins

▷ Rincez le raisin blanc et égrappez-le. Pelez les grains, coupez-les en deux et épépinez-les.
▷ Préchauffez le four à 210 °C (therm. 7).
▷ Déroulez la pâte brisée et découpez-y six disques de pâte aussi grands que possible. Posez-les sur une plaque à pâtisserie recouverte de papier sulfurisé.
▷ Mélangez la cassonade et la farine, parsemez-en chaque rond de pâte et répartissez le beurre dessus. Enfournez pour 5 min.
▷ Sortez la plaque du four, versez 1 cuill. à soupe de jus de raisin sur chaque disque de pâte et remettez à cuire pendant encore 10 min.
▷ Retirez les fonds de tarte du four et laissez-les tiédir un peu. Garnissez-les de grains de raisin posés face bombée vers le haut. Servez aussitôt.

rhubarbe

Pour 4 personnes
Préparation : 30 min
Macération de la rhubarbe : 1 h
Cuisson : 35 min environ

Pour la pâte aux amandes
60 g de beurre mou
120 g de farine
20 g d'amandes en poudre
30 g de sucre en poudre
1 pincée de sel

Pour la garniture
500 g de rhubarbe épluchée (fraîche ou surgelée)
100 g de sucre en poudre
4 biscuits à la cuillère
200 g de groseilles (fraîches ou surgelées)
4 ou 5 cuill. à soupe de gelée de groseille
4 cuill. à soupe de cassonade

Tarte à la rhubarbe et aux groseilles

▷ Rincez la rhubarbe et coupez-la en dés. Mettez ceux-ci dans un saladier, ajoutez le sucre et laissez macérer au moins 1 h.
▷ Préparez la pâte. Coupez le beurre en morceaux. Versez la farine dans un saladier et mélangez-la avec les amandes en poudre, le sucre et le sel. Ajoutez le beurre et mélangez du bout des doigts en ajoutant un peu d'eau jusqu'à obtention d'une pâte homogène. Pétrissez puis formez une boule. Laissez reposer 1 h au frais.
▷ Étalez la pâte puis garnissez-en un moule beurré de 24 cm de diamètre. Piquez la pâte avec une fourchette et répartissez les biscuits réduits en poudre.
▷ Préchauffez le four à 180 °C (therm. 6).
▷ Rincez et égrappez les groseilles. Égouttez les dés de rhubarbe et répartissez-les sur le fond de pâte. Ajoutez les groseilles par-dessus.
▷ Faites tiédir la gelée de groseille puis étalez-la sur les fruits. Enfournez pour 30 min.
▷ Sortez la tarte du four, saupoudrez de cassonade et remettez au four 5 min. Servez tiède.

Tarte à la rhubarbe et aux fraises : remplacez les groseilles par des fraises, démarrez la cuisson de la tarte avec la rhubarbe uniquement puis ajoutez dessus les fraises 15 min avant la fin de la cuisson.

Tarte picarde à la rhubarbe

Pour 6 personnes
Préparation : 25 min
Repos de la pâte : 2 h
Cuisson : 40 min environ

- 1 kg de rhubarbe
- 2 œufs
- 170 g de sucre en poudre
- 2 cuill. à soupe de farine
- 20 cl de lait

Pour la pâte brisée

- 250 g de farine
- 125 g de beurre mou
- 1 œuf
- 2 cuill. à soupe d'eau très froide
- 1 pincée de sel

▷ Préparez d'abord la pâte. Tamisez la farine sur le plan de travail, creusez un puits au centre, mettez-y le beurre, l'œuf battu et le sel et pétrissez avec les doigts le plus rapidement possible en ajoutant l'eau. Cette préparation doit se faire très vite pour que la pâte ne durcisse pas ensuite. Ramassez-la en boule même s'il reste encore des petits morceaux de beurre, enveloppez-la dans un linge ou dans un film alimentaire et laissez-la reposer au moins 2 h au réfrigérateur.

▷ Pelez les tiges de rhubarbe. Rincez-les et séchez-les bien. Coupez-les en tronçons de 2 ou 3 cm.

▷ Préchauffez le four à 180 °C (therm. 6).

▷ Étalez la pâte brisée sur 3 mm d'épaisseur environ et garnissez-en un moule à tarte de 24 cm de diamètre, préalablement recouvert de papier sulfurisé. Répartissez les tronçons de rhubarbe sur la pâte.

▷ Dans un grand bol, battez les œufs avec 120 g de sucre et la farine, puis ajoutez le lait et mélangez bien. Versez cette crème sur la rhubarbe. Enfournez pour 40 min environ.

▷ Sortez la tarte du four, saupoudrez-la avec le reste de sucre et laissez refroidir.

La tarte à la rhubarbe se sert dans de nombreuses régions françaises, mais seule celle de Picardie est préparée avec de la rhubarbe crue.

Tarte à la rhubarbe et aux pommes

Pour 6 personnes
Préparation : 20 min
Cuisson : 50 min

- 250 g de pâte feuilletée préétalée
- 500 g de rhubarbe
- 2 pommes (type golden)
- 2 œufs
- 20 cl de crème liquide
- 100 g de sucre en poudre
- 100 g d'amandes effilées

▷ Préchauffez le four à 180 °C (therm. 6).

▷ Garnissez de pâte un moule à tarte de 26 cm de diamètre, préalablement recouvert de papier sulfurisé. Procédez à une cuisson à blanc pour pâte feuilletée pendant 15 min (voir p. 39).

▷ Lavez la rhubarbe, pelez-la au besoin et coupez-la en tronçons de 1 cm de long. Faites cuire ceux-ci 15 min à feu doux en ajoutant si nécessaire 1 ou 2 cuill. à soupe d'eau. Égouttez-les.

▷ Pelez les pommes, coupez-les en quatre pour retirer les cœurs, puis détaillez-les en fines tranches.

▷ Dans un saladier, mélangez les œufs, la crème et le sucre.

▷ Déposez les morceaux de rhubarbe et les tranches de pomme sur le fond de pâte précuit. Versez la crème aux œufs dessus et saupoudrez d'amandes effilées et d'un peu de sucre. Enfournez pour 35 min. Servez tiède.

Tout *sucre*

chocolat et café

Pour 6 personnes
Préparation : 15 min
Cuisson : 11 min

250 g de pâte à pizza préétalée ou 250 g de pâte à pizza maison (voir p. 37)
280 g de caramel au beurre salé (voir p. 49)
300 g de chocolat noir à 70 % minimum de cacao

Pizza chocolat-caramel

- Préchauffez le four à 240 °C (therm. 8).
- Hachez grossièrement le chocolat à l'aide d'un couteau-scie sur une planche à découper.
- Déroulez la pâte à pizza sur une plaque recouverte de papier sulfurisé et enfournez pour 5 min environ.
- Abaissez la température du four à 210 °C (therm. 7).
- À l'aide d'une spatule, étalez sur la pâte le caramel au beurre salé sur une épaisseur de 3 mm, en vous arrêtant à 2 cm environ du bord de la pâte. Parsemez la surface du caramel de chocolat. Enfournez pour 6 min. Servez chaud.

Tartelette au chocolat noir ▶

Pour 8 personnes
Préparation : 1 h
Repos de la pâte : 1 h
Cuisson : 15 min environ

Pour la pâte sablée au cacao
250 g de farine
200 g de beurre mou
125 g de sucre glace
50 g de cacao en poudre
1 jaune d'œuf
1 cuill. à soupe d'eau froide

Pour la ganache au chocolat
250 g de chocolat noir à 70 % minimum de cacao
50 g de beurre demi-sel
200 g de crème liquide

Tarte au chocolat noir

▷ Préparez la pâte au cacao. Versez la farine dans un récipient. Creusez un puits et mettez-y tous les autres ingrédients de la pâte en les mélangeant avec une fourchette. Pétrissez ensuite avec les doigts, puis avec les paumes de vos mains, jusqu'à obtenir une boule homogène. Enveloppez celle-ci dans un linge ou dans un film alimentaire et laissez reposer 1 h au réfrigérateur.
▷ Préchauffez le four à 180 °C (therm. 6).
▷ Étalez la pâte sur une épaisseur de 3 mm et garnissez-en un moule beurré de 28 cm de diamètre environ. Enfournez pour 15 min puis laissez refroidir à température ambiante.
▷ Préparez la ganache. Hachez le chocolat le plus finement possible et mettez-le dans un bol. Coupez le beurre en petits morceaux. Faites bouillir la crème, versez-la sur le chocolat et attendez 1 min avant de remuer en faisant tourner simplement le bol. Ajoutez le beurre et remuez avec une cuillère en bois.
▷ Laissez refroidir la ganache 30 min à température ambiante. Versez-la sur le fond de pâte précuit et laissez-la se figer, toujours à température ambiante, pendant 15 min.

Tartelettes express au chocolat noir : vous pouvez de la même manière préparer rapidement des tartelettes avec de la pâte sablée préétalée, en utilisant huit moules de 10 cm de diamètre.

Pour 6 personnes
Préparation : 25 min
Repos de la pâte : 1 h
Cuisson : 30 min environ

Pour la pâte au cacao
70 g de beurre mou
135 g de farine
30 g de sucre en poudre
5 g de cacao en poudre
Sel

Pour la garniture
80 g de beurre
100 g de chocolat à fort pourcentage de cacao
100 g de crème de marron
10 cl de crème liquide
2 œufs
6 marrons glacés

Tarte au chocolat et à la crème de marron

▷ Préparez la pâte. Coupez le beurre en dés. Versez la farine, le sucre, le cacao et 1 pincée de sel dans un saladier et mélangez. Ajoutez le beurre et un peu d'eau, mélangez du bout des doigts et pétrissez la pâte. Formez une boule, enveloppez-la dans un linge ou dans un film alimentaire et laissez reposer 1 h environ au réfrigérateur.
▷ Préparez la garniture. Coupez le beurre en dés. Cassez le chocolat en morceaux et faites-le fondre au four à micro-ondes ou au bain-marie avec le beurre. Mélangez, lissez bien, versez dans un saladier, et incorporez la crème de marron et la crème liquide.
▷ Cassez les œufs en séparant les blancs des jaunes. Ajoutez les jaunes dans le saladier.
▷ Préchauffez le four à 180 °C (therm. 6).
▷ Étalez la pâte et garnissez-en un moule beurré de 24 cm de diamètre. Procédez à une cuisson à blanc pendant 5 min (voir p. 39).
▷ Battez les blancs en neige ferme et incorporez-les délicatement à la préparation au chocolat.
▷ Étalez la garniture sur le fond de pâte précuit et enfournez pour 25 min environ. Décorez la tarte avec les marrons glacés. Servez tiède.

Tarte aux deux chocolats

Pour 6 personnes
Préparation : 15 min
Cuisson : 30 min environ
Réfrigération : 4 h minimum

250 g de pâte sablée préétalée
ou 250 g de pâte sablée maison (voir p. 31)
50 g de beurre mou
225 g de chocolat blanc pâtissier
30 cl de crème liquide
225 g de chocolat noir pâtissier
4 jaunes d'œufs

▷ Préchauffez le four à 180 °C (therm. 6).
▷ Garnissez de pâte sablée un moule à tarte de 28 cm de diamètre, préalablement recouvert de papier sulfurisé. Enfournez pour 20 min environ.
▷ Coupez le beurre en morceaux. Cassez le chocolat blanc et faites-le fondre au bain-marie avec la moitié de la crème. Lorsque la préparation est bien homogène, retirez-la du feu et incorporez 2 jaunes d'œufs ainsi que la moitié du beurre.
▷ Cassez le chocolat noir et faites-le fondre au bain-marie avec le reste de la crème liquide. Lorsque la préparation est bien homogène, retirez-la du feu et incorporez les 2 jaunes d'œufs restants avec le reste du beurre.
▷ Versez les deux préparations en même temps sur le fond de pâte précuit et étalez-les bien à l'aide d'une spatule en prenant soin de les mélanger juste assez pour créer un effet marbré. Glissez au réfrigérateur pour 4 h au moins, afin de laisser durcir. Servez bien froid.

Tartelettes au chocolat, orange et kumquats confits

Pour 6 personnes
Préparation : 30 min
Réfrigération : 2 h
Cuisson : 30 min

Pour la pâte aux palets bretons
160 g de palets bretons au chocolat (type galettes au chocolat Saint-Michel)
65 g de beurre

Pour la garniture
200 g de chocolat noir
1 orange non traitée
15 cl de crème liquide
5 cl de lait
1 œuf

Pour la décoration
1 cuill. à soupe d'orange et de kumquats confits
Sucre glace (facultatif)

▷ Préchauffez le four à 170-180 °C (therm. 5-6).
▷ Préparez la pâte. Broyez rapidement les biscuits avec le beurre pour obtenir une pâte pas trop fine.
▷ Beurrez l'intérieur de six cercles de 8 cm de diamètre environ et disposez-les sur une plaque à pâtisserie recouverte de papier sulfurisé.
▷ Étalez le mélange aux biscuits dans les cercles en appuyant bien avec la paume de la main. Enfournez pour 5 min.
▷ Abaissez la température du four à 150 °C (therm. 5).
▷ Préparez la garniture. Hachez le chocolat au couteau-scie. Rincez l'orange, prélevez-en le zeste et hachez-le. Versez la crème et le lait dans une casserole et portez à ébullition. Hors du feu, ajoutez le chocolat et le zeste. Remuez jusqu'à ce qu'il soit bien fondu puis laissez tiédir. Ajoutez l'œuf en fouettant la préparation.
▷ Répartissez le mélange au chocolat dans les cercles, puis remettez au four pour 15 min environ. Laissez tiédir puis placez au réfrigérateur pendant 2 h.
▷ Passez la lame d'un petit couteau dans chaque cercle pour démouler les tartelettes. Décorez-les avec l'orange et les kumquats confits détaillés en dés ou en lanières, et saupoudrez éventuellement d'un peu de sucre glace avant de servir.

Tartelettes au chocolat et au gingembre : remplacez le zeste d'orange par un petit morceau de gingembre frais râpé et décorez de dés de gingembre confit.

Tartelette au chocolat, orange et kumquats confits ▶

Pour 6 personnes
Préparation : 15 min
Cuisson : 50 min
Réfrigération : 3 h minimum

250 g de pâte sablée préétalée
ou 250 g de pâte sablée maison
(voir p. 31)
300 g de chocolat blanc pâtissier
40 cl de crème liquide
4 jaunes d'œufs
Cacao en poudre pour le décor

Tartelettes au chocolat blanc

▷ Préchauffez le four à 180 °C (therm. 6).

▷ Garnissez de pâte sablée six moules à tartelette beurrés de 8 à 10 cm de diamètre, préalablement recouverts de papier sulfurisé. Piquez les fonds de pâte avec une fourchette et enfournez pour 15 min.

▷ Cassez le chocolat en morceaux. Mettez ceux-ci dans une casserole avec la crème sur feu doux et faites fondre doucement. Retirez du feu et incorporez les jaunes d'œufs à la préparation.

▷ Abaissez la température du four à 140 °C (therm. 4-5).

▷ Versez le mélange au chocolat sur les fonds de pâte précuits et enfournez pour 25 min.

▷ Laissez refroidir à température ambiante avant de glisser les tartelettes au réfrigérateur pour 3 h au moins.

▷ Saupoudrez les tartelettes avec un peu de cacao. Servez bien froid, accompagné de fruits rouges, par exemple.

Tarte au café

Pour 6 personnes
Préparation : 15 min
Cuisson : 30 min environ

250 g de pâte feuilletée préétalée
2 cuill. à soupe de café soluble
100 g de sucre en poudre
200 g d'amandes en poudre
4 jaunes d'œufs

▷ Préchauffez le four à 180 °C (therm. 6).

▷ Garnissez de pâte feuilletée un moule à tarte de 28 cm de diamètre, préalablement recouvert de papier sulfurisé. Piquez le fond de tarte à l'aide d'une fourchette.

▷ Faites chauffer le café à feu doux dans 2 cuill. à soupe d'eau. Lorsqu'il est dilué, ajoutez le sucre et portez à ébullition pendant 3 min. Retirez ce sirop du feu et laissez tiédir.

▷ Versez le sirop dans un saladier, puis ajoutez les amandes en poudre et les jaunes d'œufs. Mélangez bien et versez sur le fond de pâte. Enfournez pour 25 min environ. Servez tiède ou froid.

Pour 6 personnes
Préparation : 20 min
Cuisson : 30 min
Réfrigération : 3 h au moins

250 g de pâte sablée préétalée
ou 250 g de pâte sablée maison
(voir p. 31)
200 g de chocolat noir pâtissier
20 cl de crème liquide
2 cuill. à soupe de lait
3 ou 4 cuill. à café de café soluble

Tartelettes chocolat-café

▷ Préchauffez le four à 180 °C (therm. 6).
▷ Garnissez de pâte sablée six moules à tartelette beurrés de 11 cm de diamètre. Procédez à une cuisson à blanc pendant 15 min environ.
▷ Hachez finement le chocolat. Versez la crème dans une casserole et portez à ébullition. Faites chauffer le lait et versez-y le café soluble.
▷ Versez progressivement la crème frémissante et le café au lait sur le chocolat en mélangeant pour obtenir une texture homogène.
▷ Abaissez la température du four à 50 °C (therm. 1-2). Versez la préparation au chocolat sur les fonds de pâte précuits et enfournez pour 15 min.
▷ Laissez tiédir puis placez au réfrigérateur pendant au moins 3 h.

Si vous préparez vous-même la pâte sablée, ajoutez 1 cuill. à soupe de cacao à la farine. Vous pouvez décorer ces tartelettes de grains de café enrobés de chocolat.

confiseries et bonbons

Pour 6 personnes
Préparation : 15 min
Cuisson : 45 min environ

250 g de pâte feuilletée préétalée
2 œufs
25 cl de crème liquide
1 cuill. à soupe de kirsch
250 g de nougats blancs
1 cuill. à soupe de fruits confits
(de votre choix), coupés en petits dés

Tarte aux nougats et aux fruits confits

▷ Préchauffez le four à 180 °C (therm. 6).
▷ Garnissez de pâte un moule à tarte de 28 cm de diamètre, préalablement recouvert de papier sulfurisé. Procédez à une cuisson à blanc pour pâte feuilletée pendant 15 min (voir p. 39).
▷ Dans un saladier, battez les œufs avec la crème et le kirsch. Mélangez bien.
▷ Concassez les nougats en morceaux.
▷ Sortez le moule du four et déposez sur la pâte les morceaux de nougat et les dés de fruit confit. Versez le mélange aux œufs par-dessus et enfournez pour 35 min. Servez tiède ou froid.

Si vous voulez enrichir la garniture, vous pouvez ajouter aux fruits confits quelques fruits secs (amandes concassées ou noisettes, par exemple).

◀ Tarte aux nougats
et aux fruits confits

Aujourd'hui, je découvre qu'il est possible d'utiliser certains bonbons en cuisine. C'est le cas dans cette tarte préparée avec des Carambars qui lui communiquent leur saveur caramélisée.

Tarte aux Carambars

Pour 6 personnes
Préparation : 10 min
Cuisson : 30 min
Réfrigération : 2 ou 3 h

250 g de pâte sablée préétalée
ou 250 g de pâte sablée maison **(voir p. 31)**
25 cl de crème liquide
30 Carambars
100 g de chocolat au lait

- Préchauffez le four à 180 °C (therm. 6).
- **Dépose une feuille de papier sulfurisé à l'intérieur d'un moule à tarte de 28 cm de diamètre. Commence à enlever les papiers des Carambars.**
- Garnissez le moule de pâte sablée. Enfournez pour 20 min environ.
- **Dans une casserole, verse la crème et ajoute les Carambars.**
- Posez la casserole sur feu doux et laissez fondre les Carambars, pendant 10 min environ. Retirez la casserole du feu.
- **Casse le chocolat en morceaux, puis, en faisant très attention pour ne pas te brûler, ajoute-les dans la casserole et mélange à l'aide d'une cuillère en bois, jusqu'à ce qu'ils aient complètement fondu.**
- Versez cette préparation sur le fond de pâte précuit et laissez durcir au frais pendant 2 ou 3 h. [à compléter selon décor photo]

Vous pouvez remplacer les Carambars par des caramels durs.

Pour 4 personnes
Préparation : 25 min
Cuisson : 40 min environ

250 g de pâte brisée préétalée
ou 250 g de pâte brisée maison
(voir p. 28)
5 œufs
70 cl de lait
1 bâton de réglisse
70 g de sucre en poudre
35 g de farine
Quelques rouleaux de réglisse
pour le décor

Flan à la réglisse

▷ Préchauffez le four à 180 °C (therm. 6).
▷ Garnissez de pâte un moule à manqué de 28 cm de diamètre, préalablement recouvert de papier sulfurisé. Piquez le fond avec une fourchette. Battez 1 œuf et badigeonnez-en la pâte à l'aide d'un pinceau. Enfournez pour 10 min.
▷ Versez le lait dans une casserole, ajoutez le bâton de réglisse et portez à ébullition. Retirez du feu, laissez infuser 10 min, puis retirez le bâton.
▷ Mélangez le sucre et la farine dans un saladier puis introduisez les 4 œufs restants un par un en fouettant jusqu'à obtention d'une préparation lisse. Versez délicatement le lait parfumé dans le saladier et mélangez.
▷ Versez cette garniture sur le fond de pâte précuit et enfournez pour 25 à 30 min.
▷ Laissez refroidir avant de démouler. Décorez le flan avec les rouleaux de réglisse et servez froid.

Pour 6 personnes
Préparation : 15 min
Cuisson : 35 min environ

500 g de pâte feuilletée préétalée
(2 rouleaux de pâte à dérouler)
100 g de beurre mou
100 g d'amandes en poudre
50 g de sucre en poudre
2 œufs
150 g de fraises Tagada HARIBO

Galette aux fraises Tagada

▷ Préchauffez le four à 180 °C (therm. 6).
▷ Mixez ensemble le beurre, les amandes en poudre, le sucre, 1 œuf et la moitié des fraises Tagada, jusqu'à obtention d'une préparation homogène.
▷ Beurrez largement un moule à manqué de 24 cm de diamètre. Garnissez-le d'un premier disque de pâte puis étalez la préparation à la fraise. Répartissez dessus le reste des fraises Tagada entières.
▷ Recouvrez l'ensemble avec l'autre morceau de pâte. Soudez bien les bords et formez une petite cheminée au centre. À l'aide d'une fourchette, dessinez des motifs géométriques sur le dessus de la galette. Battez l'œuf et badigeonnez-en la surface de la galette à l'aide d'un pinceau. Enfournez pour 35 min environ. Servez chaud.

Pour 6 personnes
Préparation : 15 min
Cuisson : 25 min
Réfrigération : 3 h environ

250 g de pâte sablée préétalée
ou 250 g de pâte sablée maison
(voir p. 31)
450 g de pralines
10 cl de crème liquide
1 cuill. à soupe de gelée de groseille

Tarte à la praline

▷ Préchauffez le four à 180 °C (therm. 6).
▷ Garnissez de pâte sablée un moule à tarte de 28 cm de diamètre, préalablement recouvert de papier sulfurisé. Enfournez pour 20 min.
▷ Concassez grossièrement les pralines.
▷ Mettez-les dans une casserole avec la crème et la gelée de fruit. Faites chauffer jusqu'à ébullition, laissez cuire 5 min environ puis versez le mélange sur le fond de pâte précuit. Étalez bien à l'aide d'une spatule.
▷ Laissez tiédir puis placez au réfrigérateur pendant 3 h environ.

Pour 6 personnes
Préparation : 15 min
Cuisson : 45 min

250 g de pâte sablée préétalée
ou 250 g de pâte sablée maison
(voir p. 31)
3 œufs
50 g de sucre en poudre
100 g de fécule de maïs
50 g d'amandes en poudre
25 cl de crème liquide
125 g de macarons

Tarte aux macarons

▷ Préchauffez le four à 180 °C (therm. 6).
▷ Garnissez de pâte un moule à tarte de 28 cm de diamètre, préalablement recouvert de papier sulfurisé. Enfournez pour 15 min, puis retirez du four.
▷ Pendant ce temps, mélangez les œufs, le sucre, la fécule de maïs et les amandes en poudre dans un saladier pendant 2 min à l'aide d'un fouet, puis versez la crème, sans cesser de mélanger.
▷ Émiettez les macarons sur le fond de pâte précuit. Versez dessus le mélange précédent et enfournez pour 30 min. Servez froid.

Vous pouvez utiliser aussi bien des macarons non parfumés que des macarons au cassis ou à la framboise.
Juste avant de servir, ajoutez quelques framboises entières ou quelques fraises émincées sur le dessus de votre tarte.

Tarte aux macarons ▶

confiture et sucre

Linzertorte

Pour 6 à 8 personnes
Préparation : 25 min
Cuisson : 35 à 40 min

500 g de pâte sablée maison (voir p. 31)
2 cuill. à café de cannelle en poudre
200 g de confiture de framboise

▷ Préchauffez le four à 180 °C.
▷ Préparez la pâte sablée en ajoutant la cannelle en même temps que le sucre et les amandes en poudre.
▷ Étalez la pâte sablée sur une épaisseur de 3 mm et garnissez-en un moule beurré de 22 cm de diamètre en l'appliquant bien à l'intérieur et en coupant l'excédent au ras du bord. Piquez la pâte avec une fourchette puis étalez-y la confiture.
▷ Rassemblez en boule les chutes de pâte et étalez-les en rectangle sur une épaisseur de 2 mm. Découpez des bandelettes de 8 mm de large que vous disposerez sur la confiture, en croisillons ; soudez leurs extrémités au bord de la pâte.
▷ Enfournez pour 35 à 40 minutes. Démoulez et laissez refroidir avant de servir.

Tartelettes au miel

Pour 4 personnes
Préparation : 20 min
Repos de la pâte : 1 h
Réfrigération : 2 h
Cuisson : 25 min environ

Pour la pâte
70 g de beurre mou
140 g de farine
1 pincée de cannelle
30 g de sucre en poudre
1 pincée de sel

Pour la garniture
1 gros œuf
30 g de cassonade
50 g d'amandes en poudre
20 cl de lait
10 cl de crème liquide
60 g de miel liquide
2 cuill. à soupe d'amandes effilées

▷ Préparez la pâte. Coupez le beurre en dés. Versez la farine dans un saladier et mélangez avec la cannelle, le sucre et le sel. Ajoutez le beurre et pétrissez en incorporant un peu d'eau. Formez une boule, enveloppez-la dans un linge ou dans un film alimentaire et laissez reposer au moins 1 h au réfrigérateur.
▷ Étalez la pâte et garnissez-en quatre moules à tartelette beurrés de 13 cm de diamètre environ. Piquez le fond avec une fourchette.
▷ Préchauffez le four à 180 °C (therm. 6).
▷ Préparez la garniture. Cassez l'œuf au-dessus d'un saladier et fouettez-le avec la cassonade et les amandes en poudre.
▷ Versez le lait dans une casserole et ajoutez la crème et le miel. Portez doucement à ébullition tout en remuant pour bien dissoudre le miel.
▷ Versez le lait frémissant dans le saladier en fouettant. Répartissez aussitôt la préparation sur les fonds de pâte puis enfournez pour 15 min environ.
▷ Sortez les tartelettes du four et parsemez-les d'amandes effilées. Enfournez à nouveau et laissez cuire 5 min environ, jusqu'à ce que les amandes soient dorées. Laissez tiédir, placez au réfrigérateur pendant au moins 2 h. Servez tiède ou frais.

Vous pouvez parfumer la pâte en y ajoutant un zeste d'orange ou de citron (choisissez pour cela des fruits non traités).

Autour des confiseries

C'est pour créer une cuisine ludique et « régressive » que les confiseries s'invitent aujourd'hui dans certains desserts. Carambars, fraises Tagada, nougats ou loukoums font ainsi merveille dans des tartes tout particulièrement destinées aux enfants. Mais on peut imaginer d'utiliser des dragées concassées à la place des fruits secs ou de parfumer une crème pâtissière en y faisant infuser un bâton de réglisse.

Tarte aux loukoums

Pour 6 personnes
Préparation : 15 min
Cuisson : 35 min environ
Réfrigération : 1 h

250 g de pâte sablée préétalée
ou 250 g de pâte sablée maison
(voir p. 31)
25 cl de lait
1 œuf
50 g de sucre en poudre
30 g de farine
6 loukoums à la rose (90 g environ)
1 cuill. à soupe d'eau de rose

▷ Préchauffez le four à 180 °C (therm. 6).

▷ Garnissez de pâte sablée un moule à tarte de 28 cm de diamètre, préalablement recouvert de papier sulfurisé. Enfournez pour 25 min.

▷ Versez le lait dans une casserole et portez-le à ébullition.

▷ Fouettez l'œuf avec le sucre dans un saladier pendant 2 min. Versez la farine et fouettez encore jusqu'à obtenir un mélange homogène.

▷ Versez alors le lait dans le saladier, sans cesser de mélanger. Si des grumeaux subsistent, mixez rapidement la préparation.

▷ Versez le mélange dans la casserole et laissez épaissir à feu moyen pendant 5 min environ, sans cesser de tourner. Retirez du feu et laissez refroidir.

▷ Coupez les loukoums en petits dés de 5 mm de côté environ.

▷ Ajoutez l'eau de rose dans la crème refroidie puis étalez-la sur le fond de pâte précuit. Parsemez les dés de loukoum. Glissez la tarte au réfrigérateur pour 1 h. Servez froid.

Vous trouverez aussi des confiseries dans les recettes suivantes :

- **Tarte aux nougats et aux fruits confits p. 267**
- **Tarte aux Carambars p. 268**
- **Flan à la réglisse p. 269**
- **Galette aux fraises Tagada p. 269**
- **Tarte à la praline p. 269**

Pour 4 personnes
Préparation : 30 min
Cuisson : 35 min

100 g de beurre mou
1 pincée de sel
2 œufs
150 g de farine environ
150 g de confiture aux fruits rouges
5 cl de crème liquide

Galette Saint-Amour

▷ Préchauffez le four à 200 °C (therm. 6-7).
▷ Coupez le beurre en petits morceaux et mettez-le dans un bol avec le sel. Versez dessus 2 cuill. à soupe d'eau chaude tout en fouettant énergiquement pour faire fondre le mélange.
▷ Ajoutez 1 œuf en continuant à fouetter. Puis incorporez petit à petit la farine tout en continuant à battre. Dès que la pâte est assez ferme, n'ajoutez plus de farine.
▷ Roulez cette pâte en boule puis étalez-la en lui donnant la forme d'un disque de 18 cm de diamètre environ. Beurrez une plaque à four et disposez dessus le disque de pâte. Procédez à une cuisson à blanc pendant 15 min (voir p. 39).
▷ Abaissez la température du four à 180 °C (therm. 6).
▷ Étalez une épaisse couche de confiture sur la galette. Fouettez vivement le dernier œuf avec la crème, versez ce mélange sur la confiture en larges taches et enfournez pour 20 min. Servez tiède.

Pour 6 personnes
Préparation : 15 min
Cuisson : 35 min environ

250 g de pâte feuilletée préétalée
25 cl de bière blonde
200 g de cassonade
2 œufs
1 pincée de cannelle en poudre
20 g de beurre

Tarte à la cassonade et à la bière

▷ Préchauffez le four à 240 °C (therm. 8).
▷ Garnissez de pâte un moule à tarte de 28 cm de diamètre, préalablement recouvert de papier sulfurisé. Procédez à une cuisson à blanc pour pâte feuilletée pendant 15 min (voir p. 39).
▷ Dans un saladier, mélangez la bière, la cassonade, les œufs et la cannelle. Étalez la préparation sur le fond de pâte précuit. Découpez le beurre en morceaux et disposez-les sur la pâte.
▷ Enfournez pour 20 min environ. Servez chaud.

Pour 6 personnes
Préparation : 15 min
Cuisson : 45 min

250 g de pâte feuilletée préétalée
3 œufs
20 cl de crème liquide
50 g de sucre en poudre
100 g de cassonade
1 cuill. à soupe de gingembre en poudre
2 cuill. à soupe de cannelle en poudre

Tarte à la cassonade, à la cannelle et au gingembre

▷ Préchauffez le four à 180 °C (therm. 6).
▷ Garnissez de pâte feuilletée un moule à tarte de 28 cm de diamètre, préalablement recouvert de papier sulfurisé. Piquez le fond avec une fourchette.
▷ Dans un saladier, battez les œufs avec la crème, le sucre et la cassonade. Versez ce mélange sur le fond de pâte. Saupoudrez largement de gingembre et de cannelle et enfournez pour 45 min. Servez tiède.

Galette Saint-Amour ▶

Pour 4 à 6 personnes
Préparation : 20 min
Cuisson : 35 min environ

230 g de pâte sablée préétalée ou
230 g de pâte sablée maison
(voir p. 31)
200 g de confiture d'ananas
1 citron vert
50 g de beurre
3 œufs
1 sachet de sucre vanillé
50 g de noix de coco en poudre
5 cl de crème liquide

Tarte des îles à la confiture

▷ Garnissez de pâte sablée un moule à tarte beurré de 24 cm de diamètre. Piquez le fond avec une fourchette et badigeonnez-le de confiture d'ananas.
▷ Préchauffez le four à 180 °C (therm. 6).
▷ Rincez le citron, prélevez-en le zeste et hachez-le.
▷ Faites fondre le beurre au four à micro-ondes ou dans une petite casserole.
▷ Cassez les œufs au-dessus d'un saladier et fouettez-les avec le sucre vanillé. Incorporez la noix de coco, le beurre fondu, la crème et le zeste de citron.
▷ Répartissez le mélange sur le fond de pâte puis enfournez pour 30 à 35 min. Servez tiède ou froid.

Vous pouvez remplacer la confiture d'ananas par de la confiture de papaye.

Pour 4 à 6 personnes
Préparation : 20 min
Infusion : 20 min
Cuisson : 40 min environ

350 g de pâte brisée prête à étaler
ou 350 g de pâte brisée maison
(voir p. 28)
25 cl de lait
1 gousse de vanille
200 g de confiture de figue
1 œuf entier + 2 jaunes
75 g de sucre en poudre

Tarte à la confiture de figue

▷ Préchauffez le four à 200 °C (therm. 6-7).
▷ Garnissez de pâte un moule beurré de 22 cm de diamètre. Procédez à une cuisson à blanc pendant 15 min environ (voir p. 39), jusqu'à ce que la pâte soit légèrement dorée.
▷ Pendant ce temps, faites bouillir dans une casserole le lait avec la gousse de vanille fendue en deux dans le sens de la longueur. Retirez la casserole du feu, couvrez et laissez infuser 20 min.
▷ Étalez la confiture de figue sur le fond de pâte précuit.
▷ Dans un saladier, battez l'œuf et les jaunes en omelette, puis ajoutez le sucre et continuez à battre jusqu'à ce que le mélange blanchisse.
▷ Retirez la gousse de vanille de la casserole et versez le lait tiède dans le saladier tout en fouettant énergiquement.
▷ Versez ce mélange sur la confiture et remettez au four pendant 20 min environ. Laissez refroidir avant de servir.

Pour 6 personnes
Préparation : 25 min
Cuisson : 50 min environ

250 g de pâte feuilletée préétalée
35 cl de lait
300 g de graines de pavot
8 œufs
100 g de beurre mou
200 g de sucre en poudre
2 cuill. à soupe de rhum
120 g de biscuits secs
(de type spéculoos)
4 cuill. à soupe de confiture d'abricot

Tarte au pavot

▷ Préchauffez le four à 180 °C (therm. 6).
▷ Garnissez de pâte un moule à tarte de 28 cm de diamètre, préalablement recouvert de papier sulfurisé. Procédez à une cuisson à blanc pour pâte feuilletée pendant 10 min (voir p. 39).
▷ Versez le lait et les graines de pavot dans une casserole et portez à ébullition. Retirez du feu et laissez refroidir.
▷ Cassez les œufs en séparant les blancs des jaunes. Mélangez les jaunes avec le beurre et la moitié du sucre, puis versez le lait aux graines de pavot et le rhum.
▷ Montez les blancs en neige ferme avec le reste de sucre, puis incorporez-les délicatement à la préparation précédente.
▷ Émiettez les biscuits secs sur le fond de pâte précuit, puis versez la garniture et enfournez pour 40 min environ.
▷ Sortez la tarte du four puis nappez-la de confiture d'abricot. Servez froid.

avec Béatrice Lagandré

Dartois à la confiture d'abricot

Pour 8 personnes

500 g de pâte feuilletée prête à étaler (2 blocs de 250 g)
400 g de confiture d'abricot
Sucre glace

▷ Préchauffez le four à 220 °C (therm. 7-8).
▷ Étalez chaque bloc de pâte feuilletée en un rectangle de 25 cm de long sur 15 cm de large, et sur 3 mm d'épaisseur environ.
▷ Posez l'un des rectangles sur la plaque à pâtisserie recouverte de papier sulfurisé et étalez-y toute la confiture d'abricot, sans aller jusqu'aux bords. Posez par-dessus le second rectangle de pâte et soudez bien les bords. Enfournez pour 15 min.
▷ Sortez la plaque du four et allumez le gril.
▷ Découpez le dartois en huit parts, poudrez de sucre glace et mettez-les sous le gril pendant 5 min pour bien faire caraméliser. Servez tiède.

Tartelettes pralinées

Pour 6 personnes

250 g de pâte brisée ou sablée préétalée
200 g de pralinoise (1 tablette)
50 g de chocolat noir pâtissier
20 cl de crème liquide
1 gros œuf
1 pincée de sel

▷ Préchauffez le four à 180 °C (therm. 6).
▷ Garnissez de pâte six moules à tartelette beurrés de 11 cm de diamètre. Piquez le fond avec une fourchette, recouvrez d'un papier sulfurisé et de légumes secs puis faites cuire à blanc pendant 10 min. Retirez les légumes secs et le papier, puis poursuivez la cuisson pendant 10 min environ.
▷ Hachez grossièrement la pralinoise et le chocolat et faites-les fondre au bain-marie ou au four à micro-ondes. Ajoutez la crème et mélangez jusqu'à obtention d'une pâte lisse.
▷ Cassez l'œuf en séparant le blanc du jaune. Incorporez le jaune au mélange précédent.
▷ Battez le blanc en neige avec le sel. Incorporez-le délicatement au mélange puis versez le tout sur les fonds de pâte précuits.
▷ Placez les tartelettes au réfrigérateur pendant au moins 3 h avant de servir.

Vous pouvez supprimer le chocolat et utiliser 250 g de pralinoise.
Ces tartelettes doivent être consommées le jour même car le blanc d'œuf n'est pas cuit.

Tartelettes à la crème de marron

Pour 4 personnes

230 g de pâte sablée
2 œufs
30 g de sucre en poudre
100 g de crème liquide
1 cuill. à soupe de fécule de maïs
1 goutte d'extrait de vanille liquide
130 g de crème de marron

▷ Préchauffez le four à 180 °C (therm. 6).
▷ Garnissez de pâte quatre moules à tartelette beurrés de 11 cm de diamètre environ. Piquez la pâte avec une fourchette, couvrez de papier sulfurisé et faites cuire à blanc pendant 5 min.
▷ Cassez les œufs au-dessus d'un saladier et fouettez-les avec le sucre, la crème et la fécule. Ajoutez la vanille.
▷ Étalez la crème de marron sur les fonds de pâte précuits et versez la préparation aux œufs. Enfournez pour 15 à 20 min. Laissez tiédir puis placez au réfrigérateur pendant 2 h environ avant de servir.

Tarte suisse au vin

Pour 6 à 8 personnes
Préparation : 20 min
Cuisson : 35 min

500 g de pâte brisée prête à étaler
ou 500 g de pâte brisée maison
(voir p. 28)
15 cl de vin blanc
15 g de fécule de maïs
220 g de sucre en poudre
1 bonne pincée de cannelle
20 g de sucre glace
20 g de beurre

▷ Préchauffez le four à 240 °C (therm. 8).
▷ Étalez la pâte brisée sur une épaisseur de 4 mm environ. Garnissez-en un moule à tarte beurré de 26 cm de diamètre.
▷ Mélangez le vin avec la fécule, le sucre et la cannelle. Versez la préparation sur le fond de pâte et enfournez pour 20 min.
▷ Sortez la tarte, poudrez-la de sucre glace, parsemez-la de noisettes de beurre et poursuivez encore la cuisson 15 min. Servez tiède.

Cette tarte au vin est une spécialité du canton de Vaud.

Tarte au sucre des Flandres ▶

Tarte au sucre des Flandres

Pour 6 personnes
Préparation : 20 min
Repos de la pâte : 2 h
Cuisson : 35 à 40 min environ

Pour la pâte

100 g de beurre mou
1 pincée de sel
250 g de farine
2 œufs
15 g de levure de boulanger
10 cl de lait

Pour la garniture

150 g de vergeoise blonde
50 g de beurre mou
20 cl de crème liquide

▷ Préparez la pâte. Coupez le beurre en morceaux. Tamisez la farine dans un saladier, creusez un puits au centre et mettez-y le sel, le beurre, les œufs et la levure délayée dans le lait tiède. Mélangez et travaillez la pâte jusqu'à ce qu'elle soit bien homogène. Formez une boule, recouvrez d'un linge et laissez reposer 1 h à température ambiante.
▷ Étalez la pâte en un disque de 25 cm de diamètre et déposez-la sur une plaque recouverte de papier sulfurisé. Du bout des doigts, faites-y des petits creux. Laissez reposer à nouveau pendant 1 h.
▷ Préchauffez le four à 180 °C (therm. 6).
▷ Poudrez le fond de pâte de vergeoise et répartissez le beurre en noisettes. Enfournez pour 30 min.
▷ Sortez la tarte du four et nappez-la de crème. Remettez-la à cuire pendant 6 à 8 min. Servez tiède.

Cette tarte est sans aucun doute la plus populaire de toutes celles que l'on fait dans le Nord. Vous pouvez remplacer la vergeoise blonde par de la cassonade ou de la vergeoise brune, au goût plus prononcé, et mettre un peu de vanille ou de cannelle dans la crème.

Tartelettes au caramel et au beurre à la fleur de sel

Pour 6 personnes
Préparation : 20 min
Cuisson : 25 à 30 min
Réfrigération : 2 h

250 g de pâte brisée ou sablée préétalée
ou 250 g de pâte brisée ou sablée maison (voir p. 28 ou 31)
240 g de sucre en morceaux
30 cl de crème liquide
90 g de beurre mou
1 pincée de fleur de sel
2 œufs

▷ Préchauffez le four à 180 °C (therm. 6).
▷ Garnissez de pâte quatre moules à tartelette beurrés de 11 cm de diamètre environ. Piquez la pâte, couvrez d'un papier sulfurisé puis de légumes secs et faites cuire à blanc pendant 5 min. Retirez les légumes et le papier, puis poursuivez la cuisson 5 min.
▷ Préparez un caramel. Déposez les morceaux de sucre dans une casserole, humidifiez-les puis laissez fondre à feu doux. Pendant ce temps, faites chauffer la crème dans une autre casserole. Lorsque le caramel devient brun, ajoutez la crème frémissante, en prenant garde aux projections, et remuez bien. Incorporez le beurre en morceaux puis ajoutez la fleur de sel et les œufs.
▷ Abaissez la température du four à 150 °C (therm. 5).
▷ Versez la préparation au caramel sur les fonds de pâte précuits et enfournez pour 15 à 20 min. Laissez tiédir puis placez au réfrigérateur pendant environ 2 h.

Prenez garde à ne pas trop faire cuire le caramel ; cela le rendrait un peu amer.

Tourte au sirop d'érable

Pour 4 personnes
Préparation : 10 min
Cuisson : 40 min environ

300 g de pâte brisée prête à étaler
ou 300 g de pâte brisée maison (voir p. 28)
10 cl de sirop d'érable
3 cuill. à café de fécule de maïs
50 g de beurre
50 g d'amandes hachées

▷ Délayez le sirop d'érable avec un peu d'eau et faites-le bouillir 5 min. Ajoutez la fécule de maïs délayée dans de l'eau froide, puis le beurre. Laissez refroidir.

▷ Préchauffez le four à 220 °C (therm. 7-8).

▷ Étalez la moitié de la pâte brisée et garnissez-en une tourtière de 18 cm de diamètre, préalablement beurrée.

▷ Versez la crème au sirop d'érable sur le fond de pâte. Garnissez avec les amandes hachées. Étalez assez finement le reste de la pâte, posez le disque sur le dessus de la préparation. Soudez bien les bords et formez une petite cheminée au centre. Enfournez pour 30 à 35 min. Servez froid.

Tartelettes au fromage blanc ▶

Pour 6 personnes
Préparation : 25 min
Repos de la pâte : 30 min
Cuisson : 30 min environ

Pour la garniture

600 g de cassonade
50 cl de crème liquide
40 g de farine
45 g de fécule de maïs
25 g de beurre
1 œuf

Pour la pâte brisée

125 g de beurre mou
250 g de farine
1 pincée de sel
10 cl d'eau

Tourte au sucre et à la crème

- Préparez la garniture. Mélangez 400 g de cassonade avec la crème dans une casserole et amenez à ébullition. Mélangez la farine avec le reste de cassonade et la fécule de maïs. Versez sur le premier mélange, dès qu'il commence à bouillir, en remuant doucement puis laissez mijoter pendant 2 min. Incorporez le beurre et laissez refroidir.
- Préparez la pâte brisée. Coupez le beurre en morceaux. Tamisez la farine dans un saladier, creusez un puits au centre et mettez-y le sel et le beurre. Travaillez du bout des doigts. Ajoutez l'eau et mélangez. Laissez reposer au frais 30 min.
- Préchauffez le four à 180 °C (therm. 6).
- Étalez la pâte en deux disques. Garnissez un moule à tarte beurré de 28 cm de diamètre avec un disque de pâte. Versez dessus la garniture et recouvrez avec l'autre morceau de pâte. Soudez bien les bords et formez une petite cheminée au centre. Battez l'œuf et badigeonnez-en la surface de la tourte à l'aide d'un pinceau. Enfournez pour 30 min environ. Laissez bien refroidir avant de servir.

fromage frais

Pour 8 personnes
Préparation : 30 min
Cuisson : 40 à 45 min

400 g de pâte brisée prête à étaler
ou 400 g de pâte brisée maison
(voir p. 28)
1 citron non traité
2 cuill. à soupe de farine
4 œufs
120 g de sucre en poudre
2 cuill. à soupe de fécule de maïs
20 cl de lait
400 g de fromage blanc
1 cuill. à soupe de sucre glace
Sel

Tartelettes au fromage blanc

- Rincez le citron, prélevez-en le zeste et hachez-le finement.
- Farinez légèrement huit moules à bords très hauts (des moules à muffins, par exemple).
- Étalez la pâte brisée sur 2 mm d'épaisseur environ et découpez-y huit disques à l'aide d'un emporte-pièce ou d'un bol. Garnissez les moules avec les disques de pâte et mettez-les au frais.
- Préchauffez le four à 180 °C (therm. 6).
- Cassez les œufs en séparant les blancs des jaunes.
- Fouettez vivement les jaunes avec le sucre jusqu'à ce qu'ils blanchissent. Incorporez à cette préparation la fécule puis 1 cuill. à soupe de farine, le lait, le fromage blanc et le zeste, sans cesser de fouetter jusqu'à obtenir un mélange bien lisse.
- Battez les blancs en neige ferme avec 1 pincée de sel et incorporez-les délicatement à la préparation en soulevant bien la masse. Garnissez-en les moules et enfournez-les pour 40 à 45 min.
- Sortez les tartelettes du four et poudrez la surface de sucre glace. Servez tiède ou froid.

Cheesecake cuit à la vanille

Pour 6 personnes
Préparation : 20 min
Cuisson : 45 min environ
Réfrigération : 4 h minimum

Pour la pâte aux galettes bretonnes

125 g de beurre
250 g de galettes bretonnes

Pour la garniture

450 g de fromage frais (de type Saint-Moret)
100 g de crème épaisse
130 g de sucre en poudre
1 sachet de sucre vanillé
1 gousse de vanille
3 œufs

- Préchauffez le four à 180 °C (therm. 6).
- Préparez la pâte. Faites fondre le beurre à feu doux. Cassez les gâteaux en petits morceaux, mixez-les puis mélangez-les avec le beurre.
- Sur un plat de service rond allant au four (ou sur une plaque), déposez un cercle à pâtisserie de 20 cm de diamètre environ et de 3 ou 4 cm de haut.
- Versez-y le mélange gâteaux-beurre et tassez bien avec le dos d'une grosse cuillère. Glissez le gâteau au réfrigérateur.
- Préparez la garniture. Dans un saladier, mélangez le fromage frais, la crème, le sucre en poudre et le sucre vanillé. Ouvrez la gousse de vanille en deux. Grattez-la pour récupérer les graines et ajoutez celles-ci dans le saladier. Remuez bien jusqu'à obtention d'une préparation onctueuse.
- Battez les œufs légèrement en omelette. Ajoutez-les dans le saladier, mélangez bien puis versez la préparation dans le cercle. Enfournez pour 40 min environ.
- Laissez refroidir le cheesecake à température ambiante avant de le mettre au réfrigérateur pour au moins 4 h.
- Servez bien frais, accompagné de fruits rouges par exemple.

Cheesecake sans cuisson

Pour 6 personnes
Préparation : 30 min
Cuisson : 5 min environ
Réfrigération : 4 h minimum

Pour la pâte aux galettes bretonnes

125 g de beurre
250 g de galettes bretonnes

Pour la garniture

3 feuilles de gélatine
1 orange non traitée
2 œufs
75 g de sucre en poudre
450 g de fromage frais (de type Saint-Moret)
20 cl de crème épaisse

- Préparez la pâte. Faites fondre le beurre à feu doux. Cassez les gâteaux en petits morceaux, mixez-les puis mélangez-les avec le beurre.
- Sur un plat de service rond, déposez un cercle à pâtisserie de 20 cm de diamètre environ et de 3 ou 4 cm de haut.
- Versez-y le mélange gâteaux-beurre et tassez bien avec le dos d'une grosse cuillère. Glissez le gâteau au réfrigérateur.
- Préparez la garniture. Faites tremper les feuilles de gélatine dans de l'eau tiède.
- Rincez l'orange, prélevez-en le zeste et émincez-le finement. Pressez le jus de l'orange.
- Faites chauffer le jus d'orange dans une petite casserole. Essorez les feuilles de gélatine entre vos mains, ajoutez-les dans la casserole et laissez-les se dissoudre doucement.
- Cassez les œufs en séparant les blancs des jaunes. Mélangez les jaunes avec le sucre et le zeste d'orange. Ajoutez ensuite le fromage frais, la crème et le jus d'orange. Fouettez longuement jusqu'à obtention d'un mélange homogène.
- Montez les blancs en neige puis incorporez-les délicatement à la préparation précédente.
- Versez la garniture dans le cercle et glissez à nouveau au réfrigérateur pendant au moins 4 h.
- Servez bien frais, accompagné d'un coulis de fruits rouges, par exemple.

Tarte à la ricotta mentholée

Pour 6 personnes
Préparation : 20 min
Cuisson : 45 min environ
Réfrigération : 2 h

Pour la pâte aux galettes bretonnes

200 g de galettes bretonnes ou de spéculoos
50 g de beurre mou

Pour la garniture

1 citron non traité
1 petit bouquet de menthe fraîche
2 gros œufs
200 g de fromage blanc
200 g de ricotta
10 cl de crème liquide
20 g de farine
100 g de sucre en poudre
Sel

▷ Préchauffez le four à 180 °C (therm. 6).

▷ Préparez la pâte. Mixez les galettes avec le beurre pour obtenir une poudre très grossière. Répartissez cette pâte dans le fond d'un moule à fond amovible de 20 cm de diamètre environ. Tassez la pâte avec les mains et enfournez pour 5 min. Laissez refroidir.

▷ Préparez la garniture. Lavez le citron, prélevez-en le zeste et hachez-le finement. Rincez les feuilles de menthe et ciselez-en la moitié (gardez les autres feuilles pour la décoration). Cassez les œufs en séparant les blancs des jaunes. Fouettez le fromage blanc avec la ricotta et la crème, puis ajoutez le zeste de citron, les jaunes d'œufs, la farine, le sucre et la menthe ciselée.

▷ Abaissez la température du four à 150 °C (therm. 5).

▷ Battez les blancs en neige avec 1 pincée de sel puis incorporez-les délicatement à la préparation précédente.

▷ Versez le mélange sur le fond de pâte précuit et enfournez pour 40 min environ. Laissez tiédir puis placez au réfrigérateur pendant au moins 2 h. Décorez avec les feuilles de menthe et servez très frais.

Tarte à la ricotta mentholée ▶

Tarte à la faisselle au parfum d'orange

Pour 6 personnes
Préparation : 30 min
Repos de la pâte : 1 h
Cuisson : 55 min environ

Pour la pâte

150 g de beurre mou
1 cuill. à café de sucre en poudre
1 œuf
1 cuill. à soupe de lait
170 g de farine
1/4 de cuill. à café de sel

Pour la garniture

500 g de fromage blanc en faisselle
3 œufs
100 g de sucre en poudre
1 cuill. à soupe d'eau de fleur d'oranger
1 zeste d'orange, finement râpé (facultatif)
1/4 de cuill. à café de sel

▷ Préparez la pâte. Travaillez le beurre à la spatule jusqu'à ce qu'il prenne une consistance crémeuse. Ajoutez ensuite le sel, le sucre, l'œuf et le lait tout en remuant. Quand le mélange est bien homogène, incorporez peu à peu la farine. Travaillez la pâte le moins longtemps possible. Formez une boule, enveloppez-la dans un linge ou dans un film alimentaire et laissez reposer 1 h au frais.

▷ Préchauffez le four à 200 °C (therm. 6-7).

▷ Étalez la pâte et garnissez-en un moule à tarte de 24 cm de diamètre, préalablement beurré. Procédez à une cuisson à blanc pendant 20 min (voir p. 39).

▷ Préparez la garniture. Mélangez tous les ingrédients de celle-ci en fouettant jusqu'à obtenir un mélange bien lisse et assez liquide. Versez sur le fond de pâte précuit, enfournez pour 35 min environ, jusqu'à ce que la garniture ait la consistance d'un flan. Laissez refroidir avant de servir.

Cette tarte est typique du nord de l'Aveyron. Dans le sud du département, on prépare la même tarte avec de la brousse de brebis et l'on y retrouve le même parfum de fleur d'oranger : c'est la flaune (ou flône), qui est de toutes les fêtes régionales.

Tarte au mascarpone

Pour 6 personnes
Préparation : 20 min
Cuisson : 40 min environ

250 g de pâte brisée préétalée
ou 250 g de pâte brisée maison **(voir p. 28)**
1/2 citron non traité
4 œufs
250 g de mascarpone
150 g de sucre en poudre
2 sachets de sucre vanillé
50 g d'amandes en poudre

▷ Préchauffez le four à 180 °C (therm. 6).
▷ Garnissez de pâte brisée un moule à tarte de 28 cm de diamètre, préalablement recouvert de papier sulfurisé.
▷ Prélevez le zeste du citron et hachez-le.
▷ Dans un saladier, battez les œufs et incorporez le mascarpone, le sucre en poudre et le sucre vanillé, le zeste de citron et les amandes en poudre. Mélangez bien, puis étalez la préparation sur le fond de pâte. Enfournez pour 40 min environ. Servez tiède ou froid.

Tarte au fontainebleau : remplacez le mascarpone par la même quantité de fontainebleau (fromage frais de lait de vache vendu en petit pot en carton, recouvert d'une mousseline).

Tourte de fromage blanc aux abricots secs

Pour 8 personnes
Préparation : 35 min
Égouttage du fromage blanc et repos de la pâte : 2 h
Cuisson : 40 min environ

500 g de fromage blanc
150 g d'abricots secs
10 cl de vin blanc doux
40 g de sucre en poudre
2 sachets de sucre vanillé
3 œufs
1 cuill. à soupe de fécule de maïs

Pour la pâte au citron
150 g de beurre mou
1 citron non traité
350 g de farine
160 g de sucre en poudre
1 sachet de levure
2 jaunes d'œufs
1 pincée de sel

▷ Versez le fromage blanc dans une passoire tapissée d'un torchon et laissez-le s'égoutter au moins 2 h.
▷ Préparez la pâte. Coupez le beurre en petits morceaux. Rincez le citron puis râpez finement le zeste et pressez le jus. Tamisez la farine, creusez un puits au centre et mettez-y le sucre, le sel, la levure, le zeste de citron, le beurre et les jaunes d'œufs. Malaxez les ingrédients en ajoutant si nécessaire juste assez d'eau froide pour obtenir une pâte souple et homogène. Mettez-la au frais pendant 1 ou 2 h.
▷ Coupez les abricots en dés. Mettez-les dans une casserole avec le vin, 1 cuill. à soupe de jus de citron et 5 cl d'eau. Portez à frémissements jusqu'à évaporation du liquide. Laissez refroidir.
▷ Partagez la pâte en deux parts inégales et étalez chacune sur 3 mm d'épaisseur environ. Garnissez un moule à manqué, préalablement beurré, avec le plus grand disque de pâte.
▷ Préchauffez le four à 160 °C (therm. 5-6).
▷ Dans un saladier, mélangez le fromage égoutté, le sucre en poudre, le sucre vanillé, les œufs, la fécule délayée dans 1 cuill. à soupe de jus de citron et les dés d'abricot.
▷ Versez ce mélange sur le fond de pâte et lissez la surface. Recouvrez l'ensemble avec l'autre morceau de pâte, après en avoir humecté les bords. Soudez bien les bords et retirez au besoin l'excédent de pâte. Enfournez pour 40 min environ.
▷ Laissez tiédir avant de démouler. Servez frais.

◀ Tourte de fromage blanc aux abricots secs

Fiadone

Pour 8 personnes
Préparation : 15 min
Cuisson : 1 h environ

230 g de pâte brisée ou sablée préétalée
ou 230 g de pâte brisée ou sablée maison (voir p. 28 ou 31)
2 citrons non traités
2 brocciu frais (fromage corse de brebis et de chèvre) de 500 g
8 œufs
230 g de sucre en poudre

▷ Beurrez un moule à manqué de 26 cm de diamètre environ et garnissez-le de pâte en la faisant légèrement remonter sur les bords.
▷ Préchauffez le four à 180 °C (therm. 6).
▷ Rincez les citrons puis prélevez-en le zeste.
▷ Mettez tous les ingrédients dans le bol du mixeur et faites tourner à petite vitesse.
▷ Quand la préparation est homogène, versez-la sur le fond de pâte. Enfournez pour 50 à 60 min. Au bout de 15 min, abaissez la température à 160 °C (therm. 5-6). Vous pouvez baisser encore un peu plus la température si le dessus du gâteau roussit trop vite. Servez tiède ou froid.

Vous pouvez faire une pâte, comme pour le cheesecake, à base de biscuits secs écrasés et liés avec du beurre (voir p. 33).

lait et crème

Flan parisien

Pour 6 à 8 personnes
Préparation : 30 min
Repos de la pâte : 1 h
Cuisson : 1 h 15 environ
Réfrigération : 3 h

250 g de pâte brisée prête à étaler
ou 250 g de pâte brisée maison (voir p. 28)
40 cl de lait
37 cl d'eau
4 œufs
210 g de sucre en poudre
60 g de poudre à flan

▷ Étalez la pâte brisée sur 2 mm d'épaisseur ; découpez-y un disque de 30 cm de diamètre et placez-le sur une plaque du four. Mettez celle-ci au réfrigérateur pendant 30 min.
▷ Beurrez un moule à tarte de 22 cm de diamètre et 3 cm de hauteur. Garnissez-le avec le disque de pâte et remettez au réfrigérateur pendant 30 min.
▷ Préchauffez le four à 190 °C (therm. 6-7).
▷ Faites chauffer le lait et l'eau dans une casserole.
▷ Dans une autre casserole, fouettez les œufs, le sucre et la poudre à flan et versez-en un mince filet dans l'eau et le lait bouillants, sans cesser de tourner avec un fouet. Attendez la reprise de l'ébullition et retirez alors la casserole du feu.
▷ Versez la préparation sur le fond de pâte et enfournez pour 1 h.
▷ Laissez refroidir complètement le flan avant de le mettre au réfrigérateur pendant 3 h. Servez très frais.

avec Béatrice Lagandré

Tartelettes au caramel et au chocolat noir

Pour 4 personnes

230 g de pâte brisée ou sablée préétalée
180 g de caramels mous
20 cl de crème liquide
50 g de beurre mou
100 g de chocolat noir

▷ Préchauffez le four à 180 °C (therm. 6).

▷ Garnissez de pâte quatre moules à tartelette beurrés de 11 cm de diamètre environ. Piquez la pâte, couvrez d'un papier sulfurisé puis de légumes secs et faites cuire à blanc pendant 5 min. Ôtez les légumes et le papier, puis poursuivez pendant 15 min environ, jusqu'à ce que les fonds de pâte soient cuits.

▷ Déposez les caramels dans une casserole, ajoutez la moitié de la crème et faites fondre à feu très doux ou au bain-marie. Hors du feu, ajoutez le beurre coupé en morceaux et remuez bien.

▷ Versez ce mélange sur les fonds de pâte précuits. Laissez refroidir pendant environ 45 min pour que le caramel prenne.

▷ Cassez le chocolat en morceaux et hachez-le. Faites chauffer le reste de crème et, lorsqu'elle est frémissante, versez-la sur le chocolat. Remuez bien. Laissez tiédir quelques instants puis étalez cette ganache sur le caramel. Lissez et placez au réfrigérateur pendant 1 h environ avant de servir.

Tartelettes au chocolat au lait et aux noisettes

Pour 4 personnes

250 g de pâte sablée préétalée
200 g de chocolat au lait et aux éclats de noisettes
20 cl de crème liquide
1 cuill. à soupe de noisettes en poudre
20 g de beurre mou

▷ Préchauffez le four à 180 °C (therm. 6).

▷ Garnissez de pâte quatre moules à tartelette de 13 cm de diamètre environ. Piquez la pâte, couvrez d'un papier sulfurisé puis de légumes secs et faites cuire à blanc pendant 10 min.

▷ Pendant ce temps, cassez le chocolat en morceaux et faites-le fondre au bain-marie. Faites chauffer la crème dans une autre casserole. Lorsque le chocolat est fondu, incorporez les noisettes en poudre et la crème. Mélangez bien et ajoutez le beurre coupé en dés.

▷ Éteignez le four. Versez la préparation sur les fonds de pâte précuits, enfournez pour 15 min environ dans le four éteint. Laissez tiédir puis placez au réfrigérateur pendant 3 h avant de servir.

Pour 8 personnes
Préparation : 40 min
Repos de la pâte : 1 h
Infusion : 10 min
Cuisson : 50 min

Pour la pâte
150 g de beurre mou
400 g de farine
2 œufs
12 cl d'eau
1 pincée de sel

Pour la garniture
1 gousse de vanille
1 l de lait
1 bâton de cannelle
250 g de sucre en poudre
9 œufs
15 cl de crème épaisse

Flan maraîchin

▷ Préparez la pâte. Coupez le beurre en petits morceaux. Tamisez la farine, creusez un puits au centre et mettez-y le sel, les œufs et le beurre. Ajoutez l'eau et mélangez le tout du bout des doigts. Formez une boule, enveloppez-la dans un linge ou dans un film alimentaire et laissez reposer au moins 1 h au frais.
▷ Préchauffez le four à 180 °C (therm. 6).
▷ Étalez la pâte sur 3 mm d'épaisseur et garnissez-en un moule à manqué de 26 cm de diamètre. Piquez le fond de la pâte avec une fourchette. Recouvrez-le avec du papier sulfurisé et des légumes secs. Faites cuire à blanc pendant 15 min.
▷ Préparez la garniture. Fendez la gousse de vanille en deux, grattez les graines avec la pointe d'un couteau. Faites bouillir le lait avec le bâton de cannelle, le sucre et les graines de vanille. Laissez infuser environ 10 min.
▷ Pendant ce temps, battez les œufs avec la crème.
▷ Hors du feu, incorporez ce mélange au lait vanillé. Retirez le bâton de cannelle et passez au chinois.
▷ Versez cette préparation sur la pâte précuite. Enfournez pour 35 min.
▷ Laissez refroidir avant de démouler. Servez frais.

Flan maraîchin ▶

Pour 6 puits
Préparation : 30 min
Cuisson : 15 min

500 g de pâte feuilletée prête à étaler
1 œuf
Sucre glace
350 g de crème pâtissière parfumée à la vanille (voir p. 50)

Puits d'amour

▷ Préchauffez le four à 240 °C (therm. 8).

▷ Étalez la pâte feuilletée sur 4 ou 5 mm d'épaisseur. À l'aide d'un emporte-pièce ou d'un verre, découpez-y douze disques de 6 cm de diamètre. Sur une plaque recouverte de papier sulfurisé, placez six de ces disques. Battez l'œuf et badigeonnez-en la surface à l'aide d'un pinceau.

▷ Avec un petit emporte-pièce, évidez les six autres disques pour en faire des couronnes : les bords doivent faire 1,5 cm de large. Posez-les sur les disques et dorez-les à l'œuf de la même façon.

▷ Enfournez pour 15 min. Puis laissez refroidir sur une grille et poudrez de sucre glace.

▷ Avec une cuillère à café, remplissez le centre de crème pâtissière à la vanille. Servez frais.

Pour 8 personnes
Préparation : 35 min
Repos de la pâte : 2 h 45
Cuisson : 45 min

Pour la pâte
110 g de beurre mou
300 g de farine
1 œuf
15 g de sucre en poudre
15 g de levure de boulanger
12 cl de lait
1 pincée de sel

Pour la crème pâtissière
50 cl de lait
4 jaunes d'œufs
75 g de sucre en poudre
1 sachet de sucre vanillé
40 g de farine
Sucre glace

Tarte au libouili

▷ Préparez la pâte. Coupez le beurre en petits morceaux. Tamisez la farine dans un saladier, creusez un puits au centre et mettez-y l'œuf, le sel, le sucre, la moitié du beurre et la levure, délayée dans le lait tiède. Travaillez du bout des doigts en incorporant peu à peu la farine aux autres ingrédients. Pétrissez ensuite énergiquement et laissez reposer 30 min. Pétrissez une seconde fois en ajoutant le reste du beurre, couvrez avec un linge et laissez lever 2 h.

▷ Pendant ce temps, préparez la crème pâtissière. Portez doucement le lait à ébullition puis arrêtez le feu. Fouettez les jaunes d'œufs avec le sucre en poudre et le sucre vanillé jusqu'à ce qu'ils blanchissent, ajoutez la farine puis versez le lait chaud. Remettez dans la casserole et faites cuire doucement pendant 1 ou 2 min en fouettant énergiquement contre le fond du récipient.

▷ Étalez la pâte en un disque de 3 ou 4 mm d'épaisseur et garnissez-en un moule à tarte beurré, à haut rebord. Façonnez un bord épais et laissez reposer pendant 15 min.

▷ Préchauffez le four à 180 °C (therm. 6).

▷ Étalez la crème pâtissière sur la pâte et enfournez pour 30 à 35 min environ.

▷ Sortez la tarte du four et poudrez-la de sucre glace. Allumez le gril puis remettez la tarte au four quelques instants pour faire dorer la surface.

Le libouili, c'est la crème du « lait bouilli », qui garnissait autrefois cette tarte originaire du nord de la France ; aujourd'hui, la garniture est une crème pâtissière.

Tarte au thé earl grey

Pour 6 personnes
Préparation : 15 min
Cuisson : 35 min environ

250 g de pâte sablée préétalée
ou 250 g de pâte sablée maison (voir p. 31)
25 cl de lait
1 sachet de thé earl grey
1 œuf
50 g de sucre en poudre
30 g de farine

▷ Préchauffez le four à 180 °C (therm. 6).
▷ Garnissez de pâte sablée un moule à tarte de 28 cm de diamètre, préalablement recouvert de papier sulfurisé. Enfournez pour 25 min.
▷ Versez le lait dans une casserole avec le sachet de thé et portez-le à ébullition. Retirez-le du feu et laissez-le refroidir en y laissant encore le sachet de thé.
▷ Pendant ce temps, fouettez l'œuf et le sucre pendant 2 min dans un saladier, puis ajoutez la farine et mélangez encore jusqu'à obtenir une préparation homogène.
▷ Retirez le sachet de thé et versez le lait dans le saladier, sans cesser de mélanger. Si des grumeaux subsistent, mixez la préparation.
▷ Remettez le mélange dans la casserole et laissez épaissir à feu moyen pendant environ 5 min, sans cesser de tourner. Retirez du feu et laissez refroidir.
▷ Étalez la crème sur le fond de pâte précuit. Servez bien froid.

Tarte tropézienne

Pour 6 personnes
Préparation : 45 min
Repos de la pâte : 3 h
Cuisson : 40 min

Pour la pâte à brioche
1 sachet de levure
2 cuill. à soupe de lait
200 g de farine
3 œufs
25 g de sucre en poudre
70 g de beurre mou
30 g de sucre cristallisé
1 pincée de sel

Pour la crème pâtissière
50 cl de lait
1 gousse de vanille
3 jaunes d'œufs
75 g de sucre en poudre
60 g de farine

Pour la crème au beurre
1 jaune d'œuf
1 cuill. à café d'eau
25 g de sucre en poudre
125 g de beurre très mou

▷ Préparez la pâte à brioche. Délayez la levure dans le lait tiédi puis mélangez-la à 50 g de farine. Laissez reposer ce levain 1 h dans un endroit tiède. Tamisez le reste de farine, creusez un puits au centre et mettez-y 2 œufs préalablement battus, le sucre en poudre, le beurre coupé en petits morceaux et le sel. Travaillez bien la pâte à la main, puis incorporez-y le levain. Pétrissez l'ensemble pendant 10 à 15 min, formez une boule et laissez-la reposer dans un endroit tiède pendant 2 h au moins.
▷ Préchauffez le four à 180 °C (therm. 6).
▷ Étalez la pâte et garnissez-en un moule à tarte beurré de 28 cm de diamètre. Battez le dernier œuf et badigeonnez-en la pâte à l'aide d'un pinceau. Saupoudrez de sucre cristallisé et enfournez pour 30 min environ.
▷ Préparez la crème pâtissière. Versez le lait dans une casserole et ajoutez la gousse de vanille fendue en deux et grattée. Portez à ébullition et retirez du feu. Laissez tiédir en laissant la gousse dans le lait. Pendant ce temps, fouettez les jaunes avec le sucre dans un saladier pendant 2 min. Versez la farine et fouettez encore jusqu'à obtenir un mélange homogène.
▷ Retirez la gousse de vanille et versez le lait dans le saladier, sans cesser de mélanger. Si des grumeaux subsistent, mixez la préparation. Remettez le mélange dans la casserole et laissez épaissir à feu moyen pendant 5 min environ, sans cesser de tourner. Retirez du feu et laissez refroidir.
▷ Préparez la crème au beurre. Fouettez le jaune d'œuf. Mettez le sucre et l'eau dans une petite casserole et portez à ébullition. Versez aussitôt ce sirop sur le jaune d'œuf sans cesser de fouetter, puis incorporez peu à peu le beurre en morceaux. Mélangez quelques minutes.
▷ Ajoutez progressivement la crème pâtissière dans la crème au beurre.
▷ Démoulez la brioche et découpez-la en deux dans d'épaisseur. Garnissez le disque inférieur de crème et recouvrez-le avec l'autre disque. Servez froid.

Accompagner tartes, quiches et pizzas

Parmi ces recettes inédites, vous trouverez des idées originales pour compléter votre menu et pour servir une quiche lorraine avec autre chose qu'une banale salade verte. Mais ces suggestions d'accompagnement vous permettront aussi de mettre en valeur les saveurs de vos tartes (salées ou sucrées), quiches et pizzas.

Carottes au kaki

Pour 6 personnes
Préparation : 20 min
Cuisson : 20 min environ

1 kg de carottes
6 gousses d'ail
1 bouquet de persil plat
1 bouquet de coriandre
6 cuill. à soupe d'huile d'olive
3 cl de vinaigre
20 g de sucre en poudre
1 cuill. à café de cannelle en poudre
2 cuill. à soupe de cumin en poudre
2 kakis bien mûrs

POUR ACCOMPAGNER UNE TARTE AUX LÉGUMES OU UNE TOURTE À LA VIANDE

▷ Épluchez les carottes, lavez-les, puis coupez-les en rondelles très fines.
▷ Faites-les cuire à la vapeur 5 min environ ; elles doivent être encore croquantes.
▷ Pelez l'ail et hachez-le. Rincez les herbes et ciselez-les.
▷ Dans une cocotte, faites chauffer l'huile d'olive à feu moyen, placez-y les rondelles de carotte. Remuez bien. Ajoutez l'ail, le vinaigre, le sucre, les épices et la moitié des herbes. Mélangez et laissez cuire 15 min environ, en remuant de temps en temps, jusqu'à ce que les carottes soient tendres.
▷ Pendant ce temps, épluchez les kakis. Prélevez-en la chair avec une cuillère.
▷ Mettez les carottes cuites dans un saladier. Laissez tiédir 10 min puis ajoutez le reste des herbes et la pulpe de kaki. Servez tiède ou frais.

Coings poêlés

Pour 4 personnes
Préparation : 15 min
Cuisson : 20 min

4 coings
1 citron
100 g de beurre

POUR ACCOMPAGNER UNE TARTE AU FROMAGE OU UNE TOURTE À LA VIANDE

▷ Épluchez les coings et coupez-les en grosses tranches, en retirant le cœur et les pépins. Pressez le jus de citron au-dessus pour les empêcher de noircir.
▷ Plongez les tranches de coing pendant 5 min dans une grande casserole d'eau bouillante. Sortez-les avec une écumoire et égouttez-les.
▷ Faites chauffer le beurre dans une poêle et faites sauter les fruits coupés, en les remuant durant la première minute. Laissez-les ensuite dorer pendant 15 min, en les retournant deux ou trois fois. Servez chaud ou tiède.

En France, la saison des coings dure moins de deux mois, en automne. Vous pouvez utiliser des coings surgelés ; s'ils sont crus, faites-les blanchir à l'eau bouillante de la même manière.

Fèves et petits pois à la menthe

Pour 4 personnes
Préparation : 15 min
Cuisson : 5 min environ

500 g de petits pois frais (ou 200 g de petits pois surgelés)
500 g de fèves fraîches (ou 200 g de fèves pelées surgelées)
1 bouquet de menthe
6 cl d'huile de pistache (ou d'amande ou d'olive)
1 petit-suisse
Gros sel et poivre

POUR ACCOMPAGNER UNE TARTE AU FROMAGE OU À LA VIANDE

▷ Faites chauffer une grande casserole d'eau avec du gros sel.
▷ Préparez un grand récipient d'eau froide avec des glaçons.
▷ S'ils sont frais, décortiquez les petits pois et les fèves. S'ils sont surgelés, vous pouvez les utiliser sans les faire décongeler au préalable.
▷ Plongez les petits pois et les fèves 4 min dans l'eau bouillante. Sortez-les avec une écumoire et plongez-les aussitôt dans l'eau glacée. Égouttez-les quand ils sont bien refroidis.
▷ Rincez la menthe, égouttez-la et ciselez les feuilles.
▷ Dans un saladier, mélangez au fouet l'huile, le petit-suisse, 2 pincées de poivre et la menthe. Ajoutez les petits pois et les fèves. Mélangez. Servez frais.

La saison des petits pois s'étend de mai à juillet et celle des fèves de juin à juillet. Si vous utilisez des petits pois surgelés, choisissez-les extra-fins ou/et biologiques, car ils sont meilleurs.
Vous pouvez utiliser de la menthe poivrée ; elle apportera une plus grande sensation de fraîcheur.

Mirabelles rôties

Pour 6 personnes
Préparation : 15 min
Cuisson : 12 min environ

1 kg de mirabelles fraîches ou surgelées
150 g de beurre
15 cl de kirsch

POUR ACCOMPAGNER UNE TARTE AU FROMAGE, AU FROMAGE BLANC (SUCRÉE) OU AUX FRUITS

▷ Si les mirabelles sont fraîches, rincez-les très rapidement. Dénoyautez-les si vous le souhaitez. Si elles sont surgelées, vous pouvez les utiliser sans les faire décongeler au préalable.
▷ Dans une grande poêle, faites fondre le beurre à feu modéré. Ajoutez les mirabelles et laissez-les cuire 5 min, en remuant doucement avec une cuillère en bois pour ne pas les abîmer.
▷ Versez le kirsch et faites chauffer à feu vif pendant 3 min pour faire évaporer l'alcool.
▷ Baissez le feu et laissez cuire encore 2 ou 3 min. Servez chaud ou tiède.

En France, la saison des mirabelles commence fin août-début septembre et ne dure qu'un mois. Les meilleures viennent de Lorraine.
Vous pouvez préparer de la même façon des reines-claudes.

Purée de courgette au basilic

Pour 4 personnes
Préparation : 15 min
Cuisson : 2 h environ

3 bouquets de basilic
8 courgettes
8 à 10 cl d'huile d'olive

POUR ACCOMPAGNER UNE TARTE AUX LÉGUMES OU UNE TOURTE À LA VIANDE

▷ Rincez et effeuillez le basilic.
▷ Coupez les extrémités des courgettes, pelez-les et coupez-les en fines rondelles.
▷ Dans une casserole, mélangez les courgettes et les feuilles de basilic. Versez la moitié de l'huile d'olive dessus. Mélangez. Couvrez et faites cuire 2 h à feu doux, en mélangeant souvent et en ajoutant en filet, petit à petit, le reste de l'huile.
▷ Quand les courgettes sont fondues, 15 min environ avant la fin de la cuisson, retirez le couvercle pour faire évaporer l'eau de cuisson. Vous pouvez au besoin augmenter la force du feu, à condition de remuer souvent. Servez chaud, tiède ou froid.

Salade de céleri-branche, poire et orange confite

Pour 4 personnes
Préparation : 20 min

1 botte de céleri-branche
2 poires
1 citron
4 quarts d'orange confite (ou l'équivalent en bâtonnets)
1 pamplemousse
6 cl d'huile d'olive
Sel et poivre

POUR ACCOMPAGNER UNE TARTE AU FROMAGE OU AUX FRUITS

▷ Lavez le céleri-branche. Sélectionnez les tiges du cœur de la botte, les plus tendres, et coupez-les en petits morceaux de 5 mm environ.
▷ Pelez les poires, coupez-les en quatre puis en cubes. Pressez le jus de citron au-dessus pour les empêcher de noircir.
▷ Détaillez les écorces d'orange confites en lanières, puis en petits cubes de 2 ou 3 mm de côté. Pressez le jus du pamplemousse.
▷ Dans un bol, mélangez l'huile et le jus de pamplemousse. Salez et poivrez.
▷ Dans un saladier, mélangez le céleri, les écorces d'orange confites et les poires. Versez la sauce dessus. Mélangez. Servez frais.

Salade de céleri-rave aux pommes

Pour 8 personnes
Préparation : 15 min

1 boule de céleri-rave de taille moyenne
1 citron
2 pommes (reinette ou gala)
120 g de noisettes décortiquées
10 cl d'huile de noisette
2 pincées de fleur de sel
Poivre

POUR ACCOMPAGNER UNE TARTE AU POISSON OU À LA VIANDE

▷ Coupez la boule de céleri-rave en deux puis en quatre pour qu'elle soit plus facile à éplucher. Râpez le céleri-rave avec le disque spécial du mixeur ou avec une râpe. Arrosez-le d'un peu de jus de citron au fur et à mesure.
▷ Pelez les pommes, râpez-les et citronnez-les également.
▷ Dans un saladier, mélangez les noisettes, l'huile, le sel, le céleri-rave, les pommes et du poivre. Servez frais.

Ne préparez pas cette salade trop longtemps à l'avance, car le céleri et les pommes s'oxydent rapidement.

Salade de céleri-rave, radis noir et jeunes navets râpés

Pour 4 personnes
Préparation : 15 min

1 demi-boule de céleri-rave de taille moyenne
1 citron
4 jeunes navets petits
1/2 radis noir
10 cl d'huile d'olive
3 cl de vinaigre de xérès
10 cl de crème liquide entière
Poivre

POUR ACCOMPAGNER UNE TARTE AU POISSON OU À LA VIANDE

- ▷ Coupez la demi-boule de céleri-rave en deux pour qu'elle soit plus facile à éplucher. Râpez le céleri-rave avec le disque spécial du mixeur ou avec une râpe. Arrosez-le d'un peu de jus de citron au fur et à mesure.
- ▷ Pelez les navets (si la peau n'est pas épaisse, retirez simplement le pédoncule). Lavez-les et râpez-les.
- ▷ Épluchez le radis noir et râpez-le également.
- ▷ Dans un saladier, mélangez l'huile, le vinaigre, la crème. Poivrez, ajoutez tous les légumes râpés et mélangez à nouveau. Servez frais.

Vous pouvez aussi préparer cette salade sans râper les ingrédients, mais en les coupant en lanières très fines, soit avec un couteau bien aiguisé, soit avec une mandoline. Dans tous les cas, pensez à citronner le céleri au fur et à mesure car il s'oxyde très vite..

Salade de coriandre et de banane

Pour 4 personnes
Préparation : 10 min

3 bottes de coriandre
2 poignées de pousses d'épinard
1/2 banane
1/2 citron
1 cuill. à soupe d'huile d'arachide
1 cuill. à soupe de sauce de poisson phu quoc
1 cuill. à soupe de beurre de cacahuète
Sel et poivre

POUR ACCOMPAGNER UNE TARTE AUX LÉGUMES OU AU POISSON

- ▷ Rincez la coriandre. Essuyez-la et effeuillez-la.
- ▷ Lavez les pousses d'épinard et égouttez-les.
- ▷ Écrasez à la fourchette la demi-banane. Arrosez-la de jus de citron.
- ▷ Mélangez au fouet l'huile, la sauce de poisson, le beurre de cacahuète, la banane écrasée (éliminez l'éventuel surplus de jus de citron). Salez et poivrez.
- ▷ Dans un saladier, mélangez la coriandre et les pousses d'épinard. Versez la sauce dessus et remuez. Servez frais.

On trouve la sauce de poisson au rayon des produits asiatiques des supermarchés.

Salade de cresson à l'avocat

Pour 4 personnes
Préparation : 10 min

1 botte de cresson
2 avocats
1 citron
6 cl d'huile de pistache (ou d'amande ou d'olive)
2 cuill. à soupe de moutarde douce (type Savora)
Sel et poivre

POUR ACCOMPAGNER UNE TARTE AU POISSON OU AU FROMAGE

▷ Lavez le cresson à grande eau. Égouttez-le bien. Coupez les radicelles.
▷ Pelez les avocats, retirez les noyaux. Pressez le jus de citron au-dessus et détaillez la chair en petits cubes.
▷ Mélangez l'huile et la moutarde. Salez et poivrez.
▷ Dans un saladier, mélangez le cresson et les avocats. Versez la sauce dessus. Servez frais.

Salade de fenouil au citron

Pour 4 personnes
Préparation : 10 min

4 fenouils
1 citron
5 ou 6 cl d'huile d'olive
Poivre

POUR ACCOMPAGNER UNE TARTE AU POISSON, AU FROMAGE OU À LA VOLAILLE

▷ Coupez les fenouils en deux et rincez-les. Retirez un tiers des tiges vertes. Coupez la base sur 2 cm environ.
▷ Détaillez les demi-fenouils en très fines tranches.
▷ Mettez les lamelles dans un saladier, pressez le jus de citron au-dessus, versez l'huile. Poivrez et mélangez. Servez frais.

Choisissez des fenouils bien blancs avec des tiges vertes et des pousses.

Salade d'herbes

Pour 4 personnes
Préparation : 10 min

1 bouquet de persil plat
1 bouquet de menthe
1 bouquet de coriandre
1 bouquet de cerfeuil
1 bouquet de ciboulette
8 cl d'huile d'olive
4 cl de vinaigre balsamique
1 grosse pincée de cacao en poudre non sucré
Poivre

POUR ACCOMPAGNER UNE TARTE AU POISSON, AU FROMAGE, OU À LA VOLAILLE

▷ Rincez et ciselez toutes les herbes.
▷ Mettez-les dans un saladier et mélangez-les avec vos doigts.
▷ Dans un bol, mélangez au fouet l'huile, le vinaigre et le cacao. Poivrez. Versez sur les herbes et mélangez. Servez frais.

Pour conserver vos herbes fraîches, dès le retour du marché retirez l'élastique qui lie les queues, rincez-les et égouttez-les. Disposez-les bien éparpillées sur un grand torchon propre et roulez le linge sans le serrer. Gardez au réfrigérateur.

Salade de mangue et de papaye

Pour 4 personnes
Préparation : 20 min

1 mangue
1 papaye
2 tranches de papaye séchée
2 tranches de mangue séchée
2 oranges
1 citron vert

POUR ACCOMPAGNER UNE TARTE AU FROMAGE, À LA VOLAILLE, AU FROMAGE BLANC (SUCRÉE) OU AUX FRUITS

▷ Épluchez la mangue et la papaye. Retirez le noyau de la mangue et les graines de la papaye. Détaillez la chair en cubes d'environ 1 cm de côté.
▷ Coupez de fines lamelles de mangue et de papaye séchées.
▷ Pressez les oranges et le citron.
▷ Mettez les cubes et les lamelles de fruits dans un saladier. Versez dessus le jus des agrumes et mélangez. Servez frais.

On trouve la mangue et la papaye séchées dans les magasins de produits asiatiques.

Salade de peaux de courgette

Pour 4 personnes
Préparation : 5 min
Cuisson : 5 min environ

8 à 10 courgettes selon leur taille
20 cl d'huile d'olive
3 pincées de fleur de sel
Poivre

POUR ACCOMPAGNER UNE TARTE AU POISSON, À LA VIANDE OU AU FROMAGE

▷ Lavez les courgettes. Coupez les deux extrémités. Avec un couteau éplucheur, pelez les courgettes en faisant de gros rubans de peau (gardez la chair pour une autre utilisation). Placez ceux-ci au fur et à mesure sur du papier absorbant. Mettez à part l'équivalent de la peau de 2 courgettes.
▷ Faites chauffer l'huile à feu doux dans une grande casserole. Augmentez le feu et plongez tous les autres rubans dans l'huile. Laissez-les 2 min environ. Avec deux longues fourchettes, retournez-les et laissez-les cuire encore 2 min environ.
▷ Sortez au fur et à mesure les rubans dès qu'ils sont bien dorés et posez-les sur du papier absorbant. Saupoudrez-les de fleur de sel et poivrez. Mélangez-les dans un saladier avec les rubans de peau crus. Servez aussitôt.

Salade de pousses d'épinard à la moutarde

Pour 4 personnes
Préparation : 5 min

200 g de pousses d'épinard
3 cuill. à café de moutarde de Meaux
6 cl d'huile de noisette
Sel

POUR ACCOMPAGNER UNE TARTE AUX LÉGUMES, À LA VOLAILLE, AU POISSON OU UNE TOURTE À LA VIANDE

▷ Lavez les pousses d'épinard. Égouttez-les bien.
▷ Dans un saladier, mélangez la moutarde et l'huile. Salez, ajoutez les épinards et remuez. Servez aussitôt.

Salade de pissenlit

Pour 4 personnes
Préparation : 10 min
Cuisson : 20 min

3 oignons (type rosé de Roscoff)
10 cl d'huile d'olive
15 pieds de pissenlit
2 cuill. à soupe de vinaigre de vin blanc

POUR ACCOMPAGNER UNE TARTE À LA VIANDE OU AU FROMAGE

▷ Pelez les oignons. Coupez-les en deux puis en lamelles.
▷ Placez les lamelles dans une grande poêle. Versez environ la moitié de l'huile. Faites chauffer pendant 15 min à feu doux, puis 5 min à feu très vif, en remuant souvent.
▷ Pendant ce temps, lavez les pissenlits à grande eau et égouttez-les. Coupez la base des touffes et triez les mauvaises feuilles.
▷ Dans un saladier, mélangez le reste de l'huile et le vinaigre. Ajoutez les pissenlits et les oignons chauds. Mélangez et servez aussitôt.

Salade de pousses germées

Pour 4 personnes
Préparation : 10 min

400 g de graines germées (fenouil, pourpier, chou rouge, basilic, aneth, betterave, trèfle, daikon, lin, lentille ou/et coriandre)
5 ou 6 cl d'huile de pépins de raisin
1 cuill. à soupe de moutarde forte
2 cuill. à soupe de crème liquide entière

POUR ACCOMPAGNER UNE TARTE AU POISSON, AU FROMAGE OU À LA VOLAILLE

▷ Mélangez toutes les graines germées dans un saladier.
▷ Dans un bol, mélangez l'huile avec la moutarde et la crème.
▷ Versez la sauce sur les graines. Servez frais.

On trouve des graines germées dans les magasins de produits naturels, mais aussi au rayon frais de certains supermarchés. Ces graines ont beaucoup de goût et croquent sous la dent. Elles sont en outre très riches en oligoéléments, vitamines, protéines, etc.

Salade de shiso au raifort

Pour 4 personnes
Préparation : 15 min

20 feuilles de shiso
300 g de cresson
1 jaune d'œuf
1 cuill. à soupe de moutarde forte
10 cl d'huile de pépins de raisin
60 g de raifort râpé

POUR ACCOMPAGNER UNE TARTE AU POISSON OU AU FROMAGE

▷ Coupez en lanières les feuilles de shiso.
▷ Lavez le cresson à grande eau. Égouttez-le bien. Coupez les radicelles.
▷ Faites une mayonnaise en fouettant doucement et régulièrement le jaune d'œuf et la moutarde, puis versez l'huile en très mince filet, en accélérant à la fin.
▷ Dans un saladier, mélangez les lanières de shiso et le cresson avec la sauce et le raifort. Servez frais.

Les feuilles de shiso se trouvent dans les épiceries asiatiques, notamment japonaises. Elles sont lavées et vendues superposées les unes sur les autres.
Si vous ne trouvez pas de shiso, vous pouvez utiliser à la place une quinzaine de feuilles de menthe et une dizaine de feuilles de basilic.

Salade de tomates crues et cuites

Pour 6 personnes
Préparation : 20 min
Cuisson : 30 min environ

2 kg de tomates (si possible de différentes variétés)
15 cl d'huile d'olive
50 g de sucre en poudre
3 échalotes
5 cl de vinaigre de framboise
Poivre

POUR ACCOMPAGNER UNE TARTE À LA VOLAILLE, À LA VIANDE OU AU FROMAGE

▷ Lavez toutes les tomates. Coupez-en la moitié en gros morceaux. Réservez l'autre moitié.
▷ Dans une grande casserole, faites chauffer à feu moyen la moitié de l'huile et le sucre. Remuez, ajoutez les morceaux de tomate et laissez cuire 20 min environ. Poursuivez la cuisson 10 min à feu vif, en remuant souvent pour éviter que les tomates n'accrochent au fond de la casserole à cause du sucre. À la fin de la cuisson, il ne doit plus y avoir de jus. Laissez refroidir.
▷ Pelez les échalotes et coupez-les en rondelles fines.
▷ Retirez le pédoncule des tomates réservées puis coupez-les en tranches.
▷ Dans un bol, mélangez le reste de l'huile, le vinaigre, les échalotes. Poivrez.
▷ Dans un saladier, mélangez les tomates cuites et les tomates crues. Versez la sauce dessus.
▷ Servez frais.

Salade violette de betterave

Pour 4 personnes
Préparation : 15 min

1 betterave cuite
1 betterave crue
1 poire (beurré hardy ou comice)
50 g de moutarde violette de Brives
8 cl d'huile de noix
Poivre

POUR ACCOMPAGNER UNE TARTE AU FROMAGE OU À LA VIANDE

▷ Épluchez les betteraves puis coupez-les en lamelles.
▷ Pelez la poire, coupez-la en quatre puis en lamelles.
▷ Dans un saladier, mélangez la moutarde et l'huile. Poivrez et ajoutez les lamelles de betterave et de poire. Mélangez délicatement. Servez frais.

On trouve la moutarde violette de Brives dans les supermarchés et les épiceries fines. Elle est naturellement colorée par du moût de raisin.
Pour préparer cette recette, protégez-vous les mains avec des gants, car les betteraves tachent la peau.

Toutes les recettes

Cet index recense toutes les recettes de l'ouvrage. Un double classement, par titre et par ingrédient, permet d'effectuer une recherche en fonction des produits dont vous disposez ou selon vos envies gourmandes.

▮ recettes express

recettes pouvant être réalisées avec les enfants

en italique, recettes d'accompagnement

a

b

N

O

P

q

r

S

T

Tarte (sucrée)

V

W, Y

Recettes de base

Recettes pour apéritifs et cocktails

Les recettes recensées ci-dessous se mangent chaudes, tièdes ou froides. Il s'agit soit de préparations individuelles, soit de tartes ou de quiches au grand format qui peuvent être découpées en toutes petites parts et servies en amuse-gueule. Le symbole ■ renvoie aux recettes express.

Recettes pour le pique-nique

Pour vos pique-niques, voici des recettes salées et sucrées, faciles à transporter, qui peuvent être dégustées froides. Le symbole ▮ renvoie aux recettes express.

Recettes salées

Recettes sucrées

Photogravure Turquoise, Emerainville
Imprimé en Italie par Canale, Turin
Dépôt légal : septembre 2006
300000/01-11002464 août 2006

Béatrice Lagandré, Nathaly Nicolas et **Thierry Roussillon** ont déjà signé des ouvrages dans la collection « Ma cuisine ».

Collection « ma cuisine »

Cuisine au fil des saisons, auteurs talentueux, recettes simples à grands effets et superbes photos… Pour chaque titre, 100 recettes, 32 menus, 150 photos.